社会史

理论与实践（增订版）

SOZIALGESCHICHTE

Aufsätze und Vorträge

Jürgen Kocka

中国出版集团 东方出版中心

[德] 于尔根·科卡 著　　景德祥 等 译

图书在版编目（CIP）数据

社会史：理论与实践 / （德）于尔根·科卡著；景
德祥等译. -- 增订版. -- 上海：东方出版中心, 2025.
8. -- ISBN 978-7-5473-2777-7

I. K02-53

中国国家版本馆CIP数据核字第20258XH666号

封面照片内容与版权说明：
1906—1908年间的柏林弗里德里希大街火车站（Bahnhof Berlin Friedrichstrasse.
Aufnahme 1906-1908），照片来自Bildarchiv Foto Marburg. CC BY-SA 4.0。

社会史：理论与实践（增订版）

著　　者　[德]于尔根·科卡
译　　者　景德祥 等
策　　划　刘　鑫
责任编辑　刘　军
封面设计　青研工作室

出 版 人　陈义望
出版发行　东方出版中心
地　　址　上海市仙霞路345号
邮政编码　200336
电　　话　021- 62417400
印 刷 者　上海盛通时代印刷有限公司

开　　本　710mm×1000mm　1/16
印　　张　27
字　　数　340千字
版　　次　2025年9月第1版
印　　次　2025年9月第1次印刷
定　　价　98.00元

目　录

导读：于尔根·科卡的学术生涯与成就[*]

  于尔根·科卡（Jürgen Kocka）是德国著名社会史学家，"比勒费尔德学派"（亦称"历史社会科学学派"）的主要代表人物之一，该学派主要刊物《历史与社会》以及主要丛书《历史科学批判研究》的创建人与主编之一。科卡的著述十分丰富，自20世纪60年代中期至今，已经出版二十多部专著，主编五十多本论文集，发表三百多篇论文。科卡曾任比勒费尔德大学历史系讲座教授及系主任、柏林自由大学历史与文化系工业世界讲座教授、柏林社会科学研究中心主任、柏林与勃兰登堡科学院副院长等职。科卡在德国与西方学术界享有很高的声誉，曾获得鹿特丹大学、乌普萨拉大学、佛罗伦萨大学名誉博士，德国科学基金会（DFG）莱布尼茨奖、国际霍尔贝格纪念奖、德国联邦一级勋章等荣誉，为欧美多所大学客座教授及学术机构成员。2000年8月，在奥斯陆第19届国际历史科学大会上，科卡当选为国际历史科学委员会主席（任期为2000—2005年）。[1]

  1941年4月，科卡出生在捷克苏台德地区的一个德意志家庭。二战以后，苏台德地区德意志人被驱逐，科卡随父母迁居德国，最后在联邦德国埃森市定居。科卡的父亲是一位工程师，父母都希望他学习理

---

* 本文原是第一版的"代译序"，再版时笔者在保持原文结构的基础上进行了修改，补充了2006年以来科卡学术生涯与成就的内容，并增加了对新增的几篇文稿的内容介绍。

工科并从事这方面的工作。据科卡自己回忆，在50年代，他在中学里参加了当时北威州政府为中学生举办的政治教育班，接触到了许多当时有关东西德关系的政治问题，因而对文科产生了浓厚的兴趣，但还没有对历史专业一见钟情。他1960年在马堡大学开始上大学时，选择的专业还是日耳曼语言文学、历史与政治学。1961年，科卡转学到维也纳大学，1962年又转到柏林自由大学。1964—1965年，科卡到美国留学一年，在北卡罗来纳大学教堂山分校获得政治学硕士学位。在美期间，他还认识了20世纪30年代因纳粹政权迫害而流亡到美国的德国犹太裔历史学家汉斯·罗森贝格（Hans Rosenberg）。罗森贝格又向他介绍了当时西德的年轻历史学家、后来与他共同创建"历史社会科学学派"的汉斯-乌尔里希·韦勒（Hans-Ulrich Wehler）。美国给科卡留下了深刻的印象，成为他心目中的"第一外国"；而与罗森贝格以及韦勒的相识，对科卡走上社会史研究有着重要意义。从美国回到柏林自由大学以后，科卡积极参加了这里正在兴起的学生运动，但不属于其激进派。当时大学生运动的激进派主张以直接民主制代替议会代表民主制。科卡则认为，联邦德国的议会民主制宪法基本可以，但是应该通过社会、经济与政治上的各种改革来解决资本主义社会中的社会不平等问题。这一政治观点，也是科卡从事现代德国社会史研究的出发点之一。[2]

在柏林自由大学，科卡特别受到了比他年长仅12岁的社会史学家、当时还在政治学系任教的格哈德·A. 李特（Gerhard. A. Ritter）的精心培养。在李特的指导下，科卡开始写作关于德国西门子公司自19世纪中期到第一次世界大战前的历史的博士论文。[3]在博士论文中，科卡运用韦伯的官僚化理论，以西门子企业管理为例，揭示了德国工业化进程中企业管理的官僚化趋势及其历史原因与社会后果。博士论文按时间顺序分为三章，每章将宏观史与微观史方法相结合，先阐述一般社会与经济发展背景，然后再叙述西门子公司的发展史，最后对本章内容作分析与理论上的总结。科卡的研究结论，一方面证实了韦伯关于现代社会管理制度的普遍官僚化的理论，另一方面又对之进行了纠正。西门子的企业管理发展史表明，企业管理机构不仅仅是业务合理化的，同时也是企业主控制就业人员的工具。在企业的发展过程中，职员与工人的地位越来越相似，两者之间的区别越来越没有必要，但为了防止职员与工人的团结，有利于对企业人员的控制，西门子企业主仍然保持职员的特殊地位。企业管理的合理化、官僚化进程遇到了企业主保持其控制地位的限制。而企业的职员则以国家官员为标准，把自己看成是"私人官员"，极力反对其地位的工人化。这一处于企业主与工人阶级之间的中产阶级及其在德国现代史上举足轻重的作用，成为科卡社会史研究的主要专题。科卡长达600多页的博士论文于1969年出版后，西德史学界一致认为，它是一部既突破以往肤浅而粉饰性的企业史风格的巨作，也是社会史学派成功地运用社会学理论进行历史研究的经典著作。[4]

在攻读历史博士学位期间，科卡放弃了对其他专业的爱好，专心于历史，特别是德国近现代社会史的研究。但他还无意争当大学历史教授，认为此类位子有限，希望不大，当时他还抱着当中学教师或记者的打算。科卡进入大学任教，是由于他的导师李特的坚持。1967年，李特受聘于明斯特大学，任历史学教授。当时科卡在柏林的博士学业还未完，李特就请他同去明斯特大学当自己的代理助教，1968年科卡博士毕业后才改为正式助教。[5]

在明斯特大学任助教期间（1968—1972），科卡完成了对从19世纪末期到20世纪30年代德美职员阶层的比较研究的教授资格论文。[6]论文的中心问题是：为什么在此期间德国与美国经济发展基本相同，而政治与社会的发展大相径庭？为什么在世界经济危机中美国没有像德国那样走上法西斯道路？美国的职员阶层没有像德国职员阶层那样大力支持本国的法西斯主义运动？科卡对19世纪末至美国参加二战前夕的美国商业职员阶层及其组织美国推销职员协会（RCIPA）的历史进行了详细研究，并将其与德国商业职员及其组织德国商业职员协会（DHV）的历史进行了侧面比较。科卡发现，美德职员阶层在组织上、政治行为上有着明显的区别。德国职员阶层的等级观念很强，十分强调自己与工人阶级的区别，组织程度也很高，对国家的政治要求很明确。而在同时代的美国，白领与蓝领工人的界线不很明确，而且绝大多数职员基本上没有在本行业协会中组织起来，并无意通过此类组织向国家提出权利要求。

科卡认为，美德职员在组织上、政治行为上的明显区别主要有五个原因：第一，美国的工人阶级与工人运动比德国弱小，所以美国职员阶层不把工人阶级作为自己的比较对象。第二，美国是一个多种族社会，不利于职员阶层的团结。第三，美国社会的活动率、迁居率高，不利于职员阵营也不利于工人阶级阵营的形成。第四，与美国相比，德国政府对社会经济生活的干涉较早、较强烈，这就更加深了德国社会各阶层的分界线。第五，最重要的是，德国职员阶层深受德国社会工业化以前、资本主义以前的传统等级观念的影响。他们极力强调和保持自身与工人阶级的距离，这一距离的缩小被他们看成是自身社会地位的下降。在世界经济大危机中，德国职员面临着其社会地位的无产阶级化，对现有政治制度深怀不满，因而投入了许诺维护其原有社会地位的纳粹主义运动的怀抱。而美国的职员没有这种传统观念，白领与蓝领职业的区别没有在德国那样严格，在与德国相似的经济危机中没有表现出相似的抗议倾向。而且，他们将自己看成是工人运动的一部分，在一定程度上将专业工人当作自己的榜样。科卡此作既是美国与德国职员史研究的一个重大突破，又是社会史学派从政治与历史提问出发，运用社会科学理论研究历史的一个成功典范。[7]而耐人寻味的是，到了20世纪90年代，社会史学派与文化史学派之间发生了激烈的史学理论与方法上的争议。但双方都没有充分觉察到，科卡在20世纪70年代初以德国职员的传统观念来解释其政治行为的教授资格论文实际上已带有文化史研究的色彩。

在完成教授资格论文后不久，科卡在短期内一气呵成地完成了《战争中的阶级社会：1914 至 1918 年间的德国社会史》一书。[8]在已出版资料的基础上，科卡参照马克思的资本主义阶级社会理论模式来分析与解释威廉德国的社会结构及其在第一次世界大战（以下简称一战）中的变化。科卡在阶级利益、阶级矛盾、阶级斗争三个层面上，对威廉德国阶级社会的三个组成部分，即工人与企业家、中产阶级、国家政府在一战时期的变化作出了分析。在揭示工人阶级与资产阶级矛盾激化的同时，科卡也特别揭示了德国"新中产阶级"阶级地位的无产阶级化及其在政治上的左倾化。科卡认为，德国 1918 年革命的爆发，主要原因不在于德国的战败，而是德国资本主义阶级社会矛盾在一战中尖锐化的必然结果。与德国的马克思主义史学有关国家垄断资本主义的理论不同，科卡认为，威廉帝国政府不仅仅是资产阶级的代表，而且是各阶级与阶层之间的调解者。但在一战的艰难条件下，政府活动余地越来越小，使得各个社会阶层都感到非常失望与愤怒，因而政府成为整个社会的攻击对象。科卡此作是联邦德国史学界对一战期间德国社会的第一次综合论述，也是西德社会史学派写作整体社会史的第一次尝试。[9]

20 世纪 60 年代末 70 年代初是西德社会史学派新潮流，即"历史社会科学学派"的诞生阶段。科卡是这一新学派的主要创建人之一。他的主要著作以及各方面的学术活动都对这一学派的形成与发展作出了巨大的贡献。在明斯特大学期间，科卡就与在新建的比勒费尔德大学工作的韦勒开始了密切的合作。自 1972 年开始，他参加了这一新学派的主要出版物《历史科学批判研究》丛书的主编工作。1973 年，年仅 32 岁、在明斯特大学刚刚获得教授资格，科卡便受聘为比勒费尔德大学历史系教授，并于 1974—1975 年间任历史系主任。与韦勒等人一起，他很快就成为历史社会科学学派的主将。1975 年，科卡还参加了社会史学派主要刊物《历史与社会》的创刊与主编工作。[10]

1977年，科卡又出版了题为《社会史：概念—发展—问题》的理论专著，系统地叙述了社会史学派的史学理论观点。[11]科卡强调，社会史学派在方法上既不是教条主义的，也不是决定主义（或选择主义）的，而是有批判地运用社会科学的理论，如马克思与韦伯的理论。在回顾德国社会史学派的兴起与发展的同时，科卡既批判了历史主义的史学观点，又强调了"历史社会科学学派"与以康策（W. Conze）为首的、以笼统的结构史为主的社会史学派之间的区别。他主张运用具体而确切的社会科学理论来指导历史研究。在《社会史：概念—发展—问题》一书1986年再版时，科卡又对当时盛行的日常史与萌芽中的文化史学派对历史社会科学学派的挑战作出了答复，批判了某些左派历史学家的新历史主义倾向。总的来说，在与各竞争学派的争论中，科卡虽然旗帜鲜明，但不倾向于偏激立场，而是尽量突出社会史学派与其他学派的可融性，强调社会史在概念、研究对象以及方法上的发展潜力。如果说韦勒是历史社会科学学派的激进派的话，那么科卡则是其温和派的代表。科卡与其他学派代表的对话工作，使得历史社会科学学派渐渐得到了德国史学界的普遍承认。

自1968年到1988年的二十年间，特别是在比勒费尔大学的十五年（1973—1988）中，科卡在工业社会史的各个方面（企业史、企业家史、职员史、工人史、资产阶级史）都作出了杰出的成就，可以说是工业社会史的全才。[12]1988年，柏林自由大学历史系与历史悠久的普鲁士海洋贸易基金会为科卡设立了"工业世界讲座"，邀请科卡来柏林工作。科卡受聘后，离开了历史社会科学学派的大本营，从比勒费尔迁回二十年前离开时就很留恋的柏林。1988年的西柏林，仍是四面高墙（"柏林墙"）的"孤岛"。1989—1990年，柏林与德国实现了再统一，柏林很快又成为统一德国的政治、文化与科研的中心。在东西德史学界都享有很高威望的科卡参加了原东德的社会科学和历史科学的整顿与重建以及东西德历史科学统一的工作。1992年，科卡主持了柏林与波茨坦当代史研究中心的创建工作，该中心集中研究东德的历史。同年，为了奖励科卡在德国社会科学与历史学统一方面的工作以及他多年来在联邦德国科学界作出的贡献，德国科学基金会向科卡授予了被视为德国科学界"诺贝尔奖"的"莱布尼茨科研奖"。科卡启用这笔高达三百万马克的奖金，在柏林自由大学成立了"社会史比较研究中心"。在1993—1997年间，这个研究中心培养了一批年轻历史学家，出版了有关德国与欧洲的消费史、民族史、财产史研究的论文集。1998年，科卡又争取到大众汽车基金会的巨款资助，与其他历史学家一起创立了柏林自由大学与洪堡大学"欧洲历史比较研究中心"。此中心旨在将二百年来东西欧的历史作为一个整体来研究，以研究"文明社会"在欧洲兴起的历史为主要任务，并在机构上融合东西欧洲的历史研究。[13]

　　到柏林不久，科卡于20世纪90年代初出版了两卷本的1800至1875年的德国工人史，即《既非等级亦非阶级：1800年前后的社会底层》与《劳动关系与工人生存状况：19世纪阶级形成的基础》。[14]在第一卷中，科卡阐述了1800年前后的德国下层社会的状况，认为它们虽不属于封建社会的某一等级，但还没有成为资本主义社会的底层阶级。在第二卷中，科卡首先综述了19世纪德国社会现代化进程，然后阐述了家庭佣人、农业雇工、家庭手工业者、手工业的学徒与师傅、铁路工人、大型工业企业的工人的社会史，得出了雇佣劳动关系的普遍化的结论。英国历史学家布罗伊利（J. Breuilly）认为，科卡关于德国工人阶级形成史的著述，不仅在德国史学界，而且在国际史学界都处于领先地位。[15]

　　新旧世纪之交，科卡受克雷特-科塔出版社（Klett-Cotta）邀请，为其多卷本的《格布哈特德国史手册》（*Gebhardt Handbuch der deutschen Geschichte*）撰写关于19世纪德国史的第13卷。《格布哈特德国史手册》是具有悠久历史的、被视为比较保守的德国史丛书。科卡作为比勒费尔德学派的主要代表人物受邀撰写这一丛书的19世纪一卷，也标志着该学派以及科卡本人的德国史研究已经得到了德国史学界普遍的认可。科卡执笔的《漫长的19世纪》初版于2001年，至今已经再版9次。"漫长的19世纪"的德国史，指的是从法国大革命爆发到第一次世界大战结束的德国历史。科卡以工业化、人口增长及迁徙、民族国家、资本主义为重点，阐释了19世纪德国历史的主要特征。[16]

科卡杰出的研究成就与人品不仅在德国学术界，而且在国际学术界获得了广泛的赞誉。在21世纪的第一个十年里，科卡获得了更多的荣誉，也承担了更多的责任。2000年8月，在奥斯陆第19届国际历史科学大会上，他当选为国际历史科学委员会主席。这是二战后联邦德国历史学家第二次获得这一殊荣。2001至2007年，科卡出任柏林社会科学研究中心（Wissenschaftszentrum Berlin）主任。2008至2010年，科卡又任柏林与勃兰登堡科学院副院长。2011年，科卡荣获霍尔贝格国际纪念奖。

2009年，68岁的科卡从柏林自由大学荣休，但他仍然活跃在学术研究的第一线。同年他又任柏林洪堡大学"全球史视野下的工作与人生阶段"国际人文科学学院终身研究员。2008年西方金融危机爆发，关于资本主义的危机与前途的讨论在学术界与舆论界再次兴起。作为西方工业资本主义研究的领军人物，科卡受德国贝克出版社之邀，于2013年撰写并出版了《资本主义简史》的小册子，以简短精悍的方式阐述资本主义从古到今的发展历程，解答了学术界与舆论界的相关问题。该书出版后，受到了德国史学界的一致好评，2014年德文版得以再版，英文版与中文版也相继于2016、2017年出版。[17]

在该书的第一章，科卡首先讨论了"什么是资本主义？"的概念问题。在研讨了经典作家的著名论述之后，科卡提出了自己的包含分散化、商品化与资本积累三要素的资本主义定义。随后，科卡以时间为顺序，通过不同国家与地区的例子，介绍了资本主义的主要发展阶段、形态、动力、问题与影响。科卡指出，在16世纪以前，资本主义的早期萌芽，即商业资本主义，在中国、阿拉伯帝国以及欧洲都出现过。16世纪至1800年前后，是资本主义的突破阶段，欧洲的商业资本主义进一步向生产与金融领域渗透，并通过殖民主义向全球扩张，演绎出种植园资本主义、农业资本主义等种种形态。在19与20世纪，工业资本主义与金融资本主义崛起，尤其在20世纪下半叶以来，资本主义的全球化速度进一步加快。

书中还重点讨论了资本主义中的劳动问题、市场与国家的关系。科卡认为，虽然资本主义带来了严重的社会不平等与不自由，但它也为人类物质财富的增长，为人类的自由作出了巨大贡献。资本主义的历史饱受诟病，毁誉参半，但资本主义仍然具有很强的生命力，可以在各种不同的文化与政治制度条件下生存与发展。对于资本主义的批判将继续伴随资本主义的发展史，但各种批判也推动着资本主义自我纠正与完善的进程。

2015年，科卡又推出了20世纪90年代以来第三本重量级的德国工人史著作《工人生活与工人文化：一个社会阶级的形成》，该书阐述了19世纪30到70年代初德国工人阶级形成的历史，为阐述19世纪70年代以后波澜壮阔的德国工人运动史作出了厚实的铺垫。在该书中，科卡充分吸收了20世纪80年代以来妇女史及性别史、劳动史、文化史、全球史提出的新视角与新方法。同时，他坚持并灵活使用了经典的资本主义核心概念以及阶级分析方法，力图从德国工人共同的阶级处境、共同的阶级经历来解释其共同的阶级意识与行动的产生。科卡描绘了一幅主线分明而又丰富多彩的德国工人史的宏观画卷，展示出炉火纯青的社会史研究与书写艺术。[18]

进入耄耋之年，科卡仍然以惊人的精力积极参与学术活动，继续学术研究与组织工作。最新的成果是2024年2月他与同事们共同主持研究与编辑出版的《马克斯·普朗克学会史：科学史与当代史（1945—2005年）》。[19]马普学会（Die Max-Planck-Gesellschaft）成立于1948年，目前拥有86个从事自然科学、人文社会科学领域基础研究的研究所，产生过众多诺贝尔奖获得者，在国际学术界享有很高的声誉。该书有近一千页的篇幅，由一个科卡与同事共同领导的跨学科研究团队集体经过多年的努力完成。该书使用了许多新的档案资料，是一项将科学史与社会史成功结合，兼有欧洲与全球史视野的重要成果。

最后值得一提的是，科卡属于联邦德国历史学家中与中国史学界来往最早、关系最为密切的一个。早在1981年，他就作为德国历史学家协会代表团的成员访问了中国。2000年担任国际历史科学委员会主席以后，科卡积极争取中国历史学家参加国际历史科学委员会的工作与学术会议。2001年12月，在首次访问中国二十年之后，科卡作为国际历史科学委员会主席再次访问中国，在此期间，科卡与中国史学会负责人举行会谈，商定于2004年共同主办题为"东亚国家和地区现代化进程"的国际学术讨论会。2004年4月7—9日，该会议在北京如期举行，这次会议既是国际历史科学委员会在亚非拉主办的三个地区史学会议之一，也是中国史学界申办国际历史科学大会的一个步骤。科卡大力支持中国的申办国际历史科学大会的工作。2015年8月，第22届国际历史科学大会在山东济南成功举行，科卡很高兴地参加了济南会议，并在此前就会议讨论的主题以及国际历史科学的前景提出了自己的期待与希望（见《国际历史科学大会：回望与期待》一文）。

* * *

以下对文集的内容作一简要介绍。

《为什么要研究历史？》阐述了科卡对历史研究与历史科学的意义的基本看法。科卡认为，历史知识可以扩大人们的眼界，使人们了解到现实的来龙去脉，了解到人类生活方式的多样性，并吸取前人生活的经验与教训。但是历史科学与历史知识的有用性是间接的。人们应该将历史的研究作为一个基础科学来看待。历史的研究应该为社会生活服务，但历史研究与现实生活不能短路结合。历史知识不可直接运用于政治；不能将历史割断，将它作为政治行为的理由进行利用。

在1985年于联邦德国斯图加特召开的第16届国际历史科学大会上，科卡主持了关于马克斯·韦伯的专题讨论。《马克斯·韦伯对历史科学的意义》一文是他为这次讨论会所编的论文集《历史学家马克斯·韦伯》写的引言。[20]在此文中，科卡对韦伯的史学理论与方法论、历史观作出了折中性的论述。人们一般认为，韦伯将分析与评论、科学与政治严格区别开来，坚信不能从现实分析中引出行动准则。科卡则认为，韦伯的科学原则非常严谨，也可以作为衡量社会实践与政治行动的标准，两者并不矛盾。在韦伯对科学知识与历史现实关系的观点问题上，科卡批驳了学术界对韦伯的"决定主义"（Dezisionismus，或"选择主义"）的指责。他认为，韦伯并不认为什么方法都可以，历史现实随方法与观察点的不同而改变。韦伯曾将研究对象本身作为一个监督关口，这是第一关口，而对研究者社会背景的反思，则是第二关口。第三，科卡还指出，韦伯的"理想类型"不仅仅是纯唯心的塑造，而含有很高的现实成分。第四，对于韦伯来说，历史科学虽不能发展成为规律科学，但也不能停留在对历史人物的理解与简单叙述上。最后，科卡对韦伯的历史发展观进行了高度概括，认为它包括社会各领域的高效率化与个人争取自由平等的两个相互矛盾的进程。

作为联邦德国"历史社会科学学派"的代表，科卡特别重视历史科学与社会科学的交流与合作。在《20世纪50年代以来西方历史学与社会科学的关系》一文中，科卡回顾了1950年以来西方历史科学与社会科学的关系史，并揭示了这一关系的新趋势，得出了西方历史学家对社会科学的兴趣已从政治学与社会学向人类学与文化社会学转移的诊断。

在自己的科研工作中，科卡作了许多独立的国际性的历史比较研究。《论历史比较研究》一文是他为其1996年主编的《历史与比较》论文集所写的引言，是他对历史比较研究的理论性阐述。[21] 在此文中，科卡阐述了历史比较研究的定义、基本类型、方法功能、组成部分、社会功能，并揭示了历史学与社会科学中的历史比较研究的发展趋势与任务。

《比较与超越比较》是科卡于2002年3月2日提交给海牙第四次欧洲社会史大会"比较解释问题"讨论组的论文。在该文中，科卡进一步探讨了比较方法在历史研究中的功用，分析了历史学家中较少有人使用比较方法的原因以及历史比较研究所面临的新挑战。科卡指出，历史比较研究与关系史研究不必对立，应该把它们结合起来。本文原文为英文，由大连外国语大学于红霞副教授译成中文。

20世纪80年代，联邦德国社会史学派受到了日常史学派的严峻挑战。在《社会史既是结构史又是经历史》一文中，科卡揭示了日常史学派的局限性；再次强调，历史不仅仅是人们观察与经历的事物，历史研究必须将经历史与结构史相结合，而与日常史学派相比，社会史学派能够更好地做到这一结合。

《资本主义社会中的工人运动——有关德国实例的几点想法》一文是科卡对德国工人史研究的经过与成果的简要综述。科卡指出，联邦德国工人史与工人运动史受到了文化史、历史比较研究、性别史与资产阶级史研究的推动。德国工人运动既受到传统的影响，又受到资产阶级精神的影响。工人运动既是资本主义社会的组成部分，又是它的逆反。德国工人运动对公民社会的实现作出了较大的贡献。

在比勒费尔德大学工作期间，科卡还主持了德国科学基金会的"资产阶级"重点研究项目。《19世纪的资产阶级——欧洲模式与德国实例》一文，是科卡为其主编的《19世纪的资产阶级》一书（1988年初版，1995年再版）写的导言，也是对这一项目研究成就的总结。[22]此文篇幅较大，共分四部分。在第一部分中，科卡探讨了资产阶级概念的内涵问题。他指出，资产阶级阵营的一致性在于它们需要共同敌人（初期是贵族阶级，后来是工人阶级）。资产阶级的主要特征在于其共同的文化。在第二部分中，科卡研讨了资本主义社会的概念问题和资本主义社会与资产阶级之间的关系问题。他介绍了这方面的跨专业研究情况，揭示了资产阶级与资本主义社会理想的矛盾性。在第三部分中，科卡阐述了德国资产阶级的形成、高潮、保守与分化三个阶段。在第四部分中，科卡揭示了德国资产阶级精神与欧洲其他国家相比较的特点。他认为，与东西欧各国相比，德国经济资产阶级处于中等地位，德国的文化资产阶级尤为强大。与人们以往的估计相反，德国资产阶级与贵族结合的程度还没法与英法相比。德国资产阶级虽然阵营明显，但其社会影响却较为有限，受到普鲁士官僚主义传统的深远影响，有着所谓的"国家情结"（Staatslastigkeit）。

《民族国家的矛盾性与欧洲统一的前景》一文阐述了德意志民族国家发展的四个阶段。在充分肯定民族国家的成就的前提下，科卡揭示了民族国家原则的局限性与危险性，认为欧洲发展的前途在于建立一个超民族国家的政治联合体，但他也反对过于仓促地推进欧洲统一的进程，主张在现有民族国家的基础上逐渐过渡。

《"德国独特道路"的终结》一文，阐述了德国思想界与史学界关于德国有别于西方的独特现代化道路的新旧论点，反驳了德国与西方史学界对社会史学派的批判性"独特道路"论点的批评。科卡坚持认为，19世纪与20世纪初期德国现代化进程中传统势力的遗存对纳粹主义在20世纪30年代上台负有主要责任。科卡还认为，德国的再统一并不意味着德国将回返其历史上的独特道路。

《走向文明社会的曲折道路——德国近现代社会史概述》一文对

德国社会史学派的发展作出了总结，并对近二百年来的德国社会史进行了简要的综合论述。科卡将德国近二百年来的社会史解释为一个"文明社会"理想的曲折的实现史，论述了德国资产阶级与工人阶级在这一进程中的不同角色，并揭示了20世纪德国社会史的几个重要的转折点。

如前所述，2001年12月，科卡以国际历史科学委员会主席的身份访问中国。《20世纪下半叶国际历史科学的新潮流》是他于12月7日访问中国社会科学院世界历史研究所时所作的学术报告。在该报告中，科卡首先介绍了20世纪下半叶国际历史科学的新潮流，即社会史、文化史与全球史三大潮流。另外，科卡还介绍了国际历史科学委员会的历史与任务以及德国历史科学的特点等问题。

《悉尼：国际历史科学委员会和普世史的乌托邦——在第20届国际历史科学大会上的开幕词》是科卡在2005年7月3日于悉尼召开的第20届国际历史科学大会上所作。在此开幕词里，科卡着重阐述了普世化历史研究或普世史学的三个特点：对共同方法论的确信、包容的精神、强调背景和相互关联。科卡呼吁各国历史学家，超越民族、国家、地区、宗教文化的界限，为实现普世化历史研究或普世史学这一历史学的"乌托邦"而努力奋斗。该开幕词原文为英文，由中国社会科学院世界历史研究所姜芃研究员译出。

以上为第一版收录的论文及演讲。第二版增加了以下6篇论文或演讲，其中4篇是第一版出版以来科卡教授在中国发表的论文或演讲，另外2篇未曾在中国发表过。

在《全球化时代的社会史研究》一文中，科卡阐述了20世纪90年代以来国际历史科学向跨民族研究开放的趋势，回顾了社会史研究的传统，强调了民族（国家）史研究框架的合理性，但同时也认为，社会史研究应该向跨民族研究开放，社会史与全球史可以相互学习，取长补短，相得益彰。例如，社会史研究应该加深对空间与界限的思考与研究，把民族国家之间的划界作为史实问题来考察，而不是简单地预定为史实。而全球史学家可以从社会史学家那里学习到冷静的史实研究以及原因分析。总之，不能预先设定国内因素或跨民族因素的优先性，关键要把两者恰到好处地结合起来，同时明确地追究因果关系。此文首发于《史学理论研究》2007年第1期。

《国际历史科学大会：回望与期待》一文，是科卡在第22届国际历史科学大会在济南召开前夕，于2015年5月在中国社会科学院世界历史研究所所作的学术报告。在此报告中，科卡以国际历史科学大会的议题为例，阐述了国际历史科学面向全球史的发展趋势。在报告的最后，科卡还向即将在济南召开的国际历史科学大会提出了三点期待：其一，国际历史科学存在着碎片化危险，大会是否能够设立足够多的普遍性专题、综合性的活动、共同的议题，以实现各国历史学家之间的真正的交流？其二，希望大会在方法论上，把历史比较与关系史、交流史富有成效地结合起来。其三，虽然最近历史科学向全球史开放了，但史学研究中占主导地位的还是源自西方的范畴、理论与解释，中国历史学家能否推出自己的对人类历史作出另类诠释的概念、理论与解释？可以说，第22届国际历史科学大会虽已成功举行，科卡提出的问题并未过时，仍是值得包括中国历史学在内的国际历史科学长期思考的问题与努力的方向。该文首发于《史学理论研究》2015年第3期。

2019年11月初，科卡作为国际史学界的主要代表，参加了"北京论坛"的会议，并在此期间再次顺访了中国社科院世界历史所，作了题为《一个历史学家的资本主义观》的英文学术报告。这一报告是其著作《资本主义简史》的一个归纳总结，读者可以就此对该书有一初步了解。因上文已经对《资本主义简史》有所介绍，这里不再赘述。英文稿件由中国社会科学院世界历史研究所张文涛研究员译成中文，在此也是首次发表。

《格哈德·A.李特与联邦德国的社会史研究》是科卡2016年发表的纪念格哈德·A.李特（1929—2015）的论文。李特是联邦德国批判社会史学的创始人之一，更是培育科卡成长的恩师。科卡在此文中高度评价了李特在联邦德国社会史学崛起过程中的先驱作用，同时也突出了李特与传统史学以及其他史学分支的友好关系。此文未曾在中国发表过。

《跨学科研究的现实与意识形态——在比勒费尔德跨学科研究中心的工作经验》是科卡1990年6月在于柏林举行的题为"科学的统一性"的国际学术研讨会上所作的学术报告。在此文中，科卡以他在比勒费尔德跨学科研究中心的工作经验以及德国史学史上的相关案例为中心，探讨了跨学科研究的概念、出现的时代与学科背景、成绩与收获、存在的困难及其解决办法。科卡认为，跨学科研究可以突破与弥补现有学科体系存在的缺陷，特别适合解决多个学科都存在但很难单独解决的问题。但不可能由此实现学科的大统一，此类想法是不符合实际的。此文首发于由中国社会科学院世界历史研究所全球史研究室姜南、张文涛研究员主编的论文集《跨学科视野下的世界史研究》。

在《历史学家与未来》一文中，科卡首先考察了西方古今历史思想中所呈现的过去、现在和未来之间的关系。他指出，与古代和中世纪不同，过去与未来的差异和关联是现代历史思维的决定性因素，对于未来的愿景深深影响了历史的书写。科卡强调，过去、现在和未来之间的基本区别并不排除人们可以在一定的时间范围之内，在某些方面认识到历史的"重复结构"，以此做到"以史为鉴"。但是，要做到这一点，不能一刀切，各领域的学者必须以不同的方式来讨论，有关未来的想象、期待与愿景是如何对历史的重构发挥其有益的作用的。此文首发于《史学理论研究》2020年第4期，原稿为英文，译者为德国鲁尔波鸿大学历史学院博士研究生杨晶晶、北京大学历史学系博士研究生修毅，译文经美国罗文大学王晴佳教授校订。

　　最后是附录部分。该部分在第一版中只有分别题为《德国社会史研究的今昔》和《于尔根·科卡的成长历程》的两篇访谈。第二版增加了题为《比勒费尔德学派的兴起及其时代背景》的采访以及科卡的学术人生自述《回顾：我的史学人生》。科卡的主要社会史著作目录也作了更新，增加了科卡2006年以来的主要著作。

　　《德国社会史研究的今昔》是笔者于1999年8月底在柏林对科卡教授的访谈。在访谈中，科卡回顾了德国社会史研究的发展阶段与代表人物，并回答了就当代德国历史科学现状的提问。该访谈首发于《史学理论研究》2001年第4期。

　　20世纪末，德国史学界兴起了关于西德第一代历史学家在纳粹时期的经历的讨论。[23]在讨论过程中，柏林洪堡大学历史系学生就20世纪50—60年代西德历史学界的师生关系与第二代历史学家的个人成长过程等问题，对包括科卡在内的著名第二代历史学家进行了采访。[24]本书摘译了对科卡的采访，题名为《于尔根·科卡的成长历程》。在这一访谈中，我们不仅可以了解到科卡个人的成长过程，而且可以获得有关二战后西德历史科学与社会史学派的宝贵资料。

　　2014年7月5日，比勒费尔德学派主要代表人物、科卡的挚友汉斯–乌尔里希·韦勒去世，德国学术界深感悲痛。为了纪念韦勒，科卡接受了德国《政治与社会》刊物的采访邀约，回顾了他与韦勒在20世纪70年代创立比勒费尔德学派的过程。这应该是科卡就比勒费尔德学派产生过程最为详尽的一篇采访，其中科卡不仅谈到了当时的政治与学术背景，也涉及了学派创立过程中的许多细节，为研究德国社会史学派的兴起提供了珍贵的一手史料。该采访原名为《"高度的试验意愿"：比勒费尔德学派与20世纪70年代的良机》（"Ein hohes Mass an Experimentierbereitschaft". Die Bielefelder Schule und die günstige

Gelegenheit der siebziger Jahre），我把标题简化为《比勒费尔德学派的兴起及其时代背景》。此采访中文版在这里也是第一次发表。

2024年7月，本人作为华东师范大学特聘教授与领队之一参加了华东师范大学与德国奥格斯堡大学共同主办的第5届历史教育暑期学校。德方主办者也邀请到科卡教授为暑期学校作学术报告。本人得以在2019年以后再次见到科卡教授。其间，科卡教授又给了我一篇他最近发表的学术自述《回顾》，该文全面回溯了他自少年时代到耄耋之年的学术与工作经历，叙述了他是如何走上社会史研究道路，经历了哪些工作阶段、站点，取得了哪些学术成就。我觉得该文对于了解科卡教授的史学人生很有帮助，可以作为本文集近乎完美的压轴之作。因此，我向科卡教授提出也将该文纳入本文集的第二版，并得到了他的同意，文章标题则改变为《回顾：我的史学人生》。

＊　＊　＊

本书的翻译与出版经历了多年的周折。在本书的翻译过程中，笔者得到了多方的支持。科卡教授为笔者提供了资金、资料与采访等方面的支持。笔者在山东大学上学时的老同学、现山东大学历史文化学院孙立新教授阅读了第一版初稿，并提出了宝贵意见。中国社会科学院世界历史研究所陈启能和姜芃研究员通读了第一版全文，规范了注释格式，并对全书译文进行了润色。本书初版责任编辑蔡欣女士对书稿进行了认真的校对。我对他们表示衷心感谢。

本书第一版由上海世纪出版集团上海人民出版社出版于2006年，出版后受到了学界较大关注与欢迎。多年前，陈启能先生建议我推出本书第二版，把科卡教授2006年以来在华发表的论文与演讲补充进去。因工作繁忙，这一计划一再被搁置，直到现在才最终实现。对于本书第二版的出版，本人首先感谢陈启能先生的再版建议。其次感谢姜芃研究员、于红霞副教授、张文涛研究员、杨晶晶与修毅博士生、王晴佳教授的支持。最后，我特别感谢华东师范大学党委副书记孟钟捷教授与历史学系的大力支持、范丁梁副教授与硕士生吴颖达细心的校对工作、东方出版中心刘鑫副编审与刘军编辑严谨的编辑工作。

　　由于本人学术水平有限，译文中的谬误与不妥之处在所难免，谨请各位读者见谅并指正。

景德祥

2025年5月

注　释

1　关于科卡生平与著作资料见：孙立新《于尔根·科卡：德国的批判史学与社会史研究》，载《史学理论研究》1992年第3期，第127—137页；Ch. Lorenz, "Kocka, Jürgen 1941- , German social historian", in: *Encyclopädia of Historians and Historical Writing*, 第 I 卷 A-L, ed. Kelly Boyd, London-Chicago 1999, pp. 650-652。1999年柏林洪堡大学历史专业学生对联邦德国著名历史学家的访问："Fragen, die nie gestellt worden sind. Interview-projekt zur deutschen Geschichtswissenschaft der 50er und 60er Jahre"。该采访项目先在互联网上刊登，后被收集出版，见 R. Hohls, K. H. Jarausch (Hg.), *Versäumte Fragen. Deutsche Historiker im Schatten des Nationalsozialismus*, München 2000。本文运用的资料来源另有柏林社会科学研究中心以及柏林自由大学相关网页、科卡提供的详细履历、著述总目以及译者对科卡的采访。

2　"Fragen, die nie gestellt worden sind. Interview-projekt zur deutschen Geschichtswissenschaft der 50er und 60er Jahre" 中对科卡的访问，即本书中《于尔根·科卡的成长历程（访谈）》一文。

3　J. Kocka, *Unternehmensverwaltung und Angestelltenschaft am Beispiel Siemens 1847-1914. Zum Verhältnis von Kapitalismus und Bürokratie in der deutschen Industrialisierung*, Stuttgart 1969.

4 有关书评见 D. Blasius 文, in: *Archiv für Sozialgeschichte*, 21(1971), S. 609–611; H. Jaeger 文, in: *Historische Zeitschrift*, 218 (1974), S. 443–444; G. A. Ritter, "Die neuere Sozialgeschichte der Bundesrepublik Deutschland" , in: J. Kocka (Hg.), *Sozialgeschichte im internationalen Überblick*, Darmstadt 1989, S. 19–88。

5 见本文集中《于尔根·科卡的成长历程（访谈）》一文。

6 J. Kocka, *Angestellte zwischen Faschismus und Demokratie. Zur politischen Sozialgeschichte der Angestellten: USA 1890–1940 im internationalen Vergleich*, Göttingen, 1977.

7 有关书评见 D. Langewiesche 文, in: *Geschichte und Gesellschaft*, 6 (1980), S. 283–296; G. Giesselmann 文, in: *Archiv für Sozialgeschichte*, 20 (1980), S. 760–763。

8 J. Kocka, *Klassengesellschaft im Krieg. Deutsche Sozialgeschichte 1914 bis 1918*, Göttingen 1973.

9 有关书评见 D. Stegmann, "Vom Kaiserreich zur Republik", in: *Archiv für Sozialgeschichte*. 15 (1975), S. 511–512; P. -Ch. Witt 文, in: *Geschichte und Gesellschaft*, 2 (1976), S. 118–124; G. Schramm, "Klassengesellschaft im Ersten Weltkrieg. Zu J. Kockas Gesellschaftsmodell für die Endphase des Wilhelminischen Deutschland" , in: *Geschichte und Gesellschaft*, 2 (1976), S. 244–262。

10 《历史科学批判研究》丛书 (*Kritische Studien zur Geschichtswissenschaft*), 哥延根 1972 年开始出版;《历史与社会》(*Geschichte und Gesellschaft. Zeitschrift für Historische Sozialwissenschaft*), 哥延根 1975 年开始出版。

11 J. Kocka, *Sozialgeschichte. Begriff, Entwicklung, Probleme*, Göttingen 1977, 1986.

12 除前述著述外, 另见 J. Kocka, *Unternehmer in der deutschen Industrialisierung*, Göttingen 1975; J. Kocka, *Die Angestellten in der deutschen Geschichte 1850–1980. Vom Privatbeamten zum angestellten Arbeitnehmer*, Göttingen 1981; J. Kocka, *Lohnarbeit und Klassenbildung*, Bonn–Berlin 1983; J. Kocka, *Arbeiter und Arbeiterbewegung in Deutschland 1800–1875*, Bonn–Berlin 1983。

13 见本书中《于尔根·科卡的成长历程（访谈）》一文, 资料来自科卡的详细履历以及主译者对科卡的采访。

14 J. Kocka, *Weder Stand noch Klasse. Unterschichten um 1800; Arbeitsverhältnisse*

und Arbeiterexistenzen. Grundlagen der Klassenbildung im 19. Jahrhundert（即 G. A. Ritter［Hg.］, *Geschichte der Arbeiter und der Arbeiterbewegung in Deutschland seit dem Ende des 18. Jahrhunderts*, Band 1 u. 2），Bonn 1990。

15　J. Breuilly, "Von den Unterschichten zur Arbeiterklasse：Deutschland 1800-1875", in: *Geschichte und Gesellschaft*, 20(1994), S. 251-273.

16　Jürgen Kocka, Handbuch der deutschen Geschichte in 24 Baenden, Bd. 13: *Das lange 19. Jahrhundert*, Stuttgart 2001；另有单行本：*Kampf um die Moderne: Das 19. Jahrhundert in Deutschland*, Stuttgart 2021。

17　Jürgen Kocka, *Geschichte des Kapitalismus*, München 2013 (2. Aufl. 2014) (engl. 2016)；中译本：《资本主义简史》，徐庆译，文汇出版社2017年版。

18　Jürgen Kocka, *Arbeiterleben und Arbeiterkultur. Die Entstehung einer sozialen Klasse*, Bonn 2015.

19　*Die Max-Planck-Gesellschaft. Wissenschaft und Zeitgeschichte 1945-2005*, hg. von J. Renn, C. Reinhardt, J. Kocka, Göttingen 2024.

20　J. Kocka (Hg.), *Max Weber. Der Historiker*, Göttingen 1986.

21　J. Kocka, H. -G. Haupt (Hg.), *Geschichte und Vergleich*, Frankfurt 1996.

22　J. Kocka (Hg.), *Bürgertum im 19. Jahrhundert: Deutschland im europäischen Vergleich*, 3 Bde., München 1988（Göttingen 1995）.

23　见景德祥：《关于联邦德国第一代历史学家的争议》，载《史学理论研究》2004年第1期。

24　见1999年柏林洪堡大学历史专业学生对联邦德国著名历史学家的访问："Fragen, die nie gestellt worden sind. Interview-projekt zur deutschen Geschichtswissenschaft der 50er und 60er Jahre"；又见 R. Hohls, K. H. Jarausch (Hg.), *Versäumte Fragen. Deutsche Historiker im Schatten des Nationalsozialismus*, München 2000。

为什么要研究历史？[*]

一、问题的两次提出及其原因

当我们在1970年前后第一次讨论"为什么要研究历史？"这一问题时[1]，历史学在联邦德国社会里正处于被动地位。20世纪60年代与70年代初期，西德舆论界对"历史的遗失"（前联邦总统霍伊斯［A. Heuss］早于1959年即以此作为他一本书的书名）现象严重化的警告以及对公众的历史意识与历史兴趣之减弱的怨言越来越多。这一问题本来主要只是学术界的一个专题，但很快带来了许多现实问题，因而得到了有危机感的历史学界的一致关注。特别是某些文化教育部门倾向于大大减少中小学的历史课，增加新设的综合课"社会知识课"（或称之为"政治课""社会课"等），或将历史课融合于这一新科目之中。所以，有人担心历史会被缩减为当代史，被降级为系统性社会科学的附庸。回顾起来，很有争议的"黑森州总方针"以及不那么有名的1972—1973年北莱茵河-威斯特法伦州的课程大纲计划，可被视为这一倾向的高潮。[2]

就是在公共舆论中，历史的声誉也降到了零点。我们还记得，一个

---

[*] 原文为："Geschichte-wozu?" In: W. Hardtwig (Hg.), *Über das Studium der Geschichte*, München 1990, S. 427–443。

很有成就的企业家曾在公共场合抱怨道：我们的大学里有几百个研究过去的历史学家，但没有一个研究未来的讲座。[3]《明镜》周刊或电视台虽然报道了医生与社会学家的年会，但却让《法兰克福汇报》或电视台与电台的第三套节目来报道历史学家的大会。知识界不首先寄希望于历史学家给它提供对集体的自我理解以及对前景的展望；社会学已经取代了历史学以前的地位，成为知识界科学或半科学的指南。联邦德国的执政者也不力求借助关于历史的某种具体解释来论证他们对选民所提出的要求，或来回答选民所提出的问题——我们应该怎样解释历史兴趣的减弱以及与此相关的历史学地位的下降呢？

（一）由于整个社会变化过程的加速，人们就更难以通过对过去的回忆来达到个人与集体的自我定位，并从历史知识中获得能起指南作用的知识。"以史为师"的设想随着历史发展的加速失去了它的前提。现代世界越新异，越与以往不同，这一设想的意义就越小，因为以往问题的解决办法已难以充当解决目前问题的模式。[4]

（二）历史意识与历史学在19世纪德国的兴起是与当时德意志民族国家的形成和发展紧密相关的。对本民族历史的回顾曾对民族国家的形成及其有力的自我表演作出了极为有效的政治与思想意识的作用。这一种关系给德国历史学不仅带来了很高的声誉、大量的国家支持，也造成了其专题上的特色与弱点，如专权国家的语调、对国家与政治的重视，对社会经济发展过程、社会运动与社会矛盾的忽视。二战后西德的历史学还长期保留了这一传统特色。历史学以前的优点与牢固地位的根基成了它的约束与弱点。对当时大都受社会科学影响的有关时局形势的讨论，历史学没能作出多少贡献。只是由于20世纪60年代以来通过社会史的视线与成就所促成的历史学的转折，这方面的情况才有了逐渐的好转。

（三）20世纪德国历史的动荡与德国民族国家传统的扭曲（两次世界大战、法西斯独裁、国家的崩溃，所有这一切都发生在一代人的经历范围中）深深影响了德国社会与其历史的关系，由此也深深影响了德国的历史学。与民族传统完好无损的国家，如美国与瑞士相比，这种影响显得更深。这一动荡与曲折有助于解释，为什么国际上常见的历史学丧失社会作用的现象在德国特别明显。历史学以往重要的社会与政治功能、民族团结的功能已彻底丧失了信誉，丧失了作用，可以说已经过时了。在二战以后的一二十年中，尽量推卸自己不愉快的历史责任的倾向，在德国很普遍。这一倾向下意识地促成了历史学地位的下降。

西德的历史学并没有受损于其社会功能的削弱。当然，对历史专业的怀疑，特别是20世纪60年代末70年代初激进学生用有时（说轻一点）十分非科学的表达方式对这一普遍怀疑所作的夸张，使得某些大学历史教授变得更固执。当年大学里的年轻学生运动确实也没有放过历史学及其代表。他们咄咄逼人地提出了有关历史学的意义、研究结论的重要性、大学历史课程的基础与作用的问题。对绝大多数不属于"左派先锋队"的历史教授政治上的批判，经常过于仓促地与对历史知识的特点、对历史专业的分工、对历史学家在犀利的系统论眼中的慢条斯理的治学作风的批评混淆在一起。有些历史学家本来是自由主义者，遭受攻击之后很快成为一个新保守主义者。

总的说来，对历史学的这一攻击还是具有一定的启发作用的，并带来了某些成果。为了应对这一挑战，历史学界兴起了关于历史理论、方法、前提与作用的讨论。"为什么还要研究历史"的问题很早就得到了高水平的探讨，并成为1970年历史学年会的专题。[5]把理论当作应对外来冲击的自卫武器——这一点甚至受到对理论讨论表示沉默的多数历史学家的承认，至少是容忍。少数历史学家所进行的理论讨论不仅仅起了这一作用，它们也带来了许多可观的成就，开辟了史学研究的新路。[6]从此以后，理论讨论再也没有达到过当年的高潮。

从另一方面来看，历史学社会作用的丧失以及史学界的惶惑也带来了新的机会。因为它们动摇了某些陈旧"学派"对其主宰地位的自信,开辟了进行多种试验的可能性。历史学逐渐向系统性社会科学的建议开放。可以说,历史学家大大受益于参考政治学家与社会学家的工作,反过来的例子则少一些。在一段时间内,占统治地位的研究模式及其拥护者的动摇足以给各种新观点以较大的,或许是百年未有的活动余地。[7]与历史专业内部包容性的不断增长相应的是,联邦德国的历史学几乎没有受到专业以外的、政治方面的约束。这种自由,出现在德国历史学家肩负国家重任的时代——如在争取建立、发展、捍卫民族国家时,如在有关一战爆发的责任争议之时——是不可想象的。我们必须看到,人们常常责怪的历史学职能的损失也减轻了历史学的负担,为它提供了前所未有的、较自由的进行自我批评与重新定位的机会。

这一局势的基本状况至今(1989年初)未变。但变化的速度却有所加快。民族史模式未能恢复它以前曾有过的魅力。德国历史上的阴暗面既没有消失也没有被遗忘。尽管如此,今日已无人抱怨历史兴趣的削弱。"为什么要研究历史?"这一问题几乎无人再提了。历史博物馆如雨后春笋般地建立起来,到处都有保留历史遗迹的宣传活动。似乎任何历史遗迹都值得保留起来。写得精彩的历史著作列于畅销书籍之中;电台、电视台在最佳收看时间播放历史节目,如1986—1987年的"历史学家之争"表明,有关我们作为德国人、欧洲人与当代人的集体自我理解的原则性的讨论都在引用历史论据。[8]尽管历史学也受到大学体制发展停滞的影响,但这一专业在高校或中小学里的处境并不比其他人文科学、社会科学差,情况恰恰相反。

形势是在最近十五年中的某些时刻发生转折的。在20世纪60年代与70年代初,人们普遍有身处僵局之感。人们要求通过广泛的改革冲破这一僵局,实现社会的现代化。尽管大家的目标各有不同,但批判性舆论界的人们普遍深信,能够实现更多的自由、民主与社会公平,能够更理智地设计未来世界。对传统的批判与解放的期望是同步共进的。

或许是因为当年过高的期望没有得到实现，或许是因为新的危机经历与对未来的恐惧占了上风，或许是出于其他原因——今日很少有人抱怨身陷僵局。恰恰相反，人们面临太快的、无法控制的、不断加速的变化，特别是那些进步性大受怀疑的可能引向新危机的变化，因而深感不安。与此相关，传统又受到人们的重视，被视为对抗迅速发展与同一性的根基。吕伯（H. Lübbe），他为现代历史学职能进行保守性重新定位作出的贡献最大，这样写道："忠于我们的根基能使我们更好地挑起现代化进程的负担。"[9]

在这样的背景下，对历史的兴趣不仅有所增长，而且发生了变化。人们所要求的不再是对历史进行保持距离的分析，而是把它当作我们自己的一部分来叙述传授；人们不再追求学习历史知识中的经验教训，以削弱或克服历史对现实的控制，而是对自己的历史进行求根索源。难怪"记忆"与"同一性"这样的概念在20世纪80年代的讨论中风靡一时。不过，不同的政治、思想派别的区别，不在于它们是否把历史作为同一性的基础，而在于它们各不相同的答案。有些答案具有强烈的民族史特色，而另外一些则带有运动史，或日常生活史的色彩。[10]

"历史学家之争"之所以在20世纪80年代末，而不是在十年或二十年以前兴起，是因为对历史回忆兴趣的产生：因为如果人们要"接受"自己的历史，以便更顺口地说"我们"，而不是对历史"仅仅"作分析与引以为戒，那么"奥斯维辛"更显得成为不可跨越的、干扰性的障碍，成为令人窒息的包袱。对"不愿过去的过去"的怨言以及各种对德国历史阴暗面的淡化就应运而生。"历史学家之争"表明，这些做法不能如愿以偿，恰恰相反，它们导致了对历史的重新回顾。[11]

在讨论中经常有人声称：我们现在十分缺乏集体同一性。这一论点是很值得怀疑的。即使同一感缺乏，能否用历史回顾来弥补还是值得怀疑。至于历史作为一门科学能否用来维护传统、加强同一感，更值得怀疑。不过，依我看来，毫无疑问，历史对生活的用处不仅仅局限于有可能促进同一感的形成。这里有必要重新探讨一下关于历史知识、历史科学与历史课程对社会与个人的作用问题。以下分七点回答这一问题：

二、历史学的功能

（一）历史知识能够解释现实现象的（历史）原因与发展过程，因而它对现实现象的理解、解释与正确对待是必不可少的。只要想起现代的反犹主义现象，我们就能理解这一点。没有对其遥远的、有时是起于中世纪的产生条件与原因的了解，我们就不能向中小学学生以及成年人正确解释这一现象，也不能在实际启蒙工作中有力地打击它。尽管此类历史知识还不是理智政治行动的唯一条件，但是它的必要条件。所以，历史研究与教育必须从现实问题出发，将过去作为现实的前幕来探讨。不过要正确地掌握一个专题，将其作为它所处时代的一个组成部分来理解，就必须运用特殊的、其他社会科学所难以提供的历史方法与提问。

（二）历史科学能通过离现代不太遥远、与现代相差不大（但有足够的距离，能避免处理现代问题时出现的不利于澄清问题的障碍）的历史领域的研究来介绍有助于了解社会与政治现实、认清方向的模式性范畴与认识。例如，谁要是理解了1917年具有解放意义的苏维埃民主制由于效率低下以及各种挫折而蜕变为苏联新领导人的专制统治，理解了未能实现的改革、1914至1918年间不断加剧的交战民族之间的对抗关系，或理解了威廉帝国期间由大庄园主控制的庄园主协会是如何用思想意识来掩盖其集团利益，那么他就不会面对某些现实现象而感到束手无策，尽管他不必找出历史与现实的直接因果关系或将历史与现实相提并论。某些政治决策过程的核心范畴（如活动余地及其局限、对抗与联盟、可估性及其局限、目标及其副作用、长期效果的不一致性)一般都可以通过对过去个案的分析而得到更好的展现,因为,不仅历史问题的资料(由于保密措施的松懈)比现实问题的资料要容易得到,而且历史上的决策过程的各种关系、影响、前景实际上有了一定的时间距离后才能得到完全的理解与展现。

(三)通过历史进行论证在当今社会的意义虽然(如上所述)有所丧失,但历史的回顾在我们今天(以及在我们所熟悉的文化中),在论证现有社会政治统治秩序的合理性及其巩固方面,在为政策辩护、回击批评、为抗议论证等方面,仍有其作用。历史回顾有时也被特意用于这些目的。

美国独立战争的庆祝纪念对美国人思想精神上的团结以及增强"国家意识"的意义之大,我们可以在美国独立二百周年的庆祝活动上看到。1989年法国对法国大革命的隆重纪念也有同样的目的。谁要是作为外国人在瑞士度过8月1日,就会有机会感受到一个被神化的、拥有七百年历史的、几乎没有曲折的传统对一个民族的自我解释的意义。就是大型的私人企业也知道,粉饰过的企业史有助于其职工对企业的忠诚以及他们在社会上的名誉;否则他们不会为整理档案与编辑纪念册出钱。为了消除几百年殖民统治遗留下来的、深厚的社会心理创伤,墨西哥政府动用了大量的财力保护哥伦布发现美洲以前的传统。公共建筑上众多的现代历史壁画以及墨西哥市人类博物馆的装饰辉煌闪耀,与城郊的贫民区形成了鲜明的对比。在所有这些例子中,历史都被作为科学以外的政治或经济目的之工具,为社会融合、政权的巩固与合法化服务。在这些例子中,历史真相到底如何,当事者都不大在乎。

只要历史理由、传奇、零星而含糊的记忆为现有秩序起着合法化与辩护的作用(其中提及的集体自我理解必须有历史的一面),那么就必须对历史进行理性的、思想批判性的研究,并将这种研究成就扩大到学校与出版界。历史学家的这一批判工作在每个问题上可以有非常不同的结论,不必总是以彻底摧毁所涉及的历史传统为目标。但是历史学必须力求对此作出理性的、科学的评估。因为传统很容易以讹传讹，被人用来威胁不同意见者、拒绝批评、扰乱社会生活、愚昧人民。

不过，历史学家在联系实际的启蒙工作中，也必须对以历史为理由的抵抗活动进行批判，并得出各种不同的结论。历史传说在政治抗议中所起的作用，我们不仅能在一战后的"背后一刀传说"以及右派用它来对魏玛共和国的攻击上，而且可以在近年来联邦德国的某些抗议团体的言论中看到。左派与右派对议会的批评都以（实际上是扭曲了的）资产阶级早期的议会主义模式为标准来衡量我们的现实，使之理所当然地显得不够格。"资本主义导致法西斯主义"这一口号只是讲了历史经验的一面。它在左派言论与出版物中的运用很成问题。右派集团则经常重复没有根据的民族主义的老调。所有这一切都必须得到历史的批判。

（四）以下讨论的正确理解的历史科学功能则非常难以掌握，但又十分重要：历史科学可以展现社会、政治现实的形成过程及其变化性，也就是说其可变化性，使我们不会轻易地把现实看成是不可抗拒的，因而抱有无可奈何的态度，而是能看到过去曾使用过的或被耽误的、过去有过的与可能还存在的对待现实问题的办法。这样，对不同于与现实世界的（第二手）经验的介绍就会有助于现实映像的"流动化"，有助于认识人类生存形式的多样性。认识亲身经历之外的、遥远的时代以及同时代的与自己极为不同的社会文化环境，就能使我们对自己的世界刮目相看。这样看来，对历史的兴趣，除了其内在的固有意义外，还有着一种额外的具有解放意义的价值。历史上的不同状况会迫使现有状况维护者进行自我辩护、与要求改革的批评意见进行争论。特别是那些不直接从现实问题中引出提问的、在研究的时代与课题上远离现代现象的历史专业，如中世纪史、古代史，以及其他文化的历史，能在这方面起一个重要的、难于替代的作用。它们能够通过对遥远时代的或其他文化的不同生存方式的介绍，促使人们认识到那些长效性的变化，并在现代的自我认识方面，作出其他社会科学所做不到的贡献。

（五）另外，历史学还能通过对极不相同的时代与社会的考察，通过对现代现象的因果关系的历史解释，或许也能通过对长期存在的社会结构（作为人们行动、继续行动的条件）的认识，来帮助个人与集体在现实世界里辨清方向。这里，历史知识可作为一个知识、想象、经验、行动准则与道德准则的宝库，可以为个人与集体提供一种初步的自我理解；这种自我理解虽然尚不具体，但却是重要的。它虽然能够间接地为立场与行为定向，但不能有目的地以某些具体的方向与行为为目标。这最明显地表明，历史虽有其实际的功能，但不应该将它狭隘地为了眼下的需求而工具化。要求讲授"整个历史"的过程显然是幻想。所以必须有所选择，再说，中小学的课程时间尤其紧缩。当代的实际问题应该在对历史内容作必要选择时受到足够的重视。与第一、二、三点中的功能定义相应，近现代史应该在教学计划中占据明显的主要地位。

不过，我们同时应该坚持这样的目标，即宁愿为了重新发现被遗忘的历史，而遗忘已经了解的历史，为尽量扩大我们的历史知识面而努力。我们的历史意识的特征，应是比直接可用的、眼下所需的历史知识广泛得多，而由此可以很间接地起到批评与修正占统治地位的政治、社会行动以及科研思维模式的作用。因此，历史知识正确意义上的有用性也基于其直接无用性。它的重要性恰恰就在这里。

（六）历史的讲究方法的研究与细心的教学，尽管只能追求有选择的、片面的知识，但也必须重视历史局势中条件关系的多样性。这一教研工作尽管使用典型化的、有局限的普遍化方法，但却比系统性的近邻学科更重视对个别局势与现象的研究。因此，它能比系统性的社会科学更好地训练具体的思考能力，而这一点可能正是历史学的另一功能。

毫无疑问，这里也潜伏着很大的危险。因为历史学家追求对丰富多彩的事物的细心理解，很容易僵化为保守自满，对历史现象只作肯定，不作批评。而非历史性思想很容易导致"仓促的公式、潦草的世界理论解释、对复杂现实过急的简单化结论"。[12]长年的历史研究能够克服幼稚冒失的、喜欢从原则与全面规划出发来理解现实的倾向。它有助于通过具体的个案、具体的决策情境来传授、介绍一般认识，使人们认识到，这些具体的决策情境常常以不可消除的矛盾性为特点，因而需要彻底加以区别。通过历史的研究与学习，我们能够认识到，绝大多数局势所具有的、大多只在回顾时才能真正看到的多义性和内在联系，认识到各种观察角度的相对性、细节本身的重要性以及复杂现实的矛盾性。这一认识能防止专家的政治方案失去效用，防止激进抗议的过度化，但又不会导致（应该受到批评的）对个别现象所进行的有意的夸张与强调。除了自己的切身体会之外，历史最能使人们体会到改变现状的政治行为的艰难性，犹如马克斯·韦伯所说的，像是在"既充满激情，又有分寸、有力而缓慢地钻凿坚硬的木板"。这样，人们就容易避免乌托邦式的、不作区别的、批判一切的行为和因此产生的灰心情绪的危险。

（七）最后，我们还得讲讲历史的另外一个功能。不过，这一功能本身不能单独成为历史作为必修课与普通课的理由。这里所指的是把历史当作"无目标"的业余爱好，当作消遣与娱乐的对象。在我们这一社会里，怎样文明地度过业余时间，对许多人越来越成为问题，我们不应过于重视此类历史兴趣，但也不应该忽视它。即使历史读者没有以获得上述益处为出发点，读一本历史书也不是最差的与历史有关的业余爱好。

三、历史学与同一性

这里，我不再将（个人的、一个集体或社会的）同一性之构成称为历史科学的一个功能。将同一性之构成作为历史学的一个功能也是可以的，不过条件是：不把同一性的寻求与批评相对立，不把历史构成同一性的功能与其上述的批判功能相对立，而是把自我距离、自我矛盾理解为同一性的组成部分，把同一性（就像黑格尔哲学中某些心理分析方法一样）解释为超过现有发展的同一化过程。[13]

如果同一性的构成包括反思、选择、距离；不断吸收变化，并由此不断变化发展，但又有严密性；真正做到"与己同一"，有批判能力，又不冷酷待人；不单纯追随每个潮流，不强制压抑没有消化的动乱经历，明显地独立于生活环境而又与之保持多种关系，那么所有上述历史学的功能都可以被看成是历史科学对个人、集体与社会寻求同一性的贡献。不过，使用这样的概念，我们能否获得更明确的表达能力呢？

反过来，如果不加定义地使用这一概念，就很容易造成误解或导致只作肯定、不作否定的后果。如有些（如小孩子的）同一感形成的方式，缺少或缺乏反思与自我批评的控制，很受习惯与欺诈的影响。这些方式虽然有其必要（这里我也无意对其进行批评），但它们是完全违背科学的，包括历史学的根本原则。另外，"同一化"也有迎合现实（有别于批判与矛盾性）的含义，通过练习与模仿来接受理所当然的观点的含义，而不是指尽量有控制的、有根据的接受。[14]没有被纳入科学的历史确实能够充当此类同一性构成的工具，传统的作用与纪念碑的使用就表明了这一点。但是科学意义上的历史，即历史科学的原则，与这一同一性的概念完全相反，所以我们绝不能让历史科学来充当这一角色。我们确实常常觉得，近来经常听到的关于历史构造同一性的功能言论与这些反批判性的倾向有关系。

我们这里要求的历史科学与起解放作用的实践的相互联系当然只能是间接的。直截了当地联系实践通常会影响或削弱这一作用。直接将历史经验转化为行动指南也会违背历史主义的结论。另外，用历史科学来准备直接的政治行动则表明理论与实践的关系是短暂的。科学会因此在内容上、体制上很快失去其为达到启蒙与批判所需要的独立性与距离，而且会超出它的权限。我们这里所要求的历史科学与实践的联系,反对历史的工具化,反对历史科学被政治所利用。

　　同时,这里所阐述的联系实践的历史科学概念明显地区别于站在一种有缺陷的纯艺术主义立场上的观点。这样的观点,不愿承认历史作为科研与中小学课程在以前与现在一直拥有的角色,即一种具有明确的社会与政治功能的社会活动。对这一关系,人们可以闭眼不见,但无法逃脱。把对历史科学与实践的这种关系的肯定,看成是不可接受的非科学性的"政治化",不仅是错误的,而且是危险的:因为我们很容易证实,所谓的"政治化"会通过后门进入自以为非政治的、否认与忽视其与实践关系的科学。相反,我们非常有必要对自己在研究与教育中的行为就这些功能进行反思、设计与论证,尽管我们不能,也不应该从这些一般性功能的思考中明确引导出具体的研究重点。科学工作与社会功能的反思性、讨论性结合(只要这一结合是愿意讨论的单个学者之事)并不违背教研自由这一正确原则。相反,它完全符合科学概念的定义。

注　释

1　1969年4月,我曾在海德堡现代社会史工作组的会议上就本文论点作过初次报告。参见 W. Conze (Hg.), *Theorie der Geschichtswissenschaft und Praxis des Geschichtsunterrichts*, Stuttgart 1972, S. 69ff。这些论点在以后几年里有所增加和修改,从以下科研著作与讨论中吸取了许多启发: W. J. Mommsen, *Die Geschichtswissenschaft jenseits des Historismus*, Düsseldorf 1971;比勒费尔德大学多专业合作研究中心1971年的一次会议; P. Böhning (Hg.), *Geschichte und Sozialwissenschaften. Ihr Verhältnis im Lehrangebot der Universität und Schule*, Göttingen 1972; T. Nipperdey, "Über Relevanz", 1972年初版, in: T. Nipperdey, *Gesellschaft, Kultur, Theorie. Gesammelte Aufsätze zur neueren Geschichte*, 1972, 1976, S. 12–32;另外还有在由 K. E. Jeismann 主持的在1973与1974年历史学家协会会议的工作组上的讨论。讨论的结果参见: "Funktion und Didaktik der Geschichte.

Begründung und Beispiel eines Lehrplans für den Geschichtsunterricht", in: J. Rohlfes u. K. -E. Jeismann (Hg.), *Geschichtsunterricht. Inhalt und Ziele. Arbeitsergebnisse zweier Kommissionen*, 即《历史科学与教学》(*Geschichte in Wissenschaft und Unterricht*)刊物附册, Stuttgart 1974, S. 113−123。另见 W. Oelmüller (Hg.), *Wozu noch Geschichte?*, München 1977, S. 11−33。

2　参见 Jeismann u. E. Kosthorst, "Geschichte und Gesellschaftslehre. Die Stellung der Geschichte in den Rahmenrichtlinien für die Sekundarstufe I in Hessen und den Rahmenlehrplänen für die Gesamtschulen in Nordrhein-Westfalen. Eine Kritik", in: *Geschichte in Wissenschaft und Unterricht*, 24 (1973), S. 261−288; H. Hoffman, "Der Geschichtsunterricht in den Hessischen Rahmenrichtlinien", in: ebd., 28 (1977), S. 17−35。

3　引自 H. Lübbe, "Der kulturelle und wissenschafts-theoretische Ort der Geschichtswissenschaft", in: R. Simon-Schaefer u. W. C. Zimmerli (Hg.), *Wissenschaftstheorie der Geisteswissenschaften*, Hamburg 1975, S. 132ff。

4　参见 R. Koselleck, "Historia Magistra Vitae. Über die Auflösung des Topos im Horizont neuzeitlich bewegter Geschichte", in: R. Koselleck, *Vergangene Zukunft. Zur Semantik geschichtlicher Zeiten*, Frankfurt 1979, S. 38−66。

5　参见 R. Koselleck, "Wozu noch Historie?", in: *Historische Zeitschrift*, 212 (1971), S. 1−18。

6　参见 K. G. Faber, *Theorie der Geschichtswissenschaft*, München 3. Aufl. 1974; 1973年成立的 "史学理论工作组" (Theorie der Geschichte)的讨论集, 慕尼黑:德国袖珍出版社,6卷; J. Meran, *Theorien in der Geschichtswissenschaft. Die Diskussion über die Wissenschaftlichkeit der Geschichte*, Göttingen 1985; J. Rüsen, *Historische Vernunft. Grundzüge einer Historik*, 3 Bde., Göttingen 1983−1988。

7　这方面的概述参见 Kocka, *Sozialgeschichte*, S. 48−111, S. 132−176; G. G. Iggers, *Neue Geschichtswissenschaft. Vom Historismus zur Historischen Sozialwissenschaft. Ein internationaler Vergleich*, München 1978; G. A. Ritter, "Die neuere Sozialgeschichte in der Bundesrepublik Deutschland", in: J. Kocka(Hg.), *Sozialgeschichte im internationalen Überblick. Ergebnisse und Tendenzen der Forschung*, Darmstadt 1989, S. 19−88。

8　参见 "*Historikerstreit*". *Die Dokumentation der Kontroverse um die Einzigartigkeit der nationalsozialistischen Judenvernichtung*, München 1987; G. Knopp u. S. Quandt (Hg.), *Geschichte im Fernsehen. Ein Handbuch*, Darmstadt 1988。

9　H. Lübbe, *Die Gegenwart der Vergangenheit. Kulturelle und politische Funktionen des historischen Bewußtseins*, Oldenburg 1985, S. 22; H. Lübbe, "Über den Grund unseres Interesses an historischen Gegenständen. Kulturelle und politische Funktionen der historischen Geisteswissenschaften", in: H. Flashar u. a. (Hg.), *Geisteswissenschaften als Aufgabe. Kulturpolitische Perspektiven und Aspekte*, Berlin 1978, S. 179-193; H. Flashar, *Geschichtsbegriff und Geschichtsinteresse. Analytik und Pragmatik der Historie*, Basel 1977; 关于与O. Marguard的争论参见A. Kuhlmann, "Der Geisteswissenschaftler als Geschichtenerzähler", in: *Merkur*, 41（1987）, S. 907-913。

10　C. Meier 曾从自由主义的立场出发提出这一要求, 见C. Meier, *40 Jahre nach Auschwitz. Deutsche Geschichtserinnerung heute*, München 1987。

11　我曾在1989年于布达佩斯出版的、纪念G. Ránki的论文（英文）中对这一点作过更详细的论述。另见Charles S. Maier的佳作: Charles S. Maier, *The unmasterable past. History, Holocaust and German national identity*, Cambridge/Massachusetts 1988。

12　见H. -U. Wehler, *Geschichte als Historische Sozialwissenschaft*, Frankfort 1973, S. 22。

13　参见J. Habermas, "Können komplexe Gesellschaften eine vernünftige Identität ausbilden?", in: J. Habermas, *Zur Rekonstruktion des Historischen Materialismus*, Frankfurt 1976, S. 92-126; 另见J. Kocka, *Geschichte und Aufklärung. Aufsätze*, Göttingen 1989, S. 140-159。

14　见T. Nipperdey, "Wozu noch Geschichte?", in: W. Hardtwig (Hg.), *Über das Studium der Geschichte*, München 1990, S. 389ff。

马克斯·韦伯对历史科学的意义[*]

马克斯·韦伯不是专业历史学家。但不可否认,他的著作与历史科学有着紧密的联系。这一点特别从以下两个角度来看是如此:

1. 韦伯虽本是学法律的,但在研究古代与中世纪法律史时,他就开始写作以社会经济史为重点的历史著作。[1]尤其是他影响深远的关于"新教伦理与资本主义精神"的几篇论文以及他的宗教社会学方面的著作,今天仍被绝大多数历史学家看成是社会史与世界史比较研究著作,尽管它们已经突破了在1900年前后占统治地位的历史主义专业准则。这种准则强调政治史,重视原始资料,使用个别化、描写与叙述的方法。[2]当年,至少在德国,系统的国家、社会与经济科学以及语言、艺术与精神科学还具有较大的历史深度,与历史科学的分界不严。韦伯就是这些学科相互融合的一个范例。尽管他主要担当的是国民经济学讲座,他参加的是国家与社会科学家专业组织(如"社会政治协会"),并不愧是科学社会学的创建人之一,但他的很多著作,特别是早年著作,却是特色鲜明的历史著作,除非我们以一个狭隘的难以自圆其说的历史学概念来衡量它们。[3]

2. 在其方法论著作中,韦伯不仅与同时代的历史学家以及进行历

* 原文为:"Max Webers Bedeutung für Geschichtswissenschaft", in: J. Kocka (Hg.), *Max Weber. Der Historiker*, Göttingen 1986, S. 13-27。

史研究的社会科学家，如罗雪尔（Roscher）、克尼斯（Knies）、迈耶（Ed. Meyer）、兰普雷希特（Lamprecht）、特莱契克（Treitschke）进行了商讨，而且奠定了由他命名为"文化科学"的理论方法论基础。尽管他后来把历史学和社会学看成是两门紧密相连的、"研究行为的事实科学"，但至少按他在1910年之前的标准，他的"文化科学"既指历史科学，又指社会科学。1913年以后，他则更多地强调了它们的互补性。"与历史学相反，社会学构建类型概念并寻求事物的通常规则，历史学则力求对个人的、有文化意义的行为，对集团和人物进行因果关系的分析与探究。"[4]我们确实可以说——下有详解——韦伯逐渐形成的、作为他主要科研工作副产品的方法论观点，对历史科学来说，至少与对系统的社会科学一样重要。韦伯对现代历史科学理论与方法论的贡献，大于他同时代的以及后来的绝大多数历史学家。所以，我们有理由称韦伯为历史学家。而他的著作的五个方面或主题特别值得在此讨论一下。

一、分析与评价的关系

"一个尝过知识之果的文化时代的命运，在于认识到，我们不能从哪怕是最完善的研究成果中得到有关世界现象的意义的答案，而是必须能够自我创造这一意义：'世界观'绝不是不断进步的经验知识的产物。即使是高尚的，最感动我们的理想也永远只能在与其他人的、对他们来说同样神圣的理想作斗争中产生影响。"[5]韦伯的这一阐述以及类似的阐述毫无疑问地表明，他是坚信不能从现实分析的结论中引出行动准则的。对他来说，在分析性的科学研究与确立道德规则及行为目标的政治之间，存在着范畴性的区别与本质性的跃进。科学能够回答达到某一目标有何最佳工具的问题，它能够指出某一价值取向与政治目标的内涵与后果，它能够揭示不同价值取向与目标的不相容性，在某种条件下实现某一目标的可能性及其后果与不符合目标的副作用。但是，它不能断定人们该干什么，也不能证实某一价值的必然性，它不能树立目标，或证实某一价值取向或目标与其他价值取向或目标相比的优越性。

韦伯的这一对分析与评价，以及对科学与政治的不相容性的强调，一方面起了批判作用：他反对把科学当作辩护性的思想意识。他揭示了，片面的立场、利益和纲领在跟其他立场、利益和纲领进行的竞争与斗争中，是如何通过自封为正确认识之必然结论、专业知识之成果、科学分析的总结来掩盖其片面性并否认对立立场的生存权利的。另一方面，韦伯意在通过对科学与政治不相容性的强调，防范科学与专业知识管理者对政治进行冒充客观性的染指，并由此将政治树立为各种立场进行合理性争论、合理斗争与妥协的场所；因为，如果"正确的"政治纲领、"正确的"政治决策可以通过科学分析而获得的话，那么就不存在不同意见、反对派、竞争与斗争、冲突与妥协的合理生存空间。那么到后来，必然只有一批最称职的科学家来分析和决定，在某一条件下什么是"公共利益"，从而削弱或代替政治酝酿过程。

韦伯之所以极力主张划清科学与政治的界限，是因为他认为历史现实具有形式结构性。与以自然法学说或黑格尔理论或马克思主义为指导的学者不同，韦伯认为，我们没有缘故，也没有理由认为历史本身一直拥有着其正确发展的准则，而未来只不过是实现现在已经存在的发展趋势而已，因而人们可以通过对过去与现在的确切分析认识到开创未来的线索。韦伯认为，在每一个现实中都可以存在着多种多样的、相互竞争的变化与发展可能性，至于哪一种可能性被实现，最终还是要看行动者作出的价值选择。而这一选择，由于各种各样相互对立与竞争的价值取向与利益的存在，一般来说，只能在斗争中作出。

韦伯这一对科学与政治相互关系的观点常常给他带来选择主义（Dezisionismus）的指责。有人说，韦伯对科学能力的清醒限制，导致了在政治上寻求与确立行动目标和发展前景方面选择主义的泛滥及非理性主义的蔓延。在韦伯那里，评价的褒贬、主次的分别以及政治决策过程和（作为科学媒介的）伦理是与分析相脱离的，成了选择与斗争的结果，而不是讨论和相互理解的产物。韦伯的所谓合理化主要只是指能高效达到目标的工具的合理化，而目标之寻求与确定却被越来越严格地分离于日益进展的、其理智在实质上毫无保障的合理化过程。换言之，一套以合理行为为目标的局部社会制度（如经济或官僚制度）之合理化是与确立目标的整个社会制度的非合理化携手共进的。[6]

以上对韦伯的批评不是毫无道理。但我们可以对其稍稍减弱。与韦伯自己的某些言论相反，恰恰那些对他来说不可放弃的、某些是理所当然的（就是指以它们的名义，他主张一清二楚地分开分析与价值确定的）原则，具有一定的限制价值确定方面的非理性因素和限制他在决策模式方面的选择主义的潜力。[7]因为韦伯是以下述原则的名义来主张澄清科学与价值确定的界线的：伦理的明确性和严密性、思想上的正直开明、责任心以及力求对自己思想前提有清醒认识与监督。韦伯之所以视它们为不可动摇的原则，并为这些原则而斗争，是因为他认为它们既是实现个人自由的前提条件，又是指导科学工作，舍之则自害的必然原则。

由此可以得出两个结论：一是，如果一门（当然是批判性的）科学的方法论原则与自由人格产生的条件能达到一致，那么科学就不用限制于只做（为改善目的的行为）提供和精化知识的工具，而也可以充作为争取自由而进行的个人启蒙以及社会政治教育的工具，并为意义讨论的实现与目标的一致作出贡献。二是，将既是科学又是自由存在条件的原则，同时作为衡量在个人与社会行为范围内相互竞争的价值观、行为目标和利益准则，只不过是前后一致、理所当然的事，尽管韦伯没有充分看到，甚至明确反对这一必然性。当然，这些原则或"抽象价值"，在许多冲突与竞争场合中显得太笼统，不足以分清主次。一般来说，确实不能依据它们得出对某一具体价值的取舍决定。不过，它们大概足以对互相冲突与竞争的价值观、利益、纲领准则的范围作出一定的限制。因为,就目前行为目标的确定与原则的选择而言,这些一般准则还足以排除明显与之相违背的,或在一定条件下影响其逐步实现的立场:如狂烈主义,盲目的绝对立场,非理性与教条灌输,以诡传诡与前后不一、拒绝让讨论与科学思考审视其产生条件与后果、内涵与现实之关系的观点,以及拒绝接受合理检查的立场。这一结论虽然不是韦伯自己得出的,不过它存在于他的论述之中,尽管它的阐明与韦伯的某些言论相互对立。

这样看来,韦伯虽然限制了科学的功能,但是他并没有说科学对行动目标的确立、价值之选择、实践与政治是无关紧要或无能为力的。韦伯将政治确立为合法斗争的场所,而不是五花八门的价值观进行不负责任的斗争的战场,也不是非理性的活动场所。细看之下,他关于科学与政治的关系的思想还是继承着启蒙运动的传统的。[8] 他是一个自觉的启蒙运动的继承者,他坚持了启蒙运动的根本原则,尽管他是尼采主义与新康德主义的世纪末怀疑主义的同时代人,尽管他不同意启蒙思想中的乐观主义。他为建立一套(既非教条主义,也不是选择主义的)关于科学与政治关系的自由主义理论提供了重要的建筑材料。[9]

二、科学知识与历史现实的关系

对于韦伯与韦伯研究者来说,(作为认识对象的)现实和社会科学研究的关系问题,与科学和政治的关系问题,是性质相同的认识论与方法论问题。韦伯有关科学方法论的许多言论表明,他是站在适度的新康德主义及唯名主义的立场上的。他曾不厌其烦地强调:第一,社会科学知识并不是对现实结构的照相,被研究的现实本身不能决定用什么概念与理论来掌握它。第二,科研的选题、概念与理论的构造必然依赖于研究者的、受其科研外的价值取向与利益之影响的观察点。第三，引导研究的观察点以及受其影响的提问、概念与理论随着时代的变化而变化。即使在同一时代，各研究者与学派也会有不同的观察点。尽管如此，并不是没有达成大家一致意见（即所谓"客观性"）的可能性。第四，不可能存在永远正确的社会科学体系。第五，社会科学知识只能是在有选择的观察点与利益影响下所获得的局部知识，而不可能是全部的或本质性的知识。

这里的主要分歧又是那种对韦伯的选择主义的指责，而这次是在认识论与方法论领域的分歧。各个学派的学者都断定[10]：对于韦伯来说，历史与社会现实犹如一股巨大而混乱的洪流，是一个几乎没有结构或其结构不可认识、模糊不清的物体。历史与现实跟研究者的概念和观点的关系不大，反正它不能作为它与这些概念和观点是否符合的衡量标准。在韦伯看来，同一现实，如果可以用不同的观察点、价值观来引导题目与概念的选择、描写与解释，那就可以用无数种方式来进行概念上的掌握与研究。有人认为，韦伯拿不出一个合理判断概念体系、模式、理论的标准，以表明这些概念、模式、理论比起与它们竞争的其他概念、模式和理论要更优越。这里的前提当然是，其他的概念、模式和理论，虽然其研究者的观察点与价值观无从考查与讨论，但必须够得上某些逻辑的严密性与重要性方面的最基本要求。所谓的"客观性"不能从事实本身，而最多只能从方法上求得。这样，概念与理论之选择以及科学研究本身就会蜕化为没有合理控制的选择主义的胡闹，从而导致了无法认识的非理性的后果。

不过，这种解释不能让人信服。因为它不仅把韦伯的科学方法论说成会导致荒谬的后果[11]。如果说，韦伯遵循了这样一种选择主义的方法论，那么我们就很难解释，他为何能够作出质量无疑很高的实际研究工作。而且，如果仔细考查一下韦伯的科学方法论，我们就会发现，韦伯设立了一系列监督性的关卡，并认为它们是理所当然的。如果人们认真运用这些关卡，它们就会极大地限制对概念与理论之选择的任意乱来，会将选择作为合理斟酌的对象，即便不能一成不变地引出来。

第一，韦伯并不认为一个研究对象毫无结构，与科研认识方法毫无关系。恰恰相反，对他来说，研究对象本身就是监督的一道关。认识观察点、提问、概念、方法与理论之选择以及结论的正确与否都必须通过这一道关。但是，他强调，——这是他对所有客观主义与认识论教条主义立场所作出的有力的、令人信服的批判——这一监督不能明确指定观察点、提问、概念等的选择，而是留有一定的余地，以供各种各样的观察点、方法与理论展开合理的竞争。

第二，韦伯还是认识到引导科研的观察点、提问与学者社会背景之间的关系。他是用"文化意义"这一范畴来分析这一关系的。鉴于韦伯十分严格地要求学者力求清楚地反省自己思想与工作条件的事实，我们就可以着眼于韦伯的思想体系，而不拘泥于其言词，从而提出以下要求：研究者讨论其观察点、提问、概念和方法时，只能就其在研究过程中与社会历史背景中的价值和意义展开讨论。原来，对这些关系的反省与讨论就是监督每个观察点、概念和方法的第二道关。尽管如此，我们也不能获得一种方法优先于另一种方法的有力证明。遵循形式逻辑方面的准则以及与现有的（储存在经验与科学之中的）归类知识的一致性，则是限制任意构造概念与理论以及选择方法的第三、第四道监督关。[12]这样来解释韦伯，一方面强调了他认为科学研究方法、解释与理论是依赖于研究者及其所属阶层的逐步变化的、各不相同的观察点与价值观的。所以，我们可以用韦伯来反驳对"探索区域"与"准确区域"的严格区分。跟随着韦伯，我们就必须强调，研究同一对象时，存在着各种不同的相互竞争的方法、解释与理论的合法活动余地，并因此反对将一个理论教条主义式地绝对化的做法。另一方面，对韦伯的这种解释又强调，对韦伯来说存在着一系列对历史学家的提问、方法选择与理论结构进行监督的关卡。各种不同方法的活动余地对韦伯来说是有限的。他已经有了合理选择各种方法的基础。在这一点上，韦伯与认识论上的选择主义是有区别的，从而避免了其非理性的后果。[13]

三、处于唯名论与唯实论之间的理想类型

澄清韦伯对科研过程中现实与概念关系的看法，也是恰当评价他所提倡的认识工具，即理想类型的地位与有效性的前提条件。要描述理想类型的特征是不容易的，因为韦伯对这一概念从未作过完全的系统的解释。再说这一概念还经历了好几个发展阶段。韦伯晚期的理想类型概念大概要比在关于新教与科学知识的客观性的论文中的、历史主义倾向较强的理想类型更接近于现代社会与实践科学家的基本概念。[14]

就以上论述来看，如果将理想类型仅仅理解为未含有现实因素的，只是唯名论的凭空捏造，则是错误的。[15]当然，韦伯的理想类型很有构建主义的一面。它的形成取决于研究者的（归根到底是带价值性的、多种多样的、随时代的变化而变化的）观察点与提问。现实既不能一清二楚地规定要用哪一种概念来掌握它，也不会显示于所有概念之中。当然，对韦伯来说，理想类型是一种对某些可观察到的单个现象的有意识的片面夸张与连接。这样看来，它是一种思想构建。[16]但另一方面，这一构建的组成部分是可以观察到的现象，是所研究的现实的若干方面。所以，它也是一种现实的复制。韦伯的理想类型的逻辑学地位，与每个恰当的史学概念的构建一样，是处于唯名论与唯实论之间的某处。[17]我们不应该像辛策（O. Hintze）那样，把它当作与"现实范畴"相互对立的唯名论范畴。韦伯多次强调理想与现实之间的距离，这与他有关论文的激烈性，与1900年前后的研究形势，或许也与当时科学理论工具的水平有关。

如果我们这样来理解理想类型的逻辑地位，那么理想类型的方法就是在今天对史学研究还是大有用处的。在历史科学中，按照理想类型方式运用理论与模式尤为可取。运用时我们不能将原始资料中的事实归属于一个理论的普遍论点，用它们来反证或论证这一理论，而应该具体地测定理论或模式与现实之间的"距离"、它的随时代变化而产生的变化，以及解释这一距离及其变化的由来。使用理想类型的方法，能够实现适合史学的理论与史实的灵活结合。[18]

四、处于历史主义和规律科学之间的历史科学

韦伯能言善辩，勇于标新立异，独创一家。他在两面受敌的阵地上建立了自己的历史科学（和社会科学）方案。一方面，他坚持认为，文化科学（即史学与社会科学）不能以撰写规律式基本观点为目标。规律对于他来说只不过是文化科学研究的工具，而非其目标，因为目标应该是：从研究者的引导性的而归根到底是带价值性的观察点出发，来构建、描述与解释某一历史关联。有了研究者的观察点，才有可能和必要对研究对象作出筛选，并显示其重要性与可分析性。而这些观察点则随研究者的不同而稍有不同，并随时代而变化。文化科学的这一历史局限性有别于规律科学，使之不能成为一个文化科学的"体系"。与门格尔（Menger）及瓦尔拉斯（Wallras）所代表的理论国民经济学相比——韦伯与德国的国民经济历史学派（如罗雪尔、克尼斯、施穆勒等人）以及绝大多数历史学家一样——坚持用历史学与社会学来掌握历史背景以及将活生生的人置于科学研究的中心，反对将现实粗暴地分割成局部体系，例如仅通过原因、后果的分析，脱离开社会政治方面来掌握经济发展过程。所以，"理解"是韦伯文化科学方法论的一个核心概念。[19]

另一方面，韦伯提倡一种由概念引导的、在某种程度上说理论性的历史科学。他令人信服地与当时占统治地位的学说划清了界限。这些

学说认为，历史科学必须遵循设身处地式的理解规则，其任务在于直接体会，而不能用理论概念地复制以往现实。针对狄尔泰（Dilthey）和克罗色（Cruse）的观点，韦伯指出，史学佳作绝不该只限于对"（史实性）观点的复制或过去'经历'的写照"。他反对认为历史学家的工作在于对所见事实作简单的复述的单纯观点。他清楚地认识到，对于历史学家与社会学家来说，没有通向历史现实的捷径。他知道，"直觉"与"理解"并不能抹去认识主体与认识对象之间的距离，如果不通过分析方法的检查，就会导致完全错误的结论。他主张把各种经过严格定义的概念、可能性模式、理想类型以及规律知识（包括理论国民经济学）作为历史科学的工具。他自己也进行了由理论引导的、分析性的史学研究。顺言之，只有这样他才能进行比较研究。[20]

实际上，韦伯与今天某些历史学家的处境一样，都是两面受敌。因为一方面，今天也有人要求——不过十分轻微并很有启发性——将史学转化为主要进行数量分析的、遵循统一科学的分析规则的一门社会科学。这方面的努力，特别在经济史方面（"新经济史"）曾一时有过某些成就。[21]另一方面，又有想"返回叙述"的历史学家、新闻记者与出版人——这一倾向在今天更为普遍。他们主张对所谓"小人物"的日常生活经历进行同情性的理解，寻求通达历史现实的捷径——不愿进行精细剖析、概念性的构建与理论性的论述（即"来自内部与来自底层的历史"）[22]。基于韦伯的立场，我们可以有力地证明，这一倾向不过是新历史主义的幻想，至于他们的要求则既不可能，也不可取。

五、韦伯历史观概述

韦伯一再否认（这一否定有时是针对国民经济学的阶梯理论［Stufentheorien］与 19 世纪末的历史唯物主义的批评）构建一个历史哲学与世界史"体系"的可能性与可取性或必要性。但是，对此，一方面有人,特别是马克思主义学派的学者(如屈特勒[W. Küttler]),提出了有一定道理的反对意见。他们认为,韦伯所构建的类型概念、类型学与"中程理论",如果不放置在一个关于全部历史及整个社会的(类似历史唯物主义式的)全面理论中的话,则归根到底是随心所欲的和缺乏根基的。另一方面,各方面的学者(如蒙森[W. J. Mommsen])都曾试图证明,韦伯还是拥有一个指导(或影响)他对历史解释、未来展望、概念选择、典型构造、科研工作与政治观点的具体的历史观,拥有一个世界通史概念与历史发展的隐蔽理论。[23]

确实可以说,韦伯的思想体系是围绕两个紧紧相连的轴心而形成的。第一个轴心是通过合理性行为而随心所欲地实现自由的、成为"文化人"和历史原动力的个人。第二个轴心起动于由个人推动的、逐渐发展并独立的,以致威胁个人人格与自由的合理化过程。韦伯先是把世界各大宗教的信徒,特别是清教徒与古代预言家看成是那种具有推动力的、受"非日常性"与"超凡的"价值观指导而对世间与日常生活秩序进行革命性改造的个人之主要代表。他在他的宗教社会学著作中对这些人进行了研究。后来,他认为这种人格充分体现在具有魄力的伟大人物身上。

这些人物作为宗教界、政治界或经济界的领袖推动变革,并越来越与进展中的合理化过程产生矛盾。而合理化过程的现代体现主要在于国家统治与管理的规范化和官僚化,其次在于资本主义经济和整个现代社会在各种生活范围内的官僚化。在这些生活范围内,目的理性、系统性效能、专业化、科学性与"墨守成规人格"(在许多方面与自然、活泼、自定价值的个人恰恰相反)越来越得到实现,并一起在构建一个铁笼式的未来。这一铁笼虽然能够保证效率与安全,但也会扼杀自发性、个性、活跃性与自由。"面临如此强大的官僚化趋势,我们怎么还能挽救在任何意义上的,哪怕是点滴的'个人主义'的活动余地呢?"[24]

　　韦伯的大部分著作及其学术与政治思想体系确实可以由此入门。他对世界各大宗教及其原因和对世间的后果以及他对历史上和现实中的官僚制度的兴趣都与此相符。他对资本主义与工业化的多方面的研究也是如此。资本主义与工业化和官僚化一样属于最重要的现代合理化过程。韦伯在其中一方面看到并害怕目的理性机构的僵化与非理性独立化；另一方面，他以为在私人企业家这样的人物中发现了活跃性之潜力。由此，我们可以理解他对马克思主义与社会主义道路的怀疑而又不敌对的态度。因为，他预料，它们将会加深官僚化的威胁；他不寄希望于生产资料所有权的变化来解决他所见到的问题。韦伯对议会民主制度、对选择尽量具有魄力的、充满活力的最高级政治家的赞成，对民族国家强权政治与帝国主义政策的竭力支持，也可由他这一思想体系的核心来得到部分理解。他对社会中存在的异质性、矛盾以及政治界的权势与斗争的容忍，对资产阶级文化、觉悟与统治地位的主张与支持，他对封建贵族阶层的攻击（韦伯自命为"有阶级觉悟的资产者"，视封建贵族阶层为资产阶级的真正阶级敌人，而视无产阶级为小资产阶级，认为可以团结它为同盟，不像威廉二世时代的大部分资产阶级那样，害怕或谩骂它）——所有这一切都可以归纳于这一基本结构。

　　这是对韦伯著作基本线索的恰当描写吗？如果是的话，这一历史观能经得起我们今日历史知识水准的检验吗？[25] 韦伯的观点当然带着他生活时代（作为德国人与欧洲人）经历的烙印。如果他的（以上综述的）对价值与经历之间、观察点与提问之间、研究过程与研究结论之间的关系的认识是正确的话，它也是必定带有此烙印的。[26] 尽管如此，他的观点是否还能在研究欧洲以外的（历史）关系中得到证实呢？他是否将他本时代与本国的经验过于实质化，以致限制了他的概念和分析对其他时代与世界其他地区的有效性？在对韦伯历史观作出最终结论之前，比较历史研究还必须对这些问题作进一步的研究。

注　释

1　M. Weber, *Zur Geschichte der Handelsgesellgschaften im Mittelalter. Nach den südeuropäischen Quellen*, Stuttgart 1889; M. Weber, *Die römische Agrargeschichte, in ihrer Bedeutung für das Staats- und Privatrecht*, Stuttgart 1891; M. Weber, "Agrarverhältnisse im Altertum", in: *Handwörterbuch der Staatswissenschaften*, Band 1, Jena 3. Aufl. 1909, S. 52–188; St. Breuer, "Max Weber und die evolutionäre Bedeutung der Antike", in: *Saeculum*, 33 (1982), S. 174ff. 另见韦伯的论文《城市》("Die Stadt"), 1921年发表, 后载 *Wirtschaft und Gesellschaft*, S. 727–814。

2　M. Weber, "Die protestantische Ethik und der 'Geist' des Kapitalismus", in: *Archiv für Sozialwissenschaft und Sozialpolitik*, 20 (1905), S. 1–54. 关于韦伯在他生活时代的历史科学中的位置, 见 W. J. Mommsen, "Max Weber und die historiographische Methode in seiner Zeit", in: *Historiographie*, 3 (1983), S. 28–43; W. J. Mommsen, "Max Weber", in: H. -U. Wehler (Hg.), *Deutsche Historiker*, Göttingen 1973, S. 229–324。

3　而他的晚期著作(《经济与社会》的大部分章节)就不大可以像其早期著作那样被视为历史著作。他愤世嫉俗的政治学研究和言论也是如此, 他的事实性–社会科学的调查研究, 如关于德国易北河以东的农业工人的处境和工业劳动的"心理学"的研究, 几乎是不能被视为历史著作的。参见 E. Baumgarten, *Max Weber. Werk und Person*, Tübingen 1964; R. Bendix, *Max Weber, Das Werk. Darstellung-Analyse-Ergebnisse*, München 1964; D. Käsler, *Max Weber. Sein Werk und seine Wirkung*, München 1972; D. G. MacRae, *Max Weber*, München 1975; G. Roth u. W. Schluchter (Hg), *Max Weber. Das historisch-empirische Werk*, Königstein 1981。

4　M. Weber, *Wirtschaft und Gesellschaft*, S. 9. 作为这一阶段开端的重要论述有 "Über einige Kriterien der verstehenden Soziologie", in: *Wissenschaftslehre*, 1913, S. 427–474。与此相反, 韦伯关于客观性的论文是明确地同时针对社会科学和历史科学的(即所谓的"文化科学"[Kulturwissenschaften]), 同上, 第146—214页。

5　同上, 第154页。

6　作出这一共同批评的有持各种不同立场的人: L. Strauss, *Naturrecht und Geschichte*, Stuttgart 1956, S. 107ff; J. Habermas, *Wissenschaft als Ideologie*,

Frankfurt 1968, S. 104–144, insb. S. 121ff; W. J. Mommsen, *Max Weber und die deutsche Politik 1890–1920*, Tübingen 2. Aufl. 1974, S. 42ff, S. 66ff, S. 464–474; H. Marcuse, "Industrialisierung und Kapitalismus im Werk Max Webers", in: H. Marcuse, *Kultur und Gesellschaft*, Band 2, Frankfurt 1965, S. 107–129。

7　参见 H. Albert, *Traktat über kristische Vernunft*, Tübingen 2. Aufl. 1969, S. 62ff; *Konstruktion und Kritik*, Hamburg 1972, S. 41ff; Schluchter, *Wertfreiheit und Verantwortungsethik*, Tübingen 1971; G. Hufnagel, *Kritik als Beruf. Der kritische Gehalt im Werk Max Webers*, Frankfurt 1971, S. 215ff, S. 253ff, S. 293–353ff。参见此前 D. Heinrich 的著作：*Die Einheit der Wissenschaftslehre Max Webers*, Tübingen 1952, S. 105ff, S. 122; K. Löwith, "Max Weber und Karl Marx", 1932 年作, in: K. Löwith, *Gesammelte Abhandlungen*, Stuttgart 1960, S. 1–67, insb. S. 23ff。

8　他的政治原则也是如此。韦伯早就要求在德意志帝国实行议会制，他对德国大资产阶级的"封建化"作出了强烈的批判；他担心政治生活受官僚主义的束缚而僵化，对德国资产阶级文化的缺陷表示不满；他也支持工会权利和民权的保护与实现。所以，与一般的评价相反，韦伯的自由民主立场十分坚定。这一看法是有别于 W. J. Mommsen 和 W. Hennis 的解释的，参见 W. J. Mommsen, *Max Weber und die deutsche Politik 1890–1920*; W. Hennis 肯定韦伯是属于德意志历史学派的传统的，见 W. Hennis, "Max Weber und die deutsche Nationalökonomie der Historischen Schule", in: W. J. Mommsen u. J. Osterhammel (Hg.), *Max Weber und seine Zeitgenossen*, Göttingen 1986。也请参见 W. Hennis, "Max Webers Fragestellung", in: *Zeitschrift für Politik*, 29 (1982), S. 241–281。对韦伯作出正确评价的论著有：D. Beetham, *Max Weber and the Theory of Modern Politics*, London 1972, S. 55; G. Hufnagel, *Kritik als Beruf. Der kritische Gehalt im Werk Max Webers*, S. 102ff; J. Kocka, "Kontroversen über Max Weber", in: *Neue Politische Literatur*, 21 (1976), S. 208–301ff, insb. S. 292–296。最近，W. J. Mommsen 也表示很同意关于韦伯是有自由主义立场的解释，见 W. J. Mommsen, "Die antinomische Struktur des politischen Denkens Max Webers", in: *Historische Zeitschrift*, 233 (1981), S. 35–64。韦伯的一般言论和著作现已收入：W. Mommsen u. G. Hübinger (Hg.), *Max Weber. Zur Politik im Weltkrieg. Schriften und Reden 1914–1918*, 即 *Max Weber Gesamtausgabe*, Abt. 1, Band 15, Tübingen 1984。——不过，认为韦伯原则上具有自由主

义立场,并不等于说韦伯是赞赏他同时代(至少到一战末期)的自由主义党派。

9　不过,韦伯的某些极端的言论,如认为政治斗争的中心是"诸神之争"("Kampf der Götter"),是完全符合这里对韦伯作出的评价的。韦伯著作的确存在互相矛盾的地方,这里不便详述,笔者已另有论述,见 J. Kocka, "Kontroversen über Max Weber", S. 287ff。

10　参见 F. H. Tenbruck, "Die Genesis der Methodologie Max Webers", in: *Kölner Zeitschritft für Soziologie und Sozialpsychologie (KZfS)*, 11(1959), S. 573-630; W. Lefévre, *Zum historischen Charakter und zur historischen Funktion der Methode bürgerlicher Soziologie. Untersuchungen am Werk Max Webers*, Frankfurt 1971; W. J. Mommsen, *Max Weber. Gesellschaft, Politik und Geschichte*, Frankfurt 1974, S. 106, S. 226; G. Hufnagel, *Kritik als Beruf. Der kritische Gehalt im Werk Max Webers*, S. 130-139, S. 211ff, S. 219, S. 221。

11　F. H. Tenbruck 认为(同上,第601页):"现实科学对韦伯来说……原来并不是研究现实的科学。它只是指一种从混乱的现象中任意抓出几个方面,将它们联系起来,任意地追踪这一复杂现象的某些因果关系。"这一解释是站不住脚的。

12　这一观点的更详细的阐述及其论据见 J. Kocka, "Karl Marx und Max Weber", in: *Gesamte Staatswissenschaft*, 122 (1966), S. 328-357;此文英译文载 R. J. Antonio u. R. M. Glassman (Hg.), *A Weber-Marx Dialogue*, Lawrence, Kansas 1985, S. 134-166; D. Heinrich 早就持这一观点,见 D. Heinrich, *Die Einheit der Wissenschaftslehre Max Webers*。

13　不过,与韦伯关于科学和政治的对立关系的论述的讨论一样,认为韦伯的科学方法论不是属于选择主义的解释,也和韦伯的一些言论相矛盾。参见 M. Weber, *Wissenschaftslehr*, S. 171, S. 175ff, S. 184, S. 213ff;又见 F. H. Tenbruck 著作中的引证。

14　参见 W. J. Mommsen, *Max Weber. Gesellschaft, Politik und Geschichte*, S. 208-232。

15　经常有这种对理想类型的批评,也见同上,第224—226页。

16　参见 M. Weber, *Wissenschaftslehre*, S. 191。

17　也请参见 J. Janoska-Bendel, *Methodologische Aspekte des Idealtypus*, Berlin 1965。

18　详见 J. Kocka, *Sozialgeschichte. Begriff, Entwicklung, Probleme*, Göttingen 2. Aufl. 1986, S. 86;又见 J. Kocka, *Klassengesellschaft im Krieg. Deutsche*

Sozialgeschichte 1914 –1918, Göttingen 1973（2. Aufl. 1978），insb. S. 1–6。（英文版：*Facing Total War*, Cambridge/Massachusetts 1984）。

19 有关韦伯在门格尔和施穆勒之间有名的价值争论中的立场，参见F. Tenbruck, "Manfred Schön, Gustav Schmoller und Max Weber", in: W. J. Mommsen u. J. Osterhammel (Hg.), *Max Weber und seine Zeitgenossen*；也请参见R. vom Bruch, *Wissenschaft, Politik und öffentliche Meinung. Gelehrtenpolitik im Wilhelminischen Deutschland, 1890–1914*, Husung 1980; D. Lindenlaub, *Richtungskämpfe im Verein für Sozialpolitik*, Wiesbaden 1967。

20 参见W. J. Mommsen, "Max Weber und die historiographische Methode in seiner Zeit", insb. S. 32; W. J. Mommsen, *Max Weber. Gesellschaft, Politik und Geschichte*, S. 182–232; G. Roth, "Max Webers's Comparative Approach and Historical Typology", in: *Comparative Methods in Sociaology*, Berkeley 1971, S. 75–93; J. J. Schaaf, *Geschichte und Begriff. Eine kritische Studie zur Geschichtsmethodologie von Ernst Troeltsch und Max Weber*, Tübingen 1946。

21 可参见J. M. Kosser, "The Agenda für ' Social Science History'", in: *Social Science History*, 1 (1977), S. 383–391; J. Kocka, "Theories and Quantification in History", in: ebd., 8（1984），S. 169–178。

22 这方面有批评性的资料集，见K. Tenfelde, "Schwierigkeiten mit dem Alltag", in: *Geschichte und Gesellschaft*, 10 (1984), S. 376–394; J. Kocka, "Zurück zur Erzählung?", in: ebd., S. 395–408; J. Kocka, *Sozialgeschichte. Begriff, Entwicklung, Probleme*, S. 167ff。

23 见W. J. Mommsen, "Universalgeschichtliches und politisches Denken"（1965年初次发表），in: W. J. Mommsen, *Max Weber. Gesellschaft, Politik und Geschichte*, S. 97–143。W. Schluchter对韦伯的历史观另有评价，见W. Schluchter, *Die Entwicklung des okzidalten Rationalismus. Eine Analyse von Max Webers Gesellschaftsgeschichte*, Tübingen 1979；另外还有F. H. Tenbruck和W. Hennis的论文，对韦伯的评价不同。也请参见G. Abramowski, *Das Geschichtsbild Max Webers. Universalgeschichte am Leitfaden des okzidentalen Rationalismus. Eine Analyse von Max Webers Gesellschaftsgeschichte*, Tübingen 1979; J. Habermas, *Theorie des Kommunikativen Handelns*, Band 1, Frankfurt 1981, S. 225–366。

24 Max Weber, *Gesammelte Politische Schriften*, Tübingen 1980, S. 333.

25 如果是这样的话，那么这不是与韦伯许多方法论观点相矛盾吗？在那些观点中，韦伯否定一个历史总关联的存在，否定有一个系统性总体方法，并因此提出了许多新结论。

26　韦伯对官僚制度深感兴趣，这是很典型的德国人的表现。但他对官僚制度问题的态度却是极有个性的，非典型的。这一点我们在韦伯和辛策的比较上，就能很清楚地看到。参见 J. Kocka, "Otto Hintze, Max Weber und das Problem der Bürokratie", in: *Historische Zeitschrift*, 233 (1981), S. 65–105。

20世纪50年代以来西方历史学与社会科学的关系*

　　关于历史学与社会科学的关系,已经有许多人作了著述。我们可以怀疑,是否还有许多没有讲到的方面。不过,近几年来形势有了很大的变化。我们至少可以作一个试探性的总结,以探讨我们目前的立足点。我这里先作两点观察。

　　一方面,近几十年来,历史学家与社会科学家都多次表示赞成沟通,甚至取消各学科之间的界线。此类言论尤其可以在20世纪60与70年代听到。在德国,有人(尤其是韦勒)提出了创立"历史社会科学"的建议。[1]就是在今天,此类建议也没有完全消失。[2]另一方面,很明显,历史学与社会科学的单门学科一样,都是在强调相互之间的区别的基础上确立其学科地位的。至少20世纪上半叶的情况是如此。除了几个突出的人物以外,历史学家都十分重视他们与社会科学家的区别:他们运用描写与叙述性阐述方法,强调事物的背景与时间前后的变迁,倾向于将历史现象作为单个现象来研究。与此同时,社会学家、经济学家和政治学家,都在与历史学方法告别的基础上,成功地奠定与

* 原文为:"Geschichtswissenschaft und Sozialwissenschaft seit den 1950er", in: *Open the Social Sciences. Report of the Gulbenkian Commission on the Restructuring of Social Sciences*, Stanford 1996, und in: Manfred Hettling u. Paul Nolte (Hg.), *Nation und Gesellschaft in Deutschland. Historische Essays*, München 1996, S. 15-31。

巩固了各自的学科地位。他们强调了行为主义方法、新古典理论、结构功能论、数量研究与图表阐述方法。就是在今天，历史专业与社会科学之间的区别仍很明显。

我们怎样理解这一矛盾？形势在最近一代有何变化？未来可能会是怎样？我们应该有怎样的目标？以下我首先想论述一下 20 世纪 60 与 70 年代历史学与社会科学相互靠拢的情况。其次我将探讨一下 20 世纪 80 与 90 年代双方又相互疏远的情况，或者既靠拢又有距离的新局面。最后，我将作出几点结论。

本文主要是从一个历史学家的角度来论述历史学与各门社会科学的关系的，而不是均衡地探讨历史学与社会科学之间的关系。我只是探讨西方学术界的情况，暂不详细探讨（无疑存在的）各国之间的区别。本文只是一个粗略的概述，请习惯于更具体与更确切的论述的读者见谅。

一、相互靠拢

尽管历史科学与社会科学之间有着日益扩大的鸿沟，但双方一直有善于跨越鸿沟的例外学者和少数潮流。这方面的例子，社会科学方面有马克斯·韦伯、埃里亚斯（N. Elias）和本迪克斯（R. Bendix），历史科学方面有法国年鉴派的研究规划。早在 20 世纪 50 年代，尤其在美国，区域史研究、运用计算机进行的数量研究、对思想探索的不断开放，使得一些历史学家与社会科学家开始了紧密的合作研究。但只是到了 60 与 70 年代，进行历史学和社会科学的密切合作甚至部分融合的愿望，才不再是少数现象，才逐渐普遍起来。原因是当时特有的思想气氛，即普遍的、批判传统的气氛，对改革的可行性的信任，所有这一切都又有大学体制扩张作为背景。这一背景特别为年轻学者提供了新的可能性。

在历史学界，越来越多的人认识到，本学科的传统面貌不能完全符合现代的要求。长期以来，历史学家都重视政治史的研究，而忽视了对社会与经济进程史的研究。后者应该得到弥补。在方法上，历史学家善于再现历史人物的目的、行为与历史事件，而不善于分析长期变化的未知进程与结构。人们力求改变这一状况，要求扩大历史研究的范围。人们强调加强研究社会史与经济史的必要性，要求研究社会史与经济史本身，并将其作为研究一般史的途径。结构与进程被视为极其重要，而同时又缺乏研究。这些历史学家要求对本专业进行根本性的改革，因而希望得到邻近社会科学的支持。

对经济的发展、人口的增长、社会不平等与地位变化，对大众心理与行为的分析，对社会选举行为以及处于行为、机构、事件与思想"以下"和"以外"的方面的分析，社会科学确实能提供一些历史学家所没有的数量概念与分析性概念，如"阶级""角色期望""地位差别"以及有关社会变化的模式与理论。一些历史学家开始了对大众性档案（如婚姻登记表、选举数据、税务档案等等）的研究。对他们来说，向社会科学的转折是极为必要的。

对历史专业进行改革的愿望，有时是与对社会和文化进行自由主义的、激进的或马克思主义的批判共同进行的。这些批判者认为，上一代的历史学家过于强调了历史机构的运转与历史社会的协调性，而低估了阶级之间、民族之间、性别之间的矛盾与不平等的意义。对传统史学指导思想的批判被与对专业内外的权威的批判结合起来。在某些国家，特别是在西德，这一修正主义的气氛促进了历史学家与社会科学家的接近。分析方法与理论方法的使用本身就可以被当作对占统治地位的、注重诠释学与接近原始资料语言的（"历史主义的"）指导思想的批判。除此以外，某些社会科学的传统，特别是马克思主义社会科学，能为建立与发展一个"批判性历史科学"，或确切地讲，"批判性历史社会科学"，提供具体的工具。不过，另外一些国家（如美国）的激进的修正主义历史学家,不管是否有马克思主义倾向,因为他们有另一种(不很"历史主义"的)史学传统与另一类(不那么"有批判性"的)社会科学,对社会科学的研究方法并没有什么兴趣。恰恰相反,他们对它们很早就持有批评态度。[3]

在20世纪50与60年代,社会学、政治学与经济学很兴盛,它们的威望很高,这也提高了它们对历史学家的吸引力。某些社会科学家很自信地进入了原来属于历史学家的研究领域。社会科学向历史学的扩张有着多种多样的形式,但主要有两个方向。一方面,社会科学家将较具体的与实体性的社会科学理论、模式与方法运用于第一手或第二手历史资料,将它们当作社会事实研究的元素或标志,使之标准化、分类化或系统化。这方面的例子,有关于19世纪选举行为、社会地位变化以及经济发展因素的研究。这样,社会科学家将其研究对象向过去扩展,但没有修改其方法,没有改行当历史学家。但是,他们的研究工作对历史学家起到了极为重要的作用,有助于后者更好地理解历史。[4]

另一方面,还有受马克思或韦伯影响的、力求对社会变化作全面描写与解释的社会科学家。他们,如摩尔(B. Moore)、洛克乌特(D. Lockwood)、达伦多夫(R. Dahrendorf)以及阿隆(R. Aron)等人,建立了各种类型的历史社会学。他们工作方式的历史学性质比其社会学性质更为突出。他们十分重视背景,将变化进程作为论述的核心部分。他们研究的主要目标不在于得出或检验或修改一般性(如有关现代化的)规则与规律,而在于运用这些普遍规律来解释复杂而且不断变化的现象,或在一般结构的背景下来解释这些现象。尽管此类著作与历史学家的研究有相似之处,但不同之处仍然存在,其中包括运用原始资料的程度不同、普遍化的程度不同,以及不同的注释技术。[5]

将专题性社会科学的理论与方法运用于单个历史研究对象,与建立大型的历史社会学,两者之间是有区别的。不过它们之间存在着过渡领域。两个方向的社会科学家,出于逻辑推理的彻底性以及专业的发展活力，都向历史学靠拢。而历史学家向社会科学的靠拢，则（如上所述）常常是由于对本专业的逻辑原理的不满意。

社会学家与政治学家对历史感兴趣的第三种形式表明，跨越专业界线的社会科学家，也不是完全没有历史学家那种批评性动机。这些专业的年轻代表批评了社会科学"主流"的理论、模式与论题的"非历史性"。"非历史性"有各种不同的含义，但同样都成问题。它可以是指结构功能主义对变化的忽视，可以是指许多行为研究著作中对背景的忽视，可以是指（在将现代西方的概念使用于历史上非西方世界的陌生现象时）表现出来的幼稚性与霸权性的自信。它也可以指对功能性、妥协与平衡的过分强调以及对不平等、矛盾与不稳定的忽视。在这一点上，对社会科学"主流"非历史性的批评，受到了20世纪60年代与70年代初期特有的、普遍的批判与改革的乐观主义气氛的支持。专业内部的修正主义与激进的社会批判能够相互促进，向历史学的转折是社会科学家表达这一活力并将它付诸实践的途径。例如，传统的发展与现代化理论受到了新兴的依附性与世界体系模式的进攻。[6]

这方面最重要的文章与著作是在60年代（甚至更早）写作的。[7]而历史学与社会科学进行更密切的合作，甚至部分融合的多种多样的运动进展却很慢。1970年前后，关于"历史与社会学"的纲领性文章与论文集的出版达到了高峰。[8]重要的新刊物，如《社会科学历史》(*Social Science History*)、《跨学科史学期刊》(*Journal of Interdisciplinary History*)、《历史与社会》(*Geschichte und Gesellschaft*)都是在70年代问世的。此外还有以前就有的英国的《过去与现在》(*Past and Present*)、法国的《年鉴》刊物(*Annales*)。它们成为历史学与社会科学进行密切交流（尽管不是真正融合）的主要场所。[9]这里本该讲到各国历史学与社会科学结合与交流的特点、各国在这一领域的主要代表，如布罗代尔(F. Braudel)、蒂利(Ch. Tilly)、韦勒(H. -U. Wehler)或各种组织。[10]但这些不是本文的主题。

我们这里只能指出,向历史学与社会科学合作的转折,至今仍是高度分散的少数人现象。认为已经出现一个"新正统学派"的观点,是错误的。但是,人们确实跨越了学科之间的界线。仅以美国为例,有60与70年代的"新经济史"学派(New Economy History),那里的历史学与经济学之间、自1974年以来在"社会科学历史协会"(Social Science History Association)里的历史学与社会学之间、在70年代的"新结构主义学派"那里的历史学与政治学之间,都进行了沟通与交流。人类学肯定也与历史学有合作(下文详述)。尽管所涉及的学科中的大部分人并未受到这一潮流的影响,尽管专业的合作并未实现真正的融合,但在70年代的某些时候,一些著名的历史学家与社会科学家认为,他们专业之间的区别已经在消失,他们不仅在期待着一个全面的"历史社会科学"的诞生,而且也对此表示欢迎。[11]

二、新的疏离

最近十五年的情况如何? 在这一段时间,历史学和社会科学是相互接近,还是相互疏远呢? 在80与90年代,发生了根本性变化。70年代的某些重要文献对这一变化作了一定的简单的描述、准备与预测。60与70年代时典型的激烈批判与改革乐观主义已经消失。人们不再像二十五年前那样,深信现代化、国家干预、集中计划与制度管理的可能性。人们对西方现代化的怀疑增长了,不再将它看成是世界其他地区的模式。生态危机动摇了它的放之四海而皆准的自我标榜。目前的危机有别于二十五年前的危机。社会运动的特点起了变化,它们的强度已经削弱。后现代的怀疑主义取代了现代的批判精神。几乎所有宏大理论都似乎处于困境之中。马克思主义曾在60与70年代经历了奇特的第二个春天,而现在失去了许多它原有的吸引力。从社会经济角度对社会、政治与文化生活作出的解释失去了威望。与此相反,"文化"

这一概念经历了影响至深的兴盛期。文化解释与文化方法，比比皆是。文化主义对各个学科产生了广泛的影响。诠释学方法又占领了其以前失去的阵地。语言学的重要性提高了，文学理论也是如此。语言，既作为研究对象，又作为认识论反思的核心部分，在各个学科都占据了中心地位。

经济学所受的影响最小。看来，在这里受到普遍赞成的各种理论，似乎仍很强大与牢固。这个专业与历史学的联系仍然很少。即使经济学家对历史感兴趣，也只是将历史作为试验场地。经济学家使用几乎与研究现实相同的方法来研究历史现象，认为（被研究的）过去与现实之间不会有原则性区别。历史学家会称此为非历史性的出发点。但是，以经济学为榜样的经济史（尤其是在美国）的许多成就恰恰是在这一基础上取得的，并在很大程度上与经济学家的科学规则相符合，大大不同于一般历史学家感兴趣的与能理解的事物。如果经济史学家（如德国的经济史学家）不完全接受经济学家的规则与语言，经济学家会马上扫兴而去。所有这一切都证实，经济学与历史学之间仍然存在着一条鸿沟。

但形势又有了变化的征兆。最近发表的一篇关于欧洲经济学理论的报告（作者：比佛特［Bievert］与 维兰特［Wieland］）强调，有必要加深进化性经济学方法的研究，更进一步参考知识科学的成果，对经济学的范畴作更深刻的反思，更注重结构与历史方面。或许，东欧许多国家向市场经济的转型进程及其困难，会使经济学家更进一步认识到社会与文化条件对经济行为的重要性，认识到研究经济行为时联系非经济性背景的必要性。经济学家对这一问题的认识越清楚，他们对历史的兴趣就会越大，就越会接近其他社会科学。在非线性进程理论的影响下，一些经济学家指出，经济（与非经济）进程也受着其他进程的影响。这也会开拓与历史合作的途径。[12]

我们不能说，政治学家在近十五年里远离了历史学。恰恰相反，这一专业在 20 世纪 50 与 60 年代的行为主义高潮早已过去。各种不同的方法在相互竞争，许多研究报告都抱怨因缺乏一个共同的理论核心而产生的分化。但不管是对广泛的比较研究的持久兴趣，还是近来对统治、机构与政治结构的强调（即新机构主义），都促进了政治学与历史学以及社会学的合作。一些政治学家开始督促他们的博士生作档案研究。这里，专业的界线确有松动，而双方都感到很有收获。1990 年，美国政治学学会（American Political Science Association）成立了一个历史与政治学委员会（Committee on History and Political Science），很快就有了四百多名成员。过去美国政治学十分重视行为主义方法，现在他们比欧洲的同行更重视参考历史研究著作。正当历史学家们对政治史，特别是政治机构史的兴趣越来越小的时候，政治学家似乎接管了这一领域。[13]

社会学的情况难以概括。一方面，社会学的复杂性、包罗性与分散性越来越大。另一方面，理论社会学家在近十年来借用了非线性进程数学以及灾难与混乱理论。福斯特（H. V. Foerster）、普里戈津（I. Prigogine）、哈肯（H. Haken）与艾根（M. Eigen）的研究工作促进了自我组织理论（Autopoiesis）的形成，并产生了较广泛的影响。它对历史研究也含有一些重要因素（如独立建立结构的力量、非计划性秩序的形成）。社会学与生物学进化模式的对话影响了社会变化的理论方案。一方面，现在人们承认，社会变化也有突变性与非线性（这点对历史研究也有意义）。另一方面，也有对思想科学内部的新发展（如雄辩术研究、文学理论，当然还有"文化研究"）感兴趣的（特别是年轻的）社会学家，将他们的兴趣扩大到对情感、文化的研究以及日常生活规范的创造。这些变化是在最近十五年中产生的，与 60 与 70 年代形成了鲜明的对比。社会学与文化人类学的联系得到了巩固。

在专门的研究领域里，如城市研究、犯罪现象、人口流动与人口学的研究、（更为广泛的）性别研究，社会学家与历史学家之间的密切合作还在继续进行。在这些领域，各专业的专家们围绕一个由单个研究问题或对象规定的研究领域组织起来。他们甚至能与非同行的专家们取得比与同专业的同事更紧密的合作。在"社会科学历史协会"（Social Science History Association）的工作报告中，我们可以找到许多这方面的例子。这一协会目前拥有来自各专业的七百多名科学家，而且人数还在不断增加。在大量历史社会学代表那里，有着社会学与历史学之间非常紧密的合作，有时甚至相互融合。他们或多或少地以韦伯、埃里亚斯、布迪厄（Bourdieu）或其他经典作家（但很少还以马克思）为榜样，作出比较研究。最后，某些年轻社会学家对历史学的指导思想也感兴趣，例如对意义与同一性的叙述性再现，对关键性概念的变化及其意义，对社会学（或也对文学理论）解释时间与空间特点的强调。社会科学历史协会在近几十年里曾是不折不扣的数量化研究者的堡垒，而就是这一协会最近也对叙述在社会史研究中的作用刮目相看。很显然，各种社会学家对历史都有不同的期待。新一代社会学家有别于上一代，局势的变化很快。但是，尽管社会学家对历史的兴趣有所变化，然而目前彼此的距离并没有太大的拉近。[14]

文化人类学看来是新发展的获利者。人类学与民俗学原来主要研究欧洲以外的文化，最近它们扩大到西方的社会。如果说将非洲某些部落看成"没有历史的社会"不恰当，但还勉强的话，那么将具有强烈历史特色的西方文字文化绝对化的观点则完全站不住脚。某些最佳人类学著作（如布劳恩［R. Braun］有关苏黎世乡村生活一书）一直是接近历史学的，但直到70年代晚期人类学的主流不是这样。自此以后，人类学明显向历史学靠拢了，反过来也是如此。这一倾向，在一定程度上受到了马克思主义学者与社会史学家（如汤普森）的影响。关于人类行为的实证主义方案被逐渐克服，文化概念已经多样化了（文化可以是单个集团的特点，并随时代变化而变化，也可以被当作某种场景）。越来越多的人类学家力求实现其研究的背景化，即把对地方世界的"深度描述"与影响它的强大的社会与经济理论联系起来。尽管有此类努力，但对（行为形式、礼仪、象征、差异与本色、机构与矛盾、宗教或社会实践的）文化意义的研究，在人类学研究中仍处于中心地位。结构方法没有完全消失，文学理论仍有影响，而诠释学对这一专业的影响要比二十年前强得多。它的注意力集中在意义的再现上。系统性的比较很少。"（人类学）向历史的转折，也反映了一种分离理论，走向分散性研究的总趋势"。[15]

通过对经济学、政治学、社会学与人类学近来发展情况的回顾，我们可以看到，在最近十五年里，许多社会科学家对（某些）历史学家的工作的兴趣与好感有所增长。从这一角度看，60 与 70 年代可以观察到的社会科学与历史科学之间缓慢而艰难的接近并没有停止，而是在继续进行。不过，相互靠拢，必须有两方。历史学方面的情况又如何呢？

在 60 与 70 年代，历史学的分析程度有了提高。这是事实，但不一定意味着数量研究的增多。在历史学进行数量研究的可能性，在过去与将来都是有限的。60 与 70 年代发生的分析性转折，一般没有导致将规律性社会科学规则严格运用于历史资料的情况。这种严格意义上的面向社会科学的历史社会研究，过去与现在都有[16]，但我们不能夸大此类例子，因为这些方法不能妥善地解释绝大多数复杂的历史问题，而使用这些方法也有其"代价"。这些"代价"包括对背景的忽视、狭隘的专题化，常常也包括意义的丧失。60 与 70 年代的分析性转折的关键在于，历史学家可以更明确地组织研究工作，即在一般性理论的指导下，提出明确与具体的问题。他们开始定义与思考核心概念。他们既使用类型学与比较方法，也使用一系列其他方法（如经典性文献诠释学方法、统计学方法、"口述史"）。他们没有忽视对历史人物的目的、行为与经历作诠释学式的再现，而是对之进行补充与扩大，即探索历史人物没有觉察到的与不了解的其目的、行为与经历的条件与后果。这就是当年历史学家注重结构、进程与背景的缘故。他们提出了探索因果关系的问题。为了找到这些问题的答案，他们使用了不是来自原始资料但有助于整理原始资料的理论。历史学家与传统的叙述方式告别。他们的交流方式，不论在专业内，还是在公共场合，都变得更明确、更有理论性和斟酌性，更具有方案性与自我反思性。恰恰是这一跨越历史主义的转折，推动了历史学家与邻近社会科学代表的紧密合作。[17]当年的许多努力，今天仍在继续下去。在60与70年代试验与启动的研究方向，常常到今日才获得果实。

但是，这一分析性转折从未成为史学界的一致认识。作为"历史社会科学"的历史学一直是一个少数历史学家的项目，尽管它的某些成分对全专业起到了某些影响。自那以来，对它的怀疑态度似乎有所增长。历史学家开始对文化、社会生活的象征面、历史人物内心世界的变化感兴趣，笼统地讲：对历史的主观面（即经历与行为、意义归属与习俗）越来越重视。这导致了许多方法论方面的后果，但不一定意味着对60与70年代分析性转折的否定。但是，历史学家常常重新发现并接受本专业的旧传统与成规，或不自觉地以它们为基础。再现与叙述意义的诠释学与解释方法得到了新的评价，这有时有损于解释、分析、理论的运用与理论性阐述。这一"诠释性转折"（吉尔茨：C. Geertz），酝酿于70年代或更早的时期，在80年代发生，至今影响很大。

与此相比，争议很大的"语言学的转向"对历史学家的影响则有限，尽管论文是最能帮助人重视这一方法的。在某些地方，这一方法得出了解构性的（dekonstruktivistische）结论，但是关键的结果在于，语言、辩论术与有关的讨论又进入了历史学家注意力的中心。研究阶级历史的有名代表今日有心研究阶级的语言。语言与语言外因素的关系，受到了热烈的讨论。关于历史著作的虚构程度问题的争议也是如此激烈。[18]这里不能详述这一争论。但很明显，这些文化主义的、解释性的与语言学的规划，确实是对于60与70年代形成的"历史社会科学"式的、分析历史科学的挑战。

但应该补充的是,主张向解释、诠释学、叙述以及(或)语言学转折的历史学家,得到了近邻的社会科学家,特别是社会人类学家、文学理论家,以及文化社会学的支持。这些专业,尤其是人类学,一开始就有力地推动了历史学内部的后结构主义研究方向的发展。历史学与邻近社会科学原有的合作与交流形式受到了批评,新的合作与交流形式出现了,但不是在分析的而是在诠释学的基础上。在这一变化过程中,历史的重要性可能甚至有所增长。在 60 与 70 年代,历史学家愿意与政治学家以及历史社会学家合作。在 80 与 90 年代,人类学家与文化社会学家是更受欢迎的同盟者与合作伙伴。这一变化仍在进行中,前景如何,还待观察。

三、结论

一般来说,历史学与社会科学有以下几个方面的区别:它们有不同的资料以及不同的资料处理方法。它们与"时间"的关系、对背景的重视程度不同。它们相互区别于对描写与图表方法的不同爱好,区别于将诠释学与分析性方法结合的不同方式上,区别于它们的社会与文化功能上。最后这点或许是它们最重要的区别。因为,社会科学知识一般也被用来作出预测,准备社会行动,控制经济、社会与政治进程。而历史学家提供的知识,通常也有促成社会–文化的自我理解,通过对出身与发展的认识,通过回忆与叙述达到认同的功能。不同的功能指向规定了不同专业在社会与国家中的地位。一般说来,与社会科学相比,历史学与本国的政治文化、自我表现与传奇、文化生活以及教育制度的关系更为紧密。历史学能够更好地满足普遍的培养集体主义意识的需求。对于历史学家来说,这既是一种机遇,又是一种诱惑,反正是一种特殊的职责。

在历史学与社会科学之间的上述区别中,最根深蒂固并继续存在的（尽管不如以前那样明显），还要数第一种（资料与资料处理方法的）区别与最后一种（社会文化功能的）区别。这也是历史学与社会科学之所以没有做到（部分的）融合的原因之一。在短期内，也不会发生这种融合。

最近几年内，绝大部分上述区别，至少就部分历史学家与社会科学家而言，已经有所淡化。专业分界线的消失程度，在历史学家与文化人类学家之间最大，而在历史学家与经济学家之间最小。某些历史学家与某些社会学家或政治学家（或人类学家，或甚至与经济学家）的共同点，甚至比与大多数同行更多。一方面，跨学科合作越来越深入；另一方面，各专业内部的分散性也越来越大。跨学科的交流与联合曾是相互促进与创新的不断源泉。

推进跨学科合作的主观与客观因素共有四点。第一，所谓的"外溢"效应，即富有成就的、受到承认的、扩张性学科对邻近学科及其研究对象与问题的影响与干涉。第二，某学科内部批评与纠纷的后果：某一学科的"修正主义者"为了挑战与改革本学科的指导思想与主流，到别的学科代表那里去寻求同盟者。第三，学科的不断发展急需内部分工，这一分工可以得到跨学科合作的支持。最后，对时代潮流的共同依赖性促进了各学科的接近。不过，这种依赖性对专业化程度较浅的学科（如历史学、人类学与社会学）的影响，要比对完全规格化的学科（如经济学）更大。

各学科紧密合作的体制充满了活力。它是由紧密性与牢固性不同的关系组成的，而且在不断变化。90年代早期历史学与社会科学结合的模式有别于60年代与70年代初期。它们构成的同盟相异，主导思想发生了变化，跨学科合作的理论基础有了变化，所有这一切都在新的文化与社会背景下发生。我们或许可以影响这种变化，但无法预言，更不能规划它。它们是"自我组织"的或无组织的进程。就是这个特点，在短期内也不会改变。

在阅读各个学科的研究报告时,我们会发现,尽管修辞与褒贬不同(或被称为"扩散、丰富、试验、活力";或被批评为"分散性、分裂、混乱性"),人们却都在强调缺乏共同的问题、普遍承认的方法、普遍有效的理论和共同的思想目标。在这里涉及的学科范围内,目前没有明确的主导学科。没有一个学科占有或自认为占有主导地位。也缺少可以综合各学科的大型理论。跨学科合作没有导致综合性结论,相反,它导致了进一步的分散化。如果将来会达成综合性结论的话,那么将是就时代的大问题,就现代迫切的实际问题达成的。如果综合性结论形成的话,那么它们将跨越我们所知的各个学科在 19 世纪形成的界线。

"假设的革新,在智力范围内如同在其他范围内一样,都是各不相同的。"[19] 这一对过于仓促的学科融合的警告当然有其理由。有了各学科之间的界线,我们才能跨越它们。尽管各学科都有分散性,但还是能保障最低程度的一致性,在研究问题、方法以及共同评价标准上的一致性。没有这样的学科分工,这些几乎是没法办到的。这里还没有讲到的是,学科的存在也有其社会的与机构的理由:没有固定学科的存在,实现学科的职业化,并保障职业在社会与国家机构里的影响,是难以想象的。对一个唯一的、综合而庞大的"历史社会科学"的向往,既没有实现的可能,也没有充足的理由。但是,现有的学科分工的历史背景条件已经不复存在。在今天的条件下,它们会起到阻碍作用,成为知识与科学研究的障碍。那么该怎么办?

在思想上,在机构上,在学生的培养过程中,我们应该更进一步地淡化历史学家、社会科学家的学科观念,但并不消除它。我们应尽力促进跨学科的交流、合作与专题性融合。鉴于学科变化迅速而且难以预料的特点,我们应该为暂时性的与局部性的改行提供方便。我们应该鼓励并为短期性的(跨学科的)聘请提供方便。完全取消学科界线的理由不多,但促进其沟通,却有许多理由。这样,这些学科自然会发生变化。

注 释

1　H. -U. Wehler, *Geschichte als Historische Sozialwissenschaft*, Frankfurt 1973.
自1975年起，韦勒是《历史与社会》刊物（*Geschichte und Gesellschaft.
Zeitschrift für Historische Sozialwissenschaft*）的主编。

2　例如见I. Wallerstein, *Unthinking Social Science. The Limits of Nineteenth-
Century Paradigms*, Cambridge 1991, S. 19, S. 191ff, S. 225–229, S. 237–
256。各专业之间的分工是在19世纪的条件下作出的，现在已经过时。本
文的初稿是为由沃勒斯坦筹建与主持的"古本江重建社会科学委员会"
（Gulbenkian Commission on the Restructuring of the Social Sciences）而作，
参见 *Open the Social Sciences. Report of the Gulbenkian Commission on the
Restructuring of Social Sciences*, Stanford 1996。戈伊伦（Ch. Geulen）先生
为我翻译了本文草稿的一部分，我对此表示感谢。

3　J. Higham u. a., *History. The Development of Historical Studies in the United
States*, Englewood Cliffs/NJ 1965（其中有一篇吉尔伯特［F. Gilbert］的
关于欧洲史学史的重要文章）; G. G. Iggers, *New Directions in European
Historiography*）, Middletown/CT 1984, S. 3–73; N. J: Smelser u. D. R.
Gerstein (Hg.), *Behavioral and Social Sciences. Fifty Years of Discovery*,
Washington, D. C. 1986; J. Kocka, "Theory and History: Recent
Developments in West Germany", in: *Social Research*, 47 (1980), S. 426–
457; P. Novick, *That Noble Dream. The "Objectivity Question" and the
American Historical Profession*, Cambridge 1988, S. 415–468。

4　D. S. Landes u. Ch. Tilly (Hg.), *History as Social Science*, Ingelwood 1971;
S. Pollard, "The New Economic History Reassesssed. Railways and Slavery",
in: *Interdisciplinary Science Review*, 6 (1981), S. 229–238; W. O. Aydelotte
u. a. (Hg.), *The Dimensions of Quantitative Research in History*, Princeton/NJ
1972; J. Kocka, "Theories and Quantification in History", in: *Social Science
History (SSH)*, 8(1984), S. 169–178.

5　Ch. Tilly, *As Sociaology Meets History*, New York 1981, S. 7–52; V. E.
Bonnell, "The Uses of Theory, Concepts, and Comparison in Historical
Sociology", in: *CSSH*, 22 (1980), S. 156–173; G. G. Hamilton u. J. Walton,
"History in Sociology", in: E. F. Borgatta and K. Cooks (ed.), *The Future of
Sociology*, Newbury Park 1988, S. 181–199. ——在德国，特别是莱普修斯

（M. R. Lepsius）在社会学与社会史之间起了调解作用。参见 M. R. Lepsius, *Demokratie in Deutschland. Soziologisch-historische Konstellationsanalysen*, Göttingen 1993。应该指出的还有哈贝马斯的影响, 特别是他的论文与他的早期著作《公共舆论的结构变化》（ J. Habermas, *Strukturwandel der Öffentlichkeit*）。

6　例如见 I. Wallerstein (ed.), *Social Change: The Colonial Situation*, 引言, New York 1966; I. Wallerstein, *The Modern World System*, Vols. 1-3, New York 1974, 1980, 1989。

7　F. Braudel, "Histoire et sciences sociales: La longue durée", in: *Annales. ESC*, 13（1958）, S. 725-753; R. Bendix, *Work and Authority in Industry: Ideologies of Management in the Course of Industrialization*, New York 1957; R. Braun, *Industrialisierung und Volksleben*, Zürich 1960; A. Gerschenkron, *Economic Backwardness in Historical Perspektive*, Cambridge/M. 1962; S. Thernstrom, *Poverty and Progress*, Cambridge/M. 1969; B. Moore, *Social Origins of Dictatorship and Democracy: Lords and Peasants in the Making of the Modern World*, Poston 1966; H. Rosenberg, *Große Depression und Bismarckczeit*, Berlin 1967.

8　H. -U. Wehler (Hg.), *Geschichte und Soziologie*, Köln 1972; P. C. Ludz (Hg.), *Soziologie und Sozialgeschichte*, Opladen 1972; S. M. Lipset & R. Hofstadter (ed.), *Sociology and History: Methods*, New York 1968; W. Cahnman and A. Boskoff (ed.), *Sociology and History*, Glencoe/IL 1964.

9　参见沃勒斯坦:《不作思考的社会科学》（*Unthinking Social Science: The Limits of Nineteeth-Century Paradigms*）, 第 192-199 页。

10　F. Braudel, *Civilisation matérielle, économie, et capitalisme, XVe-XVIIIe siécle*, 3 Vols., Paris 1979; Ch. Tilly, *European Revolutions 1492-1992*, Oxford 1993; H. -U. Wehler, *Deutsche Gesellschaftsgeschichte*, 已出版 3 册, München 1987/1995。（第 4、5 册已分别于 2003、2008 年出版。——译者注）

11　参见 H. -U. Wehler, "Historische Sozialwissenschaft", in: *Historische Sozialwissenschaft und Geschichtsschreibung*, Göttingen 1980; 勒华拉杜里（E. LeRoy Ladurie）, *Le territoire de l'historien*, Paris 1973, 第 22 页中对历史学作为计量研究学科的前途作出了结论; 吉登斯（A. Giddens）, *Central Problems in Social Theory*, London 1979, S. 230:"在历史学与社会科学之间根本没有逻辑上和方法论上的差别——这是恰当的想法。" P. Abrams, "History, Sociology, Historical Sociology", in: *Past and Present (PP)*, 87

(1987), S. 3–16.

12 H. Rockoff, "History and Economics", in: *SSH*, 15 (1991), S. 239–264, insb. S. 256ff, 涉及福格尔（R. Fogel）与麦克弗森（J. M. McPherson）的近作，以及休斯（J. Hughes）以前的著作；B. Biervert u. J. Wieland, "The Economy, Economics, and Society. The Current State of the Formation of Economic Theory", in: M. Dierkes u. B. Biervert (ed.), *European Social Science in Transition. Assessment and Outlook*, Frankfurt 1992, S. 309–330; R. Boyer, "Ėconomie et histoire: vers de nouvelles alliances", in: *Annales ESC*, 44 (1983), S. 1397–1426; P. Fridenson, "Les organisations: un nouvel objet", in: ebd., S. 1461–1478。最近著作见 B. Biervert, P. Priddad (Hg.), *Neuorientierungen in der ökonomischen Theorie. Zur moralischen, institutionellen und evolutorischen Dimension des Wirtschaftens*, Marburg 1995。

13 D. B. Robertson, "The Return to Historical and the New Inisitutionalism in American Political Science", in: *SSH*, 17 (1993), S. 1–36, S. 22 有关于 *American Political Science Research* (*APSR*)、历史与政治学委员会的内容；D. Kavanagh, "Why Political Science Needs History", in: *Political Studies*, 39 (1991), S. 479–495; J. G. March u. J. P. Olsen, "The New Institutionalism: Organizational Factors in Political Life", in: *APSR*, 78 (1984), S. 734–749; G. Almond, "The Return to the State", in: ebd., 82 (1988), S. 853–874; B. Wittrock, "Discourse and Discipline: Political Science as Project and Profession", in: M. Dierkes u. B. Biervert (ed.), ebd., S. 268–308。新创立的《政治史杂志》（*Journal of Political History*）于 1989 年首次出版。

14 A. Abbott, "History and Sociology: The Lost Synthesis", in: *SSH*, 15 (1991), S. 201–238, S. 223–224, S. 229, S. 231 有关于叙述潮流的论述。类似的观点见 M. N. Zald, "Sociology as a Discipline: Quasi Science and Quasi-Humanities", in: *The American Sociologist*, 22(1991), S. 165–187; W. H. Sewell, "Narratives and Social Identities", in: *SSH*, 16 (1992), S. 479–488。也参见 M. Dierkes u. B. Biervert (ed.), 前引著作中 R. Mayntz、F. Neidhardt、N. J. Smelser 以及 H. Nowotny 的论文, S. 27–79, S. 244–267, S. 481–527。另见 N. Luhmann, "Ansprüche an historische Soziologie", in: *Soziologische Revue*, 17 (1994), S. 256–264。卢曼（N. Luhmann）论述了历史学与社会学之间仍然存在的鸿沟。

15 S. Kellog, "Histories for Anthropology: Ten Years of Historical Research and Writing by Anthropologists, 1980–1990", in: *SSH*, 15 (1991), S. 417–455, S. 439; A. Blok, "Anthropology in Western Europe: Recent Trends and

Perspectives", in: M. Dierkes u. B. Biervert (ed.), ebd., S. 123−142；也请参见 M. M. Adam 较严格的综合论述, in: *Archiv für Sozialgeschichte (AfS)*, 31 (1991), S. 675−695；另见 C. Lipp 的论文, in: *Zeitschrift für Volkskunde*, 89 (1993), S. 1−33。

16　H. Best u. W. H. Schröder, "Quantitatie historische Sozialforschung", in: C. Meier u. J. Rüsen (Hg.), *Historische Methode*, München 1988, S. 235−266.

17　参见 J. Kocka, *Sozialgeschichte. Begriff, Entwicklung, Probleme*, Göttingen 1986, S. 132−176。

18　新近出版的综合论述有: G. G. Iggers, *Geschichtswissenschaft im 20. Jahrhundert*, Göttingen 1993, Teil Ⅱ。最重要的论文见 C. Conrad u. M. Kessel (Hg.), *Geschichte schreiben in der Postmoderne. Beiträge zur aktuellen Diskussion*, Stuttgart 1994。影响深远的著述见 C. Geertz, *The Interpretation of Cultures*, New York 1973; C. Geertz, "Blurred Genres: the Refiguration of Social Thought", in: *PP*, 85 (1979), S. 3−24; J. E. Toews, "Intellectual History after the Linguistic Turn", in: *American Historical Review (AHR)*, 92 (1987), S. 879−908。另见 R. Chartier、H. White、N. Z. Davis、W. J. Mommsen 的论文, in: *Neue Rundschau*, 105 (1994), Heft 1; C. Charle (ed.), *Histoire sociale. Histoire globale?*, Paris 1993。

19　"Histoire et sciences sociales. Tentons l'expérience", in: *Annales ESC*, 44 (1989), S. 1322.

论历史比较研究[*]

一、历史比较研究的定义

历史比较研究的特征是在提问的引导下，对两个或几个历史现象就其异同进行系统性研究，以求在此基础上作出尽量可靠的描写与解释，并对历史行为、经历、过程与结构作进一步的探讨。

历史比较研究以探索至少两个比较对象的异同为主要特征，并以此区别于仅仅探索、叙述一项哪怕有非常广泛的因果关系的研究工作。许多历史著作都进行跨民族国家、跨文化的研究，但它们并不等于就是比较研究。上述定义的历史比较研究不会与关系史（交流史）研究相混淆。关系史研究不一定追究两个研究对象的异同性，而是追究它们之间的相互关系。

尽管在历史研究的实践中比较研究与关系史研究经常是一起出现的，但还是有必要在思想上将它们区别开来。地道的比较研究还应该与仅仅是附带的、在前后文中不明显的比较相区别。因为这样的初步比较比比皆是，而比较史学则以系统性比较为其特征，为其主要策略。

比较的方法在各个学科中都被使用。历史比较的特征是它不限于

---

* 原文为："Zum historischen Vergleich", in: J. Kocka, H. -G. Haupt (Hg.), *Geschichte und Vergleich*, Frankfurt 1996, Vorwort, S. 9–45。

专业历史学家使用。相反,其他社会与人文科学家,特别是社会学家、政治学家与民俗学家也进行历史比较研究。历史比较研究的特点是把研究对象放在一个特殊的时间与空间的关系中进行探讨。被比较的现象都有一个具体的或可以具体化的时间与空间位置。历史比较是对某一现象及其在时间上、空间上的延伸与定位进行研究的。历史比较的目的是从现在的以及与将来的期望有关的观察点出发来构建以往的现实。历史比较的特殊性在于研究某一现象时要联系它的背景,既把它当作前后变化过程的一部分,又把它当作同时代的各种关系的一个组成部分来研究。而对历史的与同时的背景可以从不同的角度考察,可以把看它看作是社会、文化、一个地区或一个民族的历史,或看作文明等等。在这一概念的定义上说,历史比较研究与历史知识一般来说是可以相提并论的。

二、对照与概括

历史比较研究内部可以根据不同的认识目的而分类。一般来说,我们可分为两种基本类型。第一种类型主要是进行对照,找出比较对象的不同点,以求对它们获得更详细的认识。第二种类型则注重寻找共同点、普遍性,以达到普遍关联的认识。

这一分类法在科研著作中经常可以见到。密尔(J. S. Mill)早就在1881年将"求异方法"与"求同方法"相对立。布洛赫(M. Bloch)曾于1928年认为,历史比较的目的在于确定异同并力求作出解释。辛策也曾于1929年写道:"我们可以寻求比较对象内在的共同点并对之进行比较;也可以更准确地掌握比较对象之一的个性,以与另外一个相区别而进行比较。"斯科克波尔(T. Skocpol)和萨默斯(M. Somers)区分了社会科学与历史学中"平行展现"式的与"对比型"的比较研究,而提倡走综合两者的中间道路(即所谓"宏观因果分析")。蒂利区分了"单独比较"与"普遍化比较"，又提出两者的折中类型："狭窄的专门比较"（incompassing comparison）与"层次比较"。其他学者也曾经提出过类似的定义。在比较与写作的实际工作中，人们一般不严格区别普遍化的比较与个别化的比较。搞比较的学者大都两方面都能做到，但各有所偏重。历史学家一般对个别化比较感兴趣，而社会学家与政治学家在进行历史比较时更关心普遍化比较，尽管其历史比较几乎总是具有空间上与时间上的局限性。不过这一差别是有限的。

三、历史比较研究在方法上的作用

（一）从启迪学的角度看，比较研究能够使我们看到不比较就看不到的或很难看到的问题。布洛赫为比较的这一功能提供了一个例子。他在研究了16到19世纪的英国"圈地主"及其作用之后，作出了法国可能也经历过同类过程的估计，尽管法国史研究还没有提供这方面的发现。基于这一受英国先例启发的、关于法国是否也有同类现象的问题，布洛赫果然在15、16与17世纪普罗旺斯历史上发现了同类的、尽管不是一脉相承的农业土地所有制结构的变化，从而为这一地区史研究的革新作出了贡献。这一创造性科研成就的获得归功于以下想法：英吉利海峡两岸农业社会的问题应该相似，因而需要同类的、尽管不是完全相同的解决办法，应该会有可比较的、回顾起来可观察到的发展——农业资本主义的形成。

（二）从叙述方面看，历史比较特别适用于突出单个的、常常是独一的、特别有意思的例子。例如，只有在将德国工人运动与其他国家（如英国、法国与意大利）的工人运动相比较时，我们才能明显地认识到：德国工人运动，包括其所属党派，相当早就作为独立力量登上了政治舞台。19和20世纪意大利中部与北部城市贵族的新贵特色，其虚弱的政治地位以及它与文化水平高的、经济上不很活跃，但富有的、享有社会名流荣誉的资产阶级之间的紧密联系，我们只有通过比较才能看出来。例如与普鲁士及德国的贵族相比较，后者相对强大、内部更为团结一致，与国家政权直到20世纪仍保持着紧密联系，而与上升中的资产阶级则保持较大的距离。如果我们将在绝大部分方面都相似，而在使人特别感兴趣的某一方面却不相同的案例相互比较，那么我们会特别清楚地认识到历史的特殊性。所选择的比较组合不同，研究对象就能显现出不同的特征来。

（三）从分析方面看，比较研究能在解释历史问题方面起到不可取代的作用。一方面，它有助于认识空间与时间上的具体的因果关系。譬如，我们可以通过19与20世纪不同社会的社会抗议运动的比较研究来测定某些国家暴力手段对社会抗议的影响。另一方面，我们可以用比较研究来对以讹传讹的解释作出检验。布洛赫又为我们在破除此类地方史的假解释方面提供了例子：如果我们发现中世纪与近代早期封建领主统治在欧洲绝大部分地区都几乎同时得到加强（当然各地的形式不同）的话，那么我们就不会轻信地方史与区域史学家所提供的特殊的地方性的解释。我们就会寻求全欧性解释模式，而在某个具体案例中找到地税下降的原因。仔细的比较也能用来驳倒普遍化假解释。这一点我们在回忆过去有关资本主义与法西斯主义的讨论时很容易想起来。资本主义的危机并不会处处导致法西斯主义运动的得势，而只是在某种条件下才有可能，而这些条件只在一部分工业社会中才有。这一点，可以通过德美社会的比较来说明。一般来说，比较研究可以作为间接的试验来"检验假说"。如果一个研究者将现象甲在一个社会里的出现归咎于条件乙或原因乙，那么他就可以寻找有甲而无乙，或有乙而无甲的社会，以便作出假说暂时得到证实的结论，或作出进一步的区别。不过这一方法有其局限，因为与自然科学的试验不同，在比较历史上不同社会时，我们很少能够保证其他条件的完全相同。

（四）从模式方面看，比较研究常能使我们对事物刮目相看。鉴于其他比较选择道路的存在，我们自己的发展道路就不显得那么理所当然了。比较使我们看到其他可能性的存在，而我们所感兴趣的案例不过是多种可能性之一。这一点对于历史学家来说特别紧要。因为各国历史科学仍存在过于重视本国或本区域历史的倾向。有了比较的压力，这一倾向就难以维持。狭隘性会被逐渐消除。由此，比较研究会对历史学与社会科学工作的氛围与风格，常常也会对使用所选核心概念产生影响。我们会通过比较发现这些核心概念的文化特殊性与历史局限性（历史性）。即使是最一般的概念，也可以通过与不同的，如非西方的文化或一个遥远时代的文化的比较得到检验。

比较研究要求对语言并由此对比较学者的文化立足点进行反思。如果一个学科自限于本民族范围内，将外部的不同发展仅仅看作是一种固定发展模式的变异，那么它的根本出发点就会因为所比较的地理范围上的扩大而受到动摇。所以，比较研究可以为确立各个学科的立足点及其发展起到重要作用。

四、历史比较的提问、概念与单位

提问是比较的桥梁。两个或几个现象只能就一点，即就其与第三者的关系进行相互比较。比较学者首先要指出比较对象（就提问而言）的相似处，从而为确定其不同处提供基础。这样就需要定义明确的概念。例如：如果一个学者将德国民族社会主义仅仅理解为希特勒主义，把它看成是一个独一无二的现象，拒绝使用"法西斯主义"或"极权主义"等普遍性概念来分析它，那么他就不能对它进行比较研究，因为我们只有借助这样的普遍性概念才能将它列入某种比较关系。所选的概念不同，比较关系也就不同。用有差异的法西斯主义概念，我们就可以对德国民族社会主义、意大利法西斯主义以及20世纪上半叶其他运动与制度的异同性进行研究,同时也可以探讨为什么在一些国家法西斯运动一直很虚弱或没有产生过,而用有差异的极权主义概念我们则可以将德国民族社会主义与其他类型的专制相比较。两种比较手法都是有道理的。用哪一个概念来比较,应视不同的研究目标而定。所选用的概念不同,比较的方面不同,德国民族社会主义的不同特点就会更加引人注意:如用法西斯主义这一概念来比较,民族社会主义的社会条件及其作用就会更受到重视,而用极权主义这一概念来比较,它的独裁统治制度及其思想意识的特征就更值得研究。

比较单位的选择是与引导性的提问和核心概念紧密相关的。在至今为止的研究过程中,至少在现代史的研究中,民族国家之间的(国际性的)比较占优先地位;不管是从有选择的观察点出发来寻求社会整体的异同性的比较,还是局部的(如德国、意大利与瑞士的律师比较)社会史研究都是如此。以民族国家为比较单位确有许多道理:一方面,许多值得比较的结构、过程、经历、行动与事件,在现代是(通过语言、文化与国家政策的渠道)受其民族属性影响的。因此,绝大部分近现代史史实研究所需要的原始资料与档案都具有民族特色。这里包括进行数量比较研究所需的统计资料,比较战争经历所需的文字记载,研究专业史所必需的各种职业协会的言论,当然也包括法律与宪法。另一方面,今天的比较学者正处在关于民族性的讨论中,他们为对民族史以及国际比较特别感兴趣的读者而写作。国际性比较在将来也会有重要的地位。

但是,由于历史研究近来的经验与新的重点,偏重民族国家史和国与国之间的比较已显得不再合适。许多问题若用小一点的地区性比较能够被处理得更好些。只要联想到近来以地区为经济发展空间的工业化研究,或者近来的地方、地区比较(尽管大都也与民族国家比较有关系),以及对风俗与同一性的艺术研究,我们就会承认这一点。研究项目若是与东欧、中欧、东南欧有关,就会涉及一些很晚才适应民族国家史模式的社会与国家。密集的居住模式、民族的多样性与以前依附于多民族帝国的历史，都局限了在欧洲这些地区进行民族史与国际比较的可能性。对于极难从民族史角度来构建的中世纪史与早期近代史来说，更是如此。许多问题只有用跨民族方法才能得到解决。随着历史研究对移民、划界与驱逐等问题的兴趣的增长，民族范围虽然还是一个重要因素，但我们应该突破这一界线，进行跨民族国家的比较研究。不能归属于一个民族社会的山脉、边界与海岸引起了研究者的注目。如果我们把眼界扩大到欧洲或西方以外的世界，那么民族比较或民族社会比较很快就会遇到极限。全球性的文化与文明比较的研究要求很高。过去，民族间的比较处于科研的中心，将来应该有多层次的比较。我们应该创造新的比较形式。

是作同时代的比较，还是作不同时代的比较，这取决于认识目标，不能任意而定。从人类学的观察点出发——例如一个社会是如何对待它的战败或它的罪恶历史的问题——可以将较大范围的两个时代来作比较，比如将古代希腊罗马与现代欧洲相比较。欧洲的城市史方面也可以作相隔遥远的时代的比较。如果我们要探索不同社会是否具有相同的问题以及怎样解决它们，那么我们就必须作不同时代的比较。例如，如果我们要就英国与德国的经验探讨初期工业化、社会不平等及其反应与工会产生的关系，那么我们就必须将18世纪末19世纪初的英国与19世纪中期的德国相比较。许多其他问题则需要作同时代的比较。

确立比较单位是历史比较最艰难的步骤之一。研究之成败与比较单位的恰当与否有关。它要求研究者预先作出原则上的理论性思考。它一般不能完全没有任意想象的因素，因为历史现实本身一般没有一清二楚的界线划分。但是为了探索定义明确的比较单位的异同处，我们必须假设这一单位划分界线之存在。先验的解决办法并不存在，关键在于怎样提问。

五、历史比较的使用与滥用

历史比较可以镶嵌于各种不同的理论结构之中，为各种不同目的服务。以下的论述不求面面俱到，仅仅介绍几种使用形式。

（一）出于对自我特征的兴趣的比较：人们常常试图通过对另一个国家、社会、乡村或另一个世界、区域的观察，以求得到对自身历史更进一步的认识。此类比较法属于非对称性对比，虽然包含着新颖的研究潜力，但也有不少问题。我们可以拿马克斯·韦伯来做这方面的例子。他本来主要是对西方文明的发展道路感兴趣。为了理解为什么西方能够有资本主义经济、独立的市民城市、官僚制的领土国家、世俗化的文化、现代科学以及其他"合理的生存条件"，韦伯对亚洲的高级文化进行了比较性观察，钻研为什么那里没有类似的发展的问题。他从西方的角度出发，使用从西方的范例精炼出来的问题与概念来对非西方文化进行比较研究，当然他也想了解它们，但更是为了间接地、更好地理解西方的发展道路。这样，他作的比较，在概念上是经过反思的、在研究上是富有成就的，不过，这一比较带有一点将其他文化作为自我认识工具的色彩。在韦伯之后，欧洲或西方的特殊性问题大多促进了比较研究的进行。这一问题在争取欧洲经济与政治统一的过程中获得了新的现实意义。

众说纷纭的"德国独特道路"论点，可以作为以进一步认识自己历史的特殊性为目标的对照比较的第二个例子。这一论点出于对19与20世纪德国的发展情况跟另外一个或几个西方国家（有时笼统地跟"西方"）同类的发展过程作的比较研究。这些比较大都是对德国史进行批判性解释的一部分，揭露了德国历史的缺陷，如议会制的过晚推行、自由主义的软弱、专制国家的巨大影响、抵抗法西斯主义力量的软弱。有关"美国例外论"以及其他"独特道路"的论述，也是采取同样的比较方法。它们都是对照性比较，目的在于对一个研究对象，一般来说是本国历史的一个案例作肯定的，或自我批评性的，或有保留的进一步认识。所作的比较，不过是应付了事，而比较对象国家仅仅是作为背景而被轻描淡写。它们不过是从比较角度进行的一个国家的历史的研究，而不是充分展开的比较研究。但即便是这种压缩的比较方法也会取得一定的成就。其优点在于较容易做到。不过它有对比较对象国历史进行过分简单化的错误的概念化，有时甚至全面歪曲的危险。这一点曾由"德国独特道路"论题的批评者指出。这一种比较方法有轻信一个民族、阶级或血缘群体用来自我定义、自我美化，并区别于其他群体的"非对称性对立概念"的危险。这种比较还有只局限于再现以往的文化、传说与思想意识，而不对之进行批判分析的危险。再说，这种对一个民族、社会或集团所进行的比较性描述所得出的结论，很明显地取决于比较对象的选择——而这一选择，一般来说不是按照科学的标准作出的。

（二）类型学的比较：一个比较研究要发展成为一个类型学，它就必须至少对三个比较对象进行相对均等的研究。席德尔（T. Schieder）关于西欧、中欧与东欧民族国家形成的比较研究可以作为这方面的例子。通过对19世纪欧洲民族运动的比较，他得出了一个民族形成三部曲的类型学说。在欧洲大陆西部，民族运动可以在已经形成的领土广大的国家基础上发展起来。在欧洲中部，如在德国和意大利，民族运动旨在统一现有的众多领土不大的国家为民族国家。在欧洲东部，它们却要推翻多民族大帝国而建立民族国家。欧洲各种民族运动思想纲领方面的大相径庭以及时间上的先后不一均与此紧密相关。如果我们用赫洛克（M. Hroch）的方法来研究典型的民族形成过程的话，那么我们就会得到这方面的另外一种类型学。赫洛克在他关于中欧、南欧与北欧小民族的研究中以社会代表的更换与民族思想扩大的程度为里程碑，区分民族运动的形成为大众运动的三个阶段。上述两种方法的出发点都认为，19世纪民族国家的形成已经被提上了日程，而社会背景不同，其表现在民族类型与发展进程的特色也就各不一样。有关19与20世纪现代化危机的研究所涉及的范围就更为广泛。本迪克斯（R. Bendix）研究西欧的"政治现代化"与俄国、日本和印度相比较的特点的著作可以作为这方面的例子。现代化理论尽管受到许多批评，但还是适合于推动大规模的历史学与社会科学研究。最近几年来，人们日益关注不同政治制度之间的过渡，特别是从极权专制或威权性国家形式向现代议会民主制度的过渡。对南欧历史发展的比较研究则主要关注各个机构（如军队）、社会阶级（如资产阶级）或各种思想意识在这一过渡进程中的作用与意义。

从历史学家的角度看，这些处于"比较政治学"、历史社会学与历史学之间的类型学很成问题。因为它们将历史过程理解为"类型式"的过程，把它们看成是具有典型的发展方向的现象。

这样就容易低估历史发展的多样性、灵活性与未终结性。最后，某些类型化的研究倾向于将某些过程或结构，如英国的工业化、盎格鲁撒克逊的民主制度或通过革命形成的法国民族国家，假定为"普遍"的过程或结构。用这些国家的例子作为衡量其他国家与地区的标准，而将后者看成是充满缺陷、偏差或者迟到者，这样做是有问题的。不过，历史类型学不一定非导致如此割断历史不可。针对那种认为机构、经济制度、社会，甚至文化都遵循有规律的发展模式，因而是大同小异的观点，类型学方法可以为现实通常是多样的主张树立出发点。而针对某些问题的绝对化方法，类型学方法可以用"功能等同者"思想来辩论。"功能等同者"思想假定——作为还待检验的猜测——为解决同一问题的各种不同的办法能达到同样的效果，而对同一整体，其不同的单元都有等同的意义。例如，海登海默（A. Heidenheimer）指出，法国与德国社会福利国家的形成，在速度上不同，在程度深浅上也不同，德国是借助于社会福利国家来实现社会安定与民众对国家的服从的，而法国则是通过一个开放的、优秀的教育制度达到这一目标。

（三）综合分析性的比较研究：综合分析把比较作为其核心部分，是一种要求很高的研究。它是对一个在时间和空间上具体的研究对象所作的全面性、历史性和系统性的关联分析。它要求史实可靠而理论充实，并以比较为核心。例如，格辛克龙（A. Gerschenkron）提出了一个有关欧洲工业化的总提纲。这一提纲的细节虽然已经过时，但其总纲仍是科研上罕见的高超成就。这一提纲的核心是对欧洲各国工业化进程的比较。为此，他列举了各国工业化的、大都通过"功能等同者"这一设想显示出来的根本相似处以及显而易见的不同处。但是，他并不就此满足，而是把所研究的比较案例看成是一个欧洲工业化总体系的组成部分。一方面，以它们在总体系里的不同地位（相对落后性）以及时间上的不同为起点；另一方面，从它们的相互影响，即它们的关系史方面，来解释它们的不同点。格辛克龙以论文形式提出的综合分析为我们提供了一个对欧洲工业化的粗略勾画，为将来的专著与细节研究提供了基础。摩尔从民主和专制产生的角度出发，对英国、美国、中国、日本和印度进入现代的不同道路进行了研究。这一研究为我们提供了一个以比较为主的，对复杂关系进行详细而全面研究的范例。摩尔的著作将对各种不同发展的描写与条件的分析和后果的解释相互结合，也不缺乏关系史因素，但其广泛的、理论与史实方面的论述的动力则来自比较。

六、史学史与社会科学中的历史比较：发展与趋势

作为专门学科的历史科学对比较研究长期没有特别的兴趣。尽管孟德斯鸠、亚当·斯密、贾斯蒂（J. H. G. Justi）的著作表明，启蒙时代的历史学家与社会科学家对各种文化的比较并不陌生。世界史发展阶段模式思想形成于苏格兰与法国的启蒙运动中。启蒙思想家认为，"发达"社会可以通过对同时代的"落后"社会的研究来认识自己的历

史。一种所谓"比较方法"在这一思想基础上兴起。这一思想，在19世纪的辩证论与进化论的历史哲学中，如在马克思那里，得到了充分的发挥。

到了19世纪的古典历史主义时期，历史比较在历史科学中几乎不再存在。第一，因为当时的专业历史学家普遍认为，历史研究与叙述只有尽量接近原始资料，才能具有真实性与可靠性。比较性历史著作，特别在要包揽众多的比较案例的情况下，却常常必须放弃对档案的深入研究，而依靠第二手资料。第二，历史事物的延续性、独特性与对背景的依赖性普遍被认为是历史思考、研究与叙述的原则。所以，人们要研究历史现象，就必须联系其历时与同时的关系，即将它既作为一个发展过程（历时）的，又作为一个整体（同时）的一个部分来解释。历史不是由一系列可用来举例说明一般规律表现的案例组成的。而比较研究的前提却是，历史学家可以使比较对象在一定程度上从其历时与同时性关联中脱离出来，以探讨其异同之处。谁要作比较，谁就不会把他的研究对象仅仅看成是单独现象，而是认为它们在某些方面是相似的，在另一些方面则相异。我们不能对现象作全面性比较，而总是只能作某个方面的比较。愿意作选择与抽象思考是比较的前提。第三，当时历史能够上升为一门专门学科，成为中小学的必修课并受到文化素质高的读者的热爱，与当时对自我的历史，特别是本民族的历史的兴趣有紧密关系。因此，细察外国历史不是当务之急。

由此可知，为什么历史科学自推行以上所述的历史主义原则以来对比较研究不感兴趣。19与20世纪初的历史科学将比较研究转交给了语言学家、宗教学家、人类学家、民俗学家与地理学家、国民经济学的历史学派，特别是正在形成中的社会学。社会学的创始人，如韦伯、涂尔干（E. Durkheim）、莫斯（M. Mauss）都明确主张进行历史比较；并得到了少数历史学家如辛策、布洛赫、皮奈（H. Pirenne）、布罗代尔以及英国汉学家、科学史家李约瑟（J. Needham）的共鸣。

二战以后的历史比较研究还是主要由有历史兴趣的社会科学家进行，或产生于如（自1958年）"社会与历史比较研究"式的各学科间的合作。阶梯理论以现代化的形式继续存在下去，并对"比较政治学"、历史社会学与数量分析的经济史方面的许多著作产生了影响。而在历史科学的核心部分，比较研究直到70年代早期仍是寥寥无几。

只是在历史学逐渐跨出了过去的历史主义模式，接近了分析方法与向邻近的社会科学开放之后，才在60与70年代（尽管50年代有一些先行者）产生了历史科学的"分析性转折"。人们不仅提出了比较研究的要求，而且开始了这方面的工作。国际比较研究，特别在迅速扩展的社会史研究领域里，在最近二十五年中获得了一个令人瞩目的飞跃。除了社会史研究本身的扩大、上面提到的历史科学分析性转折之外，历史科学和其他学科、大学的学习以及国际性学术交流，也为此飞跃作出了贡献。对自我特征的兴趣多次推动了比较研究的发展。人们希望通过与其他现代化道路的比较更好地理解自己的"特殊道路"，通过与其他现代化道路的比较更准确地判断本国现代化的成就与局限性，通过全球性比较更清楚地认识到欧洲的特点——对研究对象或作出批判，或表示同情，而常常是保持分析角度的距离。到现在为止，国际性比较多在近现代史方面，在以前的历史阶段的研究中则较少。社会史、经济史与历史人口统计学方面的国际比较，要比政治史、文化史和学术史方面多。而用微观史学方法的日常生活史学派所搞的国际比较则最少。比较研究在联邦德国史学界比英法史学界更为普及。从数量上看，瑞士、瑞典与奥地利也有不少相关研究著作。南欧的比较研究者不论在人数上，还是在专题上都很有限。邀请东欧加入比较研究的工作还处于初级阶段。美国学者所作的比较研究很多，并以地理上的广泛性为特征。总的来说，他们与欧洲的比较，跟与拉美、亚洲及非洲国家的比较一样多。

历史比较研究在不断变化。以数量分析为主的比较研究渐渐减少。结构与过程的比较得到了经历与行为模式的比较的补充。历史比较也开辟了精神气质、习俗、文化行为等象征世界的新领域。与以前不同,现在历史学家占比较学者的多数。历史学家倾向于数量少的,往往仅仅是两者之间的相互比较。他们一般都在中级抽象高度进行论述,并遵循以下原则:只作必要的抽象,而作尽量具体确实的描述,并联系背景与深入原始资料。作出鲜明的对比对他们来说,要比得出普遍性的结论更为重要。他们经常将比较史与关系史的理论方式结合起来。历史学家很少敢作全球性文化与文明比较。他们所作的比较在空间与时间上大多有限制。

　　所以,有历史兴趣的社会科学家所作的比较研究尤为重要。经济学家还没有复活其历史比较研究的以19与20世纪初的德国历史学派为高潮的伟大传统。而民俗学与人类学、社会学以及政治学却对历史比较作出了重要贡献。奥斯特哈梅尔(J. Osterhammel)总结了当今"历史社会学的五大问题(任务)":

　　第一,对在世界各地都存在的、其本质不是某一文化特有的机构与方法,进行全世界范围的类型分析。这是通过广泛的文化比较(所谓"跨文化的"比较),以众多的案例为基础,使用数量分析方法(如帕特森[Patterson]于1982年对66个社会的奴役制的研究)来寻求如"家庭"、"村庄"、"城市"或"奴隶制"此类机构的各自特征与共同点。

　　第二,从世界史角度对传统与现代初期的国家进行分析。

　　第三,有关知识以及科学问题的比较社会史研究。

　　第四,由韦伯作过经典性研究的、有关西欧与世界其他文化相比所走的"独特道路"的原因问题。

　　第五,跨出欧洲界线的比较,成功地研究"进入现代世界的其他道路"。

　　以此为目标的著作把理论与史实相结合,成功地克服了对欧洲与西方的过分关注,探索现代社会的多样性,对各种相异处感兴趣,而同时寻求普遍性历史结论以及有关发展的根本原因。比较研究有助于历史科学的现代化。作比较研究的历史学家使用精确的概念、分析方法与社会科学理论，通过比较，他们将历史学向邻近学科开放。反过来，比较研究将社会学家、政治学家与民俗学家引向历史学。历史比较成了各种研究方向代表的会晤场所，成了跨学科研究的园地。各门社会科学的相互开放被提上了日程。比较研究为此开辟了一条大道。

参考文献

H. Atsma and A. Burguière (ed.), *Marc Bloch aujourd'hui. Historie comparée et science sociales*, Paris 1990 .

R. Bendix, *Nation-Building and Citizenship*, Berkeley/ Los Angeles 1977.

D. Blackbourn/ G. Eley, *The Peculiarities of German History. Bourgeois Society and Politic in 19th−Century Germany*, Oxford 1984.

M. Bloch, "Pour une histoire comparée des sociétés européennes", in: M. Bloch, *Mélanges historiques*, Band 1, Paris 1963, S. 16−40.

A. A. van den Braembusche, "Historical Explanation and Comparative Method: Towards a Theory of the History of Society", in: *History and Theory*, 28 (1989), S. 1−24.

F. Braudel, *Civilisation matérielle, économie et capitalisme, XVe−XVIIIe siècle*, Paris 1979.

C. Charle, "Intellectuels, Bildungsbürgertum et professions au XIXe siécle. Essai de bilan historiographique comparé [France, Allemagne]", in: *Actes de la Recherche en Sciences socials* , 106−107 (1995), S. 85−95.

D. Collier, "The Comparative Method", in: A. W. Fini(ed.), *Political Science: the state of the discipline II*, Washington D. C. 1993.

M. Espagne, "Sur les limites des comparatisme en histoire culturelle", in: *Genèes*, 17, 1994, S. 102−121.

G. M. Fredrickson, "Comparative History", in: M. Kammen(ed.), *The Past Before Us. Contemporary Historical Writing in the United States*, Ithaca 1980, S. 457-478.

A. Gerschenkron, *Economic Backwardness in Historical Perspective*, Cambridge/ Massachusetts 1962.

J. A. Goldstone, *Revolution and Rebellion in the Early Modern World*, Berkeley 1991.

H. -G. Haupt und J. Kocka(Hg.), *Geschichte und Vergleich. Ansätze und Ergebnisse international vergleichender Geschichtsschreibung*, Frankfurt 1996.

A. J. Heidenheimer, "The Politics of Public Education, Health and Welfare in the USA and Western Europe: How Growth and Reform Potentials Have Differed", in: *British Journal of Political Science*, 3 (1973), S. 315-340.

O. Hintze, "Soziologische und geschichtliche Staatsauffassung", in: O. Hintze, *Soziologie und Geschichte. Gesammelte Abhandlungen*, Band 2, Göttingen 1964, S. 239-305.

M. Hroch, *Die Vorkämpfer der nationalen Bewegung bei den kleineren Völkern Europas*, Prague 1968.

G. G. Iggers, *New Directions in European Historiography*, C. Middleton, Conn. 1984.

S. Immerfall, *Einführung in den europäischen Gesellschaftsvergleich*, Passau 1994.

E. J. Jones, *The European Miracle: Environments, Economies and Biopolitics in the History of Europe and Asia*, Cambridge 1981.

H. Kaelble, *Auf dem Weg zu einer europäischen Gesellschaft. Eine Sozialgeschichte Westeuropas, 1880-1980*, Frankfurt 1997.

S. Kalberg, *Max Weber's Comparative-Historical Sociology*, Cambridge 1994.

J. Kocka, *Impiegati tra fascismo e democrazia. Una storia sociale-politica degli impiegati: America e Germania, 1890/1940*, Liguria 1982.

J. Kocka, "German History before Hitler: The debate about the German 'Sonderweg'", in: *Journal of Contemporary History*, 23 (1988), S. 3-16.

J. Kocka, "The Middle Classes in Europe", in: *The Journal of Modern History*, 67

(1995), S. 783-806.

J. Kocka and A. M. Banti (Hg.), *Borghesie europe dell'ottocento*, Venezia 1989.

R. Koselleck, "Zur historisch-politischen Semantik asymmetrischer Gegenbegriffe", in: *Vergangene Zukunft. Zur Semantik geschichtlicher Zeiten*, Frankfurt 1979, S. 211-259.

R. Koselleck, R. Spree und W. Steinmetz, "Drei bürgerliche Welten? Zur vergleichenden Semantik der bürgerlichen Gesellschaft", in: H. -J. Puhle (Hg.), *Bürger in der Gesellschaft der Neuzeit. Wirtschaft-Politik-Kultur*, Göttingen 1991.

J. Linz und A. Stephan(ed.), *Problems of Democratic Transition and Consolidation*, Baltimore 1996.

M. Mann, *The Sources of Social Power*, 2 Vols.（第1册至1760年；第2册1760—1914年），Cambridge 1986/1993.

J. Mattes (Hg.), "The Operation calles 'Vergleichen', Zwischen den Kulturen? Die Sozialwissenschaften vor dem Problem des Kulturvergleichs", in: *Soziale Welt*, 特刊第8期（J. Mattes［Hg.］），Göttingen 1992, S. 75-99。

J. S. Mill, *Philosophy of Scientific Method*, ed. by E. Nagel, New York 1981.

B. Moore, *Social Origins of Dictatorship and Democracy. Lord and Peasant in the making of the Modern World*, Poston 1966.

E. W. Müller, "Plädoyer für die komparativen Geisteswissenschaften", in: *PAIDEUMA*, 39 (1993), S. 7-23.

中山茂（S. Nakayama）:《中国、日本与西方的科研学术传统》（*Academic and Scientific traditions in China, Japan, and the West*），东京1984年版。

J. Osterhammel, "Transkulturell vergleichende Geschichtswissenschaft", in: H. -G. Haupt und J. Kocka(Hg.), *Geschichte und Vergleich. Ansätze und Ergebnisse international vergleichender Geschichtsschreibung*, Frankfurt 1996, S. 271-313.

Passato e Present, 28 (1993).

P. Rossi (ed.), *La storia comparata. Approci e prospetive*, Milano 1990.

W. W. Rostow, *The Stages of Economic Growth*, Cambridge 1960.

M. Salvati, "Storia contemporanea e storia comparata oggi: il caso dell Italia", in: *Rivista di storia contemporanea*, 2-3 (1992), S. 486-510.

B. Scheford, "Theoretical Approaches to a Comparision of Economic Systems from a Historical Perspective", in: P. Koslowski (ed.), *The Theory of Ethical Economy in the Historical School*, Berlin, S. 221-247.

T. Schieder, "Typologie und Erscheinungsformen des Nationalstaats in Europa", in: *Historische Zeitschrift*, 202 (1966), S. 58-81.

T. Schweizer, "Interkulturelle Vergleichsverfahren", in: H. Fischer (Hg.), *Ethnologie. Einführung und Überblick*, Berlin 1988, 2. Aufl.

W. H. Sewell Jr., "Marc Bloch and the Logic of Comparative History", in: *History and Theory*, 6 (1967), S. 208-218.

H. Siegrist, *Advokat, Bürger und Staat. Sozialgeschichte der Rechtsanwälte in Deutschland, Italien und der Schweiz, 18-20. Jh.*, Frankfurt 1996.

T. Skocpol, *States and Revolutions: A Comparative Analysis of France, Russia and China*, Cambridge & New York 1977.

T. Skocpol and M. Somers, "The Uses of Comparative History in Macrosocial Inquiry", in: *Comparative Studies in Society and History*, 22 (1980), S. 174-197.

C. Tacke, *Denkmal im sozialen Raum. Nationale Symbole in Deutschland und Frankreich im 19. Jahrhundert*, Göttingen 1995.

C. Tilly, *Big Structures, Large Processes, Huge Comparisons*, New York 1984.

C. Tilly, *The Rebelliuos Century, 1830-1930*, Cambridge/M. 1975.

C. Tilly, *Totalitarismus und Faschismus. Eine wissenschaftliche und politische Begriffskontroverse*, München 1980.

A. J. Toynbee, *A Study of History*, 12 Vols., London 1934-1961.

M. Weber, *Gesammelte Aufsätze zur Religionsgeschichte*, 3 Bde., Tübingen 1920.

A. R. Zolberg, "How many Exceptionalisms?", in: I. Katzennelson and A. Zolberg (ed.) *Working-Class Formation. Nineteenth-Century Patterns in Western Europe and the United States*, Princeton 1986, S. 397-455.

比较与超越比较[*]

    首先,这篇评论通过探讨比较方法在历史研究中发挥的几个主要功用,强调比较方法在使研究者获得灵感和启发方面发挥了非常重要的作用。其次,这篇评论又分析了历史学家中较少有人采用比较方法进行研究的原因。再次,文章分析比较历史学现在所面临的新的挑战,从而提出将比较方法应用于新情境的想法。最后是几点总结。这篇评论的中心目的是想强调:历史中的比较是指系统地讨论两个或更多的历史现象,从中找出相似点或不同点以达到某种学术目的的方法。[1]

    什么目的呢?从方法论角度看,比较方法在历史研究和再现中的目的和作用是什么呢?我将从以下几个方面进行分析:启示作用、描述作用、分析作用和例示作用。

    从启示作用来看,比较方法能使人发现那些可能会被遗漏、忽略或尚未发现的疑问或问题。马克·布洛赫(Marc Bloch)在他的研究中提供了例子。作为研究土地问题的历史学家,布洛赫曾研究过16至19世纪英国的圈地运动。通过研究,他提出假设认为,虽然法国历史研究中并没有相关的记载,但在法国也应该发生过类似的事件。从这个假设

---

[*] 本文是科卡教授于2002年3月2日提交给海牙第四次欧洲社会史大会"比较解释问题"讨论组的论文,原文为英文,由大连外国语大学于红霞副教授译出。

出发，布洛赫发现，在15、16和17世纪时，法国普罗旺斯地区在土地所有制结构方面与英国虽不完全相同，但却相似。由此，他对这段历史作出了意义深远的修正。[2]这是一种意识转移的行为，他基于英法相似的假设，通过比较得到领悟。

在描述作用方面，比较历史研究可使单一历史事件的各个侧面在同其他类似历史事件比较时得到澄清。在这方面有很多例子：例如，把历史事件的特征描述成"首创"还是"后发"；或描述成具有特殊性，如"德国的特殊道路"（German Sonderweg）或"美国例外论"（American Exceptionalism）；还有很多例子通过和世界其他地方相比，从西欧地区工业化进程的形态到西方现代化的道路，都可以描述出它们的特性来。这样看来比较方法普遍存在，即使在研究著作的字面上并未出现比较的字样，比较方法还是起了相当的作用。需要补充的是，比较方法并不仅仅可以帮助发现特殊性，它在对特殊性的质疑和完善方面也起到不可或缺的作用。[3]

从分析作用来看，在对历史事件的起因进行质疑或解释时比较方法都是不可缺少的。这一点在方法论方面经常被提到，也有很多事例可证明。[4]现今，世界历史这一学术领域为比较方法提供了施展的空间，不管是对若干世纪以来科学在几个不同文明中的发展，还是对经济变化和增长的不同道路或是其他问题，都可以用比较法来解释原因。[5]马克斯·韦伯是使用这种应用广泛的比较方法的先锋。休厄尔（Sewell）和其他人强调，在"验证假设"时可辅以比较方法来进行间接验证。当然人们可以质疑这种观点（毕竟在历史研究中像"其他情况相同"这样的句子是不可行的）。毫无疑问，比较方法对那些喜欢质疑起因或愿意提供答案的历史学家来说是不可少的。同时需要强调的是，对已经作出的解释进行必要的批判也需要运用比较方法，用它去反驳那些对具体事件或类似事情作出的"伪解释"。[6]

最后就比较方法的例示作用说上一句。就例示作用来说，比较方法可使人与自己最熟悉的部分（"自己的历史"）保持一点距离。"陌生化手法"（Verfremdung）是对应的德语词。由于看到可参考的同类事件，人们在观点形成过程中就不再受以前可能会有的思维定式的影响。他会发现他最熟悉的事件仅仅是很多可能性中的一种。历史学家常常着重研究自己的国家或地区的历史。正因为这一点，比较可以起到避免狭隘、促进自由和拓宽眼界的效果，从而优化学术气氛和研究方式。即使在今天，比较方法的这个贡献也不应低估。

上述几点足以使我们意识到比较方法的优点。然而为什么长期以来比较历史研究却不多见，即使到了今天仍继续停留在原来的水平上呢？有很多是实际研究过程中的问题，还有多个世纪来相关的文化功能和国家功能方面的原因。毕竟，至少在西方，历史作为大众学科，它的发展与民族国家的兴起密切相关。我现在并不想谈太多阻碍比较研究发展的问题。我仅想谈谈方法论方面的原因，谈谈比较方法和古典传统的历史研究方法不相容的三个特点：

1. 比较研究包含的案例越多，就越依赖第二手资料，越难接触原始材料或用原始材料使用的语言阅读资料。而早在18世纪晚期现代历史研究刚刚发展时人们就认识到，最广泛地接触原始材料和学习相关语言已成为基本要求了。

2. 比较方法预设各比较项彼此独立，它们既不是彼此的延续，彼此之间也没有相互影响，这样它们之间才可以进行比较。它们是被看作独立的个案，放在一起来查找相似或不同之处。换句话说，比较打断了延续性，割裂了历史事件间的纠缠，阻碍了叙事的流畅性。但重建延续性，强调相关性以及叙述形式的表述是历史学科的传统要素。

3. 整体，即完全发展了的个体，是不能拿来进行比较的。人们只能从某几个角度进行比较。历史学家必须确定从哪个角度、哪些问题或认知兴趣来比较两个或多个案例。在研究中要比较的案例越多，对要比较的观点、疑问和问题的选择就越显重要。换句话说，比较意味着选择、提取和一定程度上脱离前后联系。要想进行多个案例的比较，就要考虑到这一点。无论谁要进行比较，例如，比较20个区域工业化案例或19世纪中期40个法国城市的人口形势，必须把比较项和相关"变量"最大限度地跟原文语境分离开。但是前后关联、镶嵌、连续性对历史学科来说是至关重要的。那么在比较方法和历史研究中至少在西方一些相当珍贵的原则之间又存在着矛盾。

以上这几点方法论方面的特点解释了为什么比较方法在历史研究中一直不处于中心地位而处于边缘的原因。同时也解释了当历史研究在20世纪70到80年代期间倾向社会科学研究时比较方法为什么会变得越来越流行。[7]

近来，比较历史学家所面临的挑战越来越强。传统的历史学家反对进行过多的以及过于激进的比较。除此之外，还有新的反对声音，反对使用彻底割裂（clear-cut）这种比较方法。这次是最现代的史学家的声音，并且方式很有趣。1990年前后东西方冲突结束后国际化进程的加速和新一轮对全球化的争论改变了我们定义历史疑问和探讨历史问题的方式。因此，人们开始对纠结史关注起来，而它和比较方法的基本原则存在冲突。[8]

幸运的是，现在人们对跨国研究很感兴趣。研究世界历史的不同潮流则是关键。比较方法，对各国及各文化间的比较是实现跨国研究的一种手段。还有其他方式，如用后殖民主义理论来研究、阐释历史现象。[9]这样，例如说，人们对欧洲和阿拉伯世界之间的异同的兴趣大大减少，而对两者间相互影响、相互等量的或不对称的吸收，以及彼此发展过程中的纠缠更感兴趣。在比较时双方的历史被认作是一个历史而不是两个独立的部分。谈到纠缠，人们对出行观念、流动人口、跨国贸易感兴趣；双方都有"对方"的影像；谈到头脑中的映射，就包括权利、隶属、最高权力。文化维度通常是这个方法的主体部分。欧洲地区与世界其他地区，西方文明与非西方文明是使用这种方法的常见课题。"纠结史"（entangled history）已成为关键词，社会学家、人类学家沙利尼·兰德利亚（Shalini Randeria）就宣扬这种方法。这种方法的另一种变体被叫作"交叉史"（histoire croisée）。例如，迈克尔·沃纳（Michael Werner）、贝内蒂克特·齐默尔曼（Bénédicte Zimmermann）和桑德林·科特（Sandrine Kott）[10] 所说的19世纪德国、法国间的 "histoire croisée"。

这些都是相当有趣而又积极的进步。但是究竟这种跨国方法是超越了比较方法呢，还是较之落后呢？从纠结史的角度看，比较方法显得有点太机械化，过分强调分析，以至于它把现实分成若干不同部分来分析，而这些片段有必要被看成一个整体，一个相互纠缠的网络。实际上，埃斯帕内（Espagne）和沃纳很早就对比较方法进行了有效的批判。[11] 他们曾研究文学和文化，并率先用这一方法来研究德国和法国的发展问题。他们在这一点上有很多支持者，其中很多是文化历史学家。

当然，传统史学研究方法的固有优势或者近来跨文化和跨国研究的兴起都不能作为远离比较方法的借口。接触原始资料和掌握相关语言是历史研究的关键。但它们不能被当作专业上过分具体化的借口，也不能阻碍历史学家在这个全球化时代作出多角度、更全面的解释。重视连续性和历史事件的前后关系是必需的，它也是历史研究的一个特点。但另一方面，延续性仅仅是众多原则中的一个指导性原则。而当历史学家过分看重事件的前后关系时，他们的头脑就要进行选择，受所持观点的左右，从而侧重分析性。他们没有对历史整体进行全面重建。总之，比较方法仅强调或特别指明在任何历史著作中隐含着的某些因素：这是一个强大的选择性和建构性的元素。比较历史研究强迫它的实践者清晰地反馈他们的认识前提，而这些前提在其他方法中常常是不清晰的。跨国纠结史研究渐受欢迎，也是有发展前途的，但它不能独行。如果人们不想使这种方法受人质疑或落于俗套的话，就需要把它与比较方法相结合。比较方法仍然是全球历史研究的不可或缺的方法。

　　而比较历史学者应该以积极的方式应对以往的警告和新的挑战，通常他们会通过控制比较案例的数量来更充分地考虑事件背景。更重要的是，他们能够而且也应该把"纠结史"研究方法应用到比较研究中去。当然，这种比较方法预设了各个案例是从整体中分离出来的，从而可对它们进行比较。但这并不意味着可以忽视或遗漏这些案例之间的关联（如果这种关系存在的话）。而这样的关系应该成为比较框架中的一部分，对它们进行分析找出导致事件相似或不同的原因，它们整合或分散的原因。这种方法以前有人使用过。亚历山大·格辛克龙（Alexander Gershenkron）在对欧洲工业化进行比较时，把欧洲工业化看成是一个整体。同时他对各部分或片段进行比较，即比较几个国家的工业化进程。他重视它们之间的相互联系，例如，他比较了欧洲几个不同国家的工业家对资本、劳力、生产手段和观念的引进与输出的异同以及他们接受、模仿、转化及抵制的过程。他证明这些内在联系是导致不同国家工业化相似的原因，而有些联系直接导致了各国工业化的不同。[12]菲利普·特尔（Philipp Ther）调查了19世纪德国与中东欧歌剧院的起源、发展、组织形式和公共支持。在分析它们之间的异同时，他也说明了它们之间如何相互接受和彼此影响——它们都是中欧文化中的一部分。[13]

　　许多其他例子也能说明把历史现象分离出来当作比较项，同时又看作整体中的一个组成部分是可行的，也是很好的。比较历史和"纠结史"是重建历史的不同方式。它们之间有冲突却也不是不相容的。人们可以用比较的方法来分析和描述历史。没有必要在比较历史方法（histoire comparée）和纠缠（交叉）历史方法（histoire croisée）之间作出选择。我们的目的是把它们联系起来。

注　释

1　其他方面请参见 Jürgen Kocka, "The Uses of Comparative History", in: Ragnar Björk and Karl Molin (ed.), *Societies Made up of History: Essays in Historiography, Intellectual History, Professionalization, Historical Social Theory, & Proto-Industrialization*, Edsbruk, Sweden: Akademitryck AB 1996, pp. 197−209; Heinz-Gerhard Haupt und Jürgen Kocka(Hg.), *Geschichte und Vergleich: Ansätze und Ergebnisse international vergleichender Geschichtsschreibung*, Frankfurt 1996; "Storia comparata", in: *Enciclopediadelle scienze sociali*, Rome: Istituto della Enciclopedia italiana 1998, vol. 8, pp. 389−396; Heinz-Gerhard Haupt, "Comparative History", in: *International Encyclopedia of the Social and Behavioral Sciences*, Amsterdam and New York: Elsevier 2001, vol. 4, pp. 2397−2403; Hartmut Kaelble, *Der historische Vergleich: Eine Einführung zum 19. und 20. Jahrhundert*, Frankfurt & New York: Campus Verlag 1999。

2　Marc Bloch, "Pour une histoire comparée des sociétés européennes" (1928), in: Marc Bloch (ed.), *Mélanges historiques*, Paris: cole des Hautes Études en Sciences Sociales 1983, vol. 1, pp. 16−40。

3　对德国特殊道路的讨论和研究可以作为例证。参见 Jürgen Kocka, "Asymmetrical Historical Comparison：The Case of the German *Sonderweg*", in: *History and Theory*, 38 (1999), pp. 40−51。

4　参见 William H. Sewell, "Marc Bloch and the Logic of Comparative History", in: *History and Theory*, 6 (1967), pp. 208−218; A. A. van den Braembussche, "Historical Explanation and Comparative Method: Towards a Theory of the History of Society", in: *History and Theory*, 28 (1989), pp. 2−24。

5　参见最近这方面的辩论，请看 Gale Stokes, "The Fates of Human Societies: A Review of Recent Macrohistories", in: *American Historical Review*, 106 (2001), pp. 508−525。

6　布洛赫在这方面也提供了例子，参见 Marc Bloch, "Pour une histoire comparée des sociétés européennes" (1928)。

7　根据哈特穆特·凯伯乐（Hartmut Kaelble）的全面调查，从量化方面他把20世纪80年代认定为欧洲比较社会历史研究的突破性阶段。参见 Hartmut Kaelble, "Vergleichende Sozialgeschichte des 19. und 20. Jahrhunderts:

Forschungen europäischer Historiker", in: Haupt and Kocka (Hg.), *Geschichte und Vergleich,* p. 97。

8　参见 Johannes Paulmann, "Internatinaler Vergleich und interkultureller Transfer: Zwei Forschungsansätze zur europäischen Geschichte des 18. bis 20. Jahrhunders", in: *Historische Zeitschrift,* 267 (1998), pp. 649–685; Anthony G. Hopkins (ed.), *Globalization in World History,* London: Pimlico 2002。

9　参见 Robert J. C. Young, *Postcolonialism: An Historical Introduction,* Oxford and Malden, Mass. : Blackwell Publishers 2001。

10　Sanjay Subrahmanyam, "Connected Histories: Notes towards a Reconfiguration of Early Modern Eurasia", in: *Modern Asian Studies,* 31 (1997), pp. 735–762; Shalini Randeria, "Geteilte Geschichte und verwobene Moderne", in: Jörn Rüsen et al. (Hg.), *Zukunftsentwürfe:Ideen für eine Kultur der Veränderung,* Frankfurt: Campus 1999, pp. 87–96; Bénédicte Zimmermann *et al.* (ed.), *Le travail et la nation: Histoire croisée de la France et de l'Allemagne,* Paris: Maison des sciences de l'homme 1999; Jürgen Osterhammel, "Transnationale Gesellschaftsgeschichte: Erweiterung oder Alternative?", in: *Geschichte und Gesellschaft,* 27 (2001), pp. 464–479; Sebastian Conrad, "Doppelte Marginalisierung: Plädoyer für eine transnationale Perspektive auf die deutsche Geschichte", in: *Geschichte und Foreign Policy,* (Summer 1999), pp. 106–116.

11　Michel Espagne & Michael Werner (ed.), *Transferts: les relations interculturelles dans l'espace franco-allemand (XVIIIe et XIXe siècle),* Paris: Editions Recherche sur les civilizations 1988.

12　A. Gerschenkron, *Economic Backwardness in Historical Perspective,* Cambridge, Mass. : Belknap Press of Harvard University Press 1962, pp. 5–51, pp. 353–364.

13　Philipp Ther, "Geschichte und Nation im Musiktheater Deutschlands und Ostmittleeuropas", in: *Zeitschrift für Geschichtswissenschaft,* 50 (2002), pp. 119–140.

社会史既是结构史又是经历史 *

一、论来自日常史的挑战

《时代周报》记者乌尔里希(V. Ullrich)在去年(1985年)第36期的《历史科学与教学》刊物上写道:"联邦德国的历史研究几乎不声不响地,不知不觉地转变了其方向: 它离开了空气稀薄的办公厅与沙龙,离开了重大的国家行动,也离开了社会整体的结构与进程,走向了小区的生活世界,走向了日常生活的昏暗领域与边缘角落。"[1]这一描写当然是过于简单化了。因为,首先,注重政治史的旧历史学并没有消失。[2]其次,今日的历史学,我们应该说,幸亏也没有忽视如工业资本主义的崛起、初期工业化、民族国家的形成、革命运动与阶级形成这些社会结构与进程。[3]再说,有了黑白的区分才能有昏暗; 有了对房屋建筑的起码度量才能细探其角落。只专门研究 "昏暗区域" 和角落是荒唐之举。不过,总的来说,开头所引的乌尔里希之言还是确切地描写了近来史学界一个受到各派历史学家不同评价的、引起许多争议的倾向。[4] "在这一探索历史上日常生活的考察中,人们发现了几乎没有研究过的领域: 人们以前是怎样居住的? 他们的吃穿情况如何? 他们是怎样欢度

---

* 原文为:"Sozialgeschichte zwischen Strukturgeschichte und Erfahrungsgeschichte", in: W. Schieder u. V. Sellin(Hg.), *Sozialgeschichte in Deutschland. Entwicklung und Perspektiven im internationalen Zusammenhang*, Bd. 1, Göttingen 1986, S. 67–88。

节日,怎样对待、处理生育、病痛、死亡等问题的？表面上都是些无关紧要的问题,历史学家长期没有提出过。而现在历史学家们则不怕深入平凡的日常生活。"[5]

二、回顾康策的结构史概念

联系这一新发展,重读一篇(今天受到日常史学家猛力攻击的历史方法论的)基础性论著,即康策1957年写作的《将工业技术时代的结构史作为教学与科研的任务》一文,会使读者感到特有意味。这一在杜塞尔多夫科学院所作的报告今日读起来的第一印象是,它是一个研究从18世纪末到现代工业技术时代的历史的纲领性报告。它的措辞尚婉转小心,不是锋芒毕露。另一方面,恰恰鉴于新兴的反结构史的潮流,我们能清楚地看到,康策这一在50年代作出的现代社会史规划对社会史研究在联邦德国的发展,有过何等重大的积极作用。[6]这一报告无疑是联邦德国早期最重要的、为历史学家从当代历史经历中吸取经验教训的尝试之一。

在这一报告中,康策虽然没有直接点名讲到纳粹独裁统治、二战与德意志民族国家崩溃的历史,不过他明确地引用了荷兰历史学家赫伊津哈(J. Huizinga)"从我们时代的,蔓延欧洲的深重灾难中"作出的(而没有这一遭遇肯定不会作出的)一个发现,即自19世纪中期以来,历史发展有了内在的、根本性的变更。康策继承并发展了赫伊津哈的观点,认为从18世纪末开始的、工业技术时代的历史与此前几百年的历史不同,不能再当作个别有为人物的故事与闹剧,也不能当作国家的历史来写作。现代世界与以往相比,更受到超个人的运动与潮流的支配,特别是受到经济发展与科技文明的支配。随着科技文明的普及,世界历史有了一个"总脉络"。人民大众在历史上的角色有了变化;自1800年前后的"解放危机"以来,社会运动与前几百年完全不同地登上了历史舞台；历史学家不应该再把人民群众仅仅看成是历史决策与行动的"背景"。

康策还认为，近现代的历史难以用记忆深刻的图像以及仅仅基于"健康正常的历史理智"的叙述来阐述。旧意义上的"功业"（res gestae），只有在具有结构史意义的、充分反映上述历史发展变化的条件下才能有充分理由被作为研究对象。历史学家还没有对这一（对他们来说）新的形势作出适当的反应。为了便于认识结构与因果关系，必须扩大历史研究的方法。康策提倡，为研究结构史而重新解释、结合、采用"系统科学的方法、概念与内容成果"。他提倡与社会学、政治学以及经济学密切合作。他批评了历史学家的过细的专业分工，主张克服政治史、社会经济史以及文化思想史等方向在提问、课题与方法上的分裂。"结构史"就应该以此为其职责（有时他将"社会史"作为结构史的同义词使用）。[7]结构史不但不应该排除政治史，而且其本身就是政治史，"不过它不是首先注重'功业'，而是注重结构的延续与变迁"。康策提倡在历史科学中将类型化与个别化的方法相结合。正值他周围的人（而今日又确有人）——像保守的赫伊津哈一样——认为"叙述史会被淹没于数据之中，其中不会产生图像"，[8]康策勇于为统计资料的使用辩护，不过他没有过高估计统计资料的价值。

这一纲领在三十年之后回顾起来，它的不足之处当然很多：

（一）它或许过高估计了18至19世纪历史发展变化的深度。结构与进程在此前的几百年里也有过强大的历史作用。把近代初期的历史主要当作行为史与事件史叙述，也意味着将其割断。在康策与赫伊津哈眼里的、所谓18至19世纪以来的深刻的历史变化发展或许并不一定是客观存在的历史变化，而是20世纪现代人对其以往历史的看法变化的表现。[9]

（二）将结构史与社会史画等号是成问题的，而且会造成混淆。这一点我将在下面再细讲。

（三）康策很少讲到他所看到的世界史的深刻的结构变化的原因与动力。对原因只是附带提了一下。例如：他对经济结构的变化只是作出了估约，而没有进行说明。又如：他没有讲到资本主义市场及其矛盾与活力。对技术发展的阶段以及人类对自然的不断控制作为社会进步的组成部分所作的提示不很明确，而这些组成部分能否作为一个历史关联的各方面，尚待澄清。

（四）康策从他的原则性思考中得出的方法结论非常有限；读者会经常读到许多不严谨的甚至自相矛盾的措辞。[10] 对此，史学界也有过批评意见。[11]

另一方面，我们又能看到康策结构史方法论的三大成就：

（一）我们现在还没有一本较详细的关于自1914年以来德国历史学发展情况的著作。将来，这样一本史学史或许能够表明，50年代的结构史纲领曾是具有何等创新意义的少数现象。这一纲领只是逐渐得到反响，并产生了广泛的影响。[12] 康策既具有科研政治方面的抱负，又有科研组织能力（虽然比不上对他早有影响的布罗代尔），这些对扩大这一纲领的影响具有重要的意义。这里，我们只要想起他于1956—1957年成立的"现代社会史工作组"，就能认识到这一点。[13]

（二）这一结构史纲领有意识地吸取了19与20世纪人们越来越难以避免的遭遇，即人们面对客观局势无能为力的感受。最迟自工业资本主义崛起，自19世纪的社会运动兴起以来，人们面临着来自市场经济的、大多不知何故的大危机，以及第二次世界大战与20世纪的政治灾难，德国社会的中上层（历史学家大都来自这些阶层）体会到，人们常有心有余而力不足之感，个人的活动余地在很大程度上受到经济发展进程、社会运动与政治结构的限制，历史的内容远远超过人们相互之间的图谋。对许多发生的事件人们不是一无所知，就是只听到以讹传讹的消息。历史不仅是由行动与经历的关系组成的，而且是由影响与作用的关系组成的。这些关系能压过个别人的追求与努力，而个人主观上并不一定认识到这些关联的存在。在社会底层的人们大概比上层的人们更早地感到个人面对客观条件的无能为力。在19世纪与20世纪初期的历史学中占统治地位的、反社会学的、唯心主义的、注重行为、人物与思想的历史观，对这一经历没有作出恰当的反应。

对这一经历可以在理论上作出不同的解释与归类：它可以被看作产品交换与产品生产者之间统一性的丧失，可以被看作人们的行为发动的却反过来向人们咄咄逼近的历史进程，也可以被看成可在另外的生产关系以及理智组织的社会里消除掉的，而且按照启蒙与解放之准则应该争取消除的异化现象。康策与这一黑格尔的和马克思主义的，其实现的可能性值得怀疑的展望是无缘的。他与弗赖尔（H. Freyer）一样（不过他没有作原则性的哲学深思），是从"处于附属地位的技术功能关系中的"单个人感到无能为力的事实出发，并从"纵横交错的循环过程"与"强制性结构"出发来解释与归类这一经历的。

康策以结构史与进程史的观察方法，从这一经历中得出的模式与方法上的结论非常抽象、笼统，甚至于受到那些对这一经历有不同理解与解释的人们的赞成：按照康策的观点，我们不应通过对以往人们的行为、经历与思想的描述，而应该通过对结构变化的分析来争取理解历史现实的内在联系与变化根源。这一观点无疑能够大大提高历史学的分析能力。自18世纪末与19世纪的工业革命和社会政治革命以来，有关超个人的集体现象（与单个人的决策、行为、经历、事件与人物不同）强大的历史作用的经历原则上是众所周知的，但长期受到压抑。随着结构史的出现，这一经历也在历史学中扎下根来。[14]

（三）20世纪50年代的结构史纲领基本上已经包含许多60、70年代在"历史社会科学"名称下被确切化与实践过的东西：[15]如对历史发展结构与进程的强调，用普遍化、类型化与分析性的方法来补充历史学中常用的诠释学的意义理解方法，要求与系统性的邻近学科紧密合作，关注这些学科的方法、理论与结构；了解经济—社会—政治—文化总关联的意义。不过人们不久便会觉察到，这一纲领与"历史社会科学"之间有许多不同之处。在主要方面，历史社会科学后来的纲领确实与50年代的结构史纲领有很大区别：它更具体、更明确地运用理论，更强调社会经济与社会结构方面的原因因素及其对政治与文化的影响。它在概念上不带有传统欧洲概念（这种概念试图通过［最后还是未能实现的］对"分离想法的克服"来否认现代国家与社会的分化），而是承认这一分化，同时寻求分离领域之间的疏通。最后，它与实践中的、社会政治方面的目标（如争取解放、启蒙，批判传统与统治）有公开的联系，同时又对此进行反思。

　　总而言之，结构史是一种可以使用于所有领域的历史现实的历史学观察方法，既可用于社会领域，又可用于政治领域；既可用于经济发展方面，又可用于思想与文化领域。[16]对于这一观察方法来说，处于首要位置的应该是"形势"与"局势"，即超个人的发展与进程，而不是单个事件与人物。它将人们的眼光引向历史上人们经历与行动的条件、活动余地与可能性，而不是引向个人的经历、打算、决策与行动本身；它研究的现实范围需要用描写与解释，而不大适合用诠释学的意义理解法来开发。它首先对较长期的、"坚固的"、很难改变的现象，而不大对变化迅速的、对变化冲击抵抗力不强的现实领域感兴趣。最后，如康策所述，这一观察法常常力求掌握广泛性的关联，掌握处于同时代与历时代关联中的整个历史进程。

三、日常史对社会史的批评

　　长期以来，有人批评结构史的观察方法，认为单个事物的发生不可能由结构中推理出来，这一观察方法忽视了当事人的行动自由。事件史与行动史被理解为替代结构史的另一选择、它的对立物或其补充。这一理解可以说是正确的。[17]最近几年来，论战的阵线有所转移。

"日常史"不再批评"现代社会史学"忽视单个事件、低估大人物如俾斯麦或希特勒的作用，而是提出了另一种意见："不管是披着现代化理论的，还是制度理论的外衣，（现代社会史）的注意力都集中在广泛的社会结构与进程上。至于人们是如何经历和对待这些结构与进程的问题，几乎从来没有被涉及。鉴于社会史的这一局限，有必要通过日常史将我们的观察面扩大到历史上人们的观察与自我解释的方面。"日常史也"反对对马克思主义的简单化理解，反对用强有力的经济规律的作用，用'赫赫有名'的所谓客观条件来解释历史。陈旧的、现代化理论与政治经济学式的历史设计逻辑应加入主观因素的热流。换言之：日常史的目的在于，生动地显示单个人的愿望与舍弃、苦难与创造能力"。[18]

这样看来，观察与经历史就是结构史所忽视的部分。它强调了历史现实的主观内在方面。来自日常史的挑战远远多于这一点。[19]不过，我只集中讲讲日常生活史对新社会史的批评中的主要的和最有启发性的一面，有以下五点意见。

四、日常史的局限性与简单化

第一，50年代以来的结构史纲领以及60年代以来的历史社会科学的纲领对传统的有关行为、决策与人物史的历史主义式的历史科学所作的批评，完全适用于把众多"小人物"的观察史与经历史的方法绝对化的做法，因为历史不仅仅是人们观察与经历到的事物。要对历史作整体性的了解与复制，只对过去的观察与经历进行（诠释学的意义理解式的）描写是不够的。就此各学派的历史学家应该能够达成一致的意见。这里仅用两个例子来解释：

力求理解初期的拜圣活动对3、4世纪早期基督教团体及其意义、经历与现实观的含义，是一回事。而要理解为什么3、4世纪开始有拜圣现象，为什么在罗马帝国晚期的经济、社会、政治与文化条件下会有这一活动，它对当时的社会及其长远发展有什么作用，却是另一回事。仅仅再现当时教徒拜圣的意义是不够的。再说，这一再现也是非常困难的，只能做到近似的描述。另外还必须作出广泛的关于当时经济、社会、政治、文化的结构史方面的思考，包括力求创造一套关于古代社会政治行为的理论思考工作。[20]

　　第二个例子可以表明，人们的观察与经历也可能是"错误"的。我们设想，一个历史学家要研究乡村的反犹主义思潮。这一思潮在19世纪80年代的德国乡村（如在上黑森地区）出现，而1890年以后就消失了，还曾将一个新成立的反犹党的代表选进了帝国议会。我们想想看，这一个历史学家如果仅限于再现那些身负重债、走投无路、受（常是犹太人的）债主与牲口贩子逼迫的，因此有充分理由怀有反犹情绪的上黑森地区的农民的主观经历，那将是十分糟糕的。它的后果将是对当时"平民百姓"的、歪曲现实的经历与偏见进行完全不充分的重复性解释。一个历史学家虽然必须认真对待当事人的经历与态度，但他同时又必须联系当事人本身的（当事者不了解或不完全了解的）背景来理解。只有这样，他才能正确理解那些农民，认识历史真相。要做到这一点，他就必须涉及当时的周期性经济萧条与长期性农业危机的开始（及其部分来自远方的，如与海运的开通和北美的农业生产有关的原因），还必须涉及当时的城乡关系、19世纪70与80年代经济萧条时期的自由主义危机，讲到犹太人在信仰基督教的欧洲长达几百年的生活史，讲到他们是自19世纪初期的改革阶段"迁入"德国社会，在工业化进程中某些特别重要的职业中占多数等原因。所有这些都是结构史与进程史的分析。它们虽然不能替代对那些农民的困苦、愤怒与反犹主义的经历史的描写，但也不能被后者所替代。[21]

　　由此可见，结构与进程[22]不只是经历的总和，它们常常在经历中没有得到或只是得到歪曲性的反映。反过来，经历不是完全取决于结构与进程。现实的这两个领域不是相合而是相交关系。社会史没有经历史可以说是片面的、不完整的。反过来，社会史作为结构史与进程史，不能在经历史中得到充分的发挥，它是远远大于经历史的。我们根本不能期望通过经历史式的综合性阐述来完成社会史。尽管经历史方法能够充实与调节至今的社会史（这一点以下细讲），但不能作为另一选择来取而代之。

第二，在经历史对现代社会史的批评中，常有向经历史与文化史转向与扩展的要求。有人要求研究"平民百姓"的"文化"与"生活方式"，希望由此更好地理解他们的经历、观察、行为与感受。[23]这里我们必须将两者明确区分开来，不能在文化史与经历史之间画等号。就是再现历史上的文化也要使用结构史方法。

目前有些人要求再现的"大众文化"、"工人文化"与"平民百姓的文化"中的"文化"肯定不是指，或不仅仅是指一个拥有自己的机构与专业人员的、下分局部体系的高级文化的生产、结果与吸收。这些要求所指的文化是指一整套的符号系统（或符号"集成"、符号"模式"）。[24]这一符号系统为较多的人们（如一个职业、等级、阶级、宗教集团、村庄、民族或一个社会的成员）自圆其说地解释现实，并由此使他们建成社会关系（如交流、团结与分裂）以及他们与自身、与环境（包括自然环境）的关系。此类解释包含判断对错、善恶（公正与否）、美丑的标准。它们影响人们在何种思想背景下观察、归类现实，如何对事实、行为、创新进行道德评论，得出何种审美观。它们也影响着人们变化缓慢的精神面貌、行为、习惯与生活方式。这些内容充实的、解释意义的符号系统是通过许多为此服务的现象（如某些文献、道德准则书籍、象征、艺术作品、口头传授、宗教仪式、习俗与行为等等）表达出来的。它们也通过主要为其他目的服务（如其他需求的满足：工作、统治、伦理、再生产）的行为与产品表达出来。这样看来，许多其他的现象、生活中的言语、行为或产品，如一个手工劳动过程、一篇在议会上的发言稿、一段爱情关系、一种惩罚、博物馆里的一项工业产品、一个协会的章程等，也能被看成是一个文化关系的组成部分。这一意义上的"文化"虽然随时代的变化而变化，但又不受快速变迁的支配。它拥有足够的稳定性与独立性。它影响着人们的经历与行为，并通过这些经历与行为被表达和再生产出来。尽管人物不断变换，它仍能保持其本色，从个人到个人，由上一代到下一代传授下去。[25]

毫无疑问，分析这一意义上的文化，能使我们接触到当时人们的日常观察、经历、收获、行为与感受。我们只有了解了他们以上定义的文化及由此决定的习俗与日常生活方式，并在论述中考虑到它们，才能理解市场经济与大企业生产的逐渐推广对19世纪40年代手工业者的影响，才能理解他们是如何经受这些进程（或结构性变化）的，以及他们为何采取那种态度。这一意义上的文化影响指导着对现实的观察、对变迁经历的总结以及由此产生的反应与行为。但是，单个的、含有意义的"符号"，即文化的具体表现（如一个童话、示威性地展开一面旗帜、一段不悦耳的音乐、一个宗教仪式），如果它们起了作用，也是能使当代人们理解并感受到它们的意义的。而这些符号的"集成"，即文化（那些单个符号与表现是其组成部分）却不一定如此。这一"集成"的生命要比个人的经历长远。要能理解这一"集成"的广泛"意义"，就不能局限于对经历的描写，因为这一意义在这些经历中只得到局部的或扭曲的表现。理解方法当然可以随研究者的提问而异，所以我们不要谈什么（客观存在的）"社会逻辑"。我们必须对一个文化的结构进行钻研，而这一结构在个人的经历中只能得到局部的掌握，"文化"与"结构"既不相互对立又不相互矛盾。文化史与经历史不是一回事。[26]正确的文化史研究无疑要包括经历史，它十分接近当时人们的观察、经历与行为，看来这也是它目前具有吸引力的原因。但它也需要结构史方法，而且，在这一关联下——当然也需要理论。它的方向并不一定是作日常生活经历的描写（更不用说不是"由里到外"的描写）。如果不注意当时人们的文化解释模式，我们当然就不能描写其经历。但如果对其经历只作诠释学的理解性描写，那么我们还远远不能理解其文化。

第三，康策的社会史观、历史社会科学的纲领以及近三十年来的绝大部分社会史著作都没有完全忽视社会金字塔最上层与最下层人们的观察与经历。社会史的批评者不必捕风捉影。例如，康策早就警告不要将结构史观察法绝对化。他坚持要求历史学家应深入研究原始资料，简直使人怀疑他是一个顽固的保守主义者。他认为，历史学家应该"让历史通过其直接见证来感染自己，从原始资料中来研发概念或将概念精准化，并且总是在每一个历史形势中具体地表现普遍性问题"。他建议通过（微观史学的）城乡研究来实现结构史纲领，要求除了使用统计数据外还应使用概念史与传记方法。[27]历史社会科学的纲领一再提到将"分析方法与诠释学方法"相结合的必要性。[28]我们只要注意一下接近历史社会科学纲领的史学家的著作，就会发现，尽管他们对结构与进程很感兴趣，他们仍十分认真地对待所研究的社会阶层的经历，并对之有多多少少是成功的理解。[29]

结构史观对社会史研究没有垄断权，而社会史一般来说不能通过结构史方法得到充分的研究。[30]谁要是只局限于结构史与进程史的研究，那么他就遗忘了一个基本知识，即历史结构，特别在其产生阶段，是出于个人与集体的、受经历指导的、目标明确的行为。它们一再受到人们行为的影响、巩固或改变，尽管它们同时能够产生自动力，反过来深深地影响人们的经历与行为；尽管它们很少与人们的行为、动机或经历相符合。关键在于将结构、结构与行为、经历之间的关系理解为在历史上变化的、相似但不相同的关系，不能否认或忽视这一关系。否认这种关系，在方法论上就意味着：不是将历史现实客观主义地简化为结构与过程，就是将它主观主义地误解为只是行为与经历的关联。人们虽然可以空想，希望历史现实只是人们行为与经历的关联，但若认为，它实际上已经是这样，则就大错特错了。

五、两者结合的必要性

第四，但应该承认的是，近二十年来的社会史研究是注重掌握结构与过程的，只是附带地涉及当时人们的行为与经历，没有处处做到结构与经历、进程与行为相结合。社会史或社会经济史中使用的理论有助于结构与过程的研究，但却妨碍其与经历及行为的结合。这一点我们可以用社会抗议理论为例。此类理论使历史学家能够探索各种不同抗议形式与工业化、生活方式、城市化和国家形成之间的关系。罢工与暴动的兴起是因为社会底层人们失去了归属呢？还是因为他们有了相互的团结呢？这样的问题都引发了颇有意思的探索。[31]但奇怪的是，当时抗议人群的期望、恐惧心理、经历与态度常常只是被附带提到。此类例子比比皆是。

日常史对这一点的批评是有益的。它强调了认真对待和描述以往人们的经历、态度与行为的必要性，这本来无可非议，但没有得到充分重视。社会史的这一面有时被忽视，但其重要性没有被根本否认。日常史的批评有助于这一面受到其应得的、更大的重视。这样，日常史就开拓了新的、过去不大受重视的课题与现实领域。它不仅掀起了新的研究历史的兴趣，而且也能像至此为止的结构史与进程史观察点一样，有助于对一个历史现象与历史时期的总图画作仔细的纠正性的描绘。[32]

第五，但是，问题关键在于成功地、恰当地做好经历、观察、态度、行为与结构、进程的结合。因为，纯粹的经历史从根本上说要比纯粹的结构史更为片面与抽象。两者的结合是十分棘手的问题，这还有待在理论上的讨论，在实践中的解决。[33]

在这方面，我们对日常史学家不能寄予太大的希望。他们将继续偏爱细小的微观史学研究，对结构与过程，常常也对专业历史学与社会科学抱着怀疑态度，偏好经历，最好是口授的经历，喜欢进行充满同情而缺乏概念的描述，继续去发现与照亮历史现实的角落。这一工作虽然是重要的，能让人耳目一新，而且颇有成就，但是，经历与结构的关系问题，他们大概还是让别人来研究。要不他们就否认这一关系，认为社会的角落是任性的、不屈服于外界而自求安宁的归属，它们与宏大的、被视为有害于人生的现代化进程保持距离，或与之进行对抗。但是，即使日常史学家能够摆脱其压抑性的、含有非理性成分的文明批判精神状况，我们也难以看到从观察史、经历史发展到能描述历史的根本大纲与关联的综合性概念、方法与理论的可能性。只要人们对现世的、来自现实的、在50年代由结构史方法论者第一次论述到的关于客观形势之强大力量的经历感受记忆犹新，[34] 那么通过经历与行为史能作出综合性论述的可能性就不大。在20世纪末的今天，有谁能说这一经历已经过时了吗？谁能有理有据地证实，我们的历史正在从现实与行为关联以及制度转化为生活世界？我看根本没有这方面的征兆。

看来这一结合工作还是得由结构史与进程史来进行。对此有着各种办法，有旧的，但愿还有新的。通过在研究中对文化的结构与进程的进一步重视，我们可以将（关于所分析的结构与过程是如何被当时人们观察、经历、理解、接受或拒绝的问题的）研究融入结构史与进程史的方法中去。这方面我们将需要民俗学、民族学与社会人类学的帮助。它们对社会史的作用正在增长。[35] 近代史初期的抗议运动及其对统治者的影响的历史的研究，已经表明了这一点。[36] 历史学家可以力求在对行为、先后事件与生活经历的叙述中来说明大规模的结构与进程。因为——在某种程度上，并带有某些折射——历史结构与过程总是存在于人们的经历与行为中，可以通过它们表现出来。[37] 一个历史学家只有掌握了结构史与进程史，在它的背景下来解释经历史、行为史与日常史的现象，才能精通这一技巧。我们必须寻求既适合研究制度史又适合研究生活世界史的理论以及综合理论。[38] 而社会史反正两者都是：既是结构史又是经历史。只有通过两者的结合，它才能得到完全的实现。

注　释

1　V. Ullrich, "Entdeckungsreise in den historischen Alltag. Versuch einer Annäherung an die 'neue Geschichtsbewegung'", in: *Geschichte in Wissenschaft und Unterricht* 36 (1985), S. 403–441, S. 403.

2　例见 *Geschichte der Bundesrepublik Deutschland*, 4 Bde., Stuttgart 1981–1984, insb. Band 4: K. Hildebrand, *Von Erhard zur Großen Koalition, 1963–1969*。此书是注重政治史，而没有吸取新研究成果的综合论述的例子。参见我的书评, in: *Die Neue Gesellschaft/Frankfurter Hefte*, 32 (1985), S. 864–866。

3　参见从这一角度看来很成功的沃登堡（出版社）的历史纲要，例如 Band 3: W. Dahlheim, *Geschichte der Römischen Kaiserzeit*; Band 10: H. Lutz, *Reformation und Gegenreformation*; Band 12: E. Fehrenbach, *Vom Ancien Régime zum Wiener Kongreß*; Band 13: D. Langewiesche, *Europa zwischen Restauration und Revolution 1815–1849*; Band 14: L. Gall, *Europa auf dem Weg in die Moderne 1850–1890*; Band 16: E. Kolb, *Die Weimarer Republik*。

4　参见1984年在柏林召开的史学会议上的争论, in: F. J. Brüggemeier u. J. Kocka (Hg.), *"Geschichte von unten-Geschichte von innen". Kontroverse um Alltagsgeschichte*, Fernuniversität Hagen 1986; H. -U. Wehler, "Der Bauerbandit als neuer Heros", in: ders., *Preußen ist wieder chic …*, Frankfurt 1983, S. 99–106; P. Borscheid, "Plädoyer für eine Geschichte des Alltäglichen", in: P. Borscheid u. H. J. Teuteberg (Hg.), *Ehe, Liebe, Tod. Studien zur Geschichte des Alltags*, Münster 1983; D. Peukert, "Arbeiteralltag-Mode oder Methdoe?", in: H. Haumann (Hg.), *Arbeiteralltag in Stadt und Land*, Berlin 1982; K. Tenfelde, "Schwierigkeiten mit dem Alltag", in: *Geschichte und Gesellschaft*, 10 (1984), S. 376–394; L. Niethammer, "Anmerkungen zur Alltagsgeschichte", in: *Geschichtsdidaktik*, 3 (1980), S. 231–242; H. Süssmuth (Hg.), *Historische Anthropologie. Der Mensch in der Geschichte*, Göttingen 1984。

5　同注释1。

6 参见康策关于布罗代尔的书评: W. Conze, "La Méditerranée etle monde méditerranéen àl'époque de Philippe II", in: *Historische Zeitschrift*, 172 (1951), S. 358-362; W. Conze, "Die Stellung der Sozialgeschichte in Forschung und Unterricht", in: *Geschichte in Wissenschaft und Unterricht (GWU)*, 3 (1952), S. 648-657; W. Conze, *Die Strukturgeschichte des technisch-industriellen Zeitalters als Aufgabe für Forschung und Unterricht*, Köln 1957; W. Conze, Art. "Sozialgeschichte", in: *Die Religion in Geschichte und Gegenwart*, Band 6, Tübingen 3. Aufl. 1962, 第169—176栏; W. Conze, "Was ist Sozialgeschichte?", in: *Deuxiéme Conférence Internationale d'Histoire Economique. Aix-en-Provence 1962*, Paris 1965, S. 819-823; W. Conze, "Sozial-geschichte", in: H. -U. Wehler(Hg.), *Moderne deutsche Sozialgeschichte*, Köln 1966, S. 19-26; W. Conze, "Social History", in: *Journal of Social History*, 1 (1967), S. 7-16; W. Conze, "Die Gründung des Arbeitskreises für moderne Sozialgeschichte", in: *Hamburger Jahrbuch für Wirtschafts- und Gesellschaftspolitik*, 24 (1979), S. 23-32。

7 不过康策没有始终使用这一说法。他也曾使用一个狭义的、意为局部史的"社会史"概念，不过他反对别人将其设想的研究所或工作组局限在这一狭义的社会史范围内。他写道:"我们不应该用'社会史'（Sozialgeschichte）这一概念，以避免一开头就严重束缚这一规划。"（见同上，第26页）但是，康策越来越多地将"结构史"与"社会史"概念当作同义词来使用。而且，他于1956/1957年成立的，至今仍存在的研究组织被命名为"现代社会史工作组"，其中"社会史"的含义被理解得非常广泛。

8 引文见W. Conze, *Die Strukturgeschichte des technisch-industriellen Zeitalters als Aufgabe für Forschung und Unterricht*, S. 9, S. 16, S. 12, S. 18, S. 25。

9 如蒙森就是持这种看法的，见H. Mommsen, "Sozialgeschichte", in: H.-U. Wehler(Hg.), *Moderne deutsche Sozialgeschichte*, S. 27-36, hier S. 31ff对赫伊津哈的批评。

10 如康策关于历史科学与系统性的邻近学科的各种论述，见W. Conze, *Die Strukturgeschichte des technisch-industriellen Zeitalters als Aufgabe für Forschung und Unterricht*, S. 18（关于界线的消除）与S. 22（反对跨越界线）。"结构"这一核心概念没有得到确切的阐述。

11 特别是来自政治方面、思想意识方面的批评，见W. Schmidt, "Zur historisch-politischen Konzeption des Heidelberger 'Arbeitskreises für moderne Sozialgeschichte'", in: *Beiträge zur Geschichte der Arbeiterbewegung*, 9

(1967), S. 626ff。也请参见 H.-U.Wehler, "Die Sozialgeschichte zwischen Wirtschaftsgeschichte und Politikgeschichte", in: *Sozialgeschichte und Strukturgeschichte in der Schule*, Bonn 1975, S. 13−26, hier S. 18。我的观点参见 J. Kocka, *Sozialgeschichte. Begriff, Entwicklung, Probleme,* Göttingen 2. Aufl. 1986, S. 70−82；以及 J. Kocka, "Werner Conze und die Sozialgeschichte in der Bundesrepublik Deutschland", in: *Geschichte in Wissenschaft und Unterricht*, 37 (1987), S. 595−602。

12　除康策的著作外，请参见 O. Brunner, "Sozialgeschichtliche Forschungsaufgaben", in: *Anzeiger der Phil. -Hist. Klasse der Österreichischen Akademie der Wissenschaften*, 1948, S. 335−362; O. Brunner, "Das Problem einer europäischen Sozialgeschichte" (1953), in: ders., *Neue Wege der Verfassungs- und Sozialgeschichte*, Göttingen 3. Aufl. 1980, S. 80−102。也请参见 T. Schieder, "Zum gegenwärtigen Verhältnis von Geschichte und Soziologie", in: *Geschichte in Wissenschaft und Unterricht*, 3 (1952), S. 27−32; T. Schieder, "Struktur und Persönlichkeit in der Geschichte", in: *Historische Zeitschrift*, 195 (1962), S. 265−296; T. Schieder, "Der Typus in der Geschichtswissenschaft", in: *Studium Generale*, 5 (1952), S. 228−234; T. Schieder, *Geschichte als Wissenschaft. Eine Einführung*, München 2. Aufl. 1968; C. Jantke, "Vorindustrielle Gesellschaft und Staat", in: A. Gehlen u. H. Schelsky (Hg.), *Soziologie*, Düsseldorf 1955, S. 91ff; C.Jantke, "Industriegesellschaft und Tradition", in: *Verhandlungen des 13. Deutschen Soziologentages in Bad Meinburg*, Köln 1957, S. 32−52; H. Freyer, "Soziologie und Geschichtswissenschaft", in: *Geschichte in Wissenschaft und Unterricht*, 3 (1952), S. 14ff；结构史方法在30年代还曾有族民史（Volksgeschichte）方向的先驱。这一传统仍待研究。比勒费尔德的欧伯克罗默（W. Oberkrome）现在（1988年）在我的建议下已从事这方面的工作。参见布伦纳30年代的"结构史"概念，见 O. Brunner, "Zum Problem der deutschen Sozial-und Wirtschaftsgeschichte", in: *Zeitschrift für Nationalökonomie*, 7 (1936), S. 671−685, S. 677; O. Brunner, *Land und Herrschaft*, (1939), Wien 1943, 第3、5版, S. 124−150, S. 507ff；参见 O. G. Oexle, "Sozialgeschichte-Begriffsgeschichte-Wirtschaftsgeschichte. Anmerkungen zum Werk Otto Brunners", in: *Vierteljahrschrift für Sozial- und Wirtschaftsgeschichte (VSWG)*, 71 (1984), S. 305−341。

13　参见 W. Conze, "Die Gründung des Arbeitskreises für moderne Sozialgeschichte"。

14　参见 T. Schieder, *Geschichte als Wissenschaft. Eine Einführung*, S. 156ff; H. Mommsen, "Sozialgeschichte", S. 31。

15　参见我的简述：J. Kocka, "Art. Historische Sozialwissenschaft", in: K. Bergmann u.a. (Hg.), *Handbuch der Geschichtsdidaktik*, Düsseldorf, 2. Aufl. 1985, S. 170-172。

16　这一点常常受到忽视。一方面，社会史被与结构史画等号，而另一方面，政治史被与事件及行动史画等号。这方面的情况，详见 J. Kocka, *Sozialgeschichte. Begriff, Entwicklung, Probleme*, S. 77ff。其原因来自法国年鉴派的主流代表，他们历来研究结构与进程史，但很可惜大都忽视了政治结构与进程史。

17　如 M. Bosch (Hg.), *Persönlichkeit und Struktur in der Geschichte*, Düsseldorf 1977; K. E. Born, "Der Strukturbegriff in der Geschichtswissenschaft", in: H. v. Einem u.a., *Der Strukturbegriff in den Geisteswissenschaften*, Mainz 1973, S. 17-30; T. Schieder, "Struktur und Persönlichkeit in der Geschichte"。

18　V. Ullrich, "Entdeckungsreise in den historischen Alltag. Versuch einer Annäherung an die 'neue Geschichtsbewegung'", S. 4-5.

19　我对此曾作过评论。参见 J. Kocka, "Klassen oder Kultur? Durchbrüche und Sackgassen in der Arbeitergeschichte", in: *Merkur*, 36 (1982), S. 955-965; J. Kocka, "Historisch-anthropologische Fragestellung-ein Defizit der Historischen Sozialwissenschaft?", in: H. Süssmuth (Hg.), *Historische Anthropologie*, S. 73-83; J. Kocka, "Worum es geht", in: Brüggemeier/Kocka (Hg.), *"Geschichte von unten-Geschichte von innen"*; J. Kocka, "Antwort an Sabean", in: *Geschichtsdidaktik*, 11 (1986), S. 24-27; J. Kocka, *Sozialgeschichte. Begriff, Entwicklung, Probleme*, S. 167-174。

20　例如见 J. Martin, "Die Integration von Erfahrungen", in: Brüggemeier/Kocka (Hg.), *Geschichte von unten-Geschichte von innen*, S. 48-51。

21　这一点已经表现在（可惜有许多摘录错误的）下列著作中：M. Broszat, *Alltagsgeschichte der NS-Zeit. Neue Perspektiven oder Trivialisierung?*, München 1984, S. 52。

22　所谓"事件"，应该是可由当事人（在时间先后范围内的）经历的，意义完整的，因此也可由历史学家按时间的先后顺序、在完整意义上进行叙述的一系列情况。事件的特点在于，它们不跨越当事人的（有明确的时间界线的）经历范围，由具体的主体（人物）发起或被人物经历到；会受到结构的影响，但不能完全从结构中推论出来。而所谓"结构"，是指不可按时间先后顺序被人们经历到的关联与条件，也不能从完整的意义上经历它。在时间上，结构不能在先后发生的、可经历到的事件上充分表现出来，因而我们也不能对它们（像对事件、行为与经历那样）进行叙述；它们在时间上不先于事件与经历，它们（尽管不完全）渗入事件与经历，因而只能局部表现在事件与经历中。以上解释参照R. Koselleck, "Darstellung, Ereignis und Struktur", in: G. Schulz (Hg.), *Geschichte heute. Positionen, Tendenzen und Probleme*, Göttingen 1973, S. 307–317；已载于J. Kocka, *Sozialgeschichte. Begriff, Entwicklung, Probleme*, S. 73。简言之，我不将"结构"区别于"进程"，而将其区别于"事件"、"行为"与"经历"。

23　参见R. Berdahl u. a., *Klassen und Kultur. Sozialanthropologische Perspektiven in der Geschichtsschreibung*, Frankfurt 1982, S. 9ff（引言）；R. van Dülmen/ N. Schindler (Hg.), *Volkskultur. Zur Wiederentdeckung des vergessenen Alltags (16.–20. Jahrhundert)*, Frankfurt 1984。

24　参见C. Geertz, "Thick Description: Toward an Interpretive Theory of Culture", in: ders., *The Interpretation of Cultures*, New York 1973, S. 3–30; R. G. Walters, "Signs of the Times: Clifford Geertz and the Historians", in: *Social Research*, 47 (1980), S. 537–555, S. 582, S. 585; P. Bourdieu, *Zur Soziologie symbolischer Formen*, Frankfurt 1974, S. 47–74, S. 125–158; P. Burke, *Helden, Schurken und Narren. Europäische Volkskultur in der frühen Neuzeit*, Stuttgart 1981（1978年英文版）, S. 9（R. Schenda的前言）；吉尔茨、布迪厄、伯克经常被文化史学派引用。W. Lepenies, "Arbeiterkultur. Zur Konjunktur eines Begriffs", in: *Geshichte und Gesellschaft*, 5 (1979), S. 125–136；另参见J. Kocka, "Arbeiterkultur als Forschungsthema", in: *Geschichte und Gesellschaft*, 5 (1979), S. 5–11, S. 8。

25　与单个经历一样，经常使用的、与文化关系密切的（如"习俗"与"生活方式"这类的）范畴，也有其传统性。参见R. Williams, "Theorie und Verfahren der Kulturanalyse", in: ders., *Innovationen. Über den Prozeßcharakter von Literatur und Kultur*, Frankfurt 1977, S. 50; H. Medick, "Plebejische Kultur, plebejische Öffentlichkeit, plebejische Ökonomie. Über Erfahrungen und Verhaltensweisen Besitzarmer und Besitzloser in der Übergangszeit zum Kapitalismus", in: Berdah u. a., *Klassen und Kultur*, S. 157–204, S. 160。

26　参见注释22的定义。也参见W. Lepenies, "Arbeiterkultur. Zur Konjunktur eines Begriffs", S. 132："研究工人文化的意义在于，文化风格与生活方式看来要比政治立场与行为更加根深蒂固，因此它们适合作为结构史方法的研究对象。"

27　参见 W. Conze, *Die Struktur-geschichte des technisch-industriellen Zeitalters als Aufgabe für Forschung und Unterricht*, S. 21; W. Conze, "Sozialgeschichte", in: H. -U. Wehler(Hg.), *Moderne deutsche Sozialgeschichte*, S. 19–26, S. 25ff。

28　参见《历史与社会》(*Geschichte und Gesellschaft*) 第 1 册主编的前言, 1975 年, 第 5 页。

29　参见注释 20 中的例子。进行严格计量分析的《历史社会科学》杂志学派的工作更不是如此。

30　(在那里) 社会史一方面被理解为 "领域学科", 被理解为历史科学的一个分支学科, 因其特殊的研究对象与研究领域 (即社会结构、进程与行为) 而有别于历史专业的其他研究方向 (如政治史、经济史与文化史)。另一方面, 社会史可理解为全社会的历史 (Gesellschaftsgeschichte), 即从社会史观察点出发的一般史。

31　参见注释 19, 并参见 H. Volkmann/J. Bergmann (Hg.), *Sozialer Protest. Studien zu traditioneller Resistenz und kollektiver Gewalt in Deutschland vom Vormärz bis zur Reichsgründung*, Opladen 1984。

32　有关纳粹时期的总印象的不断改变可以作为这方面的例子: 参见 M. Broszat, *Alltagsgeschichte der NS-Zeit. Neue Perspektiven oder Trivialisierung?*, S. 11–20; D. Peukert u. J. Reulecke (Hg.), *Die Reihen fast geschlossen. Beiträge zur Geschichte des Alltags unterm Nationalsozialismus*, Wuppertal 1981。

33　这方面的论述特见 J. Rüsen, "Erklärung und Theorie in der Geschichtswissenschaft", in: *storia della storiagrafia*, 3 (1983), S. 3–29; J. Rüsen, *Historische Vernunft. Grundzüge einer Historik*, Band 1, Göttingen 1983; J. Rüsen, *Rekonstruktion der Vergangenheit. Grundzüge einer Historik*, Band 2, Göttingen 1986。

34　参见本文第一部分。

35　参见 *Geschichte und Gesellschaft*, 10 (1984), Heft 3; "Anthropology and History in the 1980s", in: *Journal of Interdisciplinary History*, 12 (1981), S. 252–278; H. Bausinger, *Volkskunde. Von der Altertumsforschung zur Kulturanalyse*, Darmstadt 1979; G. Wiegelmann u. a.(Hg.), *Volkskunde. Eine Einführung*, Berlin 1977; U. Jeggle u. a. (Hg.), *Volkskultur in der Moderne*, Reinbek 1986。

36　例如见 W. Schulze (Hg.), *Europäische Bauernrevolten der frühen Neuzeit*,

Frankfurt 1982。

37　参见 J. Kocka, "Zurük zur Erzählung?", 第 3 节。

38　H. Reif 的作品表明这是做得到的。参见 H. Reif, *Westfälischer Adel 1770-1860. Vom Herrschaftsstand zur regionalen Elite*, Göttingen 1979; J. Mooser, *Ländliche Klassengesellschaft 1770-1848. Bauern und Unterschichten, Landwirtschaft und Gewerbe im östlichen Westfalen*, Göttingen 1984。

资本主义社会中的工人运动

——有关德国实例的几点想法[*]

目前,工人史和工人运动史的研究并没有面临危机,我们这里的情况也是如此。这方面的研究还在继续深入,现在是作出全面总结的时候了。[1]像《社会史文库》和《德国工人运动史研究国际通讯》这样的刊物,充当了工人史研究的论坛,推动、支持并汇总了工人史的研究。

但是,与五六十年代和70年代不同,现在,工人史和工人运动史已经不再是令人兴奋和引起热烈争论的新领域,而是一个很平常的研究领域,有好奇心的历史专业大学生宁愿从资产阶级史或性别史中选择他们的博士论文题目。工人史既缺乏内在的张力,又缺乏新动向和争论,东德的瓦解和马克思列宁主义的挑战不复存在也使这一领域在思想上的平淡加剧。

一方面,这一状况的出现有研究以外的原因,这就是在60年代曾普遍存在的对有组织的工人运动具有解放作用的信仰和将无产阶级看成是历史发展主体的意识都已不再被广泛地认同。因此,这种研究缺乏来自意识形态方面的动力以提出新的问题和唤起新的希望,尽管这一动力是间接的,却往往又是强大的。相比之下,人们对于来自其他方

---

* 原文为: "Arbeiterbewegung in der Bürgergesellschaft. Überlegungen zum deutschen Fall", in: *Geschichte und Gesellschaft* 20, 1994, S. 487–496。

面的乌托邦思想更感兴趣。另一方面，在学科内部，尽管研究工作还在进行，但却缺乏生气。因此，必须改变目前的研究状况。概括地说，需要将这一领域中各种不同的分散的研究方向加以整合并提出新的问题。

一、对工人史进行综合研究的新途径

通过多种途径进行有启发性和富有成果的学术综合是重要的。从这一点出发，考察目前有上升趋势的各种研究方向，我们能清楚地看到，"文化史"长期以来是工人史研究的重要方面，并取得了一定的成就。[2]同时，我们也能看到，社会史和文化史有向人类学转向的趋势，这就给工人史的研究带来新的重心。"历史比较"在工人史和工人运动史研究中也有所进展，但还没有得到普及。这方面还有许多工作有待进行，如地方和国际性的比较研究[3]，如果关于人类和自然关系的变化问题能成为世界历史学家的新的观察点，而文明史或环境史又由此获得广泛的关注，那么这些情况也会给工人史和工人运动史带来新的活力。当然，这方面的研究还仅仅是开始。[4]

与以上情况不同，工人史和"性别史"研究的结合不仅已经开始，而且对以前的工人史研究进行了批评，并提出了具有挑战性的新见解。近年来，对性别问题的研究挖掘出有关工人阶级劳动和生活的新知识：如工作岗位上的等级和分工、生产和再生产的关系、工人参加工人运动的个人条件、工人的家庭状况等等。从性别史的角度来看，工人运动史的状态稍有变化：它主要是由男子参加的运动。在局部地区，工人运动的实际声势比原来研究的大，其进步性却比原来设想的要小，尽管倍倍尔作出了巨大努力试图加以改进。最有启发性的问题是对概念的关注，这些概念突出了某些方面的问题，却忽视了其他方面的问题，当然，这也在所难免。有人批评，在工人史概念中偏重男性，至少是不分男女。这一批评不无道理。所以，怎样在历史研究中将"阶级"和"性别"结合起来是我们面临的任务，如果能成功地做到这一结合的话，那么，我们对阶级形成的看法和两性关系的状况也许会有所改变。总之，这里还有尚待解决的问题，也有一些可行的途径。[5]

近十年来，"资产阶级史"的研究不断扩大，其方向新异，卓有成效。在这一领域中，社会史和文化史有了新的结合，"资产阶级精神"这一范畴成为关注的热点。历史学家认识到，现代资产阶级（一个为数不多却影响深远的社会阶级）的历史和整个社会（资本主义社会）的历史之间的关联。而"资本主义社会"也被定义为运动的概念，它不仅可以作为研究历史现实的工具，而且也具有原则意义并可以作为对未来社会的设想。对于历史学家来说，自18世纪以来的资产阶级和资本主义的历史仍具有巨大的吸引力。在这一领域，德国历史学处于国际领先地位，而英、法、美和其他国家的历史学家的兴趣却在其他方面。之所以如此，其中一个原因是在他们的语言中没有一个类似德语中的"Bürgertum"这样一词多义的、综合性概念的词语。这一语义学上的不同说明，各国对社会现实有不同的解释传统和分类形式。[6]因而有必要将工人史和工人运动史的研究和资产阶级历史的研究进一步结合起来。为此，笔者愿意就有关德国19和20世纪的历史研究提出一些初步的看法。

资产阶级是指包括经济上的资产者（商人、企业家、银行家、经理、高级职员等）和文化上的资产者（大学教授、受过教育的官员、法官、牧师、专家和中小学教师等）的社会阵营；作为一个整体，这一社会阵营形成于18世纪并存在至今，除了他们与其他社会团体在经济上的区别之外，他们还以其文化上的共同特征，即"资产阶级精神"与其他阶级相区别。在早期，资产阶级和资本主义社会之间存在着明显的亲和性，这一点，本文后面在讨论"资本主义社会"这一概念时还将作出陈述。[7]

二、德国工人运动的新旧来源

　　19世纪晚期形成的德国工人运动，有着众多的来源。一方面，它受着传统的影响。那些学徒、家庭作坊中的工人、手工工场和工厂的工人们早就通过社团联合起来，他们一起参加罢工和示威游行，组成工会，并在大选中投工人党团的票。在许多方面，他们受着旧传统的影响。在这些工人中，有的来自城市手工行业，有的来自农村，他们有着各自不同的乡土特色，这一点在其宗教信仰、节庆方式、家庭结构以及抗议的形式上都有不同的表现。在1848年三月起义前直至19世纪晚期，他们抗议活动的对象是新事物，即市场、工业、官僚国家和世俗化对他们施加的压力，是现代化和严格的纪律对他们的各种约束。他们以传统法规为依据，充满仇视地捍卫原有的状况。学徒和村民的相似历史表明，旧的社会关系常常为他们提供共同行动的能力。另一方面，形成中的工人运动本身又是一种新事物，是学徒、手工业者、农民和民众漫长的造反史中不曾有过的现象。这些工人不仅逐渐跨越了行业与资格的界限组织起来。而且，他们的要求、纲领、行动和组织同时也具有进攻性。虽然有时他们使用陈旧的语言，但他们提出的要求却是前所未有的。这些要求不再只是捍卫其原有的、正受到威胁的利益，而且，他们还要求获得自由、改变生存状况以及参政的权利和人的普遍权利。他们是在为更进一步的解放，即全社会的解放而斗争。他们不断强调自己所追求目标的普世性，并愿意接受为实现这一目标所必要的自我约束。

　　这样，尽管旧传统仍作为其根基而存在，酝酿中的工人运动却逐渐脱离了旧的民众文化传统。因为只有这样，它才能成为在几十年中成功地将本阶级的利益与全人类的普遍利益相结合的普世解放运动。[8]这一民众运动是从何处获得如此强大的力量并具有现代素质的呢？究其原因，在这期间社会下层的要求、期望和习俗有了根本性的改变。这一改变首先涉及为数不多却不断壮大的下层社会的上层部分，这与许多因素，如雇佣劳动的普及、经济的发展、阶级形成及其他方面的经历有关。但是，其重要原因是早期工人运动是资本主义社会形成阶段下层民众的运动，所谓"劳动阶级"受到了资产阶级思想的影响，在一定程度上开始资产阶级化。资产阶级思想的内容包括资本主义社会，尤其是其有文化素养的官僚阶层关于自由、平等和合作的思想；关于凭借理智和文化知识，常常是乌托邦和意识形态式的方式树立起来的各种奋斗目标。他们通过日常工作岗位上的经历，通过学校和教师、报纸和旅游，通过资产阶级和自由主义的宣传动员活动以及革命的榜样，使"劳动阶级"逐渐认识和吸收了这些思想。这种意义上的资产阶级化过程，是批判资产阶级的、局部反资产阶级的抗议和解放运动的前提条件。历史学家茨瓦尔（H. Zwahr）早就提出了这一论点。[9]今天，这一论点可以得到进一步的发挥，它能使我们对形成阶段的工人运动作出新的观察。在这方面，早期工人运动的积极分子和领袖的成长过程值得重新重视，要对文化教育和工人教育协会的作用加以研究，把形成中的工人文化放在大众文化和资产阶级影响的背景下进行观察，尽管工人文化并不仅仅来自两者，而是同时源于新兴的无产阶级的生活经历，但是，我们可以重新再现工人文化形成的历史过程。通过对无产阶级和工人运动形成的资产阶级性的社会条件的研究，或许我们能在描绘社会主义乌托邦思想、早期各种工人组织、共产主义者同盟、工人联合、19世纪60年代的工人党等诸多方面获得某些新的见解。总之，在正统的马克思主义学派及其导致的解释困境告终之后，还存在着广阔的重新进行解释的空间。

三、工人运动的两面性及其原因

不过，我们应该认真对待工人运动所具有的两面性：它既是形成中的资本主义社会的组成部分，又是与它的对抗。一方面，尤其是社会民主党领导的工人运动，似乎是资产阶级精神对下层社会的创造，因为这一工人运动具有纪律性、秩序性、明确的目标，他们重视文化，力求教育民众，并向资产阶级的家庭生活和性生活模式看齐。他们具有现代性，甚至爱好技术，追求进步和经济发展。毫无疑问，威廉帝国和魏玛共和国时期由社会民主党领导的工人运动，为资本主义社会纲领的实现，例如在议会制的推行、社会矛盾解决的法律化和文化教育的普及以及社会民主的实现上，比许多资产者都作出了更大的贡献。众所周知，没有这些因素，对于社会的大部分成员来说，资本主义社会和资产阶级的法治国家的纲领只不过是一纸空文而已。

另一方面，工人运动的反资产阶级性不仅仅是空洞的口号，这一点我们在大部分工人运动批判资产阶级的思想纲领上，如在1848年三月起义前的宗教社会主义思想纲领上，在经典性的受马克思主义思想影响的社会主义纲领和20世纪的共产主义思想纲领上都可以看到。工人阶级和工人运动也有别于资产阶级模式以及对之进行斗争的群众性的行动方式，如无产阶级的抗议形式：罢工和上街游行。这些斗争形式资产阶级后来才学到。另外，工人运动以团结互助为其主要品德标准，具有反个人主义和（半心半意的）国际主义精神，为实现社会平等而奋斗，这些的确不是资产阶级的目标。而随着社会民主党的兴起，资产阶级的党派组织也以它为榜样，逐渐由一个绅士党团转化为大众政党。

在早期，工人运动的非资产阶级性当然是以其陈旧性为基础，与处于资产阶级之前和之下的民众文化传统相联系。这些传统中的集体性、非个体性、大众性"道德经济"观念，与工人团结互助的基本观念和社会主义的核心价值一拍即合。另外，它也源于工人运动主体性的、非资产阶级的和处于资产阶级之下的生活经历。因为绝大部分工人必须依靠各种不同的、随时变更着的来源来维持最低的生活标准，处于生存危机中的工人，难以作出资产阶级式的人生规划。在他们的家庭里，母亲、妻子和孩子都必须为共同的生计而从事劳动，这样的家庭就没有条件像资产阶级家庭那样培养资产阶级文化，并使之代代相传。无产阶级的生活缺乏宽敞的居住条件和空闲时间，也就是缺乏资产阶级文化定义上的社会史条件。这就是说，工人运动产生的生活和经历明确地限制了其资产阶级性，阻碍了某些改革家和工人本身资产阶级化的追求。[10]

工人运动的两面性——即其资产阶级性和反资产阶级性的结合——与资产阶级两面性有特别的关联。因为，一方面，资产阶级是通过一种具有普遍意义的文化来作自我界定的。这一文化也要求实现其普及化，所以也必然要求资产阶级对非资产阶级的群体和运动信守其诺言。整个社会的资产阶级化是资产阶级的奋斗目标，这一目标在19和20世纪有了局部的实现。另一方面，资产阶级文化的实现必须具有一定的经济条件和社会条件，这些条件在19世纪和20世纪初期只为少数人所拥有。资产阶级的风格只有通过独立性、私有财产和文化修养才能形成。这就是说，它产生于确实只有上层社会才能拥有的资源，这样它就成为新的不平等、分化和依附的根源。这一点在资本和劳动的对立上，在按收入、地位和文化程度不平等分配的政治权利上，或许也在资产阶级的文化实践（这一实践包括"对下层"的封锁）上都有所表现。

工人运动中的资产阶级性和反资产阶级性的辩证关系与资产阶级理想的普遍性和资产阶级的独占性之间的矛盾，以及资本主义社会关于平等的诺言及其现实中的不平等之间的矛盾紧密相连。正如恰好是资产阶级的诺言与资本主义的现实之间的矛盾引起了工人运动这一现代的抗议和解放运动一样，这一不断壮大的挑战也必然迫使资产阶级越来越采取防守姿态，使大部分资产阶级越来越明显地背离其纲领的普及性要求。

四、德国工人运动与德国社会的资产阶级性

以上这一总的论点还必须作历史阶段上的具体化，因为工人运动中的资产阶级性与反资产阶级性的混合比例是随时代的变化而变化，随着资产阶级内部平衡的变化而变化的。这不是一个直线上升的过程。认为无产阶级和工人运动逐步不断地资产阶级化的观点是不符合史实的。早期（19世纪60至90年代）德国工人运动的反资产阶级性之所以特别明显，是因为资产阶级还十分软弱，而整个社会的资产阶级化进展还很缓慢。第一次世界大战前的二十五年中，德国的社会、文化，甚至政治逐步资本主义化了，而工人运动的反资产阶级性也随之削弱。随着一战期间和以后资产阶级及其文化和社会危机的加深，相当一部分的工人运动（极端社会主义和共产主义）的反资产阶级性也不断加剧。相反，自20世纪50年代以来，资产阶级、资本主义社会和文化在西德重新获得巩固，为工人运动向资产阶级的基本原则的逐步靠拢开辟了道路，反过来，资产阶级也越来越接近工人阶级的立场。

这里再补充一个有关国际比较的想法。1990年，现已去世的，当时在莱比锡工作的历史学家科索克（M. Kossok）曾写道："畸形的社会主义国家没有经历过一个成功的'1789年'，这不是偶然的，它们的'资产者'没有成为'国民'就变成了'同志'。"[11]的确，一个国家的工人运动有多么强大，起多大的决定性作用，要看这一国家和社会的资产阶级性有多强，即与这一国家文化和政权的资产阶级程度和方式有关。不过，我们也不能忽视工人运动对资产阶级的影响。

至此，我们要涉及资产阶级之前的统治阶级、社会结构和传统有何持续作用这些经典性的问题。至少在第一次世界大战之前的阶段，一方面，我们可以把德国工人运动解释为是比东欧社会更资本主义化的德国社会的一个组成部分。在东欧国家，资产阶级生活方式、法律保障和宪法方面的弱点和不良发育阻碍了工人运动的发展，使之向反资

产阶级方向的极端化发展。另一方面,德国工人运动与西欧相比,也是这个资产阶级性比较有限的社会的一个组成部分。这一局限性表现在德国政治生活带有专制国家的色彩,前资本主义时代旧的领导集团和传统仍然很强大,而资产阶级对其他社会集团的吸引力和凝聚力较小,工人阶级和工人运动受到极严重的隔离和歧视。在此基础上,我们可以解释德国工人运动的特点,它为什么与资产阶级运动很早就分裂?为什么早就有了独立性和相当的规模?为什么具有发达资本主义的工人运动的目标、行动、方法和组织形式的可能性? 总之,19世纪和20世纪初期的德国工人运动是一个具有中等资产阶级性的社会的组成部分之一。[12]

五、工人运动对公民社会实现的贡献

将资产阶级和资本主义社会的历史与工人阶级以及工人运动的历史如此紧密结合起来进行研究,我们也就能够在对工人史和工人运动史作总结的同时,对工人运动(各阶层和各派别有别)对公民社会的发展有何推进或阻碍作用的问题作出回答。公民社会的概念来源于启蒙运动,它是指一个进步的,然而至今仍未完全实现的规划,即一个由成熟、独立自主、平等和自由的男女公民组成的社会。在这一社会中,作为个人,人们在市场经济的基础和法律及宪法机构的保护下,能够在家庭和公共场所日益民主、文明、理智地和睦生活和工作,不使用暴力,不受专制国家的干涉,没有多余的控制和不平等,能独立地安排其社会生活。事实上,近二百年来的社会现实与这一规划的距离相差很远。在20世纪的独裁社会中,公民社会的理想几乎完全丧失,即使今日也没有得到实现,它受到新危机的冲击。对于世界的另一部分,人类的极小部分来说,它似乎已经得到实现。然而,在最近几年,这一概念又重新被提了出来,重新吸引了人们的兴趣并发挥着历史作用。尽管这一概念已经有所变化,更加弱化,但是,它呼吁进一步的变革,其成果丰硕,令人鼓舞。公民社会是人们观念中至今已经很少的、尚未破灭的乌托邦思想之一。

综上所述,我们对大部分德国工人运动对公民社会在德国的逐步实现所作的贡献不能低估。上面已经提到,工人运动对议会制和法治国家(Rechtsstaat)的实现,对社会关系的法律化,对文化教育的普及和社会领域的民主化都作出了贡献。这里还应该补充的是,工人运动中的启蒙活动对反犹主义和排外主义进行了斗争,对社会的发展作出了贡献。1938年以前,在捍卫魏玛共和国对法西斯主义反资本主义威胁的斗争中,虽然工人运动最后失败了,但是,工人运动所作出的努力要比绝大多数社会其他力量和政治阵营所作的努力都要多。在德国这一自由主义的势力——至少就国家一级而言——很早就衰弱,资产阶级有时对公民社会理想的实现三心二意的国家,工人运动起到了一部分替代资产阶级自由主义的作用。

但是,我们也必须对工人运动的这一作用作几点限制:第一,德国工人运动对公民社会实现所作出的贡献在一定程度上是与工人运动明确宣布的目标相矛盾的,这些目标要超越公民社会(资本主义社会),实现社会主义的目标。第二,在某些阶段,工人运动——仅仅是它的存在和挑战——就阻碍和削弱了资产阶级的资本主义化的策略。第三,工人运动未能阻止其本身的分化和一个非民主的支流的产生。这一支流与公民社会的理想是格格不入的,有力地阻碍甚至逆转了公民社会的发展。第四,显而易见,工人运动没有参加,至少没有领导至今成为德国实现公民社会道路上最新的关键一步,即1989—1990年的剧变。工人运动的活力是否已经消失? 第五,不可否认,除此之外还存在着其他对公民社会进行坚决批判的标准。如果按这些标准来衡量——不管是从社会主义的原则性立场出发,还是从环境保护的立场出发,或是从对现代化有根本怀疑的观点出发——我们都会对德国工人运动作出另一种更严格的、批判性更强的总结。

六、结语

在把工人史和资产阶级史的研究相结合时，还有应该考虑的其他因素和有待深入研究的其他问题。最近几十年来，因白领中间阶层的迅速壮大，资产阶级生活特征的跨越，资产阶级范畴的扩大和工人阶级内部的日益分化，出现了另外一些严肃的问题。它们是：资产者和工人之间融合的程度如何？资产者这一概念是否因此不大适用于分析当今社会？工人运动是否将随着资产者和工人之间差别的消失而瓦解？

在东德瓦解以后，人们对独裁制度之下的社会史有了新的兴趣。20世纪的独裁统治对资产阶级和工人阶级的内部团结以及外表形象有所损害。在这一点上，我们也可以看到工人史和资产阶级史相互之间的紧密关系。最后，我们也要考虑到，工人史和资产阶级史的综合研究并不始于今日。实际上，我们早就知道不能孤立地研究一个阶级，关键在于它与其他阶级和阶层的相互关系。关于工人和资产者之间的"联系"问题并不是一个新问题。这里我们也应该提及比较的方法，例如，工人和农民的比较在家庭社会史研究中有着良好传统。[13] 尽管如此，在工人史和工人运动史的研究中借鉴近来资产阶级史研究的方法、观点和结论，还是可取的，不过不应该取消工人史和工人运动史的独立性。本文草拟的几点想法是为实现这一目标所作的努力。

注　释

1　参见 G. A. Ritter u. K. Tenfelde, *Arbeiter im Deutschen Kaisrreich 1871–1914*, Bonn 1992。

2　参见 *Arbeiterkultur im 19. Jahrhundert*, 即 *Geschichte und Gesellschaft*, 5

(1979), Heft 1; G. A. Ritter (Hg.), *Arbeiterkultur*, Königstein 1979；近作有 A. Lüdtke, *Eigen-Sinn. Fabrikalltag, Arbeitererfahrungen und Politik vom Kaiserreich bis in den Faschismus*, Hamburg 1993。

3　概况见 H. Kaelble, "Vergleichende Sozialgeschichte des 19. und 20. Jahrhunderts: Forschungen europäischer Historiker", in: *Jahrbuch für Wirtschaftsgeschichte*, 1 (1993); J. Kocka, "Comparative Historical Research: German Examples", in: *International Review of Social History*, 38 (1993), S. 369-379; J. Kocka (Hg.), *Europäische Arbeiterbewegungen im 19. Jahrhundert. Deutschland, Österreich, England, Frankreich im Vergleich*, Göttingen 1984。新著有 T. Welskopp, *Arbeit und Macht im Hüttenwerk. Arbeits- und industrielle Beziehungen in der deutschen und amerikanischen Eisen- und Stahlindustrie von den 1860er bis zu den 1930er Jahren*, Bonn 1994。

4　这方面的初作见 F. -J. Brüggemeier, "Zauberlehrlinge. Vom unbedachten Umgang mit der Natur", in: *Bürgerliche Gesellschaft in Deutschland. Historische Einblicke. Fragen, Perspektiven*, Frankfurt 1990, S. 275-284; F. -J. Brüggemeier/T. Rommerlspacher (Hg.), *Besiegte Natur. Geschichte der Umwelt im 19. und 20. Jahrhundert*, München 1987。

5　参见 K. Hausen 新作：K. Hausen (Hg.), *Geschlechterhierarchie und Arbeitsteilung. Zur Geschichte ungleicher Erwerbschancen von Männern und Frauen*, Göttingen 1993; K. Canning, "Gender and the Politics of Class Formation", in: *American Historical Review*, 97 (1992), S. 736-768; L. Tilly u. J. Scott, *Women, Work and Family*, New York 1978; A. Kessler-Harris, "Stratifying by Sex. Understanding the History of Working Women", in: R. C. Edwards u. a. (ed.), *Labor Market Segmentation*, Lexington/Massachusetts 1975, S. 217-242; J. Kocka, *Klasse und Geschlecht*, 即 *Geschichte und Gesellschaft*, 18 (1992), Heft 2。

6　参见 *Bildungsbürgertum im 19. Jahrhundert*, 4 Bde., Stuttgart 1985-1992; J. Kocka, *Bürger und Bürgerlichkeit im 19. Jahrhundert*, Göttingen 1987; J. Kocka und U. Frevert (Hg.), *Bürgertum im 19. Jahrhundert. Deutschland im europäischen Vergleich*, 3 Bde., München 1988; L. Gall (Hg.), *Vom alten zum neuen Bürgertum. Die mitteleuropäische Stadt im Umbruch 1780-1820*, München 1991; H. -J. Puhle (Hg.), *Bürger in der Gesellschaft der Neuzeit*, Göttingen 1991。最近全面的出版报道见 U. Haltern, "Die Gesellschaft der Bürger", in: *Geschichte und Gesellschaft*, 19 (1993), S. 100-134。

7 关于概念上的纠正，见 J. Kocka, "Bürgertum und bürgerliche Gesellschaft im 19. jahrhundert. Europäische Entwicklung und deutsche Eigenarten", in: J. Kocka und U. Frevert (Hg.), *Bürgertum im 19. Jahrhundert. Deutschland im europäischen Vergleich*, Band 1, S. 11–39。

8 参见 J. Kocka, "Traditionsbindung und Klassenbildung. Zum soziahistorischen Ort der frühen deutschen Arbeiterbewegung", in: *Historische Zeitschrift*, 241 (1986), S. 333–376。

9 参见 H. Zwahr, "Konstitution der Bourgeoisie im Verhältnis zur Arbeiterklasse. Ein deutsch-polnischer Vergleich", in: J. Kocka und U. Frevert (Hg.), *Bürgertum im 19. Jahrhundert. Deutschland im europäischen Vergleich*, Band 2, S. 149–186。

10 关于资产阶级文化所需的经济和社会条件，参见 J. Kocka, "Obrigkeitsstaat und Bürgerlichkeit. Zur Geschichte des deutschen Bürgertums im 19. Jahrhundert", in: W. Hardtwig u. H. -H. Brandt (Hg.), *Deutschlands Weg in die Moderne. Politik, Gesellschaft und Kultur im 19. Jahrhundert*, München 1993, S. 107–121, hier S. 111ff。

11 M. Kossok, "DDR'89 - Über die Revolution. Gedanken aus historischer Sicht", in: R. Eckert u.a. (Hg.), *Krise - Umbruch - Neubeginn. Eine kriitsche und selbstkritische Dokumentation der DDR-Geschichtswissenschaft 1989/90*, Stuttgart 1992, S. 75–84, insb. S. 77.

12 见很有启发性的沃尔夫冈·席德尔之作：W. Schieder, "Das Scheitern des bürgerlichen Radikalismus und die sozialistische Parteibildung in Deutschland", in: H. Mommsen (Hg.), *Sozialdemokratie zwischen Klassenbewegung und Volkspartei*, Frankfurt 1974, S. 17–34。

13 参见例如 H. Zwahr, 同注 9; J. Kocka und E. Müller-Luckner (Hg.), *Arbeiter und Bürger im 19. Jahrhundert. Varianten ihres Verhältnisses im europäischen Vergleich*, München 1986; C. Gotthardt, *Industrialisierung, bürgerliche Politik und proletarische Autonomie. Voraussetzungen und Varianten sozialistischer Klassenorganisationen in Nordwestdeutschland 1863 bis 1975*, Bonn 1992; 施密特（J. Schmidt）正在撰写的探讨威廉帝国时期爱尔福特工人阶级和资产阶级之间的相互接触和影响的博士论文。就社会阶层进行比较的有 H. Rosenbaum, *Formen der Familie*, Frankfurt 1982。

19世纪的资产阶级
——欧洲模式与德国实例[*]

　　"漫长的19世纪"，开始于18世纪末的革命运动，终结于第一次世界大战。这个世纪常被称为资产阶级的世纪。这一称谓意味着什么？对于这个问题，一方面，人们会思考对19世纪的历史产生了深远影响的资产阶级的特点何在、它的伟大之处何在等问题；另一方面，人们也会思考19世纪所遇到的挫折以及它的错误，想到资本主义社会至今仍是各界激烈批评的对象。总之，它既是一个值得追求的尚未实现的目标，一个人类向往的自由与理智共存的模式；又是一个似乎已经消失的值得追思的对象。这种矛盾的认识是怎样产生的？有人认为19世纪的德国社会与其他欧洲国家相比，特别缺乏资产阶级精神，这一缺陷还影响到20世纪德国历史的发展。这一观点对不对呢？本文作为《19世纪的资产阶级》一书的导言与收入该书的论文将研讨这些问题，它的任务在于提出问题、描述轮廓并总结最重要的结论。

---

[*] 原文为："Bürgertum im 19. Jahrhundert—Europäisches Muster und der deutsche Fall", in: J. Kocka (Hg.), *Bürgertum im 19. Jahrhundert: Deutschland im europäischen Vergleich*, 3 Bde., Göttingen 1995, Vorwort。

一、资产阶级的整体性问题

（一）谁属于资产阶级？为什么？

讲到19世纪欧洲的资产阶级，绝大多数历史学家会就哪些社会范畴肯定属于这一阶级，哪些肯定不属于这一阶级的问题达成一致意见。当然，也会存在相当多的、成分归属不清的部分，因为它们是一些处于中间和边缘的社会变量。肯定不属于资产阶级的阶层有：贵族、天主教教士、农民以及城乡的底层民众（包括工人）。肯定属于资产阶级的阶层有：商人、工厂主、银行家、资本家、企业家与经理，这些阶层的社会地位符合经济资产阶级或财产资产阶级（Bourgeosie）的原义。此外，通常享有并受益于高等教育，一般是大学教育的人们，如医生、律师、中学教师、大学教授、法官、高级官员、自然科学工作者、工程师、大企业决策人员、专家以及其他自由职业者，也都属于资产阶级的范畴。他们有时被统称为"知识资产阶级"（Bildungsbürgertum）。这样塑造的概念到了20世纪才出现，人们在使用"资产阶级"这一词语时，已不包含其常有的贬义。[1] "经济资产阶级"与"知识资产阶级"是资产阶级的两个核心组成部分，19世纪下半叶，他们约占工作人口的3%—4%，与其家属一起约占总人口的5%并有渐增的趋势。[2]本文与其他论文所讲的资产阶级，就是指这一少数社会阶层。

如果我们把商业、手工业与服务业中众多（不过其百分比逐渐降低）的小独立经营者，如小手工业者、小商贩、小店主也包括进去的话，那么资产阶级就约占总人口的13%。[3]就19世纪早期而言，城市（特别是小城市）中上层的小独立经营者，肯定是可以被划入资产阶级这一范畴的，就像他们通常被划入近代早期的城市资产阶级（城市市民等级）一样，他们是过去城镇资产阶级的组成部分。但是，这一阶层的轮廓在19世纪趋于消失，随着19世纪后期经济资产阶级与知识资产阶级地位的上升，人们对资产者的概念有所变化，那些较小的经营者便被

称为"小资产阶级"（或小市民）或"中产阶级"，在归属上也被排挤到
"资产阶级"范畴的边缘。[4]

另外还有一些范畴，如与城市有联系的大地主、艺人、军官、小文官
（如19世纪末人数剧增的职员）等，对于这一阶层的阶级归属问题还有
争议，或很难一概而论。他们虽然与工人一样，属于依靠市场的劳动者
与被雇佣者，但是，就其自我理解与形象来说，一定程度上也就其社会
地位与生活方式而言，他们都尽量不把自己视为工人阶级，而视为"新
中产阶级"，宁愿站在资产阶级的一边。[5]

不管怎样，资产阶级在（常被称为资产阶级世纪的）19世纪还只是
一个人数不多的阶级。按不同的划分标准，它约占德国社会总人口的
5%—15%，在数量上具有轻微上涨的趋势。即使暂且不谈那些众多的
边缘与中间部分，只限于经济资产阶级、知识资产阶级这两个核心部
分，我们也难以明确定义这些范畴究竟有什么共同点以及它们如何与
其他部分相区别。所以，我们可以将它们统称为"资产阶级"，并作为
一个整体作进一步的考察。商人、工厂主、银行家、医生、独立营业的律
师、法官、部局级官员以及后来的工程师和企业管理者等，这些人到底
有哪些含有社会意义的共性？他们怎样区别于其他社会阶层？当然，
这一共性不可能是其相同的阶级地位，因为他们有些独立营业，有些是
国家官员，而且，他们也属于不同的经济领域、行业或职业，受教育的水
平也不同。一般说来，19世纪的多数经济资产者（尽管不断减少）都没
有受过大学教育，而大学教育是定义知识资产阶级的标准。就收入而
言，资产阶级的不同部分之间的区别也很大。所以，对资产阶级下定义
的标准是什么，其内在的连接为何物？这仍是一个问题。

在以往的许多著作中，有过多次对"资产阶级"进行定义的尝试，
但都不能使人满意。这表明，要为上述问题作出恰当的回答非常困难。[6]
长期以来，绝大多数历史学家从未对资产阶级进行过整体的研究。因
为，自18至19世纪的变迁以来，资产阶级不再（或几乎不再）在法律上

区别于其他社会阶层，所以"资产阶级"这一笼统的称谓或特殊的称谓对于绝大多数历史学家来说，既没有概括上的普遍意义，也没有个别的特殊意义。关于资产阶级某一范畴（如企业家、医生或官员）的著作和资产阶级某一方面（如教育、专业化、家庭理想、自由主义等）的著作已经出版了许多，但是，对资产阶级进行综合、全面论述的著作却尚感缺乏。[7]欧洲其他国家（如奥地利、匈牙利、意大利、法国）的情况也差不多，甚至比德国这方面的著作更少。例如，波兰的历史学家在进行着资产者（Bourgeosie，即企业家、资本家）、"知识分子"（即教师、记者、牧师、律师）以及小资产阶级的研究，但是这三个方向是由各自不同的小组分别进行的，没有运用一个与"资产阶级"对应的范畴使各个部分相互联系起来。捷克斯洛伐克与苏联的情况也似乎如此。北欧国家的历史学家也很少对资产阶级进行整体研究。英美学者虽有"中产阶级"（middle class）这一概念，但长期以来，这一词语对科研只起了很小的指导作用。英国与北美的学者认为，没有必要将商人（businessmen）、专业人员（professionals）以及职员（civil servants）综合起来研究的必要。即使在设计跨行业的研究方案时，他们也只使用"精英"、"富人"或"上层阶级"的概念，而较少使用"中产阶级"这一概念。[8]

　　从另一方面来看，资产阶级这一概念［或市民（Bürger）、市民等级（Bürgerstand）、市民阶层（Bürgertum）、市民（复数 Bürgerschaft）］在19和20世纪的社会词汇和政治词汇中就已经存在，尽管它们的含义常有变化。而且，值得注意的是，它们对当时的社会科学研究产生的影响较小。[9]但是，此类概念却对当代人的经历、感受产生了较大的影响，影响到他们如何去解释社会现实和挖掘历史原因。对概念的历史进行研究的结果又为"历史现实"的深究提供了线索。近来，社会史方面的研究越来越关注资产阶级的整体研究，[10]它甚至已经发展成为一个热门（至少在中欧的德语国家和地区是这样）。[11]的确，历史研究中存在着一些非得把资产阶级作为整体研究才能得到解决的问题，[12]它们是：

1. 历史上，包括19世纪"社会化"的主要划分是什么？这是一个值得研究的问题。谁与谁属于同一范畴？基于何种利益、经历与价值观，他们区别于其他人？ 19世纪各个社会中的鸿沟、矛盾与阵线是什么？它们是怎样变化的，又出于何种原因发生这些变化？"社会阶级"[13]及其认同、内部凝聚力以及集体行为的能力是怎样形成的？程度如何？其外延的标准是什么？其原因和后果又是什么？如果对这些宏观史学的问题感兴趣，必然会涉及"资产阶级"这一笼统的概念范畴。

2. 总的来说，尽管对资产阶级的评价不一，人们都承认资产阶级（或其某些组成部分）在世界近几百年现代化进程中扮演了主要角色。在这方面，语言学与概念史方面的研究成果值得重视，它们不一定能作为证据，但却有所启发。"资产阶级"、"资本主义精神"和"资本主义社会"这些概念在语言学上的亲属关系表明，我们可以希望通过对资产阶级的研究，通过对这一宏大的社会阵营的分析，了解到这一（深受资产阶级影响，其存在不管是有益还是无益，但至今仍然存在的）由特定社会制度决定的社会范畴的主要特征、它的根本特点以及之所以发生变革的内在矛盾。"资产阶级"、"资本主义精神"和"资本主义社会"这些概念似乎具有渗透19世纪历史的单科研究和促进跨学科综合研究的潜能。[14]

3. 不少学者认为，德国20世纪的艰难历史，特别是民族社会主义或德国法西斯主义的上台是跟德国资产阶级与资本主义精神特有的、由来已久的特点和弱点密切相关的。这一点毫无疑义，但值得进一步研究。对"资产阶级"与"资本主义精神"这样广泛的专题进行研究，可以通过与其他国家的比较来对德国资产阶级的特点和弱点进行区分和界定。[15]

不过，仅仅提出问题还不足以构成一个研究专题。提出的问题不应该是不着边际的，而必须与研究现象本身有一定的联系，找到某些接触面。这里的确如此，因为至少就德国跟其他中欧国家与地区的关系而言，存在着某些构成19世纪资产阶级的内在联系与外部界限的共同特征，这些共同特征在一定程度上构成了其统一性。

以下有两个有说服力且相辅相成的论点：[16]

（二）资产阶级的社会阵线

首先，我们可以看到资产阶级所面对的社会阵营。众所周知，社会范畴常常是在跟其他范畴的矛盾与斗争中构成的社会集团。这一点，我们可以在阶级史、民族史和宗教史中认识到。资产阶级也不例外。当近代资产阶级于18世纪后期和19世纪初形成跨地区的全社会的阵营时，商人、出版家、手工工场主、资本家、受过大学教育的官员和评论家、教授和牧师——尽管他们有着不同的利益和经历——都一致反对享有特权的世袭贵族和封建专制主义。他们以自己的成就和知识、工作和人格而自豪，反对封建的等级制度。他们设计了一个现代世俗的、无等级的和不受权贵欺压的、自我管理的理性社会。所有这些都是对世袭特权、专制国家和教会以及反启蒙的话语霸权的批判。他们先是聚集于沙龙、共济会和众多的协会进行政治辩论，以后，又把早期自由主义者的集会、政治宴会，最终把等级会议和议会作为聚会和辩论的场所。对于他们来说，首先与"上层社会"划清界限要比与"民众"划清界限更为重要。资产者所作出的批评一般不带有革命性，与其他阶层相区别的界限也不很严格：他们中很多人出身贵族，而封建王权中的开明官员又属于资产阶级。尽管如此，由于共同的敌人——贵族、为所欲为的专制主义、顽固守旧的教会——使这种种不同的公民（Bürger）达成了一定程度的团结，在与共同敌人的斗争中，产生了一个包含不同行业的广泛的资产阶级（Bürgertum，请注意在德文中，"公民"与"资产阶级"是同一个词根——译者注），与此同时，在他们当中也产生了自由平等的乌托邦式"资本主义社会"（bürgerliche Gesellschaft）的理想。[17]

在19世纪，资产阶级与贵族的这一界限渐渐模糊，但没有完全消失，这与贵族特权自19世纪初至德国统一年代的不断消除、政治制度的宪政化、资产阶级与部分贵族在经济、社会和文化上的接近都有关系。而另一条界限，即与非资产者的社会底层（有时也与中下阶层）及其运动的界限却越来越明显。这一界限在18世纪末与19世纪初虽然存在，但当时并不很重要，到了19世纪三四十年代才逐渐重要起来。因为随着资本主义经济和工业化的发展，工人运动不断高涨，对资产阶级的威胁越来越大。尽管大企业主和小企业主、受过大学教育的独立经营者和高级官员、中级职员和首席教师、工程师和旅馆老板相互之间的区别几乎处处存在，但他们一般都对"小人物"、"民众"、"无产者"和"工人运动"采取批判和防御的态度。这一点对于阶级分化的德意志帝国，甚至魏玛共和国时期的社会都产生了深远的影响。所以，我们可以把他们看成是一个统一的资产阶级。[18]

　　上面简略描述的这一过程，在语言学和概念史的研究中都有所反映。尽管在当年通用的词典中，对"资产者"、"资产阶级精神"、"市民等级"的词条的解释有许多歧义，令人眼花缭乱，但概括起来，可以说，第一，它们是把"公民"（Bürger）作为很有资格感、为其职业感到自豪、值得尊重的自由城市或城镇的市民的称谓，当然主要是通用于18世纪，但这种说法在19世纪也适用（不仅从历史学家的回顾是如此）。[19]第二，自18世纪下半叶起，"公民"又有了"国家公民"这一层含义。起初，它还带有浓厚（从未消失）的奴仆色彩，后来也带有解放的自豪感和对自由的热爱的意味，无论如何，它都不是局限于某一城市、某一等级或某一阶级的一个称谓。[20]第三，同样是自18世纪晚期起，出现了关于一个特别的"市民等级"（Bürgerstand）的称谓，包括所有既不属于贵族又不属于农民等级的自由人[21]的特殊的"市民阶级"（bürgerliche "classe"）。这里，具有关键意义的是，"Bürger"的第三种含义是在（直到18世纪40年代）对贵族、教士，有时也对官员的较激烈的攻击中凸显出来的。[22]与此相反，当时与社会下层的区别不很重要。而这一点到了19世纪中期才有变化。从18世纪50年代起，在一般词典中，资产阶级对旧势力（特别是对贵族）的攻击尽管没有完全消失，但却在弱化。与此相反，自1848年"三月革命"前夕和1848—1849年革命以后，人们在概念上将"公民"一词的转型Bürgertum（以后意为资产阶级）——在关系上——与"下等阶级"、民众、第四等级和无产者区别了开来，人们引用法国的例子来说明，认为德国资产阶级与法文中的"Bourgeosie"越来越相似，所以Bürgertum开始经常被称为Bourgeosie，即经济资产阶级。这里划分的界限虽各有不同，但都倾向于把中级和高级经济及知识资产阶级凌驾于其下层（包括小资产阶级、农民和工人）之上。在18世纪60年代，德文中Bürgertum这一概念（当时不一定通用这一词语）的双重含义是明显的，尽管它在以后几十年里没有如此鲜明的表现。[23]

是什么力量使各种资产阶级集团团结起来？这里仅作这样的回答，即其共同的敌人。由此可以得出与此对应的结论，随着与贵族斗争这一战线的消失或淡化，有关一个广泛而又具有限定的资产阶级的提法也就失去了现实意义。因此，下文将根据各国历史发展的不同来展示各国在史学传统方面的某些差异。在没有贵族传统或只有微弱贵族传统的国家（如瑞士和美国），或在贵族和市民之间的区别，甚至城乡区别（因早期农村的非封建化和农业生产的商品化）被及时消除的国家（如英国和瑞典），阶级界限分明的资产阶级的形成以及随之发生的关于资产阶级的讨论都受到有力的阻碍。在革命的法国（和瑞士）进行的（与莱茵河东岸地区相比较远为激烈的）为消除贵族和市民之间差别所制定的社会措施，大约促进了19世纪莱茵河西岸贵族与市民的融合。在这里（在整个社会，而不是单个城市）人们通常只讲贵族与市民合成的领导阶层（如绅士），而不把贵族和资产阶级加以区分（这一区别在德国、奥地利、意大利以及中欧东部某些国家和地区仍具有现实意义）。[24]同样，我们也可以解释，为什么在当今的发达工业国家，如在联邦德国（与19世纪和20世纪初期相比），很难确定一个广泛而又界限分明的资产阶级的范围。因为至今所述的第二条阶级分界也已经在淡化，即使其意义没有完全消失也有所削弱，[25]因此有必要将资产阶级概念历史化。[26]历史事实证明，资产阶级的阵营完全随局势的变化而变化，随着形势的变化产生和消失，不仅资产阶级的形式如此，而且其存在的程度也随着时间与空间的变化而改变。

（三）资产阶级文化

大约在1860年，布伦齐里（Bluntschli，旧译伯伦知理）曾认为，市民等级的上层是由受过大学教育的国家官员和独立经营者、大商人和大工业家以及类似的职业集团（如艺人、官员、教师、工程师、作家）所组成的，它们与"骑士等级"（尽管在概念上有区别），而不是其他有明显距离的民众（包括手工业者、农民和工人）更接近。Bürger的共同点在于其中一部分人受过古典和科学思想的教育，另一部分人则经常参加城市的文化活动，享受知识阶层的娱乐。这能造成相似的"社会教养"和相似的"需求"。他们容易相互理解，在社交上合得来，有相同性格和价值观念，在艺术上有共同兴趣，在政治上有共同利益。[27]这里我们就涉及了第二个（关于资产阶级的内部共性和对外特殊性的）补充性答案，即文化与生活方式问题。[28]

从文化史角度来看，经济资产者和知识资产者都特别敬佩个人成就，并借此要求获得经济报酬、社会声誉和政治影响。与此相关，他们都吃苦耐劳，自觉采取合理和严格的生活方式，倾向于控制自己的感情，自我约束。他们又追求独立自主地完成个人任务，或采取团队方式完成集体的任务，而不愿受到国家的限制。他们重视教育，而不重视信仰，抱有资产阶级的世界观和自我认同。教育既是他们交往的基础，又是他们区别于其他阶级（如通过语汇和交谈的水平）的标志。他们欣赏高等艺术（如美术、文学、音乐）作品，尊重科学技术。理想的资产阶级生活方式也占有重要地位,资产阶级视家庭为自我价值的群体,以感情关系为特征的领域,它有别于以利害关系和竞争为特征的商界和政界,他们认为家庭是一个有别于公共场合、受法律保护和由"佣人"侍候的私人生活空间。[29]资产阶级文化需要城市作为其实现的场合。或许资产阶级文化也包括最起码的美德,如宽容、善于斗争又善于和解,不迷信权威,以及对自由的热爱。然而,这里对资产阶级的理想主义描述很容易蜕化为一种具有意识形态色彩的辩解。如果我们这样来定义资产者的一致性及其道德标准、态度立场和生活方式与其他阶级、阶层的区别的话,那么我们就必须考虑到象征形式对资产阶级本质认同的重要性,宴饮习俗和礼节,头衔和华贵的生活方式,穿着(今日已经不再讲究戴帽)等,都是具有象征意义的资产阶级生活方式。[30]所谓资产阶级(一个国家的资产阶级或某一历史阶段的一个资产阶级阶层)的"资本主义精神"(Bürgerlichkeit),就是指以上这些象征资产阶级成分的文化现象。

尽管我们可以肯定,上述文化经历以及社会阵线的划分促进了资产阶级的形成,但显而易见的是,这一文化还依赖于其他前提条件。无论过去与现在,这些条件都不是在各处都以相同的程度而存在的。在18世纪晚期、19世纪和20世纪初期,一方面,新兴的、等级制废除以后的资产阶级是过去等级制社会中市民等级(Stadtbürgertum)的发展,因而它继承了前者的某些文化成分,特别是近代早期的城市和市民传统文化,[31]其中包括自治与自由、工作的勤奋刻苦与一丝不苟、分工与角色的细化、密集的交流与集体合作传统。这些城市传统的缺乏或者微弱会妨碍资产阶级的形成。[32]另一方面,资产阶级文化也来源于启蒙运动。启蒙运动不存在于俄罗斯以及日本等国家,只存在于范围非常狭小的资产阶级国家。

最后,显然(如在欧洲中部和东部大部分国家及地区)血缘和民族的混杂大大妨碍了统一的资产阶级的形成。这是因为,如在被外国占领的波兰，绝大部分工商阶级是德国人或没有被同化的犹太人，而绝大多数"知识阶层"又是波兰人，由于共同的语言、历史和习俗是文化形成的基础，所以，在这里就很难形成一种广泛一致的资产阶级文化。[33]而在德国，宗教信仰上的分歧大概阻碍了统一的资产阶级文化的形成。[34]

所谓"资产阶级"，不过是一个内部参差不齐、外部界限不明的复杂的整体，而且，其复杂的程度时大时小。由此，我们可以得出一个结论，对于绝大多数需要研究的问题，选择较小的研究单位较为合适。例如，只谈论工商阶级或某个职业集团，而不谈论整个资产阶级。因为资产阶级总是一个复杂的整体，所以，如要确定其本质，就必须作出一定的努力和有所"创新"（如对其共同历史的格外重视和有组织的研究）。[35]现代历史学是一种资产阶级现象，其受启蒙运动和新人道主义影响，具有资产阶级文化的特征。资产阶级对待历史的方法，在原则上不能带神秘、传奇或宗教色彩，而必须采用科学的方法。因此，现代历史学的特征是建立本质性的肯定和若即若离的批判的一种特殊结合。这一历史学在19世纪（所谓资产阶级的世纪）上升为一股社会和文化上的强大力量。现代历史学中这一肯定和批判相结合的关系，在资产阶级文化中普遍存在。

最后，我们还应考虑到，资产阶级文化继承了启蒙运动传统中关于消除社会差别、实现平等的要求。这一点是贵族文化、市民文化和农民文化所没有的。资产阶级不仅以"资产阶级的"标准——如多劳多得、像样的生活和有组织的劳动等——来要求自己，而且希望这些准则能得到普遍的实现。如果某些东西是真、善、美的话，那么在原则上就应该人人都能得到。启蒙运动和新人道主义的教育思想标榜自我教育。资产阶级因遭受过世袭等级特权的歧视，所以在他们的文化传统中反对建立任何特权的理论体系。

所以，虽然资产阶级文化有别于其他社会阶级和阶层，但它却超越了资产阶级本身的界限。资产阶级文化越强大、越有吸引力或越占主导地位，就越难以确定它是属于哪一社会阶层的，因而也就越难以确定一个界限分明的资产阶级。总之，资产阶级精神发展得越强大，资产阶级的外部界限就越模糊。

不过，资产阶级文化的普及在过去和现在显然都受到了限制，尽管这些限制在历史过程中都可以被克服。至此，我们必须从文化史领域过渡到社会史领域。在历史上，资产阶级文化的某些因素获得了社会普遍的认可和效仿。例如，资产阶级的家庭模式得到工人阶级的模仿，资产阶级的生活方式、价值观、礼节和教育在社会上获得了普及；资产阶级建立了各种各样的机构（如学校、企业等）并实施各种各样的政策，通过权力制约和压力集团来克服各种政治上的障碍。尽管非资产阶级团体、阶层和阶级，如贵族、农民、工人和职员的"资产阶级化"有了某些引人注目的，至少是明显的进展，但是，必须看到，社会的资产阶级化是有局限性的。显而易见，不论过去还是现在，人们具有一定的社会和经济条件，才有可能去追求资产阶级的文化。这样的条件包括：明显高于最低水平的稳定收入（不管是何种来源）、基于这一收入的生活的安全感和对未来的规划。在家庭里，母亲和孩子在一定程度上能够从过重、过早的体力劳动中解放出来，以便于培育和继承资产阶级的文化。总之，必须像资产阶级那样，不大从事手工劳动，特别是拥有闲暇。

在没有这些条件的地方，不管资产阶级改良者如何努力，也不管想做资产者的人们如何追求，那里的资产阶级化进程都会遇到阻碍。这样，我们就可以解释为什么小手工业者和小职员只属于资产阶级的边缘部分，而其他阶层，如工人和农民，完全不属于资产阶级。在这些社会阶级和阶层里，上述严格的条件不是不存在，就是只有限地、不充足地存在着。只有具备了这些条件，人们才能享受资产阶级文化，才能娱乐、装饰和遐想。当然，在19世纪下半叶，随着生活水准的提高和教育的普及，资产阶级文化的覆盖面扩大了。这一文化的某些个别因素，如通过书面进行社会交流、讲究卫生,后来也包括旅行,都有普遍的推广。但资产阶级文化的局限性始终没有完全消失。这就造成了资产阶级文化中持久的矛盾,即其自我标榜的普及性目标与现实中的实际特权之间的矛盾,由此我们也可以得出结论,资产阶级文化尽管有其超出本阶级的影响,但仍然没有完全消除其阶级的局限性(至少"向下"是排斥的)。[36]

正如上述关于"资产阶级"社会阵线构成的论述一样,有关资产阶级文化构成的论述同样必须强调这一现象的历史性和对条件的依赖。所有进行比较的国家都有商人、企业家和资本家,在原则上,各地的经济都是市场经济,各地都有公共管理机构及其管理人员,所有国家都建立了或正在建立现代国家(在我们所研究的这一历史阶段,波兰因没有自己的独立国家是一个例外),所有的社会都有充分的劳动分工,都具有由专家充任的高水平、非体力的具体服务功能,如教育、法定的医疗保险、交流以及科研工作,到处都有各种文化上的趋向和解释的需求,这些需求在某种程度上受到教士、牧师、文学家、艺术家和科学工作者的关照。但是,在这些功能承担者中产生类似于"资产阶级"(的社会集团)不是理所当然的,[37]而是依赖于许多因素。它们包括:明显的城乡差别、强大的贵族和封建传统、明显的阶级矛盾、强有力的市民传统、启蒙运动的深远影响、民族的认同、纯粹的宗教信仰以及普及资产阶级文化的可能性。通过对这些有利于资产阶级产生的各种因素的国际比较,我们就能理解为什么在德国与中欧国家和地区(比西欧、北欧和东欧更明显地)[38]形成了一个跨行业的、外部界限较分明的资产阶级,并形成了相应的史学传统。

二、资本主义社会的活力

(一)概念及其问题

众所周知,无论过去还是现在,Bürger 一词不仅指城市(所有的或少数有资格的）居民，也不仅指上述社会阵营的人，它还有"国家公民"（Staatsbürger）的含义。正如加尔佛（Garve）于1792年所指出："德语中的Bürger一词要比法语中的bourgeosie更有尊严，而且它本身具有两种含义，而这两种含义在法语中却有各自的词语：一个是citoyen，指资本主义社会的成员；另一个是bourgeois，指靠某种行业生存的非贵族出身的城市居民。"[39]因而，在18世纪晚期，在深受启蒙运动影响的主要由公民进行的日益普遍的辩论中，酝酿出了"公民社会"（bürgerliche Gesellschaft）这一概念。在这一社会中，国家公民的理想将完全实现。公民社会是指铲除了专制主义统治、世袭等级特权和教会的压迫，为所有人实现受法律约束的个人自由的一种经济、社会和政治秩序模式。在这一社会模式中，所有人都享有受法律保障和约束的个人自由；经济生活以合法的市场竞争为基础，按成就分配生活机会；政治生活遵照自由法治和宪政的原则，一方面对国家权力进行限制，另一方面通过公共舆论和代议制使之对公民进行约束。文化、科学和宗教生活在上述资产阶级文化的精神指导下进行，同时，在这些领域拥有很大程度的独立自主权。[40]从总体上说，一个社会的资本主义性质的程度如何，取决于资产阶级（上述阵营意义上的）对这一社会产生的作用和影响，或看这一社会在多大程度上符合资本主义的社会模式。

对上述概念的使用有时会带来一些问题，如果我们问起个别现象（如1800年前后的剧院建筑或1900年前后的大企业结构）的资本主义性质，那么，我们会发现这一概念的使用是不明确的。[41]此外，还有必要将这一概念作时代上的具体化。[42]在使用"资本主义社会""资产阶级精神"这些概念时，客观分析和主观评论很容易互相混淆。"资产阶级精神"这一概念的含义不知不觉地扩大到与现代性的概念等同的程度。[43]这样一来，它也就有了现代性概念本身的问题。而将"资产阶级精神"改为"现代性"又有何益处呢？

不过，保留并扩展这些线索还是有许多理由的。下面我阐述一下这方面的三个理由,同时,也对各研究小组的几个主要结论作一总结。

(二)资产阶级和资本主义社会之间的现实关系

Bürger 这一词语的双重含义(既是 bourgeois 又是 citoyen),揭示了历史现实中存在的关系。一方面,在资本主义社会模式产生时,在这一模式和形成中的资产阶级之间存在着紧密的关联。资产阶级的利益推动了——这是符合资产阶级利益的——民法和宪制国家(两者都是资本主义模式的主要组成部分)[44]的实现,这里我们不仅应该,如在约翰·洛克之后一般都会想到的那样,[45]考虑到私有财产和资本盈利的利益,而且应该考虑到对权利保障和独立自由(这是资产阶级生活规则和文化的前提条件)的需求。[46]尽管有个别的贵族(作为读书会和共济会成员、杂志的订阅者、编纂法律的工作人员或作为开明思想的作家和改革者)参加了资本主义社会模式的起草和实现工作,不容置疑的是,这一模式主要是在由形成中的资产阶级成员(主要是有官职和无官职的知识资产者,但也包括各种对文化知识感兴趣的商人)进行与主持的辩论中酝酿出来的。[47]资产阶级文化和早期自由主义思想问题的亲和性可以在具体实例上得到证实。尽管有人有充分理由拒绝认为自由主义思潮主要是处于上升阶段的工商阶级的思想体系,尽管近年来的研究强调从三月起义前直至德国统一,发展为民众运动的自由主义运动中有不少贵族、农民和手工业者参加,但是,19 世纪的自由主义运动主要还是由资产阶级的成员担当的。到 19 世纪末,越来越多的资产者脱离了自由主义运动。但这并不意味着其社会基础逐渐缩小的自由主义运动失去了资本主义精神。恰恰相反,可以肯定地说,19 世纪的自由主义运动是推动资本主义社会纲领实现(尽管没有完全实现)的最强大的力量。[48]

另一方面,历史现实中资本主义社会和资产阶级之间的亲和性也可以在对"哪些人不属于完全意义上的资产阶级"这一问题的回答中表现出来。值得注意的是，在三月起义前的百科全书和批判性出版物（报章杂志）中，人们把资产阶级（Bürgertum）意义上的公民看成是国家公民（Staatsbürger）的核心。这时，国家公民不再作为奴仆，而是作为具有参政权利的市民出现于词典中。而全面的公民资格不仅在纲领中被设想到，也第一次成为要获得公民权利的人的必备要求。Bürger之意大致是"资本主义社会的一个成员"或"国家公民"，但是，有必要区分积极的国家公民和消极的国家公民。对实践中必然提出的关于什么是获得（如积极的和消极的选举权）参政权条件的问题，1827年出版的克鲁格（Krug）词典的回答是"理智性"和"独立性"。所以，妇女（由于她们的天职将她们束缚在家庭中，依赖于男子）、雇工（由于他们依附于雇主而生活）、依靠别人施舍的穷人以及"痴呆人和疯人"都不应该获得"全面的公民权"。[49]法国七月王朝时期，在法国早期社会主义思潮对资产阶级批评的影响下，洛伦茨·冯·斯坦因（Lorenz von Stein）描写了资产阶级财产和国家公民资格之间的关系。他认为："（公共）法律上的完全平等地位……只能赋予拥有资本的劳动者。只有这样的人，才能算具有完全的法律人格；他的财产给予他选举议员参加决定国家意志的权利，由此，他才能从一个普通的公民（一个个别自由的社会成员），变成为国家公民，一位参政者。"[50]不久，社会主义者和保守主义者的批判思想都不约而同地试图揭露美丽的国家公民外衣之下的丑陋的"资产者"嘴脸。[51]这些批判者并没有错误估计现实，当时欧洲绝大部分国家和地区，特别是在城镇一级，全面的国家公民权利普遍都以财产（财产选举权的调查）和文化水平为前提。这种选举权时时提醒有产市民和受过大学教育者、富人和某些文化人，他们属于同类，却是有别于"低等市民"和工人阶级的。

历史现实中资产阶级和资本主义社会之间的密切关系，也表现在怎样才能成为一个名副其实的资产阶级成员的问题上。在德国，犹太人的历史可以充分表明，获得全面国家公民权的过程是与进入资产阶级行列同时的。没有后者，前者就难以获得。犹太人只有当他们在语言、文化、礼节和习俗、清洁卫生和衣着上都已经"资产阶级化"的前提下，才能明确提出并逐渐实现获得完全平等的国家公民权的要求。[52] 这样的前提条件或许在工人解放运动的奋斗史上也有所表现。工人运动之所以没有像犹太人争取解放那样获得成功，也是因为其无产者地位妨碍了它的全面资产阶级化。[53] 毫无疑问，公民、国家公民（Staatsbürger）、资产阶级（Bürgertum）和资本主义社会（bürgerliche Gesellschaft）在语言学上的亲和性完全不是偶然的巧合。

（三）跨专业的研究

要想召集各专业的学者来共同研究一个专题，就必须具有内涵广泛的概念。在联结各种专业和专题方面，使用像"资本主义社会"和"资产阶级精神"这样的系统性概念，会比单纯研究某一专题与资产阶级社会阵营的关系这样的问题更有成效。小说和文学研究的例子就表明，在研究19世纪的修养小说和历史小说时，我们当然可以直接询问其与资产阶级阵营的关系，如写作、评论和题材史方面的关系，这种做法是有道理和有趣的。但作为艺术作品，一部小说未必能对事物的本质有透彻的分析，如果我们仅限于这种方法，就有将社会史简单化的危险。如国家、法律、科学、宗教，与其他许多现象一样，艺术是难以完全归属于个别社会集团、利益和经历的。

与此相反，如果我们发问，资本主义社会（或正在资本主义化的社会）有什么特殊要求，并且把文学的作用看成是满足这些要求的回答，那么，我们就能在文学艺术和资产阶级精神之间找出某种关联。反之，当我们这样解释资产阶级的文学艺术时，我们就会发现，在这些作品中，批判和肯定总是成一定的比例，有多少批判和肯定，通常是经过再三斟酌而得出的。恰恰这一形式结构也可以在德国资产阶级精神的其他方面，如影响深远的教育准则、与少数派的关系、时装、社会舆论的基本原则等方面表现出来。[54]这样联系起来看问题，能将具体的文学研究和一般的历史研究结合起来，丰富我们对19世纪资产阶级特点的认识。而仅仅使用资产阶级这一概念，是不会有这些收获的。[55]即使以上方法的使用没有其他理由，它至少也有以下理由，即各专业研究特有的、潜在的优势和窘境迫使人们采用像"资产阶级精神"这样的范畴来进行研究。这些范畴所涉及的学科范围、复杂性和多义性除了有某些危险外，还具有获得科研成果的巨大潜力和思想上的吸引力。[56]

（四）资产阶级规划的矛盾性

"资本主义社会"、"公民社会"或"文明社会"的概念曾有过（有些人认为至今含有）空想的成分。由此看来，对人类共同生活模式的核心部分的称谓的确只是一种承诺，更确切地说，是一个被赋予使命却至今只是局部实现的期待。我是指一个由成熟自由的人们构成的未来社会。在这一社会中，人们在某些方面相同，某些方面相异。但是，他们能够相互容忍差异，理智地调节其共同的生活。与对资本主义的设想一样，对它的批判也是原则性的，对资本主义社会批判的历史与资本主义社会本身的历史一样长久。

资本主义社会的早期批判者（特别是在有关法国革命的辩论中）曾指出，如果在实践中字字遵照激进的启蒙纲领的话，就有导致人们肆无忌惮、专横暴虐的危险。其他人则批判资本主义社会纲领在付诸实施时必然存在的根本矛盾；在社会主义和共产主义者那里，这种批判获得了经典性的论述。在工人运动中，这一理论化成一股强大的历史力量。保守派对资本主义社会的批判比社会主义和共产主义运动的批判还要早，还要激烈。保守派特别揭露了"公民"中的"资产阶级"内容。另外，他们还指责不断变化一味求新的资本主义世界给传统带来的破坏和损伤。尼采批判了资产阶级的庸俗气质，而充满生机的青年运动则拒绝了资本主义精神特有的机械性和折中性，尽管我们不能说法西斯主义的受害者主要是资产阶级成员,但是,我们必须把法西斯主义解释为是对资产阶级精神最坚决的否定,解释为资本主义危机的产物,虽说许多资产阶级成员对法西斯主义的得势和获胜起了决定性作用。当前,新的社会危机经历、对社会进步新的怀疑和对新文明的批判,使我们对"启蒙运动的辩证法"、西方合理化进程所付出的"代价"以及"资本主义"大厦底层的黑暗有了更深入的理解。

对资产阶级、资产阶级精神和资本主义社会上述方面的历史研究,有助于对当代世界作出正确的判断。我们不仅要看到"资产阶级规划"的宏伟性,也要看到它的矛盾性。

在培育资产阶级气质的进程中,解放和压制、进步和损伤之间的辩证关系,我们可以在学校和教育的历史中加以考察。18至19世纪之交精神病人的历史表明,更严重的歧视和更人道的治疗是同时进行的。有人认为,道德的资产阶级化使得在性行为方面与众不同的少数人更为孤立,更受到歧视,甚至最终受到残害。这一观点不无道理。犹太人的历史表明,为了获得自由,为了进入资产阶级的行列,他们常常必须付出奉迎、同化和放弃自我本色的代价。我们是否应该把激进的资产阶级(资本主义)化过程看成是具有两面性的进程? 不过,乡村的资本主义化则是有限的,在这一进程发生的乡村,人们感到它不是冲击,而是新的生活机会。[57]

马克思主义针对资本和劳动之间、资产阶级和无产阶级之间的对立,对资本主义社会作出了影响最深远的批判。对其基本理论我们可以作以下概括:正如资产阶级本身所承认,资本主义社会中最重要的自我实现和参政权是以财产和知识为前提的,财产、知识是参与关于怎样正确处理一般事务的共同商议和政治决策的条件。人们发现,社会现实并不像早期自由主义者所希望的那样,迈向一个更公平的社会,即向一个基本没有多大个人(或家庭)财产和知识差别的基本平等的中产阶级社会的方向发展,相反,资本主义的普遍化、工业革命的兴起、资本的集中和大企业的形成，带来的是新的更大规模的依附关系、不平等和潜在的矛盾。直至今日，资本主义理想的普世性和现实的局部性之间的矛盾已显而易见。随着在向资本主义转变过程中世袭等级特权和专制国家压迫的消除，资本主义社会已经发展成一个阶级社会，而经济资产阶级在其中获得了优势地位，它在经济上的不平等和依赖关系比资本主义以前的任何时代都更深刻、更持久，它深刻地影响着经济、政治、文化和社会生活。而被解放出来的自由市场和竞争的机能却又在不断加深这一社会经济方面的不平等和依附关系，最终，它将带来自我毁灭的后果，将促使一个资本主义之后的更完美的社会，即社会主义社会的产生。

马克思主义对资本主义社会批判的吸引力已经有所丧失。在1989年以前，社会主义令人失望的经历就使此类对资本主义的批判已经失去了力量。就某些新式的对现代化规划批判的观点来看，批判资本主义的社会主义者似乎不过是用其他方式继续推行资本主义原则。更进一步的研究表明，对资本主义批判中所假设的资产阶级的绝对优势，至少在德国从来没有存在过。而且，我们有充分理由认为，也正是由于有了此类对资本主义的批判并由此产生了社会主义工人运动，从而对现实形成挑战，被否定的资本主义社会才能自19世纪后期以后进行自我改造，通过变革来维护其生存，它虽然未能消除却缓和了那一固有的主要矛盾。这些改良措施包括：参政资格（逐步地）不分财产多寡以及文化程度的高低、相应的政治制度民主化、国家的社会福利政策和对市场经济的干预，以及建立各种处理阶级矛盾的新机构。[58]

不过，在资产阶级和无产阶级之间的关系中，资产阶级行动和工人运动的关系中，资本主义社会的发展潜力和阻碍作用都有明显的表现。工人运动强大的反资本主义斗争在一定程度上恰恰归功于其受资产阶级传统的影响，它继承和发扬了这一传统的活力。反之，资产阶级的结社原则却不能简单地被非资产阶级和形成中的工人阶级所运用，形成中的工人运动必须采取反资产阶级的策略并吸收一点资产阶级的原则。在资产阶级和无产阶级的辩证关系中,出现了超越资产阶级的新策略,罢工成了资本主义社会的斗争工具,激进民主化成了反对资产阶级的策略,国际主义和团结互助成了资本主义社会基本的价值观。[59]

在研究"资本主义宏图"的成就和代价问题的讨论中,学术界对历史上的男女不平等进行了讨论,其结论足以使人感到惊奇,原来,资本主义所标榜的人类自由解放,在很大程度上只有益于占人类半数的男性。19 世纪,两性之间在法律、政治和社会上的不平等在许多方面都有所增加。另一方面,妇女的文化程度也有所提高,她们的政治要求也提高了,出现了一场大多是资产阶级参加的、要求在重要领域实现男女平等的妇女运动。[60]尽管这一运动在开始时很弱小,我们仍可以把它看成是 20 世纪晚期妇女解放运动的先驱。

至于 19 世纪晚期渐渐发生,以后迅速扩展直至今日方兴未艾的妇女解放运动是否根源于资本主义社会主要原则的问题,以及妇女的完全解放是否会摧毁资本主义社会的主要支柱,因而不能在资本主义社会里获得实现的问题,是具有根本意义的。对于第一个问题,可以作出肯定的回答,理由是,资本主义社会的两个组成部分,即市场经济和文化教育的活力,长远看来是不会受性别界限的限制的。资产阶级的自由和独立要求的普遍性最终会消除各种各样的得天独厚之处,无论是等级、种族,还是性别上的优势。另一方面,也很清楚,在 19 世纪,反对妇女获得同等权利和机会的力量没有随着资本主义社会基本原则的普及而消退,相反,甚至还有逆向发展趋势。早期妇女运动所遇到的障碍至少与早期工人运动所遇到的障碍一样顽强。工人运动有威胁私有财产之势,妇女运动则在威胁着家庭的存在,而这一威胁,在守旧势力看来,力量更强大。

总的来说,对男女平等的反对是来源于资本主义社会两个根本的原则,这两个原则是资本主义社会过去和现在都固有的、必不可少的。

一方面，是资本主义社会不断加强的分工和专业化（这同时是其高效率的条件）；另一方面，家庭在资本主义社会中，作为人的再生产和自我实现的场所，也具有重大意义。这是因为，一方面，随着社会各领域（如职业生活、家庭、政治）的分工、终身职业的增多、资格水平的提高以及专业化的不断深入，社会对人们从事持续性和专业性工作的要求也越来越高，而且，在职业工作者和培养照顾孩子的角色、家庭内和家庭外、生产和再生产之间，男女的不同角色更趋明显和固定；另一方面，显然在资本主义社会中，家庭也充当了保障经济、社会和文化代代相传的连续性的主要机构。而与以前社会不同的是，恰恰在资本主义社会中，它同时也充当了调节和弥补人们在工作和社交场合受到损伤和约束的放松领域。

总之，资本主义社会不相容的基本原则之间的矛盾，即其一视同仁的关于普遍自由、独立自主和机会平等的诺言，与关于提高效率的分工以及家庭的原则性要求之间的矛盾，在19世纪并没有得到解决。这一矛盾与其固有的、其力量逐渐削弱的传统一起，使19世纪男女之间的社会不平等继续存在，甚至更尖锐化，尽管它也不断受到批判，因为人们已经觉察到了这一矛盾。这一矛盾渐渐地在晚近刺激了两性关系的深刻变化，并且，它必将继续带来新的变化。与工人运动相似（不过比它晚得多，而且至今明显微弱得多），有助于这一变化的妇女运动也能以资本主义社会的基本原则为武器。如此看来，妇女解放也是资本主义社会晚近的成果。[61]

三、德国资产阶级历史的分期

我们所讨论的这一现象的开端、阶段性和后果是什么？深刻的转折是不存在的，不断变化才是正常情况。如果我们一方面把资产阶级的对外区别、内部团结、在社会和国家中的重要作用作为开端；另一方面把资本主义社会模式的实现和被替代作为分期界标来分析德国的复杂情况，并注重研究资产阶级和资本主义社会之间的关系问题，那么，我们就能区分这一现象上升和下降的趋势，区分它的形成和发展阶段。

（一）形成阶段

第一阶段始于18世纪晚期，终于19世纪40年代。它是以等级制的不平等模式及其在法律上的瓦解为特点。这一瓦解过程，以法国大革命前"开明专制主义"君主所作的反等级制干预政策为准备，19世纪初期"自上而下的改革"为推进（尽管在莱茵河左岸、莱茵同盟、普鲁士改革地区和改革后进的奥地利地区之间存在着差别）。"三月起义"前属于第一阶段。在这一阶段，尽管进步是艰难而有限的，但是，封建主义却在缓慢地瓦解。在这一阶段发生了一场文化革命：18世纪的启蒙运动和不断进展的世俗化。基于两者之上，在以后几十年中通过新建大学和中学进行了普遍见效的教育改革，在专制主义晚期阶段实行了重大的法律编纂。19世纪初，在南德意志和中德意志邦国实现了早期宪政，普鲁士官僚政体也从专制政治的樊篱中解放出来，这样就从宪法和法律上突破专制主义的限制取得重大进步。在每个国家内部，国家建设的过程在向前发展。在法国革命和拿破仑战争的挑战下兴起的民族运动曾试图改变众多小国林立的现实，但没有成功。前工业化的资本主义有了迅猛的发展，这在批发加工包销制度的扩张、旧手工业的改革和国内商品、劳动力、土地和资本市场的形成上，都有明显的表现。

这是新兴资产阶级形成和崛起的几十年，这一进程从18世纪就开始了。在这几十年中，一个资本主义社会的蓝图被设想出来，而且其基础已经在19世纪初期的改革过程中和这之后被奠定下来。形成中的资产阶级对社会旧的势力，特别是世袭贵族采取批判态度，与其划清界限。此时，在资产阶级内部，知识资产阶级（而其中又是政府官员）明显占优势，经济资产阶级还欠发展，工厂主不多，在权力和名誉上都占劣势，尽管在这一点上各地区的差异很大。为推动资本主义社会基本因素的实现，政府进行了大量的改革，有时也与旧势力作出某种妥协，但大都得到了资产阶级的支持。不过，资产阶级有更高的要求，他们要求坚决限制（当时仍是）专制主义政权，更彻底地消除仍然存在的贵族特权，实现民族的统一，通过各种不同的方式参与公共事务，在经济、社会和国家等领域中能以工作成就、财产和知识为衡量的标准。总之，资本主义社会的发展落后于资产阶级的期望和要求，他们还处于一个（很有限的）上升和（较温和的）进攻的阶段。[62]

（二）高潮阶段

　　19世纪40到70年代可划作第二阶段。这一阶段具有三重危机，它们是：赤贫现象和工业革命之间的社会危机、经两次较量以妥协而告终的宪法改革危机以及（通过"铁血政策"实现的）民族国家的统一问题。三大问题相互交错，被同时提到历史日程上。工业资本主义正进入突破阶段。在资产阶级内部，经济资产阶级的财富、名誉和影响越来越大，工厂主的数量也越来越多。知识资产阶级与经济资产阶级的地位日趋平衡，这有助于它们之间的相互来往和结合。与此同时，大资产阶级与小资产阶级之间原来不大明确的裂痕迅速加深。19世纪40年代的社会危机、1848—1849年革命、60年代产生的工人运动以及民主和社会主义运动对这几十年历史进行的批判，使得资产阶级自我认同中"向下"的区分上升到首要地位。特别是在1848—1849年之后以及德国统一后较为宽松的十年里，贵族特权和等级制度的残余在继续消失，资产阶级关于民族统一、自由、法治和参政的大部分要求在60和70年代早期政府的种种妥协中得到了满足。在这之后，资产阶级与下层的矛盾就更趋明显。19世纪60和70年代，是德国历史上自由主义影响的高峰，在此之前和之后它们都没有达到或超过这一高度。尽管这几十年的深刻变化是由专制国家领导的,尽管王朝、官僚和军队的联合统治并没有彻底被代议制取代,尽管还不能说贵族的特权和优待已经真正被消除,但是,在经济、社会和文化上,资本主义都取得了长足的发展。这几十年,将一个内部凝聚得较紧密、外部分野较鲜明、有攻势、大都持自由主义立场的资产阶级推向其历史的巅峰。历史证明,这一巅峰也是转折点。因为当时资产阶级除获得重大成就外,还遭到惨痛的失败。随后,资产阶级的目标侧重有所改变,对他们来说,来自"下面"的新兴社会运动的威胁比旧势力的进攻更严重。旧势力对资产阶级也作出了相当大的让步,采纳了过去资产阶级的要求,由此使社会发生了变化。而同时,旧势力本身也大致保住了原有的优势和统治地位。[63]

(三)保守和分化阶段

19世纪70年代到第一次世界大战是最后阶段。这一阶段中,在小德意志帝国和君主立宪的固定框架(这一君主立宪制扩充了机构,将一个国家内部的建国过程扩大到整个德意志民族的范围)中,蓬勃发展的资本主义越来越深入经济和社会关系的网络,工业生产虽然起伏不定、危机不断,但总的来说,是迅速的,产生了惊人的结构性变化。在这一过程中,工业,尤其是大工业获得了举足轻重的地位,科学成为一股强大的社会力量,农业人口和独立经营者人口的比例不断下降,商业雇员和大众性职员的数量史无前例地增长,阶级矛盾日益尖锐,国家对经济和社会的干预逐渐加强。

可以说,资产阶级此时进入了力量最强大的历史阶段。就德意志帝国而言,我们还不能作出(多次被预言的)"资产阶级已经进入危机阶段"的诊断。我们不应该低估资本主义对这一制度的影响,因为它的经济制度无疑是充满生机的资本主义企业主的市场经济;它拥有保障公民交往中个人权利、法律程序上形式平等的编纂完善的民法;政府的权力受到宪法和法律的制约；个人自由和公民参政在原则上得到保障；有相对自由多样的出版机构和正常的公共舆论；教育、科研和艺术相对独立；存在着活跃兴旺的各类协会；受资产阶级的影响，城市的区级组织实现了自治；此外，还有在当时得到推崇的家庭生活的理想。所有这些，无疑都是属于资产阶级性质的。

另一方面，我们必须看到这一时期存在着两个系列的局限性：第一，前资本主义的因素还存在，使德意志帝国有别于一个真正的资本主义社会。以下只提及最重要的几点。尽管，按资本主义原则，工作和成就能带来财富、名誉和权力，尽管大部分贵族在教育和经济方式上采用了资产阶级的标准，但是，贵族特权明显被保存下来。他们不但仍可通过王侯爵位、第二议院、军官团和上层管理机构获得优厚的地位，而且可以在乡村享有自治权以及骑士领地上的特权（不过早已商品化，富裕的资产阶级也可获得这些权利）。德国统一时的宪法妥协阻止了政体彻底采取国会的形式，即资本主义化，而且军队在法律上的特权、在社会上的地位以及日常生活中人们对军礼、军衔的重视（当时有人批评这是"社会军国主义化"）也不符合资本主义精神。随着社会福利和国家干预的兴起，专制主义国家的因素有所增长；旧时"自上而下"的官僚主义传统也重新抬头。自专制主义以来，这一传统影响着德国历史的发展，是与资本主义独立自主的原则相矛盾的。1909年，自由主义者诺曼（F. Naumann）抱怨德国是"穿着农业国政治外衣的工业民族"，这一说法不无道理。他说："我们的政治状况，犹如将一个日益扩展的工厂建在一个陈旧的农家谷仓里，是'崭新机器、旧木梁，铁架子穿通泥土墙'"。从自由主义的角度看，这一掺杂前资本主义残余成分的资本主义，妨碍德国资产阶级成为真正的国家公民。1899年历史学家蒙森（T. Mommsen）在他的遗书中提到"我的愿望始终是想当一名国家公民"的话就是这个含义。但这一点在我们这个民族中是不能实现的。个别人，即使是一个出类拔萃的人，也不过是与同僚一起盲目崇拜着政治领袖。[64]

第二,尽管有上述局限,资本主义社会的原则在德意志帝国获得空前的实现。但这一进程却第一次开始脱离至此推进它的社会阶层,即(变化中的)资产阶级。为什么这样说? 这是因为,一方面,帝国议会实行民主的选举法,与其他国家的条件相比,显得尚早,而更广泛的民众阶层通过社会运动和党派(尤其是社会民主党)的宣传得到了动员,中小学教育获得了普及,自19世纪60年代起,生活水平逐渐提高。所有这些,都使资本主义的自我实现、自由参与的政治纲领开始推向最初倡导者之外的社会阶层。这一发展趋势虽然符合资本主义模式内在的普及和推广原则,却并不总是使资产阶级感到满意。他们发现,这一民主化进程是一把双刃剑,也会给自己带来威胁(俾斯麦民主化政策的目的也是如此)。

另一方面,资产阶级本身也发生了变化,出现了新型的资产者(如经理、专家和官员),迅速扩大的知识资产阶级的内部成分越来越复杂。知识资产阶级不仅在财产上,而且在声望和权势上都比不上已经得势的经济资产阶级。后者的上层部分追求与贵族平起平坐,逐渐脱离了中产阶级。资产阶级内部的组成日趋复杂,他们对自我的批评和怀疑也在增长。与此同时,经济和知识资产阶级之间原有的在出身、文化教育、通婚、交往和地位升迁方面的界限逐渐消失,特别是过去贵族和资产阶级之间的分野淡化了,但却没有完全消失,而资产阶级“向下”的界限,与低文化、贫困阶层、“中产阶级”、工人和普通“民众”的界限日益变得鲜明,对资产阶级变得越来越重要。至此,资产阶级的民族主义运动改变了政治功能,自70年代以后,思想意识从较为“左倾”转为“右倾”。自由主义党派的萎缩不仅表明,它的一些原则至此已经受到普遍接受(已经成为各党派共同的政治财产),而且表明,资产阶级已经自我封闭起来,采取守势,日益非自由主义化了。这一趋势在威廉二世时期普遍化,这既可以在中学教育目标的变化上,也可以在大学生协会的变化上，从文学著作不断歌颂狭隘的民族主义以及超越民族的进步信念（这一信仰是争取进步和解放的资产阶级的特征）逐步的削弱上，都可以看到。20世纪，资产阶级在经济、技术、科学以及日趋重要的文化领域中还是充满活力、精力和创造精神的，但在社会和政治方面，和上升阶段相比，与资本主义社会模式的理想（乌托邦成分）就越离越远了。对于这一模式中还没有实现的成分，如议会制、在原则上对自由和参与机会进行无视财产和文化差异的普及、解放、宽容等等目标，这时是由（与大部分资产阶级划清界限的）一部分工人运动提出来并要求实现的。[65]

（四）前景展望

1920年，魏玛共和国的著名政论家图霍尔斯基（K. Tucholsky）写道："资产阶级时代已经过去，行将到来的是什么，谁也不知道。"[66]在20和30年代，此类言论越来越多。[67]在威廉帝国时期，资产阶级内部的自我批判有所增加，它由艺术家、作家、哲学家和各种生活方式的改革者提出，并受到（主要是）资产阶级青年运动的推进。第一次世界大战之后，资产阶级中的反资本主义情绪更为增长。资产阶级内部的统一从来就不完善，此时被进一步削弱，与外界的分野也更为淡化。民主制的实行和经济危机沉重打击了旧的资产阶级。人们经常谈到两次大战之间资产阶级的危机，一些历史学家也倾向于这一看法。[68]纳粹独裁统治和第二次世界大战加速了资产阶级的瓦解。1945年之后，资产阶级的发展情况越来越受到人们的关注。在东德（民主德国），资产阶级（除了弱小的知识资产阶级残余外）的确被消灭了，而西德（联邦德国）的资产阶级可以说在50年代和这之后得到新的加强，有过一个"资本主义社会的复兴"。[69]但也有人怀疑是否可以将资产阶级这一概念用于最近的历史。

除了一个例外，[70]《19世纪的资产阶级》收集的论文都集中研讨18

世纪晚期和第一次世界大战之间资产阶级的历史。从长远的社会史的角度来看，资产阶级这样的社会阵营是不会在一二十年之内迅速消失的，它们只是缓慢地退出历史舞台，被新的社会阵营和阵线所重叠。在概念上，它也是逐渐失去其现实内涵的。今天，这一阵营的残余肯定存在。但是，鉴于1945年之后贵族和资产阶级之间分野的消失，近几十年来资产阶级与无产阶级对立程度的减弱以及资产阶级文化在20世纪的扩展（或许也可以说"淡化"），资产阶级这一概念对分析现实就不那么恰当了。今天，人们更多谈到的是"上层"、"中层"和"下层"，或其他较小的构成单位。"资产阶级"的概念可以作为历史研究的范畴，而不再成为分析现实社会的工具。[71]

更难以明确回答的是："资本主义"概念是否可以概括西方发达工业社会的现状？当然，有些批评者曾这样做。在此书中，这一概念不是这种用法。毫无疑问，"资本主义社会"的某些主要原则在西方国家依然存在，如：市场经济结构、民法、代议制机构的法治和宪制国家。这一模式的其他一些成分今天甚至比威廉时期的德国得到更充分的实现，因为当年封建主义、军国主义、后期专制主义对资本主义原则的某些限制今天已被取消，[72]而受启蒙运动指导的资本主义社会模式的其他一些成分则仍没有实现。

难以忽视的是，世俗的、社会福利的和干预经济的国家已经崛起。它通过官方政治途径，深刻地改造、渗透到市场经济生活中。此外，社会关系体系和各社会单位都具有一定的独立性，所以，用"资本主义社会"这一概念来描绘当前的体系已经不再恰当，因为经济和社会的（与国家关系不大）自我控制曾是19世纪（被我们称为）资本主义社会的核心，在19世纪的制度中占核心地位的资产阶级家庭也已经发生了深刻的变化。我们还可以举出其他许多发生根本性变化的例子。旧资本主义社会的遗迹以及纳粹主义和共产主义之后生长出来的新事物与今天所谓资产阶级之间的距离或许更大。自威廉德国以来开始的资本主义社会和资产阶级之间的剪刀差也变得越来越大。所以，将资本主义社会这一概念专用于漫长的19世纪较为恰当。[73]

四、德国资产阶级精神与欧洲其他国家的比较

我们将德国资产阶级从18世纪晚期到20世纪早期的发展史分成三个阶段：19世纪40年代以前采取攻势的上升阶段、19世纪40至70年代的高潮阶段和直至第一次世界大战的趋于防御与分化的阶段。在这之后，资产阶级作为一个社会阵营，其轮廓越来越模糊。

这一发展趋势看来还不仅仅为德国所特有。在英国和意大利，大致存在类似的发展进程，不过依据其他条件的不同，它们带有不同的特色和时间早晚上的差异。[74]不仅如此，可以说这也关系到欧洲范围内资本主义社会和资产阶级历史的共性问题。本文第一、二部分概述了最重要的相似点。[75]

不过，各国有着不同的因素影响着各自资产阶级发展的历史。本文开头已经提到，资产阶级的存在和特点是依赖于环境和条件的。[76]毫无疑问，欧洲各国在资产阶级方面的差异要比在工业化或工厂方面的差异大得多。另外，这里收集的研究成果受到关于"德国独特道路"这一讨论的推动，而此书也有意参加这一讨论。如果说，德国存在着独特的道路，那么，这种独特性在哪里？如果说，它表现在德国资产阶级的虚弱性上，那么，这种虚弱性的程度如何？[77]下面，我们要着重对各个国家之间相似和相异之处进行比较，对地区之间的比较着力少些。[78]以下是对有关这一问题的最重要结论的概括。

（一）经济资产阶级

如果与西欧国家的经济资产阶级相比，德国的经济资产阶级显得发育迟缓和虚弱；而与东欧和南欧国家相比，德国资产阶级的发展不

是落后,而是充满生机。这一点不足为奇,自格辛克龙发表他的观点以来,早已成为经典论断。[79]19世纪末至20世纪初,德国大企业家能比法国同行掌握更复杂的生产机构,这一事实是我们都熟知的。但是,出人意料的是,他们比其法国同行更多地将事务转向协会,更多地受到成规的限制,而不那么独断专行。[80]值得注意的是,在经济落后的东欧,如波兰、捷克和斯洛伐克、匈牙利,特别是俄国,绝大部分资本家、企业家和经理是外国人,特别是德国人和没有同化的犹太人。这样,东欧、东中欧,(或许)包括东南欧的经济资产阶级的"外族性",使这些国家的经济十分依附于当地(常常也是外族)的政府,这种情况使当地的民族运动也不能得到有力的支持。在西欧国家,经济资产阶级与文化资产阶级一样,是民族运动的支持者。在东欧,这一"外族性"成了经济资产阶级与属于多数的本民族(如在波兰和俄国)知识界、小资产阶级和部分贵族之间的一道鸿沟。这一鸿沟大大阻碍了中欧的资产阶级在西欧意义上的阶级的形成。从这一点和其他一些方面来看,德国明显属于西方。[81]

另一方面,我们也要看到,与法国和英国经济资产阶级相比,德国的经济资产阶级较为统一,不那么零散,至少与贵族的界限更加分明。尽管在德国也有地方性的企业家,但与英国和法国不同,德国的首都和地方在经济上并不存在那么大的差距,或许德国也没有像英国企业界那样存在举足轻重、根深蒂固的企业主和新兴工厂主之间的差别。[82]与西欧比,德国经济资产阶级较大的统一性和界限分明,这大概与资产阶级在人口中只占较小的比例有关。另外,与西欧(瑞典或瑞士)不同,这大概还与德国早就有一个站稳了脚跟、充满信心、有时会反资本主义经济的文化资产阶级对手有关。与英、法相比,德国富有的经济资产阶级与贵族的距离更大一些,这一点下面还会详谈。这里,通过德国与英国许多细节的比较,可挖掘出大量的相似之处,因此,我们不能过分强调它们的不同。[83]

（二）文化资产阶级

经常会有人对"文化资产阶级"这一概念的有用性表示怀疑。这一新概念是不是历史学家人为的创造？ 19世纪的哪一社会现实与之相符？经济资产阶级联合的基础是明确的，是基于生产资料的占有和厂主身份的共同利益，这一共同利益影响其经历，带来亲和力，使之构成共同的行动愿望以结成共同的协会和组织。本文第一部分已试论了整个资产阶级薄弱的、承受力弱小的联合基础，即共同的社会对立面和共同的文化。然而，相比之下，对于仅仅在文化上有一定认同的资产阶级来说，光是文化上的联合是不明确的。如果说在他们中间存在着共同文化的话，那么，共同文化会带来什么共同利益？ 它能为共同行为能力提供基础吗？ 值得怀疑。事实上，1900年前后的文化资产者在几乎所有的政治阵营中都存在。有哪一种政治观点是与文化资产者的文化不相容的呢？ 甚至1933年特殊情况下的历史似乎也表明，这种不相容根本不存在。这样，经济资产阶级和文化资产阶级之间的区分并不清楚，而且成了问题。在19世纪，经济资产阶级和文化资产阶级的重合之处在不断加大，受过大学教育的企业家越多，既是经济资产者又是文化资产者的人数也就会越多。[84]

不过，这一概念在一定程度上已被认可。国际比较研究表明，在德国、奥地利，大概也包括意大利，文化资产阶级这一现象似乎比西欧、东欧和北欧地区更为突出与明显。

与英国相比，这一点更是显而易见。在那里，商人、银行家和其他企业家（或多或少又都是地主）的地位优于律师、法官、牧师、医生和官员。而后者本来属于旧制度，没有接受同样的大学教育，因而也没有形成基于这一教育跨行业的自豪感。到19世纪末，形式上第三等级的教育在那里逐渐发展起来，但与德国相比，要晚一百年，而且，不是采用这里通常的形式。所以，在英国人的观念中只有"专业者"，而没有文化资产阶级的说法，那里是把各行业的独特之处而不是共同的文化当作概念的基础。[85]

在东欧也不存在文化资产阶级，这一概念不能被译成斯拉夫语，尽管那里比德国更加明显缺乏一个占统治地位的经济资产阶级。[86]但是，那里更缺乏德国（包括奥地利）特有的、通过早已存在的学术机构来传递的高级官员、受过大学教育的独立经营者和其他"知识分子"的同属感。在一定程度上，这是因为那些地方没有专制主义和启蒙运动的综合影响。18 世纪晚期，中欧的文官阶层才在这一综合影响下发展起来。在某种程度上，外族统治者阻止了当地有文化的本族人进入高级管理阶层。有时，我们必须注意到，在那些国家的现代化进程中，文化教育的作用有大小程度的不同，比德国要小得多。与挪威、捷克、斯洛伐克以及芬兰的"知识分子"相比，德国大学毕业生的社会出身较高，近亲繁殖的倾向更大，与一般民众的距离也更大。在中东欧、东欧和北欧的一些小国，教师、牧师、律师、医生和技术人员与经济资产阶级和官僚阶层的距离更加明显，前者对后者常常抱有批评态度。用"文化资产阶级"这一名词来概括它们是不恰当的，或许我们可以称它们为"文化小资产阶级"。在这些国家，人们过去和现在一直只是谈"知识分子"或"知识界"。[87]

在法国，直到19世纪70年代，还缺乏与德国相似的综合（而不是分散的各专业化高校）的大学传统，人们只有（非官员的，不能纳入大学编制的）知识分子的说法，而没有包括文官和大学毕业生的文化资产阶级的提法。[88]即使我们把法国列入比较国家，我们也可以把德国看成是一个例外，当然它与奥地利、局部也与意大利的情况相似。[89]一方面，经济状况相对落后，但不十分严重，因此没有（但不是外族）经济资产阶级的明显优势；另一方面，在德国，有一种独特的基于启蒙运动和新人道主义教育的大学传统，与一种独特的曾受到官僚主义影响的国家内部的建设进程相结合。这种中欧特有（瑞士除外）的局势是文化资产阶级这一现象出现的基础，这是一种跨行业的充满自豪的同属感。[90]研究的结果一再表明，新人道主义准则对德国资本主义精神发生了深刻影响，给它打上了独特的烙印。[91]

（三）宗教信仰

德国特殊的宗教与信仰状况也影响了德国资产阶级的历史。随着世俗化进程的深入和德国统一进程中奥地利被排挤出德国，不仅出现了（在19世纪晚期有过多次争论而逐渐好转的）天主教徒在文化上的劣势（与德国新教徒相比属于少数的天主教徒在政界和企业界没有恰当的代表），而且，天主教的资产者在资本主义精神方面也显得落后，他们在资产阶级中所占比例有限。这里的原因不在于天主教学说本身，[92]而在于天主教在德国特别一再受挫的历史。这一点，我们可以通过与法国的比较看到。法国也属于天主教国家，但其资产阶级的历史完全不同。无论如何，自"三月起义"以来不断深化的宗教矛盾削弱了资产阶级内部的团结，分裂了资产阶级。在这一时期，实行了天主教阵营中跨阶级的联络，天主教把经济、社会、国家和文化的资本主义化看成是对它的威胁。在法国，天主教和世俗化之间的对立对资产阶级大概也有过相似的分解作用。在英国，由于教派信仰的不同，表现出来的分歧更多，造成了完全不同的另一种局面。英国国教会及其（内部复杂的）反对者之间的差异，有将中产阶级（不过没有官员和专业者）与其他阶层分离开来，并在一定程度上也使之凝聚起来的趋势。[93]而在德国，对信仰天主教资产阶级的研究，以及使之与信仰改革教会和路德教资产阶级相比较的研究，仍是一个远未获得解决的问题。[94]

（四）与贵族的关系

"封建化"论点长期影响了德意志帝国的历史研究，它特别是指德国资产阶级。这一观点认为：① 在资产阶级的多次挫折（指1848—

1849年革命、普鲁士宪法纠纷和由普鲁士领导的德国统一的十年历程）之后，至少至1918—1919年，甚至直至1945年，贵族出身的（或半贵族的，即容克出身的）统治集团在政治上始终居于（放弃其政治统治权的）资产阶级之上。② 贵族集团和部分大资产阶级（通过婚姻和其他社会关系）的相互联结，甚至相互融合。③ 富有的资产者，特别是富裕的经济资产者模仿或照搬了贵族的价值观念和生活方式，由此不再代表真正的资产阶级文化。这一论点认为，这一封建化过程在德国要比其他（西方）社会更为深入，德国特别缺乏资产阶级精神。[95] 然而，这一论点在学术界从未取得一致意见，长期以来争论不休。近来的研究成果表明，这一论点必须得到修正。[96]

不容否认，这一论点确实指出了资产阶级在其社会自我定位方面的根本性转折。对德国资产阶级来说，原来向旧势力，特别是向贵族进攻的战线日益不重要，而对无产阶级以及社会下层的防线却日益重要，它使我们察觉到德国历史上资产阶级遭受挫折（1848—1849）或在其要求上被迫打折的一些历史转折点，如宪法纠纷、德国统一和19世纪70年代晚期的历史。这些转折点有时过分地被解释为资产阶级的失败，而无视70年代之后的现实，即一方面是资产阶级的让步，另一方面是贵族的让步，斗争中的双方都作出了妥协，都有得有失，其结果是相互靠拢。在这一争论中，"历史目的论"的一派认为资产阶级由此"背叛"了其历史使命，现在看来，这一观点不足为信，已经不重要，我们可以撇开不谈。

"封建化论点"也正确地揭示了德意志帝国权力结构的关键方面，即在帝国时期，贵族势力的确举足轻重，并在阻止统治机构的进一步资产阶级化方面起了关键性作用。在威廉帝国时期，资产阶级被赐予贵族称号，他们与贵族的通婚以及在其他方面与贵族的密切关系，的确比1848年三月起义前更甚。这些都是不争的事实。我们也不会忘记，易北河东岸享有等级特权的大地主阶级（"容克"）确实是贵族和大资产阶级相互融合的阶层。自19世纪初起，骑士领地可以买卖，许多资产者成为骑士领地的所有者。1885年，67%的普鲁士骑士领地属于资产阶级。也许，"封建化"这一概念有点过分，但是，19世纪90年代F. A. 克鲁伯在栅格尔别墅的生活方式，的确要比他父亲A. 克鲁伯更接近于一个贵族男爵的生活方式，这一点是不会有人怀疑的。他父亲在1848年三月起义前还住在埃森北面继承自他祖父的铸钢厂附近的庄园里。在威廉帝国五百家最富有的企业家和资本家中，有24%的男子和32%的女子是与"工业化前的社会上层"家庭，即贵族、大庄园主、军官、外交官和县长的家庭通婚。这证明了资产阶级与贵族在较大程度上的联姻。众所周知，在德意志帝国晚期的政治史中，贵族和资产阶级之间的利益斗争不很重要，[97]因此，"封建化"或"贵族化"的论点不是没有史实依据的。

不过，资产阶级贵族化的范围是有限的，因为，尽管19世纪晚期和20世纪初在资产阶级上层和部分贵族之间有着种种接近，但他们很少有完全的融合。经济资产阶级很少被封为贵族，相应地，因此放弃生计和原（市民）职业的很少。家财至数百万的经济资产者的儿子中有3/4是继续从事工商业，这表明大资产阶级很有耐久性，即使生活方式与贵族的同化，也不意味着放弃资产阶级（大资产阶级）的生活标准。贵族与资产阶级之间的距离依然存在。

而且，贵族与资产阶级之间距离的缩小以及部分贵族与大资产阶级不断融合为一个新的领导阶层，是当时欧洲的普遍现象（瑞士除外，在这方面瑞士有点像美国）。在这一结合中，各国的特色、程度和方式有所不同。概括而言，德国越来越趋向于普鲁士发展道路，其具有三个特点：

第一，德国资产阶级（至少德国的经济资产阶级）让渡给贵族的政治权力要比法国和英国资产阶级让渡的更多（但比波兰、匈牙利和俄国资产阶级让渡的权力要少）。我们也必须同时看到，自19世纪60和

70年代的根本妥协之后,贵族与资产阶级之间目标和方向的区别已经不鲜明,而且,德国资产阶级觉得这样分权很合适。

第二,在英国、法国和意大利,贵族和资产阶级结合的条件比德国和奥地利,更比欧洲中东部和俄国,更加资产阶级化。与没有发生革命的德国完全不同,法国大革命消灭了旧贵族,即轮廓分明的贵族阶级的特权。在法国,资产阶级与贵族融合而产生的资产阶级化潮流要比德国强大得多。即使在1789年,法国贵族和大资产阶级的界线也没有普鲁士贵族与资产阶级的界线明显。意大利贵族阶层在早期有城市显贵的特点,而没有农村等级和封建王朝的特色,由于长期的外族统治,也没有普鲁士和德国贵族的统治传统。与英国和法国一样,封建主义制度在意大利北部消失较早,而在莱茵河右岸的德国,则长期存在,造成了德国鲜明的城乡区别以及由此而来的贵族与资产阶级的区别。众所周知,在英国,贵族与资产阶级之间的界线很早就模糊了,贵族的头衔只传给长子,经商的倾向和城市思想很早就影响了生活在农村的岛国贵族阶层。关于在英、法、俄贵族与资产阶级的结合跟普鲁士和德国的不同方式和途径的问题,此书下面的章节还有详细的论述。[98]

第三,对欧洲各国的比较研究表明,德国贵族和大资产阶级的结合程度,不仅不像"封建化论点"所估计的那样深,而且,远没有英法那样严重。这大概是最出人意料的研究结果。就通婚、社会地位升降模式、法律地位和政治影响而言,或许也可以就职业工作和个人生活方式而言,德国大资产阶级和贵族(尽管有种种结合趋向)的区别,就是在19世纪末和20世纪初,也要比西欧、意大利和部分东中欧国家和地区更鲜明。而在东中欧,属于同一民族的贵族和资产者有对外族统治的共同仇视,这有助于它们之间的相互接近。[99]

（五）明显的界线与有限的影响

换句话说,至少至第一次世界大战,德国上层资产阶级与部分贵

族融合为一个新兴上层社会的程度要比英法和其他国家都要低。正如
概念史研究的发现所表明的，又如前面鉴于一般考虑所作的估计，作为
一个社会阵营，德国的资产阶级即使在19世纪末和20世纪初，也比其
邻国（不光是奥地利，也可能包括意大利）的资产阶级对外的界线更分
明，内部的一致性也更明显。

　　但是，如果将这一点解释为德国资产阶级独特的强大之处，则是
错误的。恰恰相反。尽管，如上所述，德国资产阶级文化也有普遍化的
趋向，有吸引力和实现的可能，它对19世纪德国社会的影响确实已经
远远超过了资产阶级的范围。但是，与其他国家相比，至少与西欧国家
相比，德国资产阶级对外界线的相对鲜明性是与其对其他阶级的影响
和融合力较微弱相一致的。就像（与英法相比）德国的贵族在较低程
度上依附于大资产阶级一样，德国资产阶级也没有像法国资产阶级那
样影响和召唤德国的小资产阶级。[100]瑞士与德国的比较表明，似乎瑞
士的职员更明显地与资产阶级融合。[101]至于1914年之前德国工人阶
级的资产阶级化是否要比西欧更有限的问题，目前还没有明确的答案。
不过，我们可以作出上述的估计。[102]在与其他国家的比较中德国所显
示出来的形象深刻的轰轰烈烈的工人运动，以及威廉德国时期"阶级
阵线"的鲜明性，都为这一估计提供了征兆。德国的城乡区别，比瑞
典、法国、意大利、英国，或许也比波兰更明显，这一区别也是阻止资产
阶级精神传播的一道障碍。[103]如果各国的比较表明，德国的自由主义
更带有资产阶级的色彩[104]，那么这就最终表明德国资产阶级向其他阶
级和阶层（如工人阶级）传播其准则的能力是有限的。那么，德国资产
阶级所具有的相对鲜明的本色，与其实现社会普遍的资本主义化的有
限成就相符合吗？

（六）官僚主义传统和国家情结

　　在对这一问题作出最终答复之前，我们还应关注近来研究的另一

项成果, 即与所有比较的国家不同, 德国(和奥地利)的资产阶级和资本主义精神具有一种独特的"趋向国家的倾向", 我们也可以称之为"国家情结"(Staatslastigkeit)。这里, 我们只举出几个例子。

特别是18世纪及19世纪的上半叶, 文化资产阶级的核心部分是由大学毕业的各种国家官员所构成的, 直到19世纪70年代, 普鲁士的律师和公证人都是间接的国家官员。新教教会的牧师几乎都拥有官员身份, 亲近国家的州教会的牧师更不用说。尽管自19世纪中期以后, 独立经营的经济资产者和个体经营者的比例总的来说在上升, 但是政府官员在资产阶级中仍然占重要地位。随着社会福利和干预性国家的较早建成, 它甚至还获得了更多的职能和更重要的意义(不过也因此变化)。官员在德国官僚制度中独一无二的地位、在其(相对)众多的人数、享有的社会声望、掌握的政治权力、其相当大的独立性以及"官官相护的精神"上都有所表现。当年, 中上层官员在社会舆论中的形象是: 他们拥有由国家核准的教育水平以及借此得到的各种资格, 有收入不高但却保险的职位(并带有"正当获得的权利"的色彩), 他们与权力和政府接近, 自称是为公共利益服务, 并比其他所有个体都更了解何谓公共利益。[105]

当然, 德国无数大大小小的企业家也明显地有别于官员类型, 他们面向市场, 追求利润, 有冒险和创新精神, 习惯于竞争, 有魄力, 勇于捍卫个人的独立性, 他们坚持私有财产和多劳多得的原则。此外, 德国的工业化也是遵循资本主义的规则, 而不是在国家的指导下进行, 我们经常能找到经济资产阶级批评专制国家及其官僚过分专横欺压的例子。[106]尽管如此, 德国企业家的官僚主义思想和趋向国家的倾向, 似乎要比其他西方国家的企业家更普遍。在德国, 国家机构中的官僚主义模式对大型私有经济组织(如铁路公司、大企业)的影响要比在英、法、美大得多。[107]一个带有官方色彩的枢密商务顾问的头衔当时很受普鲁士私人企业家的追求。这一头衔只有在仔细审查之后才被授予,它相当于一个由国家颁发的质量认证许可证书，不仅会提高获得者的社会声望，而且也会提高其生意信用，即经营成就。这样，就有一批上层的企业家由国家认可其高居众多的企业家之上，而其他企业家也心甘情愿。1900年前后，诺曼说，德国这一代企业家"宁可被称为商务顾问先生，也不愿被称为男爵先生"。"顾问"这一后缀似乎能给人造成"参议员"的印象，似乎其与声望较高的政府官员有同等的地位。[108]德国企业家很少有要求实现反政府的极端放任主义政策的主张，相反，他们对国家的依赖心很强。集体观念对他们来说更适合，更有益。他们对个人独立原则的坚持没有其英国同行那样坚决，这一原则至少在工业化深入进行时会对经济起阻碍作用。自19世纪起，德国（与欧洲其他国家相比）较早的逐渐成功地过渡为经济干预性国家，这一过渡没有受到正在立足中的大型企业协会的强烈抵抗。卡特尔和康采恩形成时，曾得到国家的支持，当时就有"有组织的资本主义"的说法。在德国，企业家和政府官员之间明显区别的消失，比其他国家来得更快、更早。[109]

19世纪，欧洲和北美到处都发生了专业化进程，出现了各种区别鲜明的专门行业，其成员拥有分工较强一般都是大学的专业训练，并在此基础上要求获得提供行业服务项目的垄断权和独立自主权，他们建立了很有成效的专门组织，以便于本行业的自我监督，以保护自身利益。这些进程在各国大同小异。但在国际比较中有一点十分明显，在德国，这一专业化过程更明显地建立在国家提供的、标准化的大学教育的基础上。与其（例如）英国同行相比，德国，特别是普鲁士的医生更能以国家的法规（如1851—1852年的）为后盾，将没有或缺乏完整专业训练的竞争对手当作"江湖郎中"排挤出市场。与其英国、瑞士或意大利的同行不同，德国专业组织的发言人在论证本行业的政治要求时，总是以养尊处优的高级官员的要求为先例和理由。[110]

《19世纪的资产阶级》还举出了其他许多关于德国资产阶级趋向

国家的倾向、官僚主义色彩以及带有这一色彩的资产阶级精神的例子。这里只提及完全由国家控制的文化教育和职业训练制度,它(与英国相比)也妨碍了某些更自由的途径(或许这正是对其他途径的缺乏作出的反应)。[111]德国自由主义思想很少反政府观点,与法国自由派不同,德国自由派对整治性、干涉私人领域的社会福利国家(Sozialstaat)几乎不作抵抗。[112]而国家情结在国家宪法和法律比较研究上表现得更为突出,例如,宪政革命基础的缺乏、早熟的管理法规、德意志帝国议会制实行的长期受阻。[113]还应该补充的是,在许多生活领域都有表现的"社会官僚主义"转型。这方面的迹象,我们,譬如可以在"后备军官"这一头衔上,或许也可以在决斗仪式上看到。当年德国的资格制度本来深受官僚主义的影响,而"后备军官"这一军官头衔却一直能保持其重要地位。决斗仪式在英国19世纪中期已经消失,而在德国却仍是满足才能和智力评价的核心部分,资产阶级和贵族的子弟们常常用此种方法交往。[114]当然,海因里希·曼所作《奴仆》一书中的何斯林这个人物不过是一个极为丑陋的讽刺性人物,他既有忠诚于皇帝和专制国家的奴性,又有德意志资产阶级的活力;既有气势汹汹的沙文主义,在私人生活上又是那样的拘谨和狭隘。这肯定不是威廉时代典型的资产阶级成员的形象。但是,除了威廉帝国,这一故事在欧洲其他国家还能找到同样合适的演出舞台吗?

尽管如此,要作一个总结是不容易的。因为显而易见,德国式充满官僚主义的资产阶级精神还拥有巨大进步的潜力。例如,19世纪末德国城市的资产阶级自治制度得以成为(来自有较少官僚主义经验的)英国和美国赞美的对象,应归功于德国专业官员的成就。[115]德国的科研组织在威廉帝国时期达到其成就的顶峰,名扬世界。这些组织主要是由资产阶级的官员或担任官员的资产阶级成员建立的,当然也不是没有借助国家官僚机构的支持。再者,如果考虑到在德意志地区,由于国家早就实行了由"上面"推行的天花免疫措施,瘟疫在德意志帝国几乎完全绝迹；而同一时期，由于法国自由主义派别反对国家采取措施，阻碍了免疫接种的实行，致使法国约十万人死于天花，那么，我们应该对所谓"官僚主义遗产"和"自上而下改革"的传统力量有更全面的理解。这一传统是德国历史发展和德国资产阶级的独特之处，它使德意志帝国能成为社会福利国家建设的先锋。不久，这一类型的社会福利国家也在其他国家实行，从而实现了更多的社会平等，改造了资本主义社会并由此挽救了资本主义的命运。[116]

必须将德国资产阶级趋向国家的倾向和受官僚主义的影响看成是德国资产阶级精神（区别于欧洲其他国家资产阶级的离心倾向）的主要特征。而这一特征是既有利又有弊。是否应该把这种国家癖和官僚主义的影响看成是资产阶级精神的局限性？马克斯·韦伯有与此相似的看法。一方面，他十分欣赏德国官僚主义的国家；另一方面，又批评它是德国资产阶级软弱性的文化根源。他嘲笑德国的头衔制度，认为甚至大学生都有贪图保险的思想，批评他们只从事讲台社会主义式的改革活动。韦伯之所以这样说，是由于他把这些现象也看成是社会官僚主义化和资产阶级软弱性的标志。韦伯的批评很有道理，政府官员如此的社会形象难道与一个独立、自信的资产者（公民及其他含义）的理想形象不矛盾吗？19世纪的许多人的确这样看。翻阅一下19世纪的词典和其他书籍，我们会发现，当时官员通常不被列入资产阶级之列，而今天的历史著作却借用"文化资产阶级"这一概念，把官员列入了资产阶级的行列。但是，这一做法是不恰当的。原因之一是高级官员中也有许多贵族出身的人。此外，与英国的公学一样，官场也是贵族和资产阶级接触和局部融合的重要社会场所。无论如何，在当时的用语中，"官员"与"资产者"两个概念是不相容的，这并非毫无道理。[117]如果说，一个真正理想的资本主义社会应该是有成熟的自我调节的能力，既反对国家的压迫，也拒绝国家照顾的话，那么，德国资产阶级处处受到专制国家的影响就明显地表现了其资产阶级精神的局限性。

　　把19世纪德国的历史发展概括为"缺乏资本主义精神"，肯定是不对的。与东欧的历史发展相比，德国在许多方面显然充满了资本主义精神。就城市自治、民法、文学小说、科学、文化教育和其他许多方面而言，与其西部、北部和南部的邻国相比，德国不但在资本主义精神上没有明显缺陷，甚至在某些方面还恰恰相反，超过了这些国家。德国历史发展的特点是多样性的，不能把它归纳在唯一的范畴中。特别是欧洲其他国家不存在一个光彩照人的"文化资产阶级"这样一个事实就表明：局限与成就、缺陷与伟大之间难解难分，总是相互依存。关于资产阶级在新教和天主教的矛盾中如何立足的问题，还值得进一步研究。总的看来，尽管19世纪德意志的资产阶级内部分裂，对外的界线也不甚鲜明，但是，与其他国家相比，其阵营还是要鲜明一些。旧的"封建化"的论点必须得到纠正，但"独特道路论"的内核是正确的，可以保留。贵族和资产阶级关系方面的特点，表明了德国资产阶级的软弱性，而德国资产阶级对外界线的分明又是与其亲和力的相对微弱相辅相成的。德意志帝国资本主义特有的非资本主义特征由此可以得到解释，官僚主义特性也是德国资本主义精神局限性的致命因素。

注　释

1　关于这一概念演变的考证见 U. Engelhardt, *"Bildungsbürgertum". Begriffs- und Dogmengeschichten eines Etiketts*, Stuttgart 1986; J. Kocka, "Bildungs-bürgertum. Gesellschaftliche Formation oder Historikerkonstruktion?", in: J. Kocka (Hg.), *Bildungsbürgertum im 19. Jahrhundert*. Teil IV: *Politischer Einfluß und gesellschaftliche Formation*, Stuttgart 1986, S. 9–20。

2　以1846—1849年和1871年的普鲁士为例，见 J. Kocka, "Zur Schichtung der preußischen Bevölkerung während der industriellen Revolution", 第1、4表, in: W. Treue(Hg.), *Geschichte als Aufgabe. Festschrift für O. Büsch*, Berlin 1988, S. 357–390。对1895年的估计的依据是："Statistik des deutschen

Reichs", *NF*, 104 (1897), S. 608, S. 622; 114 (1898), S. 3-4。1895年，在公共事务机关、学校和教会的职员、官员和自由就业者占总就业人口的2.1%，在工业、矿山、商业和交通部门拥有5人以上的企业中的独立就业者占1%。军官和军事管理官员占0.2%，一小部分食利息者和领养老金者占1%。

3　1846—1849年，普鲁士（大资产阶级以下的）工商中产阶级占总就业人口的9%。1871年，两阶层共占11.5%，参见同上注释。也参见Bruckmüller与Stekl论文中关于其他国家的数据，in: J. Kocka und U. Frevert (Hg.), *Bürgertum im 19. Jahrhundert. Deutschland im europäischen Vergleich*, 3 Bde., München1988, Band 1, S. 167ff。又见Hobsbawm的论文，S. 94；Meriggi的论文，S. 151；Ránki的论文，S. 247, S. 253, S. 264；Tanner的论文，S. 203, S. 207。

4　作为概念史方面的简介仍可参见Riedel的词条：Riedel, "Bürger, Staatsbürger, Bürgertum", in: O. Brunner u. a. (Hg.), *Geschichtliche Grundbegriffe. Historische Lexikon zur politisch-sozialen Sprache in Deutschland*, Band 1, Stuttgart 1972, S. 672-725；近来发表的文章，特别值得注意的有U. Spree和W. Steinmeth的文章，它们作了国际性比较，in: R. Koselleck und K. Schreiner (Hg.), *Bürgerschaft. Rezeption und Innovation der Begrifflichkeit vom Hohen Mittelalter bis ins 19. Jahrhundert*, Stuttgart 1994, insb. S. 161ff, S. 274。关于由旧有的城镇市民到现代小资产阶级的转变，参见H. -U. Wehler, "Die Geburtsstunde des deutschen Kleinbürgertums", in: H. -J. Puhle (Hg.), *Bürger in der Gesellschaft der Neuzeit*, Göttingen 1991, S. 199-209。（韦勒强调了1850至1870年间的变迁。）

5　A. Sfeir-Semler描写了资产阶级艺术家形象，见A. Sfeir-Semler, *Die Maler am Pariser Salon 1791-1880*, Frankfurt 1992；参见Kreuzer, *Die Bohéme*, Stuttgart 1978。军官一般都被包括进去，但是在语言上，"平民"和"军事的"之间有对立的含义。参见《布罗克豪斯百科全书》第2册的"市民等级"（Bürgerstand）、"市民性"（bürgerlich）词条, Leipzig 8. Aufl. 1833, S. 325-326。"市民等级"这一概念因受其旧有的、近代初期所具有的含义的影响，不仅不包括农民、贵族、教士和下级阶层，而且常常不包括"官员"或"军人"，见C. v. Rotteck u. C. Welkker (Hg.), *Staats-Lexicon oder Encyclopädie der Staatswissenschaften*, Band 3, Altona1838, S. 151-153（"市民等级"词条）。关于官员（文官，包括吏员）的历史，参见T. Süle, *Preußische Bürokratietradition. Zur Entwicklung von Verwaltung und*

Beamtenschaft in Deutschland 1871–1918, Göttingen 1988; J. Kocka, *Die Angestellten in der deutschen Geschichte 1850–1980. Vom Privatbeamten zum angestellten Arbeitnehmer*, Göttingen 1981。

6　这方面的概述见 H. Henning, *Das westdeutsche Bürgertum in der Epoche der Hochindustrialisierung 1860–1914. Soziales Verhalten und soziale Strukturen*, 第1部分 (Teil I) "Das Bildungsbürgertum in den preußischen Westprovinzen", Wiesbaden 1972, S. 5–14。特别是 A. Meusel, Art. "Bürgertum", in: *Handwörterbuch der Soziologie*, hg. v. A. Vierkandt, ND., Stuttgart 1959, S. 90–99; A. Meusel 撰写的又一词条 "Middle Class", in: *Encyclopaedia of the Social Sciences*, 1933年初版, Band 9, 16. Aufl. 1967, S. 407–415; L. Beutin, "Das Bürgertum als Gesellschaftsstand im 19. Jahrhundert", in: *Blätter für deutsche Landesgeschichte*, 90 (1953), S. 132–165; H. Freyer, Art. "Bürgertum", in: *Handwörterbuch der Sozialwissenschaften*, Band 2, Göttingen 1959, S. 452–456; E. Fraenkel, Art. "Bürgertum", in: ders. u. K. Bracher (Hg.), *Staat und Politik*, Frankfurt 1971, S. 65–72; H. -A. Winkler, Art. "Bürgertum", in: *Sowjetsystem und demokratische Gesellschaft*, Band 1, Freiburg 1966, 第934—953栏; P. N. Stearns, "The Middle Class. Toward a Precise Definition", in: *Comparative Studies in Sociology and History*, 21 (1979), S. 377–396; E. Nolte, *Was ist bürgerlich?*, Stuttgart1979; H. Lübbe, "Aspekte der politischen Philosophie des Bürgers", in: R. Vierhaus (Hg.), *Bürger und Bürgerlichkeit im Zeitalter der Aufklärung*, Heidelberg 1981, S. 35ff; St. Strasser, *Jenseits des Bürgerlichen. Ethisch-politische Meditationen für diese Zeit*, Freiburg 1982; A. Daumard, *les bourgeosie de Paris ans XIXᵉ siécle*, Paris 1970, S. 352; Th. Zeldin, *France 1848–1945*, Vol. 1, Oxford 1973, S. 15–22; P. Gay, *The Bourgeosie Experience. Victria to Freud*, Vol. 1: *Education of the Senses*, Oxford 1984, S. 18–35; P. M. Pilbeam, *The Middle Classes in Europe 1789–1914. France, Germany, Italy and Russia*, London 1990, S. 1–8。

7　有关这方面研究的概述, 参见 J. Kocka, "Bürgertum und Bürgerlichkeit als Probleme der deutschen Geschichte vom späten 18. zum frühen 20. Jahrhundert", in: J. Kocka(Hg.), *Bürger und Bürgerlichkeit im 19. Jahrhundert*, Göttingen 1987, S. 21–63。

8　参见《19世纪的资产阶级》中各国概况。波兰的情况, 参见 W. Dlugoborski, *Die Bürgertumsforschung in Polen*, 即特别研究项目的工作材料第3号,比勒费尔德大学1987年8月；这一初稿集的第5号：J. Koralka, *Die tschechische Bürgertumsforschung*, 1989；另见Hroch, 载此书第3册，第6处注释。关于波兰和俄国的情况，见Kaczynska的论文, in: J. Kocka und U. Frevert (Hg.), *Bürgertum im 19. Jahrhundert. Deutschland im europäischen Vergleich*, Band 3, S. 466; M. Hildermeier, *Bürgertum und Stadt in Rußland 1760–1870. Rechtliche Lage und soziale Struktur*, Köln 1986; D. Beyrau, *Intelligenz und Dissens. Die russischen Bildungsschichten in der Sowietunion 1917 bis 1985*, Göttingen 1993。关于英国的资料见《19世纪的资产阶级》列举的霍布斯鲍姆的文章。代表性著作见W. D. Rubinstein, *Men of Property. The Very Wealthy in Britain since the Industrial Revolution*, London 1981；又如L. Stone u. J. C. Fawtier Stone, *An Open Elite? England 1540–1880*, Oxford 1984。还有以下论著：W. D. Rubinstein, "The Victorian Middle Classes. Wealth, Occupation and Geography", in: *Economic History Review*, 30 (1977), S. 602–623; R. J. Morris, *Class, Sect and Party. The making of the British Middle Class, Leeds 1820–1850*, Manchester 1990。

法国方面代表作有：L. Bergeron, *Les capitalistes, 1780–1914*, Paris 1978; G. Chaussinand-Nogaret u. a., *Historie des élites en France du XVIe au XXe siécle. L'honneur, le mérite, lárgent*, Paris 1991; Ch. Charle, *Les élites de la république, 1880–1900*, Paris 1987; A. Jardin u. A. J. Tadesq, *La France des notables*, Paris 1973; A. Daumard, *la bourgeoisie Parisienne de 1815 á 1848*, Paris 1963; A. Daumard, *Les bourgeois et la bourgeoisie en France depuis 1815*, Paris 1987。

有关美国资产阶级的研究著作是以关于企业家、行业等的著作分门别类的。此外有S. C. Jahre, *The Urban Establishment. Upper Strata in Boston*, New York 1982; E. D. Baltzell, *Philadelphia Gentlemen. The making of a National Upper Class*, Glencoe Ill. 1958; J. H. Ingham, *The Iron Barons. A Social Analysis of an Amerikan urban Elite, 1874–1965*, Westport Co. 1978。另外还有St. M. Blumin, "The Hypothesis of Middle-Class Formation in Nineteenth-Century America. A Critic and some Proposals", in: *American Historical Review*, 90 (1985), S. 299–338; M. P. Ryan, *Cradle of Middle Class. The Family in Oneida County, New York 1790–1865*, Massachusetts 1981; J. S. Gilkeson, *Middle-Class Providence, 1820–1940*, Pronceton 1986。也可参见M. Fischer, *Mittelklasse als politischer Begriff in Frankreich seit der Revolution*, Göttingen 1974。

9　关于概念史方面的研究见注 1 和注 4；R. Koselleck u. a., "Drei bürgerliche Welten? Zur vergleichenden Semantik der bürgerlichen Gesellschaft in Deutschland, England und Frankreich", in: H. -J. Puhle (Hg.), *Bürger in der Gesellschaft der Neuzeit*, Göttingen 1991, S. 14–58。马克思与恩格斯著作中的核心概念是 "Borgeois"（资产者）、"Bourguoisie"（资产阶级）和 "bürgerliche Gesellschaft"（资产阶级社会），而不是 "Bürger"（市民）和 "Bürgertum"（市民阶层）。桑巴特虽然也详细讲到 "Borgeois" 和 "Bourguoisie"，但并没有全面研究 "das Bürgertum"。我们查阅一下穆勒（A. Müller）、洛伦茨·冯·斯坦因（Lorenz V. Stein）、舍夫勒、布赫（K. Bücher）、施穆勒、齐美尔、菲尔坎特（A. Vierkandt）、盖格尔（Th. Geiger）等人的著作，就会发现，"Bürger" 和 "Bürgertum" 此类概念所占地位很小。韦伯只是一个例外。

10　注 6 中提及的 H. Henning 的专著是这方面的首创之作。也请参见 H. Henning, *Sozialgeschichtliche Entwicklung in Deutschland von 1815–1860*, Paderborn 1977, S. 97–137。又见 Th. Nipperdey, *Deutsche Geschichte 1800–1866. Bürgerwelt und starker Staat*, München 1983, 其中也有一些阐述，特别是第 255 页等。H. -U. Wehler, *Deutsche Gesellschaftsgeschichte*, München 1987, Band 1, S. 177–217; Band 2, S. 174–241。韦勒的研究全面透彻，并以韦伯理论为基础。也请参见 E. Weis, *Der Durchbruch des Bürgertums 1776 bis 1847*（即普罗皮叶出版社《欧洲史》第 4 册），Berlin 2. Aufl. 1988。R. Koselleck, *Preußen zwischen Reform und Revolution. Allgemeines landrecht, Verwaltung und soziale Bewegung von 1791–1848*, Stuttgart 1967 (2. Aufl. 1975), S. 87。但在康策的社会史综述中，像 "资产者"、"资产阶级" 和 "资本主义社会" 这些概念几乎不占什么地位。参见 H. Aubin u. W. Zorn (Hg.), *Handbuch der deutschen Wirtschafts- und Sozialgeschichte*, Band 2, Stuttgart 1976, S. 426–494, S. 602–682。也请参见 L. O'Boyle, "The Middle Class in Western Europe, 1815–1848", in: *American Historical Review*, 71 (1966), S. 826–845。近来的著作见注 7 论文集的论文。另外参见 J. Kocka und E. Müller-Luckner (Hg.), *Arbeiter und Bürger im 19. Jahrhundert. Varianten ihres Verhältnisses im europäischen Vergleich*, München 1986; M. R. Lepsius, "Bürgertum als Gegenstand der Sozialgeschichte", in: W. Schieder und V. Sellin (Hg.), *Sozialgeschichte in Deutschland*, Band 4, Göttingen 1987, S. 61–80; F. H. Tenbruck, "Bürgerliche Kultur", in: F. Neidhardt u. a. (Hg.), *Kultur und Gesellschaft*, Opladen 1986, S. 263–285; L. Gall, "'...ich wünschte ein

Bürger zu sein'. Zum Selbstverständnis des deutschen Bürgertums im 19. Jahrhundert", in: *Historische Zeitschrift*, 245 (1987), S. 601–623。也可参见 P. Marcy u. R. Romanelli, "Borghesie urbane dell'ottocento", in: *Quanderne Storici*, 19 (1984), S. 56; V. Bácskai (Hg.), *Bürgertum und bürgerliche Entwicklung in Mittel- und Osteuropa*, 2 Bde., Budapest 1986。对 18 世纪晚期的新市民阶层的研究，在较长一段时期内，比对 19 世纪的资产阶级的研究更为深入。例如见 R. Vierhaus (Hg.), *Bürger und Bürgerlichkeit im Zeitalter der Aufklärung*, Heidelberg 1981; W. Ruppert, *Bürgerlicher Wandel. Studien zur Herausbildung einer nationalen deutschen Kultur im 18. Jahrhundert*, Frankfurt 1981; F. Kopitzsch (Hg.), *Aufklärung, Absolutismus und Bürgertum in Deutschland*, München 1976; U. Herrmann (Hg.), *"Die Bildung des Bürgers". Die Formierung der bürgerlichen Gesellschaft und die Gebildeten im 18. Jahrhundert*, Weinheim 1982。关于中世纪后期和近代早期的城市市民等级的资料当然较为丰富，但市民等级不是《19 世纪的资产阶级》和本文的研究对象。例如见 H. Stoob (Hg.), *Altständisches Bürgertum*, 3 Bde., Darmstadt 1978/89; W. Küttler, "Stadt, Bürgertum im Feudalismus. Zu theoretischen Problemen der Stadtgeschichtsforschung in der DDR", in: *Jahrbuch für Geschichte des Feudalismus*, 4 (1980), S. 75ff; M. Walker, *German Towns. Community, State and General Estate 1648–1871*, Ithaca, N. Y. 1971，叙述非常详细。重点研究近代初期的还有：R. Koch, *Grundlagen bürgerlicher Herrschaft. Verfassungs- und sozialgeschichtliche Studien zur bürgerlichen Gesellschaft in Frankfurt am Main, 1612 bis 1866*, Wiesbaden 1983。

11　参见综合书评：U. Haltern, "Die Gesellschaft der Bürger", in: *Geschichte und Gesellschaft*, 19 (1993), S. 100–134; W. Reinighaus, "Bürgertumsforschug", in: *Westfälische Forschungen*, 42 (1992), S. 466ff; H. Feindt u. K. Köster, "Überlegungen zum Thema 'Bürgerlichkeit' in einigen neueren Untersuchungen", in: *Internationales Archiv für Sozialgeschichte der deutschen Literatur*, 18 (1993), S. 157–167; K. Tenfelde 对资产阶级史资料作出了深入的和最新的挖掘（并有最新的资料），见 K. Tenfelde, "Stadt und Bürgertum im 20. Jahrhundert", in: K. Tendfelde u. H. -U. Wehler (Hg.), *Wege zur Geschichte des Bürgertums*, Göttingen 1994, S. 317–353, insb. S. 341ff; 以及 H. -U. Wehler, *Deutsche Gesellschaftsgeschichte*, Band 3, München 1995，第 5 部分第 3 章第 2 节和第 6 部分第 3 章第 2 节。也参见 H. -

U. Wehler, *Bibliographie zur neueren deutschen Sozialgeschichte*, München 1993, S. 193-221.（在资产阶级研究中）占主要地位的是比勒费尔德1986年以来的特别研究项目 "Sozialgeschichte des neuzeitlichen Bürgertums. Deutschland im internationalen Vergleich"，见其刊物 *Bürgertum. Beiträge zur europäischen Gesellschaftsgeschichte*，自 Göttingen 1991 年始（至 1994 年末已有9册）。自1988年以来，在 L. Gall 的主持下，法兰克福有一个工作小组，将资产阶级史和城市史结合起来研究。参见 L. Gall (Hg.), *Stadt und Bürgertum im 19. Jahrhundert*, München 1990, 与此处论述有关的是 L. Gall 的导言，第1—18页，特别是第12—13页以及第26处注释；L. Gall(Hg.), *Vom alten zum neuen Bürgertum. Die mitteleuropäische Stadt im Umbruch 1780-1820*, München 1991, ——初步研究结果见 L. Gall(Hg.), *Stadt und Bürgertum im Übergang von der traditionalen zur modernen Gesellschaft*, München 1993。约自1980年以来巴特-鸿堡（Bad Homburg）的莱默基金会（Reimer-Stiftung）举行的近现代社会史工作组的会议为重新开展联邦德国的资产阶级史研究作出了决定性的推动。曾在哈布斯堡王朝统治下的国家的资产阶级史研究有了迅速的发展。1992年以来，这一研究受到了《哈布斯堡王朝资产阶级史》(*Geschichte des Bürgertums in der Habsburgermonarchie*)研究通讯的记录和支持。这一通讯是由奥地利科学院的一个同名研究小组编辑的（编辑为 P. Urbanitsch 和 H. P. Hye）。也参见同名系列出版物（Vienna 1990年之后），由 Bruckmüller 等编辑。关于意大利资产阶级历史的研究见 R. Romanelli, "Political Debate, Social History, and the Italian 'Borghesia'", in: *Journal of Modern History*, 63 (1991), S. 717-739。也可参见以下重要的论文集：D. Blackbourn u. R. J. Evans (Hg.), *The German Bourgeosie. Essays on the Social History of the German Middle Class from the late eighteenth to the early twentieth Century*, London 1991。

12　更详细的叙述，参见 J. Kocka, *Bürger und Bürgerlichkeit im 19. Jahrhunderr*, S. 7-19, S. 42-54。

13　如韦伯所认为的 "社会阶级"，见 M. Weber, *Wirtschaft und Gesellschaft. Grundriß der verstehenden Soziologie*, Köln 1964, S. 223-227, S. 678ff. 韦伯区分四种社会阶级：工人阶级、小资产阶级、"无产的知识阶层和专业人员" 及 "资产者和因有文化而享有特权者"，见第225页。这种分法有点生硬。不过，这并不妨碍 "社会阶级"（有别于财产和就业阶级）这一概念的适用性。

14　这方面最佳的指导性论述，参见 U. Haltern, *Bürgerliche Gesellschaft. Sozial-*

theoretische und sozialhistorische Aspekte, Darmstadt 1985。

15 众所周知，这些观点是在所谓的"独特道路"争论中产生并被否定的。这方面最重要的资料见 J. Kocka, "Ende des Deutschen Sonderwegs?", in: W. Ruppert (Hg.), *Deutschland, bleiche Mutter -oder eineneue Lust an der nationalen Idenntiät?*, Berlin 1992, S. 9-31; W. Hardtwig, "Die Gleichzeitikkeit des Ungleichzeitigen in der deutschen Geschichte 1789-1871", in: H. -H. Brandt (Hg.), *Deutschlands Weg in die Moderne*, München 1993, S. 9-31。

16 除此之外还有其他不大站得住脚的论点。如东德的科研机构倾向于将（工商）资产阶级（Bourgeosie）理解为资产阶级的先锋队和核心部分，将"资产阶级的知识分子"和官员视为附属的"边缘部分"。如 H. Handke 对注6提及的 H. Henning 一书所写的具有攻击性的但不令人信服的书评中就有这样的观点，见 H. Handke: "Vom bürgerlichen Dilemma der Bestimmung des Bürgertums", in: *Jahrbuch für Wirtschaftsgeschichte*, 2 (1977), S. 123-134, insb. S. 130, S. 134。这样的观点不能自圆其说，而且与人们观察到的18世纪后期和19世纪早期德国知识资产阶级的独立性和强大地位的事实不相符合。有趣的是，H. Wagner 的保守的书（H. Wagner, *Staats-und Gesellschaftslexikon*, Berlin 1860, 4 Bde., S. 361）中也有这样的看法："资产阶级及其文人、律师和官僚等随从正在借着群氓的帮助搞他们的革命……"（指法国1789年革命）；以及第364页涉及德国的叙述："资产阶级及其教授和律师等随从。"

17 参见 R. Koselleck, *Kritik und Krise. Eine Studie zur Pathogenese der bürgerlichen Welt*, Freiburg 1959 (3. Aufl. 1974); J. Habermas, *Strukturwandel der Öffentlichkeit*, Neuwied 1971（尽管有 G. V. Graevenitz的批评，见 G. V. Graevenitz, "Innerlichkeit und Öffentlichkeit. Aspekte deutscher 'bürgerlicher' Literatur im frühen 18. Jahrhundert", in: *Deutsche Vierteljahrschrift für Literaturwissenschaft und Geistesgeschichte*, 49 [1975], S. 1-82）; H. Möller, *Vernunft und Kritik. Deutsche Aufklärung im 17. und 18. Jahrhundert*, Frankfurt 1986, S. 281ff; D. Grimm, *Deutsche Verfassungsgeschichte 1776-1866*, Frankfurt 1988, S. 10-49。

18 参见 J. Kocka und E. Müller-Luckner (Hg.), *Arbeiter und Bürger im 19. Jahrhundert. Varianten ihres Verhältnisses im europäischen Vergleich*；这方面的概述见 G. A. Ritter u. J. Kocka (Hg.), *Deutsche Sozialgeschichte 1870-1914. Dokumente und Skizzen*, München 1974（3. Aufl. 1983）, S. 382。

19 早有这种解释的有：J. Th. Jablonski, *Allgemeines Lexikon der Künste und*

Wissenschaften, Band 1, Königsberg 1721, S. 117; J. H. Zedler, *Großes vollständiges Universallexikon aller Wissenschaften und Künste*, Band 4, Halle 1733，第1875—1878栏。在 *Meyers Großes Konversations-Lexikon* 中关于 "Bürger" 的词条中，"城镇市民" 还是列于首位，见 Band 3, Leipzig 6. Aufl. 1908, S. 620-621。资产阶级概念在近代早期所含有的只是非常缓慢淡化的市民含义，有助于其他学者（至少是直到19世纪50年代）不仅将资产阶级（其定义标准首先是经济上的独立性）和贵族区分开来，而且将之与 "受过大学教育的等级"，即学者和官员等级划清界限。例如，*Rotteck u. Welckers Staatslexicon*, Band 15, S. 131，"平民学校"（Bürgerschule）和 "学者学校" 即高中（Gelehrtenschule, Gymnasium），被区别开来。整个19世纪都是如此划分的。L. Gall 的近作也是继承了这一传统，并很受德国西南部实例的影响，见 L. Gall, *Bürgertum in Deutschland*, Berlin 1989（L. Gall 强调 "独立性" 是 "资产阶级" 的定义标准，见第20、22、75页）。我谢谢 U. Spree 为我提供了她为比勒费尔德大学特别研究部门 "资产阶级" 中的研究项目所收集的概念史资料。现有 U. Spree, "Die verhinderte 'Bürgerin'? Ein begriffsgeschichtlicher Vergleich zwischen Deutschland, Frankreich und Großbritannien", in: R. Koselleck und K. Schreiner (Hg.), *Bürgerschaft. Rezeption und Innovation der Begrifflichkeit vom Hohen Mittelalter bis ins 19. Jahrhundert*, S. 274ff。

20　这一含义在 J. G. Walch 的词典中已有，见 J. G. Walch, *Philosophisches Lexicon*, Band 1, Leipzig 4. Aufl. 1775，第498栏（"Bürger" 词条）。*Brockhaus, Konversations-Lexicon* 或 *Handwörterbuch für die gebildeten Stände*, Band 2, Leipzig 4. Aufl. 1817, S. 133-134: Bürger "极广义地说，是指所有为其安全和为保护其一般享受权利而团结起来，并组成一个国家的人们。资本主义社会的每一个成员都是一位公仆……"; A. H. Pierer, *Encyklopädisches Wörterbuch der Wissenschaften, Künste und Gewerbe*, Band 4, Altenburg 1835, S. 483-484，认为：Bürger 一方面是指公民社会的每一成员（法国大革命时期的citoyen）；另一方面只是指这一集体的首批组成者，"他们凭借其独立性（和不依赖性），将其意愿变成共同意志的标准"，即指有选举权的或积极从事政治的国家公民，而不仅仅是指一个国家的臣民。类似的解释见 J. Meyer, *Das große Konversations-Lexikon für die gebildeten Stände*, Abt. 1, Band 6, Hildburghausen 1843, S. 754。

21　如 *Brockhaus, Konversations-Lexicon*, Band 2, 5. Aufl. 1820, S. 164-165（词条：市民等级、市民性、资产阶级）。从原则上来说，这种解释法在J.

G. Krünitz的百科全书中已有，见J. G. Krünitz, *Oeconomische Encyclopädie oder allgemeines System der Land-, Haus- und Staatswirtschaft*, Band 7, 1787, S. 381（词条"Bürger"）。也参见W. T. Krug, *Allgemeines Handwörterbuch der philosophischen Wissenschaften nebst ihrer Literatur und Geschichte*, Band 1, Leipzig 1827, S. 348："终于人们也把市民阶层视为一个有别于另一较高阶级，即贵族的特殊阶级，它包括所有非贵族出身的人们。"或参见Meyer, *Das Große Conversations-Lexicon*, Band 6, 1843, S. 754: Bürger 是指"所谓第三等级，与贵族和教士相对立，也包括农民等级"。在J. C. Bluntschli u. K. L. Th. Brater那里，定义特别明确，它不包括农民、社会下层、小资产阶级和贵族，见J. C. Bluntschli u. K. L. Th. Brater, *Deutsches Staatswörterbuch*, Band 2, Stuttgart 1857, S. 301ff（词条"Bürgerstand"）。H. v. Treitschke 等人的Bürger概念十分明确地具有这一含义，见H. v. Treitschke, *Politik. Vorlesungen gehalten an der Universität zu Berlin* (*1897*), Leipzig 1918, S. 314ff.　在19世纪50年代，后来在W. H. Riehl的著作中Bürgertum这一概念的含义有时含有上述意义，有时保留原有的"市民"的意义，见W. H. Riehl, *Die bürgerliche Gesellschaft*, Stuttgart 1885, S. 199ff.

22　参见上注中的引语。也参见*Brockhaus, Konversations-Lexicon*, Band 2, 8. Aufl. 1833, S. 325—326（与世袭贵族划清界限，并对贵族进行了明显的攻击，例如对市民阶层不能当军官的抗议，以及关于"通婚"的争论）。在C. v. Rotteck u. C. Welkker (Hg.), *Staats-Lexicon oder Encyclopädie der Staatswissenschaften*, Band 3, 1836, 第153页中有以下论述："只有用职业和职责来区别等级才有意义，因此人们所言的Bürgertum包括所有出身既不属于贵族，又不属于农民的国家公民（例如，普鲁士邦法第2编，[Preuß. Landrecht, Titel 8, §1] 所规定）；仅仅在这一意义上的Bürgerstand包括如此多的国家居民，以至于谈不上他们有什么特殊的共同点。"同上，第152—53页："高等级的特权使富有的、勤奋工作的、感到具有尊严和力量的Bürger深为不满。"另外参见Meyer, *Das Große Conversations-Lexicon*, Band 6, 1843, S. 754："与Bürger概念一起，自由思想开始问世。""Bürger"这一概念被和"尊严"、"自由"和"法律"联系在一起，而与"奴隶"、"暴政"和"专横"等概念相对立。

23　见*Brockhaus, Konversations-Lexicon*, Band 3, 10. Aufl. 1851, 第175页"资产阶级"（Bourgeoisie）词条："资产阶级和处于其下的阶级一样，都反对贵族、官员和其他上层人物（反对贵族阶层），而本身又是工人阶级和无产阶级所攻击的目标；政治激进者则一再将资产阶级的胆怯和自私视为其政治设想失败的原因。对德国来说，激进派将这一法语词语直接引进来，可谓是一个巧妙的手腕，因为这样做有些资产者不会觉察到，他自己及其阶级已是进攻的目标。"R. Blum 在其通俗手册中对此也作出了同样的评论，并认为，这一名词特别是通过"共产主义和社会主义著述"引进德国的，见R. Blum, *Volksthümliches Handbuch der Staatswissenschaften und Politik. Ein Staatslexicon für das Volk*, Band 1, Leipzig 1848, S. 156。J. C. Bluntschli u. K. L. Th. Brater, *Deutsches Staatswörterbuch* 中也作了类似的解释，将资产阶级（Bürgertum）和贵族及"下层阶级"区分开来，并认为，资产阶级自认为能代表全民的思想，实际上是自我欺骗。见 J. C. Bluntschli u. K. L. Th. Brater, *Deutsches Staatswörterbuch*, Band 2（1857），Band 3（1858），S. 176–182。又见 *Brockhaus, Konversations-Lexicon*, Band 3, 11. Aufl. 1864, S. 566:"（在 法国）资产阶级已经取得了世袭贵族的地位，以其财产和文化程度区别于一般民众（同时也区别于贵族）。"至晚在19世纪80年代的词典中，我们能看到如 Meyer, *Das Große Conversations-Lexicon*（Leipzig 6. Aufl. 1908, S. 620–621）中有以下的解释:"近来，社会民主党企图将工人阶级和资产阶级（Arbeiterstand, Bürgerstand）对立起来，将 Bourgeosie 描写为'资本主义生产方式的代表'。"也可参见 *Staatslexikon der Görres-Gesellschaft zur Pflege der Wissenschaft im katholischen Deutschland* (Band 1, Freiburg 1889, S. 1237) 中的论述: 社会民主党将工人阶级和资产阶级对立起来。

24　关于法国资产阶级的食利者（propriétaries-rentiers）早期的、通过法国革命加剧的地产购买，19世纪初期由贵族和资产阶级融合而成的上层阶级社会的形成（除在莱茵州的几个例外，德国的情况与此完全不同），参见W. Mager, "Landwirtschaft und ländliche Gesellschaft auf dem Weg in die Moderne. Umwälzungen und Reformationen im Zeitalter der Französischen Revolution", in: H. Berding u. a. (Hg.), *Deutschland und Frankreich im Zeitalter der Revolution*, Frankfurt 1989, S. 59–99; H. -G. Haupt, *Sozialgeschichte Frankreichs 1789*, Frankfurt 1989, S. 115–200。

25　参见 J. Mooser, "Abschied von der 'Proletariät'. Sozialstruktur und Lage der Arbeiterschaft in der Bundesrepublik in historischer Perspektive", in: W. Conze u. M. R. Lepsius (Hg.), *Sozialgeschichte der Bundesrepublik Deutschland. Beiträge zum Kontinuitätsproblem*, Stuttgart 1983, S. 143–186。不过 H. Siegrist 建议，在研究1945年之后西德的社会史过程中，"资产阶级"和"资产阶级精神"概念仍是可以使用的，见 H. Siegrist, "Ende der Bürgerlichkeit?" in: *Geschichte und Gesellschaft*, 20（1994），S. 549–593。

26　莱普修斯在其奠基性的论文中也已经阐述了这一基本思想。见 M. R. Lepsius, "Zur Soziologie des Bürgertums und der Bürgerlichkeit", in: J. Kocka(Hg.), *Bürger und Bürgerlichkeit im 19. Jahrhundert*, Göttingen 1987, S. 79-100, insb. S. 82-86. 在涉及阶级的产生和消亡问题时，笔者有关于工人阶级的类似的初步想法，见 J. Kocka, *Lohnarbeit und Klassenbildung. Arbeiter und Arbeiterbewegung in Deutschland 1800-1875*, Berlin 1983, S. 23-30。

27　J. C. Bluntschli："第三等级"词条, in: J. C. Bluntschli u. K. L. Th. Brater, *Deutsches Staatswörterbuch*, Band 3, 1858, S. 176-182, hier S. 179；也见同书 Band 5, 1860, S. 525。

28　关于这一意义上的"文化概念"的详细论述，见 J. Kocka, *Sozialgeschichte. Begriff, Entwicklung, Probleme*, Göttingen 2. Aufl. 1986, S. 153-154（包括所引用的资料）；关于"生活方式"范畴，见 M. Weber, *Wirtschaft und Gesellschaft*, S. 226, S. 686-687; M. R. Lepsius(Hg.), *Bildungsbürgertum im 19. Jahrhundert*, Teil Ⅲ: *Lebensführung und ständische Vergesellschaftung*, Stuttgart 1992,特别是编者的引言（第9—15页）。

29　所以，至少拥有一个女佣人，直到20世纪还可以作为一个地地道道的资产阶级门第的最低标准。不过，不仅资产阶级家庭拥有佣人，另外还有小资产阶级家庭（当然也有农民和贵族家庭）。1867年，21％的柏林家庭至少有一个佣人。据 H. Schwabe, *Resultate der Berliner Volkszählung vom 3. Dez. 1867*, Berlin 1869, S. 139. 也参见 D. Wierling, "Der bürgerliche Haushalt der Jahrhundertwende aus der Perspektive der Dienstmädchen", in: T. Pierenkemper (Hg.), *Haushalt und Verbrauch in historischer Perspektive. Zum Wandel des privaten Verbrauchs in Deutschland im 19. und 20. Jahrhundert*, St. Katharinen 1987, S. 282ff（附有 J. Ehmer 的评论）；现有奠基性专著：G. -F. Budde, *Auf dem Weg ins Bürgerleben. Kindheit und Erziehung in deutschen und englischen Bürgerfamilien, 1840-1914*, Göttingen 1994, S. 275ff。据对约400位（男女）市民的调查，69％的德国资产阶级家庭拥有一名女佣人，22％有两名，6％有两名以上，而富有的英国资产阶级家庭能雇佣一名女佣人的占总数的37％，雇佣两名的占21％，雇佣三名的占42％（第276页）。另见已有专著：R. Engelsing, *Zur Sozialgeschichte deutscher Mittel- und Unterschichten*, Göttingen 2. Aufl. 1978, S. 225-261。

30　能够论证对资产阶级的统一性所作的这一文化史解释的证据是非常丰富的（尽管还不能根据单个证据就下结论）：参见《19世纪的资产阶级》

第2册中Kaschuba的论文，此外，特别参见第3册中Volkov的论文，第 2册中Frevert的论文。参见J. Kocka (Hg.), *Bürger und Bürgerlichkeit im 19. Jahrhundert*，其中H. Bausinger和Th. Nipperdey 的文章，尤其是Th. Nipperdey, *Deutsche Geschichte 1800–1866. Bürgerwelt und starker Staat*，第 4章；Th. Nipperdey, *Deutsche Geschichte 1800–1866*, Band 1: *Arbeitswelt und Bürgergeist*, München 1990, insb. S. 374–395; Th. Nipperdey, "Aspekte der Verbürgerlichung", in: J. Jocka(Hg.), *Bildungsgüter und Bildungswissen*, 即*Bildungsbürgertum im 19. Jahrhundert*, Teil Ⅰ, Stuttgart 1990, 以及注释 29中G. -F. Budde 的专著。也参见R. Braun, "'The Invention of Tradition'. Wilhelm II und die Renaissance der höfischen Tänze", in: *Zeitschrift für Volkskunde*, 第82期, 2 (1986), S. 227–249, S. 247。概述性著作，见注10中 F. H. Tenbruck的文章，当然还有P. Bourdieu, *Die feinen Unterschiede. Kritik der gesellschaftlichen Urteilskraft*, Frankurt 1982（法文版：*La distinction. Critique social du judement*, Paris 1979）。

31　另外也有贵族传统渗入正在形成中的资产阶级文化的情况。学术界近 来强调了市民阶级（城市市民和城镇居民的一体性是逐渐消失的）的 长远性和这一近代早期成型的社会阵营与新兴资产阶级之间的延续 性。新兴资产阶级产生于18世纪晚期，其一部分来自原来的城市市民 阶级，一部分还与其上层相似。而也有一部分促成了城市市民阶级的破 灭，将其排挤到数量众多的、属于边缘地位的小资产阶级阵营中。以下 著述强调了这一延续性，集中研究"城市"层次，理由很充分，并有新颖 的结论，见P. Nolte, *Gemeindebürgertum und Liberalismus in Baden 1800–1850. Tradition, Radikalismus, Republik*, Göttingen 1994; M. Hettling u. P. Nolte, "Bürgerliche Feste als *symbolische* Politik im 19. Jahrhundert", in: M. Hettling u. P. Nolte (Hg.), *Bürgerliche Feste. Symbolische Formen politischen Handelns im 19. Jahrhundert*, Göttingen 1993, S. 7–36, insb. S. 31；也参见 M. Hettling, *Reform ohne Revolution. Bürgertum, Bürokratie und kommunale Selbstverwaltung in Württemberg 1806–1850*, Göttingen 1990。从原则上 说，以上观点与L. Gall主编的论文集中的观点，特别是L. Gall(Hg.), *Stadt und Bürgertum im Übergang von der traditionalen zur modernen Gesellschaft* 中的观点相似，笔者的观点见此书第417—426页；又见L. Gall, *Bürgertum in Deutschlan*; L. Gall, "'...ich wünschte ein Bürger zu sein'"。也请参见H. - W. Hahn, *Altständisches Bürgertum zwischen Beharrung und Wandel. Wetzlar 1689–1870*, München 1991。作者强调资产阶级的城镇市民传统是重要的

和正确的——特别就德国西南部而言——但资产阶级的"前现代"的特征很容易被夸大，这样就会使资产阶级1850年之后的历史显得只不过是一部没落史，而过低估计其反传统的、现代性方面。韦勒很好地保持了这一平衡，见 H. -U. Wehler, *Deutsche Gesellschaftsgeschichte*, Band 3; H. -W. Schmuhl, *Bürgerliche Verwaltung im Wandel. Vom Honoratiorenregiment zum ständischen Berufsbeamtentum in Braunschweig und Nürnberg 1780–1918*, Göttingen 1995。

32 在欧洲以外地区和东欧、东南欧大部分地区就是如此。关于俄国的情况，见 P. M. Pilbeam, *The Middle Classes in Europe 1789–1914. France, Germany, Italy and Russia*, S. 18ff; J. Murakami, *Besitz und/oder Bildung. Deutsch-japanische Bürgertumsvergleiche*，草稿。

33 见比勒费尔德跨学科研究中心（Bielefelder Zentrum für interdisziplinäre Forschung）于1987年4月9—11日举行的、由 W. Dlugoborski 筹备的中东欧的资产阶级的研讨会论文（可惜没有出版）。

34 也见 M. R. Lepsius, *Bürgertum als Gegenstand der Sozialgesachichte*, S. 71。

35 参见霍布斯鲍姆的引言，in: E. Hobsbawm u. T. Ranger (Hg.), *The Invention of Tradition*, Cambridge 1983, S. 1–14。

36 关于资产阶级文化的普及性见已提及的Bausinger和F. H. Tenbruck的著述。另外，还有很好的专著：H. Weil, *Die Entwicklung des deutschen Bildungsprinzips*, Bonn 1930。关于资产阶级化及其局限性见《19世纪的资产阶级》第3册中Haupt和Eisenberg的论文。另外还有H. Zwahr, "Konstitution der Bourgeoisie im Verhältnis zur Arbeiterklasse. Eine deutsch-polnischer Vergleich", in: J. Kocka und U. Frevert (Hg.), *Bürgertum im 19. Jahrhundert. Deutschland im europäischen Vergleich*, Band 2, S. 149–186; W. Jacobeit, "Dorf und dörfliche Bevölkerung. Deutschlands im bürgerlichen 19. Jahrhundert", in: ebd., S. 315–339, insb. S. 331–338。这里指的资产阶级文化的社会排挤职能及其普及性之间的矛盾，在概念史上的反映就在于，资产阶级这一概念既是一个（排挤另一阵营的）社会描写概念，又是一个（具有统一和包容倾向的）思想意识概念；"中产阶级"这一概念的排挤性更强，因而也就没有这第二层含义。概念史方面的著述 见U. Spree和W. Steinmeth的论文（见 注4）以及 R. Koselleck u. a., "Drei bürgerliche Welten? Zur vergleichenden Semantik der bürgerlichen Gesellschaft in Deutschland, England und Frankreich"。—G. Stanitzek, *Bildung und Roman als Momente bürgerlicher Kultur. Zur Frühgeschichte des*

deutschen "Bildungsromans"（即特别研究项目的工作材料第4号），Bielefeld
1988年；也 见 E. Meyer-Krentler, *Der Bürger als Freund. Ein sozialethisches
Programmund seine Kritik in der neueren deutschen Erzählliteratur*, München
1984。

37　参见M. R. Lepsius, "Zur Soziologie des Bürgertums und der Bürgerlichkeit",
S. 83。

38　以下各国概况表明，比起瑞典和英国的发展情况，意大利、奥地利和匈
牙利的发展情况与德国的发展情况更为相似。就与德国情况的差别
程度而言，法国似乎是处于意大利和英国之间。可惜未能将其他南欧
国家纳入这一研究组织的工作中去。——不过可参见：M. Artola, *La
burguesía revolucionaria*, Madrid 1974; M. Martínez Cuadrado, *La burguesía
conservadora*, Madrid 1973; B. de Ríquer, "Burgesos, polítics i cacis a la
Catalunya de la Restauració", in: *L'Avenc*, Nr. 85, Sept. 1985, S. 642-659。

39　C. Garve, Versuch über verschiedene *Gegenstände aus der Moral, der
Literatur und dem gesellschaftlichen Leben*, 1792，摘自Riedel的 词 条
"Bürger, Staatsbürger, Bürgertum", S. 701。

40　这一核心进程概念的解释和理想类型式的运用，见G. A. Ritter u. J. Kocka
(Hg.), *Deutsche Sozialgeschichte 1870-1914. Dokumente und Skizzen*, S.
62-70, insb. S. 62-65。研究小组的宗旨见注7, 第28—30页。参见U.
Haltern, "Bürgerliche Gesellschaft. Theorie und Gesellschaft", in: *Neue
Politische Literatur*, 19 (1974), S. 472-488及20 (1975), S. 45-59; U. Haltern,
"Entwicklungsprobleme der bürgerlichen Gesellschaft", in: *Geschichte und
Gesellschaft*, 5 (1979), S. 274-292; U. Haltern, *Bürgerliche Gesellschaft.
Sozial-theoretische und sozialhistorische Aspekte*, Darmstadt 1985。"资本主义
社会" 概念的新用法，见R. Rürup, "Judenemanzipation und bürgerliche
Gesellschaft in Deutschland" (1968), in: der., *Emanzipation und Antisemitismus*,
Göttingen 1875, S. 11-36; R. Rürup, *Deutschland im 19. Jahrhundert.
1815 bis 1871*, Göttingen 1984, S. 101ff; D. Grimm, *Recht und Staat der
bürgerlichen Gesellschaft*, Frankfurt 1987; T. Nipperdey, *Deutsche Geschichte
1800-1866*, S. 255ff, 以及H. -U. Wehler, "Wie bürgerlich war das deutsche
Kaiserreich?", in: J. Kocka(Hg.), *Bürger und Bürgerlichkeit im 19. Jahrhundert*,
S. 243-280; H. -U. Wehler, *Deutsche Gesellschaftsgeschichte*, Band 2,
S. 174-201; L. Niethammer u. a., *Bürgerliche Gesellschaft in Deutschland*,
Frankfurt 1990。

41 参见 M. Steinhauser, "Sprechende Architektur. Das französische und deutsche Theater als Institution und 'monument public' (1780-1840)", in: J. Kocka und U. Frevert (Hg.), *Bürgertum im 19. Jahrhundert. Deutschland im europäischen Vergleich*, Band 3, S. 287-333。作者的提问是：1800年前后英国与汉堡的简朴的实用剧院建筑跟法国的豪华的剧院建筑相比，何种更具有资产阶级性？参见《19世纪的资产阶级》第2册中 P. Fridenson 的提问：1900年前后法国大企业中几乎决定一切的"老板"和德国经理的几乎"法律化"的地位相比，哪一个更具有资产阶级性？

42 例如，19世纪初期的和20世纪早期的"自由主义和资产阶级精神"的含义是不同的，参见此书中 Langewiesche 的文章，第375—376页。

43 请将这一批评与 L. Gall 比较，见 L. Gall, "Stadt und Bürgertum im Übergang von der traditionalen zur modernen Gesellschaft", in: L. Gall(Hg.), *Stadt und Bürgertum im Übergang von der traditionalen zur modernen Gesellschaft*, S. 1-12, hier S. 2。

44 参见 D. Grimm 和 R. Ogorek 的论文，in: J. Kocka und U. Frevert (Hg.), *Bürgertum im 19. Jahrhundert. Deutschland im europäischen Vergleich*, Band 1, S. 340ff, S. 372ff；另见格林：《法律中的资产阶级性》(Bürgerlichkeit im Recht)，载注7, S. 149-188；又见 D. Grimm, *Recht und Staat der bürgerlichen Gesellschaft*, 第3章。

45 在这方面很有影响的著作，见 C. B. Macpherson, *Die politische Theorie des Besitzindividualismus. Von Hobbes bis Locke*, Frankfurt 1973, insb. S. 68ff。

46 参见 J. Keane 一文。J. Keane 将资本主义模式的产生在一定程度上归结为资本主义经济的需求，in: J. Kocka und U. Frevert (Hg.), *Bürgertum im 19. Jahrhundert. Deutschland im europäischen Vergleich*, Band 1, S. 303-339, hier S. 335。

47 例如见 F. Kopitsch, "Die Hamburgische Gesellschaft zur Beförderung der Künste und nützlichen Gewerbe (patriotische Gesellschaft von 1765) im Zeitalter der Aufklärung", in: F. Vierhaus (Hg.), *Deutsche patriotische und gemeinnützige Gesellschaften*, München 1980, S. 71-118, insb. S. 78; U. Frevert, "'Tatenarm und gedankenvoll'? Bürgertum in Deutschland 1780-1820", in: H. E. Berding u. a. (Hg.), *Deutschland und Frankreich im Zeitalter der Revolution*, Frankfurt 1989, S. 263-292; H. E. Bödeker, "Die 'gebildeten Stände' im späten 18. und frühen 19. Jahrhundert: Zugehörigkeit und Abgrenzungen. Mentalitäten und Handlungspotentiale", in: J. Kocka (Hg.),

Bildungsbürgertum im 19. Jahrhundert, S. 21-52; J. J. Sheehan, *German History 1770-1866*, Oxford 1989, S. 144-206; R. v. Dülmen, *Die Gesellschaft der Aufklärer. Zur bürgerlichen Emanzipation und aufkläreerischen Kultur in Deutschland*, Frankfurt 1989, S. 55ff; H. Möller, *Vernunft und Aufklärung*, S. 89-297, insb. S. 295ff。

48　参见 Langewiesche 关于 19 世纪主要由资产阶级作为社会基础的德国自由主义运动的专著,《19 世纪的资产阶级》第 3 册(附有论据和书目);以及同一作者编: *Liberalismus im 19. Jahrhundert. Deutschland im europäischen Vergleich*, Göttingen 1988(其中尤其是 J. J. Sheehan 的论文)。尤其见 J. J. Sheehan, *Der deutsche Liberalismus. Von den Anfängen im 18. Jahrhundert bis zum Ersten Weltkrieg 1770-1914*, München 1983; Langewiesche, *Liberalismus in Deutschland*, Frankfurt 1988; D. Blackbourn u. R. J. Evans (Hg.), *The German Bourgeosie. Essays on the Social History of the German Middle Class from the late eighteenth to the early twentieth Century*, 引言, S. 1-45, hier S. 17-23。

49　W. T. Krug, *Allgemeines Handwörterbuch der philosophischen Wissenschaften nebst ihrer Literatur und Geschichte*, Band 1, Leipzig 1827, S. 346, 类似观点见 Pierer, *Encyklopädisches Wörterbuch*, Band 4, 1835, S. 483-484。

50　*Geschichte der sozialen Bewegung in Frankreich von 1789 bis auf unsere Tage*, Band 1 (1842), Darmstadt 1959, S. 476。

51　马克思和恩格斯著作中类似的论述比比皆是。例如参见《共产党宣言》中的第 1 段,载《马克思恩格斯全集》,第 4 卷,柏林 1974 年版,第 462—474页;又见《1848—1850 年的法国阶级斗争》,同上书,第 7 卷,第 92—94 页;又见恩格斯:《社会主义从空想到科学的发展》,英文版导言,载《马克思恩格斯选集》(共两册),第 2 册,柏林 1963 年版,第 83—106 页。H. Wagner 从保守主义出发,批评道:"历史悠久的、有秩序的市民等级的蜕变和它越来越完全地分化为现代资产阶级和现代无产阶级⋯⋯"(H. Wagner, *Staatsund Gesellschaftslexikon*, Band 4, Berlin 1860, S. 366.)

52　这方面的详细情况见 Volkov 著作,《19 世纪的资产阶级》第 3 册。

53　阻碍 19 世纪德国工人运动真正 "资产阶级化" 的因素在于:非独立性、受市场影响的无保障性、体力劳动、微薄的收入、狭窄的居住条件,所有家庭人员都必须为家庭收入而从事劳动。

54　这里要提到,《19 世纪的资产阶级》的论文出自一个多专业研究小组(见此书前言)。不是这一研究小组的所有成果都能在此书发表。关于小说、文学和资产阶级精神的关系问题，参见W. Voßkamp、M. Lützeler和 E. Schwarz的论文，in: J. Kocka und U. Frevert (Hg.), *Bürgertum im 19. Jahrhundert. Deutschland im europäischen Vergleich*, Band 3。

55 参见Hohendahl的纲领性文章：Hohendahl, "Bürgerlichkeit und Bürgertum als Problem der Literatursoziologie", in: *German Quarterly*, 1988, S. 264–283。

56 这一点可以看成是跨学科合作的研究机构（多专业合作研究中心）对研究方案设计产生影响的一个例子。参见《19世纪的资产阶级》前言，以及 J. Kocka (Hg.), *Interdisziplinarität. Praxis - Herausforderung - Ideologie*, Frankfurt 1987。

57 关于进步和纪律化的辩证关系有各种不同观点，见K. Rutschky关于入学、M. Kraul关于文化程度和G. Herzog关于疯人院的论文，in: J. Kocka und U. Frevert (Hg.), *Bürgertum im 19. Jahrhundert. Deutschland im europäischen Vergleich*, Band 3。关于犹太人的同化及其社会地位提高问题，见同上书（第2册）中M. Zimmermann和S. Jersch-Wenzel的文章。不过S. Jersch-Wenzel对阿姆斯特丹、法兰克福和波森（Posen）犹太人处境的比较研究表明，有新兴资产阶级特色的阿姆斯特丹没有像带有旧资产阶级（市民—等级制度）色彩的法兰克福以及受专制国家统治的波森那样，将犹太人同化作为其获得平等权利的代价。关于乡村的资本主义及其局限性，见W. Jacobeit的论文，载同上书，第2册，第315等页。

58 参见G. A. Ritter u. J. kocka (Hg.), *Deutsche Sozialgeschichte 1870–1914. Dokumente und Skizzen*, S. 64–66。

59 类似论述参见H. Zwahr, "Konstitution der Bourgeoisie im Verhältnis zur Arbeiterklasse. Eine deutsch-polnischer Vergleich"。Eisenberg在《19世纪的资产阶级》第3册的论文中揭示了协会原则和资产阶级之间的特殊关系，认为协会是资产阶级的设置，不像常常有人所认为的那样符合无产阶级的需求和潜力。最近发表的著作有U. Krey, *Vereine in Westfalen 1840–1855. Strukturwandel, soziale Spannungen, kulturelle Entfaltung*, Paderborn 1993。

60 参见《19世纪的资产阶级》第3册中Vogel和Gerhard的论文。另见U. Frevert (Hg.), *Bürgerinnen und Bürger. Geschlechter-verhältnisse im 19. Jahrhundert*, Göttingen 1988。那里对以下论题有较详细的论述：J. Kocka, "Einige Ergebnisse", S. 206–209；稍有不同的看法见U. Gerhard, "Andere Ergebnisse", S. 210–214。——近来发表的许多文章中继续讨论了这一

问题的，参见 L. Davidoff u. C. Hall, *Family Fortunes. Men and Women of the English Middle Class*, Chicago 1987; M. A. Kaplan, *The Making of the Jewish Middle Class. Women, Family, and Identity in Imperial Germany*, New York 1991; C. Huerkamp, "Frauen und Arztberuf im 19. und 20. Jahrhundert. Deutschland und die USA im Vergleich", in: M. Hettling u. a. (Hg.), *Was ist Gesellschaftsgeschichte?*, München 1991, S. 135-145; G. -F. Budde, *Auf dem Weg ins Bürgerleben. Kindheit und Erziehung in deutschen und englischen Bürgerfamilien, 1840-1914*。

61　U. Frevert, *Frauen-Geschichte. Zwischen Bürgerlicher Verbesserung und Neuer Weiblichkeit*, Frankfurt 1986.

62　韦勒作出了这方面最佳的概述，见 H. -U. Wehler, *Deutsche Gesellschaftsgeschichte*, Band 1, hier S. 202-217, Band 2, S. 174-240ff。也参见 H. -U. Wehler, "Bürger, Arbeiter und das Problem der Klassenbildung 1800-1870. Deutschland im internationalen Vergleich", in: J. Kocka (Hg.), *Arbeiter und Bürger im 19. Jahrhundert*, S. 1-28; R. Rürup, *Deutschland im 19. Jahrhundert. 1815 bis 1871*, Göttingen 1984, insb. S. 85-109; R. Vierhaus, "Der Aufstieg des Bürgertums vom späten 18. Jahrhundert bis 1848/49", in: J. Kocka (Hg.), *Bürger und Bürgerlichkeit im 19. Jahrhundert*, S. 64-78。参见注释 10 和 17 中已经引用到的哈贝马斯、科塞勒克、菲尔豪斯、鲁珀特（Ruppert）、胡勒曼（Hurrelmann）的著述；另见 O. Dann (Hg.), *Lesegesellschaften und bürgerliche Emanzipation. Ein europäischer Vergleich*, München 1981; U. Im Hof, *Das gesellige Jahrhundert. Gesellschaft und Gesellschaften im Zeitalter der Aufklärung*, München 1981; H. Möller, *Vernunft und Kritik. Deutsche Aufklärung im 17. und 18. Jahrhundert*, Frankfurt 1986; B. Lutz (Hg.), *Deutsches Bürgertum und literarische Intelligenz 1750-1800*, Stuttgart 1974; K. Schwieger, "Das Bürgertum in Preußen vor der Französischen Revolution", 基尔大学 1971 年博士论文; H. H. Gerth, *Bürgerliche Intelligenz um 1800. Zur Soziologie des deutschen Frühliberalismus*, Göttingen 1976; J. Reulecke, "Städtisches Bürgertum in der deutschen Frühindustrialisierung", in: M. Glettler u. a. (Hg.), *Zentrale Städte und ihr Umland*, St. Katharinen 1985, S. 296-311; F. Lenger, "Bürgertum und Stadtverwaltung in rheinischen Großstädten des 19. Jahrhunderts", in: L. Gall(Hg.), *Stadt und Bürgertum im Übergang von der traditionalen zur modernen Gesellschft*, S. 97-196, insb. S. 102-109; R.

Boch, *Grenzenloses Wachstum? Das rheinische Wirtschaftsbürgertum und seine Industrialisierungsdebatte 1814–1857*, Göttingen 1991; E. Fehrenbach, "Adel und Bürgertum im deutschen Vormärz", in: *Historische Zeitschrift*, 258 (1994), S. 1–28。Gall以曼海姆（Mannheim）为例，将德国资产阶级的发展分三个阶段：至1848—1849年的上升阶段，此后至19世纪80、90年代是资产阶级排外和自我封闭阶段，重新开放阶段（以后从资本主义到多元社会的过渡阶段），见L. Gall, Die "Stadt der bürgerlichen Gesellschaft - das Beispiel Mannheim", in: *Forschungen zur Stadtgeschichte. Drei Vorträg*, Opladen 1986。

63 参见L. Beutin, "Das Bürgertum als Gesellschaftsstand im 19. Jahrhundert", S. 132–165; R. Rürup, *Deutschland im 19. Jahrhundert. 1815 bis 1871*, insb. S. 197–233。参见J. J. Sheehan, *Der deutsche Liberalismus. Von den Anfängen im 18. Jahrhundert bis zum Ersten Weltkrieg 1770–1914*,第3、4章。H. A. Winkler, *Preußischer Liberalismus und deutscher Nationalstaat*, Tübingen 1964; H. A. Winkler, *Liberalismus und Antiliberalismus. Studien zur politischen Sozialgeschichte des 19. und 20. Jahrhunderts*, Göttingen 1979, S. 11–80; S. Na'aman, *Der Deutsche Nationalverein. Die politische Konstituierung des deutschen Bürgertums 1859–1867*, Düselldorf 1897; A. Biefang, *Politisches Bürgertum in Deutschland 1857–1968. Nationale Organisation und Eliten*, Düsseldorf 1994; J. J. Sheehan, *German History 1770–1866*, 第12、13章; F. Zunkel, "Das Verhältnis des Unternehmertums zum Bildungsbürgertum zwischen Vormärz und Erstem Weltkrieg", in: M. R. Lepsius(Hg.), *Bildungsbürgertum im 19. Jahrhundert*, S. 82–101。

64 参见H-U. Wehler. "Wie bürgerlich war das Deutsche Kaiserreich?", in: J. Kocka(Hg.), *Bürger und Bürgerlichkeit im 19. Jahrhundert*, Göttingen 1987, S. 243–280, S. 281–287, 以及D. Blackbourn的评论; Th. Nipperdey, *Deutsche Geschichte 1816–1918*; H. -U. Wehler, *Deutsche Gesellschaftsgeschichte*; W. Hardtwig, "Großstadt und Bürgerlichkeit in der politischen Ordnung des Kaiserreichs", in: L. Gall (Hg.), *Stadt und Bürgertum im 19. Jahrhundert*; 另见注62引及的F. Lenger的文章，第110–169页; D. Hein, "Badisches Bürgertum", in: ebd., S. 65–96, insb. S. 82ff; G. A. Craig, *Deutsche Geschichte 1866–1945. Vom Nordeutschen Bund bis zum Ende des Dritten Reiches*, München 1980, S. 100–297; H. Rosenberg, *Große Depression und Bismarckzeit. Wirtschaftsablauf, Gesellschaft und Politik in Mitteleuropa*,

Berlin 1967（2. Aufl. 1976）; F. Stern, *Kulturpessimismus als polititische Gefahr. Eine Analyse nationaler Ideologie in Deutschland*, 1961, München 1986; M. Stürmer, *Das ruhlose Reich. Deutschland 1866-1918*, Berlin 1983。——引文见 F. Naumann, "Der Industriestaat", in: ders., *Werke*, Band 3, Köln 1964, S. 45；蒙森常被引用的语录可见 A. Heuß, *Theodor Mommsen und das 19. Jahrhundert*, Kiel 1956, S. 282。

65 参见 J. Kocka und U. Frevert (Hg.), *Bürgertum im 19. Jahrhundert. Deutschland im europäischen Vergleich*(3 Bde.)中克劳尔（Kraul）、霍恩达尔、伊格尔斯、格林和 Ogorek 的论文；以及《19 世纪的资产阶级》第 3 册中 Mooser 和第 2 册中 Jarausch 的论文；另见上注中提及的著述。又见 G. A. Ritter u. J. Kocka (Hg.), *Deutsche Sozialgeschichte 1870-1914. Dokumente und Skizzen*, S. 62-90。K. Vondung (Hg.), *Das Wilhelminische Bildungsbürgertum. Zur Sozialgeschichte seiner Ideen*, Göttingen 1976; M. Doerry, *Übergangs- menschen. Die Mentalität der Wihelminier und die Krise des Kaiserreichs*, Weinheim 1986; K. H. Jarausch, *Students, Society and Politics in Imperial Germany. The Rise of Academic Illiberalism*, Princeton N. J. 1982；最近新发展的特别有 D. L. Augustine, *Patricians and Parvenus. Wealth and High Society in Wilhelmine Germany*, Oxford 1994。

66 Tucholsky, *Politische Texte*, Reinbek 1971, S. 104. 也参见 Bruckmüller/Stekl（见下注）中 O. Bauer 对在他看来在战争中破灭的维也纳资产阶级的回忆。

67 仅参见 H. Heller, "Rechtsstaat oder Diktatur?"（1929 年首次发表）, in: ders, *Gesammelte Schriften*, Band 3, Leiden 1971, S. 443-462; R. Smend, "Bürger und Bourgeoois im deutschen Staatsrecht", 1933 年首次发表, in: ders, *Staatsrechtliche Abhandlungen und andere Aufsätze*, Berlin 1968, Band 2, S. 309-325；其中第 324 页："资产阶级的时代已经告终了，我们站在一个封闭着的、新异时代的门前。我们的资产阶级历史使奴仆成为国家公民，它造就了德国公民的思想和类型，并由此为未来留下了不小的政治和道德遗产。今日的青年看来无意来继承这一遗产……；他们不欣赏它（资产阶级）的特有道德，不欣赏今日过分受批判的自由主义特有的献身精神和人道（合情合理）的特别结合。"

68 参见 K. H. Jarausch, Band 2；以及 H. Mommsen, "Die Auflösung des Bürgertums seit dem späten 19. Jahrhundert", in: J. Kocka (Hg.), *Arbeiter und Bürger im 19. Jahrhundert*, S. 288-315；另见两篇新发表的关于知识资产阶级日益加深的自我怀疑: H. Franz, "Betriebswirte in Deutschland 1900-1930"；C.

Huerkamp, "Weibliche Konkurrenz auf den akademischen Arbeitsmärkten in den 20er jahren", in: K. Tendfelde u. H. -U. Wehler (Hg.), *Wege zur Geschichte des Bürgertums*, S. 249-288。

69 H. P. Schwarz, *Die Ära Adenauer. Gründerjahre der Republik 1949-1957*, Wiesbaden 1981, S. 445；也见第417页："资产阶级文化的晚霞", in: K. Tendfelde u. H. -U. Wehler (Hg.), *Wege zur Geschichte des Bürgertums*, S. 289-314; H. Siegrist, *Der Wandel als Krise und Chance. Die westdeutschen Akademiker 1945-1965*。

70 参见《19世纪的资产阶级》中 Jarausch 的文章，第124等页。

71 M. R. Lepsius 也有相似观点，见 M. R. Lepsius, "Zur Soziologie des Bürgertums und der Bürgerlichkeit", in: J. Kocka(Hg.), *Bürger und Bürgerlichkeit im 19. Jahrhundert*, S. 95-96。不过深入的思考和研究会得出另外的答案。这方面的争论又重新展开：K. Tenfelde, "Stadt und Bürgertum im 20. Jahrhundert", in: K. Tendfelde u. H. -U. Wehler (Hg.), *Wege zur Geschichte des Bürgertums*, S. 317-353 和 H. Siegrist, "Ende der Bürgerlichkeit?", in: *Geschichte und Gesellschaft*, 20 (1994), S. 549-593。也见 C. Kleßmann, "Zur Sozialgeschichte des protestantischen Milieus in der DDR", in: *Geschichte und Gesellschaft*, 19 (1993), S. 29-53。

72 见 J. Kocka, "1945: Neubeginn oder Restauration?", in: C. Stern u. H. A. Winkler (Hg.), *Wendepunkte deutscher Geschichte 1848-1990*, Frankfurt 1994, S. 159-192。

73 不过，对此也可有另一种看法。参见：U. Haltern, "Die Gesellschaft der Bürger", in: *Geschichte und Gesellschaft*, 19 (1993), S. 129; H. Siegrist, "Ende der Bürgerlichkeit?", in: *Geschichte und Gesellschaft*, 20 (1994), S. 549-593, insb. S. 583-584; L. Niethammer, "Bürgerliche Wechseljahre - Zur Konjunktur erinnerter Gefühle", L. Niethammer u. a., *Bürgerliche Gesellschaft in Deutschland*, Frankfurt 1990, S. 533-547; H. Franz, "Betriebswirte in Deutschland 1900-1930", S. 268-269。

74 参见《19世纪的资产阶级》中 E. J. Hobsbawm 文（有相似的分期）; Meriggi 文（视80年代为转折点）。瑞典的实例既自有特点，又证实了一般的模式，见 Strath 文, in: J. Kocka und U. Frevert (Hg.), *Bürgertum im 19. Jahrhundert. Deutschland im europäischen Vergleich*, Band 1, S. 243-244。关于欧洲的一般模式也见此书中 Kaelble 文。另见 E. J. Hobsbawm, *Die Blütezeit des Kapitals. Eine Kulturgeschichte der Jahre 1848-1875*, München 1977, S.

284ff。他把19世纪40到70年代视为资产阶级的昌盛期。

75　毫无疑问，如果与欧洲以外国家的资产阶级发展史相比较，那么欧洲资产阶级历史的共同点更为醒目。

76　参见上文有关"资产阶级文化"的论述。

77　参见注15以及J. Kocka, "Bürgertum und Bürgerlichkeit als Probleme der deutschen Geschichte vom späten 18. zum frühen 20. Jahrhundert", in: J. Kocka(Hg.), *Bürger und Bürgerlichkeit im 19. Jahrhundert*, Göttingen 1987, S. 48-63, insb. S. 48-54。

78　这一领域的研究近年来进展很大，而且前景很好。参见由L. Gall 编的在注11中提到的书籍和在注31中提及的著述，以及S. Brakensiek、A. Flügel、F. -M. Kuhlemann 和K. H. Pohl的 论 文，载K. Tendfelde u. H. -U. Wehler (Hg.), *Wege zur Geschichte des Bürgertums*，以及此书第78页的P. Nolte的以下论述：(他认为)近十年来的地方史研究集中于主要处于德国西部、南部的高度发达的市民阶级的研究上。

79　参见A. Gerschenkron, "Wirtschaftliche Rückständigkeit in historischer Perspektive", in: R. Braun u. a. (Hg.), *Industrielle Revolution*, Köln 1972, S. 59-78。

80　参见《19世纪的资产阶级》第2册中Fridenson 的论文。

81　参见Dlugoborski文，in: J. Kocka und U. Frevert (Hg.), *Bürgertum im 19. Jahrhundert. Deutschland im europäischen Vergleich*, Band 1, S. 275, S. 280-281, S. 291; Bruckmüller/Stekl, 此书下文；也参见H. Zwahr, "Konstitution der Bourgeoisie im Verhältnis zur Arbeiterklasse. Ein deutsch-polnischer Vergleich", 以及E. Kaczynska, "Bürgertum und städtische Eliten. Kongreßpolen, Rußland und Deutschland im Vergleich", in: J. Kocka und U. Frevert (Hg.), *Bürgertum im 19. Jahrhundert. Deutschland im europäischen Vergleich*, Band 2, S. 153ff(关于Lodz的情况)和 Band 3, S. 47。也参见G. Ránki, "Zur Frage der Herausbildung des Bürgertums und der Arbeiterklasse in Ostmitteleuropa", in: J. Kocka u. E. Müller-Luckner (Hg.), *Arbeiter und Bürger im 19. Jahrhundert. Varianten ihres Verhältnisses im europäischen Vergleich*, S. 140-150; A. J. Rieber, *Merchants and Entrépreneurs in Imperial Russia*, Chapel Hill 1982。

82　参见《19世纪的资产阶级》第1册中Hobsbauwm 和Kaelble的文章，第2册中Cassis的文章，其他英德法比较研究见第2册中Fridenson和Tilly的论文。对一地方企业家群众的研究例子见H. Henning, "Soziale

Verflechtungen der Unternehmer in Westfalen 1860-1914", in: *Zeitschrift für Unternehmensgeschichte*, 23 (1978), S. 1-30; D. Schumann, *Bayerns Unternehmer in Gesellschaft und Staat, 1834-1914. Fallstudien zu Herkunft und Familie, politischer Partizipation und staatlichen Auszeichnungen*, Göttingen 1992; T. Pierenkemper, *Die westfälischen Schwerindustriellen*, Göttingen 1979。

83 现特见 H. Berghoff und R. Möller, "Unternehmer in Deutschland und England 1870-1914. Aspekte eines kollektiv-biographischen Vergleichs", in: *Historische Zeitschrift*, 355 (1993), S. 353-386；又见两位另一篇观点与上文相似的文章："Tired Pioneers and Dynamic Newcomers?", in: *Economic History Review*, 47 (1994), Heft 2, S. 262-287。英德企业家的主要差别在于，德国不来梅、多特蒙德、法兰克福企业家的文化程度更高，更经常地出国，较少参加政治（如竞选入议会），他们中有更多的创业者，也有更多的经理。但是，在出身和婚姻模式上都有很大相似之处。其他研究表明，英国的企业家中有更多的人是来自大地主家庭以及农业佃户，而来自官员家庭的比德国为少。参见 H. Kaelble, "Long-term Changes in the Recruitment of the Business Elite: Germany compared to the U. S., Great Britain and France since the Industrial Revolution", in: *Journal of Social History*, 13 (1980), S. 404-423。

84 参见《19世纪的资产阶级》第2册中 K. Jarausch 关于知识资产阶级和民族社会主义的关系。关于1900年前后德国知识资产阶级政治上的分裂状况见 R. vom Bruch, "Gesellschaftliche Funktionen und politische Rollen des Bildungsbürgertums im wilhelminischen Reich", in: J. Kocka (Hg.), *Bildungsbürgertum im 19. Jahrhundert. Teil IV: Politischer Einfluß und gesellschaftliche Formation*, Stuttgart 1986, S. 146-179；又见同书第53—94页 H. Best 的文章。此文表明，在法兰克福全德议会中，知识资产阶级投票行为很不一致。L. Gall 对"知识资产阶级"这一概念的恰当怀疑见 L. Gall, *Von der ständischen zur bürgerlichen Gesellschaft*, München 1993, S. 102-103。另外，综合论述见 *Bildungsbürgertum im 19. Jahrhundert,* 4 Bde., 以及 H. -U. Wehler, *Deutsche Gesellschaftsgeschichte*, Band 3, München 1995。

85 参见 Hobsbauwm, S. 83-84, S. 87-88, S. 90, S. 95-96; H. Siegrist, *Bürgerliche Berufe*, Göttingen 1988；特别是其中 M. Burrage 的文章；R. Torstendahl u. M. Burrage (Hg.), *The Formation of Professions. Knowlodge, State and Strategy*, London 1990; H. Perkin, *The Origins of Modern English Society*

1780-1880, London 1969, 见第252页等关于"专业"和"被遗忘的中产阶级"的叙述。

86　另见 E. Kaczynska 关于科隆和华沙的比较,同注81,第486页等;"知识资产阶级"概念译为斯拉夫语的难处见第467页。

87　特见 Hroch,《19世纪的资产阶级》第3册; Ránki、Dlugoborski, in: J. Kocka und U. Frevert (Hg.), *Bürgertum im 19. Jahrhundert. Deutschland im europäischen Vergleich*, Band 1, S. 273-274。关于瑞士的情况见 Tanner 文。Tanner 认为, 瑞士有所谓"才能资产阶级"(bourgeosie des talents), 普通民众也有进入这一阶级的机会; 也参见 H. Siegrist,《19世纪的资产阶级》第2册; 参见 N. Koestler, "Polnische Intelligenz als sozialgeschichtliches Problem. Ein Bericht über die polnische Forschung", in: *Jahrbücher für Geschichte Osteuropas*, 31 (1983), S. 543-562。J. Koralka 认为有一个"小知识资产阶级", 见 J. Koralka, "Arbeiteremanzipation und Bildung in einer aufsteigenden Nationalgesellschaft: das Beispiel Böhmens", in: J. Kocka und E. Müller-Luckner (Hg.), *Arbeiter und Bürger im 19. Jahrhundert. Varianten ihres Verhältnisses im europäischen Vergleich*, S. 64-74; D. Beyrau, *Intelligenz und Dissens. Die russischen Bildungsschichten in der Sowietunion 1917 bis 1985*, Göttingen 1993; G. Fischer, "The Intelligentsia and Russia", in: C. E. Black (ed.), *The Transformation of Russian Society. Aspects of Social Change Since 1861*, Cambridge/ Massschusetts 1961, S. 253-273。"知识界"这一概念的含义有时比"知识资产阶级"狭窄一点。例见 T. Geiger, *Aufgaben und Stellung der Intelligenz in der Gesellschaft*, Stuttgart 1949, S. 4ff, S. 12。(T. Geiger 将大学毕业生、有文化的人群和知识分子区别开来, 而知识分子只是指有创造性的文化工作者)。但一般来说, "知识资产阶级"还多一层含义, 即还包括中小职业者(如列宁认为:"……所有受过文化教育的人、自由职业的代表、脑力劳动者 [英国人所指的 'brain worker'],区别于体力劳动者", 载《列宁全集》,第7册,柏林1956年版,第324—325页)。在东德,这一概念的使用继承了这一传统,不过重点时有变化,显然没有明确的统一意见。参见 J. Kuczynski, *Die Intelligenz. Studien zur Soziologie und Geschichte ihrer Großen*, Köln 1987, S. 21-25。与"知识资产阶级"概念不同,"知识分子"概念没有暗示其内涵与其他资产阶级组成部分(如经济资产阶级)有社会亲近性的含义,却有向小资产阶级和民众开放的含义。"知识分子"这一概念比"知识资产阶级"概念更容易与批评和对资产阶级的批评联想起来。关于"知识分子"概念的资料可见

熊彼特：J. A. Schumpeter, *Kapitalismus, Sozialismus und Demokratie*, 1942
年初版, München 3. Aufl. 1972, S. 235-248, insb. S. 238-240; D. Bering,
Die Intellektuellen. Geschichte eines Schimpwortes, Berlin 1982（有许多19
世纪晚期以来在德国和法国, 甚至在工人运动中对这一概念时褒时贬的
用例）。关于工人运动中这一概念的使用, 尤其见H. Brin, *Zur Akademiker-
und Intellektuellenfrage in der Arbeiterbewegung*, 巴塞尔大学博士论文,
Strasbourg 1928, S. 48ff。关于考茨基的"知识分子"理论, 也见O. Pascal
u. J. F. Sirinelli, *Les intellectuels en France de l'Affaire Dreyfus á nos jours*,
Paris 1986, insb. C. Charle, *Naissance des "intellectuels" 1880-1900* , Paris
1990。

88 除注87中提及的著述外, 另见C. Charle, *Histoire sociale de la France au
XIXe siécle*, Paris 1991, S. 267-275。

89 参见《19世纪的资产阶级》第1册中Bruckmüller/Stekl和Meriggi的文章。

90 前面已经提及, 这一判断对18世纪晚期和19世纪早期, 要比对19世纪晚
期和20世纪初期更为有效。19世纪晚期, 知识资产阶级受到了在工业
化进程中上升的工商资产阶级的挑战, 而且不断分化, 也由于专业化过
程突出了专业知识而轻视了一般知识。参见W. Conze u. J. Kocka (Hg.),
Bildungsbürgertum im 19. Jahrhundert, Stuttgart 1985, 编者引言, S. 25-26。
也请参见《19世纪的资产阶级》第2册中Jarausch和H. Siegrist的文章。

91 特见J. Kocka und U. Frevert (Hg.), *Bürgertum im 19. Jahrhundert. Deutschland
im europäischen Vergleich*, Band 3; Vosskamp 论文, S. 264ff, S. 285: 关于
德英修养小说的比较; U. Frevert (Band 1)对德国资产阶级（与英国不同
的）动辄决斗的习惯的解释。Steinhauser关于戏剧界教育和市场的对立
关系, 第324页, 也特见Kraul的文章, 第45页（带有其他书目资料）, 两人
的文章都载 J. Kocka und U. Frevert (Hg.), *Bürgertum im 19. Jahrhundert.
Deutschland im europäischen Vergleich*。

92 Volkov 在《19世纪的资产阶级》第3册中揭示了犹太教和神学在德国的资
产阶级化（个人化、内向化、非教条主义化）, 尽管在这一典型的合法主义宗
教里对此有着特别强大的抵抗力。天主教教义与资产阶级精神的距离或
许小一些（尽管要比"文化新教主义"更为突出, 更为显眼）。

93 见霍布斯鲍姆关于英国的、凯伯乐关于法国的文章。对这一问题的全面
研究, 特见G. Motzkin, "Säkularisierung, Bürgertum und Intellektuelle in
Frankreich und Deutschland während des 19. jahrhunderts", in: J. Kocka und
U. Frevert (Hg.), *Bürgertum im 19. Jahrhundert. Deutschland im europäischen*

Vergleich, Band 3, S. 141ff。也参见 M. Baumeister, *Parität und katholische Inferiorität. Untersuchungen zur Stellung des Katholizismus im Deutschen Kaiserreich*, Paderborn 1987; A. Rauscher (Hg.), *Katholizismus, Bildung und Wissenschaft im 19. und 20. Jahrhundert*, Paderborn 1987; C. Bauer, "Der deutsche Katholizismus und die bürgerliche Gesellschaft", in: C. Bauer, *Deutscher Katholizismus. Entwicklungslinien und Profile*, Frankfurt 1964, S. 28–53; J. Sperber, *Popular Catholicism in Nineteenth Century Germany*, Princeton, N. J. 1984; D. Blackbourn, *Class, Religion and Local Politics in Wilhemine Germany. The Centre Party in Württemberg before 1914*, Wiesbaden 1980；概述性著作见 H. Lübbe, *Religion nach der Aufklärung*, Graz 1986。特见 J. Mooser, *Katholik und Bürger? Rolle und Bedeutung des Bürgertums auf den deutschen Katholikentagen 1871–1913*, 比勒费尔德大学硕士论文；J. Mooser, "Volk, Arbeiter und Bürger in der katholischen Öffentlichkeit des Kaiserreichs", in: Puhle (Hg.), *Bürger in der Gesellschaft der Neuzeit*, Göttingen 1991, S. 259–273, 也参见 S. 238–258; L. Hölscher, "Säkularisierungsprozesse im deutschen Protestantismus des 19. Jahrhunderts. Ein Vergleich zwischen Bürgertum und Arbeiterschaft", in: *Historische Zeitschrift*, 1950, S. 250; L. Hölscher, "Die Religion des Bürgers. Bürgerliche Frömmigkeit und protestantische Kirche im 19. Jahrhundert", in: *Historische Zeitschrift*, 1900, S. 595–629。Strath 关于瑞典例子的文章表明, 独立教会与大型国家教会以及社团和互助会不同, 它能克服国家的干涉, 有助于资本主义社会的产生, in: J. Kocka und U. Frevert (Hg.), *Bürgertum im 19. Jahrhundert. Deutschland im europäischen Vergleich*, Band 1, S. 231。

94　关于这一点, 见 T. Mergel, *Zwischen Klasse und Konfession. Katholisches Bürgertum im Rheinland 1794 —1914*, Göttingen 1994。

95　1904 年, 马克斯·韦伯批评了大学生社团的普及:"封建性傲慢不能取代忘我的资产阶级工作精神。" 见 M. Weber, "Agrarstatistische und sozialpolitische Betrachtungen zur Fidelkommißfrage in Preußen", in: M. Weber, *Gesammelte Aufsätze zur Soziologie und Sozialpolitik*, Tübingen 1924, S. 390。封建化的论点也见 F. Zunkel, *Der rheinisch-westfälische Unternehmer 1834–1879*, Köln 1962；此前已有 H. Rosenberg 此类影响较大的观点:"Die Pseudodemokratisierung der Rittergutsbesitzerklasse", 1958 年首次发表, in: H. Rosenberg, *Machteliten und Wirtschaftskonjunktur*, Göttingen 1978, S. 83–101; H. -J. Puhle, *Agrarische Interessenpolitik und preußischer Konservatismus im wilhelminischen Reich (1893-1914)*, Bonn 2. Aufl. 1975; H. -U. Wehler, *Das Deutsche Kaiserreich 1871-1918*, Göttingen 5. Aufl. 1983, insb. S. 129ff; G. A. Ritter u. J. Kocka (Hg.), *Deutsche Sozialgeschichte 1870-1914. Dokumente und Skizzen*, S. 678-679; G. N. Izenberger, "Die 'Aristokratisierung' der bürgerlichen Kultur im 19. jahrhundert", in: P. U. Hohendahl u. P. M. Lützeler (Hg.), *Legitimationskrisen des deutschen Adels*, Stuttgart 1979, S. 233-244; 温克勒的观点稍有不同，强调政治上的长期后果，见 H. A. Winkler, *Revolution, Staat, Faschismus. Zur Revision des Historischen Materialismus*, Göttingen 1978, S. 65-117。保留意见可见 D. Blackbourn u. G. Eley, *Mythen deutscher Geschichtsschreibung. Die gescheiterte bürgerliche Revolution von1848*, Frankfurt 1980, insb. S. 85-105; H. Kaelble, "Wie feudal waren die deutschen Unternehmer im Kaiserreich?", in: R. Tilly (Hg.), *Beiträge zur quantitativen deutschen Unternehmensgeschichte*, Stuttgart 1985, S. 148-174; D. L. Augustine Perez, Heiratsverhalten und Berufswahl in den nichtagrarischen Multimillionärs-familien, 柏林自由大学硕士论文，1983, S. 63ff. A. J. Mayer继承了熊彼特的观点，强调这一现象在欧洲的普遍性，见 A. J. Mayer, *Adelsmacht und Bürgertum. Die Krise der europäischen Gesellschaft 1848-1914*, München 1984。

96　关于以下论述特见《19世纪的资产阶级》三册中 J. Mooser、H. Kaelble、T. Mergel、Meriggi、Tanner、Ránki、Gerhard、Cassis、U. Frevert和Langewiesche 的论文。另见 H. Kaelble u. H. Spode, "Sozialstruktur und Lebensweise deutscher Unternehmer 1907-1927", in: *Script Mercature*, 24 (1900), S. 132-178; D. L. Augustine, "Arriving in the Upper Class: the Wealthy Business Elite of Wilhelmine Germany", in: D. Blackbourn u. R. J. Evans (Hg.), *The German Bourgeosie. Essays on the Social History of the German Middle Class from the late eighteenth to the early twentieth Century*, London 1991, S. 46-86; H. Berghoff, "Aristokratisierung des Bürgertums? Zur Sozial-geschichte der Nobilitierung von Unternehmern in Preußen und Großbritanien 1870 bis 1918", in: *Vierteljahrschrift für Sozial- und Wirtschaftsgeschichte*, 81 (1994), S. 178-204。

97　参见 D. Baedeker, *Alfred Krupp. Die Entwicklung der Gußstahlfabrik zu Essen*, Essen 1921; T. Buddensieg (Hg.), *Villa Hügel. Das Wohnhaus Krupp in Essen*, Berlin 1984; W. Brönner, *Die bürgerliche Villa in Deutschland 1830-1890*,

Düsseldorf 1987, 特见 D. L. Augustine 的文章（同注 65），所引数据见第 80 页。W. Brönner 使用了许多关于大资产阶级和大贵族之间密切关系的资料，但在她的解释中，她十分强调这一关系的局限性。

98　参见《19 世纪的资产阶级》中 J. Mooser 的文章。H. -G. Haupt, *Sozialgeschichte Frankreichs seit 1789*, Frankfurt 1989, S. 115−202; C. Charle, *Histoire sociale de la France au XIXe siécle*（同注 87），S. 42−55, S. 229−255; R. Price, *A Social History of Nineteenth-Century France*, London 1987, S. 97−142, insb. S. 113ff; F. M. L. Thompson, "Aristocracy, Gentry, and the Middle Classes in Britain, 1750−1850", in: A. M. Birke u. a. (Hg.), *Bürgertum, Adel und Monarchie*, München 1989, S. 15−35, 以及 D. Thane, "Aristocracy and Middle Class in Victorian England. The Problem of 'Gentrification'", in: ebd., S. 93−108; H. -C. Schröder, "Der englische Adel", in: von Reden-Dohna u. R. Melville (Hg.), *Der Adel an der Schwelle des bürgerlichen Zeitalters 1780−1860*, Stuttgart 1988, S. 21−88。又见集中研究英国、德国和俄国的佳作：D. Lieven, *The Aristocracy in Europe, 1815−1914*, London 1992。

99　特见《19 世纪的资产阶级》第 1、2 册中 Cassis、H. Kaelble、Meriggi 和 Ránki 的文章。

100　参见《19 世纪的资产阶级》第 3 册中 Haupt 的论文。

101　参见 M. König, "Angestellte am Rande des Bürgertums. Kaufleute und Techniker in Deutschland und der Schweiz 1860−1930", in: J. Kocka und U. Frevert (Hg.), 同注 3, Band 2, S. 257ff。

102　如 H. Kaelble 在《19 世纪的资产阶级》中的文章。

103　参见 W. Jacobeit u. a. (Hg.), *Idylle oder Aufbruch? Das Dorf im bürgerlichen 19. Jahrhundert. Ein europäischer Vergleich*, München 2. Aufl. 1991。

104　参见 Langewiesche 编：《19 世纪的自由主义运动》。

105　概述见 O. Hintze, "Der Beamtenstand", 1911 年首次发表, in: O. Hintze, *Soziologie und Geschichte*, Göttingen 2. Aufl. 1964, S. 66−125。一般地方史研究成果表明，文官在各地的资产阶级阵营中占有重要地位。可参见 H. Bühler, *Das beamtete Bürgertum in Göppingen und sein soziales Verhalten 1815−1848*, Göttingen 1976, 例见第 28 页：在这段时间早期，受过大学教育的官员很少与工商资产阶级的女儿结合，因为此类联婚不太符合当时大学毕业生文官的等级观念。也参见 D. Wegmann, *Die leitenden staatlichen Verwaltungsbeamten der Provinz Westfalen 1815−1918*, Münster 1969; H. Henning, *Die deutsche Beamtenschaft im 19. Jahrhundert. Zwischen*

Stand und Beruf, Wiesbaden 1984; B. Wunder, *Geschichte der Bürokratie in Deutschland*, Frankfurt 1986; T. Süle, *Preußische Bürokratietradition. Zur Entwicklung von Verwaltung und Beamtenschaft in Deutschland 1871–1918*, Göttingen 1988。

106 19世纪40年代对官僚阶层的众多的批评见R. Mohl, "Über Bureaukratie", in: *Zeitschrift für die gesamte Staatswissenschaft*, 3 (1986), S. 330–364, insb. S. 330–348; F. Zunkel, "Beamtenschaft und Unternehmertum beim Aufbau der Ruhrindustrie 1849–1880", in: *Tradition*, 9 (1964), S. 261–276。

107 参见《19世纪的资产阶级》第2册中Fridenson文；一般资料见J. Kocka, *Unternehmensverwaltung und Angestelltenschaft am Beispiel Siemens 1847–1914*, Stuttgart 1969; J. Kocka, "Eisenbahnverwaltung in der industriellen Revolution. Deutsch-amerikanische Vergleiche", in: H. Kellenbenz u. H. Pohl (Hg.), *Historia Socialis et Economia*, Stuttgart 1987, S. 259–277。

108 K. Kaudelka-Hanisch, "The titled Business man: Prussian Commercial Councillors in the Rhineland and Westphalia during the Nineteenth Century", in: Blackbourn u. R. J. Evans (Hg.), *The German Bourgeosie. Essays on the Social History of the German Middle Class from the late eighteenth to the early twentieth Century*, S. 87–114; K. Kaudelka-Hanisch, *Preußische Kommerzienräte in der Provinz Westfalen und im Regierungsbezirk Düsseldorf 1810–1918*, Dortmund 1992; F. Naumann, "Demokratie und Kaisertum", 1900年首次发表, in: F. Naumann, *Werke*, Band 2, Köln 1964, S. 174–190, hier S. 178; H. Henning, *Sozialgeschichtliche Entwicklungen Deutschlands von 1815 bis 1860*, Paderborn 1977, S. 133。

109 特见《19世纪的资产阶级》第2册蒂利的文章（德英企业家比较）。另见H. A. Winkler (Hg.), *Organisierter Kapitalismus. Voraussetzungen und Anfänge*, Göttingen 1974; G. A. Ritter, "Entstehung und Entwicklung des Sozialstaates in vergleichender Perspektive", in: *Historische Zeitschrift*, 243 (1986), S. 1–90; G. Schmidt, "Liberalismus und soziale Reform. Der deutsche und britische Fall 1890–1914", in: *Tel Aviver Jahrbuch für deutsche Geschichte*, 16 (1987), S. 212–238。

110 参见《19世纪的资产阶级》第2册H. Siegrist和K. H. Jarausch文章；C. Huerkamp, "Ärzte in Deutschland und England. Gemeinsamkeiten und Unterschiede des ärztlichen Professionalisierungsprozesses im 19. Jahrhundert", 比勒费尔德大学硕士论文（1986年）; C. Huerkamp, *Der*

Aufstieg der Ärzte im 19. Jahrhundert. Vom gelehrten Stand zum professionellen Experten. Das Beispiel Preußens, Göttingen 1985; C. E. McClelland, *The German Experience of Professionalization. Modern Learned Professions and their Organizations from the Early Nineteenth Century to the Hitler Era*, Cambridge 1991; H. Siegrist, *Advokat, Bürger und Staat. Eine vergleichende Geschichte der Rechtsanwälte in Deutschland, Italien und der Schweiz (18. – 20. Jahrhundert)*, Frankfurt 1995。

111 关于资产阶级和教育的比较研究章节, 见 Pilbeam, *Middle Classes in Europe 1789–1914. France, Germany, Italy and Russia*, S. 173–209。

112 参见《19 世纪的资产阶级》第 3 册中 Mitchell 和 Langewiesche 的论文。

113 参见 A. Ferguson, *Versuch über die Geschichte der bürgerlichen Gesellschaft*, hg. v. Z. Batscha und H. Medick, Frankfurt 1986, 这里涉及编者的引言, 特别是第 30 页等。一般读物见 E. Fraenkel, *Deutschland und die westlichen Demokratien*, Stuttgart 1914; G. A. Ritter, *Deutscher und britischer Parlamentarismus. Ein verfassungsgeschichtlicher Vergleich*, Tübingen 1962。

114 参见《19 世纪的资产阶级》第 3 册 J. Mooser 和第 2 册中 U. Frevert 的论文; U. Frevert, *Das Duell in der bürgerlichen Gesellschaft*, München 1991。

115 参见 J. Reulecke, "Formen bürgerlich-sozialen Engagements in Deutschland und England im 19. Jahrhundert", in: J. Kocka und E. Müller-Luckner (Hg.), *Arbeiter und Bürger im 19. Jahrhundert. Varianten ihres Verhältnisses im europäischen Vergleich*, S. 261–286; J. Reulecke, "Bildungspolitik und Kommunalpolitik im 19. Jahrhundert", in: J. Kocka (Hg.), *Bildungsbürgertum im 19. Jahrhundert. Teil IV: Politischer Einfluß und gesellschaftliche Formation*, S. 122–145。

116 关于德国和法国对天花和肺结核的不同防疫措施, 见《19 世纪的资产阶级》第 3 册中的文章。关于对德国历史影响深远的 "官僚主义遗产" 的结构条件和几个其他条件, 见 J. Kocka, "Capitalism and Bureaucracy in German Industrialization before 1914", in: *Economic History Review*, 33 (1981), Heft 2, S. 453–468; G. A. Ritter, *Der Sozialstaat. Entstehung und Entwicklung im internationalen Vergleich*, München 2. Aufl. 1991。

117 参见 Max Weber, *Wirtschaftsgeschichte*, München 1923, S. 271: "最后, 我们把等级制度意义上的资产阶级理解为被官僚、无产阶级, 总之是被旁人概括为拥有财产和文化的阶层, 即企业家、收息人, 以及所有受过大学教育，因此有一定等级地位、一定社会威望的人物。"其他例子见 Henning, *Das westdeutsche Bürgertum*, S. 23, S. 31; 韦勒对社会官僚制化的批评见 M. Weber, *Gesammelte Aufsätze zur Soziologie und Sozialpolitik*, Tübingen 1924, S. 390, S. 413ff; 另外论据见 W. J. Mommsen, *Max Weber und die deutsche Politik 1890-1920*, Tübingen, 2. Aufl. 1974, S. 17, S. 94, S. 179ff。也见《19世纪的资产阶级》第3册中 J. Mooser 的观点。如果把官员也视为资产者的话，那么1825年之后的沙俄是一个由资产阶级统治的国家。也参见 P. M. Pilbeam, *The Middle Classes in Europe 1789-1914. France, Germany, Italy and Russia*, London 1990, S. 1-8。

民族国家的矛盾性与欧洲统一的前景*

　　哲学家雅斯贝斯（K. Jaspers）曾于1960年写道："德意志民族国家的历史（而非德国人的历史）已经告终。作为一个伟大的民族，既为自己，也为世界，我们应该看清目前的世界形势，民族国家观念是欧洲与世界各大洲的灾难。正值民族国家观念成为当今地球上压倒一切的破坏力量之时，我们可以开始从根本上来看穿并推翻它。"[1]

　　当然，雅斯贝斯的这一观点一直是有争议的。不过，在20世纪60年代末和70、80年代，德国人普遍认为，他们的前途不在于重建，而在于克服民族国家。[2]与此相关，人们寄希望于1950年以来已由经济为先导的欧洲政治的统一。

　　近来的形势又有了变化，对实现欧洲进一步统一的支持到处都在减弱，就连德国人也是如此。[3]

　　尽管从根本上来说，大多数人还是赞成欧洲政治统一的，但持这一态度的人几乎都不忘记附加一句：欧洲不允许政治上的联盟，也不会解散民族国家。《与超级大国告别：不会有欧洲合众国》便是哲学家吕伯（H. Lübbe）新作的书名。[4]此书依据1989年以来形势的发展，再次

---

* 原文为：Ambivalenzen des Nationalstaates und Perspektiven der europäischen Einigung. Vortrag in einer Ringvorlesung der Freien Universität Berlin am 7.6.1994, erstmals veröffentlicht in: J. Kocka, *Vereinigungskrise. Zur Geschichte der Gegenwart*, Göttingen 1995, S. 151–169。

得出民族国家复兴的结论。

我想在这篇文章里讲三个问题。首先，宏观地概述一下二百年来德国民族国家的历史；其次，综合讨论一下民族国家的成就与危险、它的牢不可破与矛盾性；最后，我将探讨一下以上两点对欧洲政治联盟规划的意义。

我们假设"民族"的定义应具有三个特征。第一，一个民族的绝大多数成员，无论其阶级、等级和阶层之差异，在某种程度上都愿意并在实际上属于一个整体，以此区别于其他民族的成员。这一对行动有指导意义的认同意愿，可能有各种各样的根源，而常常经过美化、升华和歪曲，却从来不是完全捏造的共同的历史经历。

第二，只有在有关民众之间存在高度的内部交流时，我们才能称之为民族。一个民族的成员必须通过某种方式，如语言、共同习俗、共同记忆、道德准则、经济联系或其他形式上的交流，相互发生关系。

第三，一般来说，一个民族应该具有或正在争取建立一个共同的相互联合的政治国家组织，也就是说，它应该具有或试图具有在共同关心的问题上达成并执行一致意见的机构。

如果国家与民族在它们的发展中相辅相成，我们就可以谈及"民族国家"。我所用的"民族主义"概念是指一种以热爱本民族为中心的政治态度和行为。

一、德国民族国家的四个阶段

以上所指发展成熟的民族，最初只存在于18世纪后期的西欧。它们当然不是一夜之间产生的。血缘、地域以及通过政权和文化产生的联系都已长期存在；由（各种杂乱无章的方言在几百年间喧嚣融合的基础上形成的）法语、英语和德语中的任何一种所写的、仅为少数文化阶层所作的文学作品也已经形成。在西欧（但不是德国）产生了几个中央集权的大国。它们的国家边界与语言边界基本相符，并逐渐开始其内部的社会和文化的同化进程。但是，即使在18世纪的英国和法国，大多数民众也不与其民族相认同。这是因为欧洲的上层贵族都有跨民族的亲属关系，各王室都如此。18世纪，在普鲁士军队里有外国军官任职，普鲁士国王几乎只讲当时欧洲知识界的通用语言——法语，占社会底层绝大多数的人民几乎与政治无关。他们生活在家庭、村庄、宗教团体和等级这样的小圈子里，基本还没有把自己看成是法国人、英国人或德国人。

离开祖先居住地的迁徙在民族形成过程之前已经发生或与之同时进行。通常说来，直到18世纪，民族形成过程才进入决定性阶段。启蒙与世俗化运动、跨等级跨区域的公共舆论界的产生、资本主义的兴起、跨地区商业市场的形成以及专制国家在某种程度上的反传统政策，所有这些都加速了近代民族形成的过程。

欧洲各国民族国家的发生，既不是同时，也不属于同一类型，但它们却相互关联，相互影响。这一过程可以区分为四个阶段：[5]

第一阶段，民族思想上升为民族主义思想，成为凝聚的动力。对本民族的热爱释放出无穷无尽的政治力量，民族主义思想成为进步阶层和阶级对旧势力开战的武器。在民族旗帜的感召下，不问政治的广大民众至此第一次受到成功的发动，被卷入政治洪流。此类政治动员的高潮发生于1789至1815年、1848—1849年革命以及德国统一的十年间。民族性的奋斗目标也推动了经济的现代化进程。

但在初期，民族主义的高涨也产生了负面影响，[6]它容易冲破其限度。在民族主义的旗帜下，对本民族的认同往往意味着对其他民族的分离，对本民族的热爱意味着对其他民族的厌恶。其结果使少数民族受到了打击和压迫，使民族主义成为动员排外情绪与对外侵略的力量。

德国的民族主义运动，产生于对扩张性法国民族主义的反抗，对占据德国领土的拿破仑军队的抵抗，也产生于对法国革命的批判。因此，德意志民族主义在初期就被打上了反法与反西方的烙印。

在法国和英国，民族是在已经存在的中央集权国家的条件下产生的。这样，民族自立的要求产生了注重内政的倾向。原则上说，一个民族应该包括所有国家公民，共同的语言、文化和祖先是次要的因素。但在19世纪的德国和意大利，一个统一的国家还不存在，这里的民族运动不是在一个已经统一的国家的条件下，而是以针对众多小国的统一运动的形式而兴起。所以，这里的民族就不能像在法国或美国那样被称为国家民族，而是指一个成为国家前的整体，即一群以共同的文化、历史、语言和祖先为特征的初民（Volk）。初民或文化民族思想是德意志民族运动的基础，但又通过民族国家的建立扩建为国家民族。在国家制度上，这一民族思想跟那种与宪法和人权相连的国家民族的思想不同，它没有特殊的要求，因而可以与各种各样的国家制度相结合。在初民或文化民族里，少数民族及其语言文化不像在国家民族（如瑞士和美国）那里容易得到容忍。最后，前国家的以语言和文化为基础的民族思想，比西方的国家民族思想更容易被神化。[7]

19世纪晚期，在已经巩固的民族国家里，民族主义运动进入第二个发展阶段。这一阶段以第一次世界大战为终点。尽管，在这一阶段，民族主义的进步作用还没有完全消失，但是，为了应对在一定程度上由它造成的社会和内政上的矛盾，民族主义已经改变了阵线，渐渐蜕变为反自由、反民主、反社会主义的，它对内不能容忍社会下层民众，对外实行侵略，成为世界大战时期的巨大祸害。[8]

1871年，通过"铁血"手腕，德国实现了统一。统一的初期，德国不过是一个民族国家的空壳。在1870年至第一次世界大战期间，内在的民族形成过程确实取得了重大成就。以前各小国的管理机构逐步得到全国性机构的补充与完善，各个党派和大型利益集团也得到全国性的发展。自1880年俾斯麦的社会保险法公布后，帝国政府，也就是民族国家，对个人生活保障的意义越来越大。教育和服兵役的普及，使民族国家在人们的意识中留下了深刻（多多少少是愉快和良好）的印象。人们把这一时期经济和科技上的成就归功于帝国，归功于民族国家，这使民族国家得到了普遍的认可。语言也逐步民族化，标准书面德语渐渐立足，1872年，杜登德语词典的初版问世；历史成为必修课，并以民族利益为教学宗旨；民族纪念碑风行一时。尽管当时对国旗、国歌及国庆节（如色当节）有众多争议，但是，民族国家观念已经渐渐在人们（包括工人阶级）的思想和心中扎下了根。

　　另一方面，新德意志民族国家内部存在着尖锐的矛盾。而内部矛盾越尖锐，民族主义的口号就叫得越响亮，目的是掩盖矛盾。统治者认识到，可以利用民族主义来掩盖内部的利益冲突，将内部矛盾转化为对外侵略。显然，民族主义越来越由左派的斗争武器转化为右派的统治工具。这样，自由主义者、民主人士和社会民主党被迫越来越经常地与民族主义势力作斗争，但是，这种斗争常常遭到失败。再往后，民族激情更经常地上升为信仰式狂烈，成为一种替代性宗教，成为排斥一切的沙文主义。它对第一次世界大战的爆发负有不可推卸的责任。

　　第三阶段是两次世界大战之间，这是民族主义的高潮时期。1919年，主要是按照民族主义的标准，欧洲的地图进行了重新划分。民族主义也是新兴的大众文化（包括体育竞技）的一个组成部分，其影响深入社会下层。在参战国，尤其是法西斯独裁国家，它上升为极端民族主义和沙文主义。但另一方面，它也成为抵抗法西斯主义的动机，或成为（特别是1945年之后）欧洲以外地区反殖民主义运动的力量源泉。

　　第一次世界大战期间，民族激情被煽动到前所未有的高度。战后，德国人将其在一战中的失败视为本民族的耻辱。哈布斯堡王朝的崩溃使得数以百万生活在中欧、东欧国家的德意志人成为其他国家的少数民族，在这些国家，他们受到占多数民族的压迫。战后，德国成为一个拥有民主和宪法的共和国，"德族人"（Volksdeutsche）由此获得一种爆炸性的质变。这样一来，自由宪法原则与民族主义之间原有的矛盾从此变得更加尖锐和公开化。民族主义的右翼势力拒绝接受魏玛民主制度和宪法，不承认魏玛共和国以及支持它的党派是德意志民族国家的合法继承人。与19世纪上半期的民族主义一样，他们把攻击的目标对准了现存的宪法秩序，然而这一次遭到攻击的是民主与自由的宪法秩序。众所周知，这一宪政不久就瓦解了，而民族主义右翼对它的疯狂攻击负有重大的责任。第一次世界大战、通货膨胀以及不久以后的世界经济危机使得社会矛盾大大激化，大部分社会阶层，尤其是资产阶级和小资产阶级失去了依靠，地位不断下降。而日益嚣张的极端民族主义正是在这些动荡的社会阶层中找到了它的群众基础。

极端民族主义是民族社会主义思想体系的主要组成部分。它成为保守的旧经济界、大庄园、官场和军界的上层与随希特勒一起兴起的极右群众运动结盟的思想基础。这一联盟恰恰是纳粹夺取政权的关键条件。如同在德国历史上多次发生的那样，在魏玛共和国最后的岁月里，民族主义原则与自由民主、共和制度以及宪制国家又一次针锋相对、格格不入。

在1933至1945年间，民族主义思想成为德国对外侵略、对内压迫以及"消灭"所谓不属于民族集体的少数民族，特别是犹太人的借口。然而，最后民族国家与民族主义思想本身也因以其为借口所发动的战争从外部和内部受到了致命的摧残。

然而，在德意志民族历史发展的最低点，尽管民族主义的非人性和破坏性已经暴露无遗，它却没有受到应有的充分认识。不仅希特勒以德意志民族的伟大来为他的罪恶辩护，就连1944年7月刺杀他的保守派抵抗者也把他们的勇敢举动视为民族义务，认为自己是在为德国效劳。不过，他们人太少，而且下手太晚。

从那以后，已经过去了半个世纪。在西方大部分国家，民族国家的历史进入其第四发展阶段。在这一阶段，民族国家的历史已经发展成熟，其发展速度也有了一种常态。与19世纪初不同，民族国家的发展不再需要民族主义思想的发动,尽管还存在着许多社会矛盾,但是这些矛盾已经较易被掌握。社会福利国家、各种组织机构以及通过国会达成的利益调节等因素,一般说来已经足以解决各种社会矛盾,社会内部的融合已经大有进展,与以前不同,很少需要用极端民族主义作为社会凝聚的思想。

然而,即使在西欧和北美,民族国家也仍是现代社会通常的政治组织形式。一方面,对本民族的认同到处仍是政治的牢固根基及集体认同的重要组成部分。另一方面,世界上跨民族国家的联结变得更加紧密,经济关系与通信的全球化正在迅速发展,它削弱了民族国家的权限及其政府的能力。这是一个耐人寻味的矛盾。

即使在西方,民族自豪感也极易堕落为对外的傲慢和凶恶的排挤,排外情绪瘟疫般的复兴就表明了这一点。只要想想爱尔兰、巴斯克或科西嘉问题,我们就会看到,就是在已经巩固的民族国家里,民族主义也没有被克服。不过,总的来说,在西方较富裕、民主的工业社会,提升了对极端民族主义克服的机会,民族国家的组织与跨国同盟可以相安无事。这是一种新发展。

东欧的情况却有些不同。随着苏联的瓦解,那里旧的民族结构和民族认同迅速崛起,在经受了几十年的独裁统治之后,最终成为争取解放的力量源泉。在东欧,历来存在着对跨民族帝国的统治和霸权反抗的悠久传统。今天,重建的民族国家深受这一传统的影响。正如我们在巴尔干半岛所看到的惊心动魄的一幕那样,经济的落后、悠久的反抗传统以及多民族紧密的杂居,今天终于导致19和20世纪初那种爆炸性的民族主义在东欧、东中欧和东南欧的复兴。

由于1945年的战败和随后产生的东、西方的根本对立,德国失去了民族国家的统一。但是,当时并没有产生对民族国家丧失的强烈抗议。由于民族主义在德国造成的灾难,也由于长期以来它在德国具有民主却反自由的特征,这一信念在德国受到了特别彻底的动摇。

与东德一样，联邦德国（西德）不是民族国家，[9]尽管它在国家公民权与自我理解方面仍坚持着原民民族（Volksnation）原则，即对所有愿意加入这一政体的德意志人，不管是来自东德，还是来自东欧或世界任何地方的德国人后裔都采取开放的政策。此外，联邦德国的自我定义是一个拥有西方式宪法的国家，以坚持民主的公民权和自由民主的政体为原则，并以此与独裁政权相区别。与其他西方民主国家一样，它不必以民族主义为武器来保障现代化的进行和内在的团结。她基本放弃了与国际现有秩序以及联邦德国（德国历史上第一个拥有一部长期稳定的、自由与议会制的宪法的国家）的内在秩序相抵触的族民民族权利要求。德意志民族性的自我理解退居其次。

但是，在国际形势允许的瞬间，这里也发起了一阵民族主义的热潮，仅仅在几个月之内，没有遭到多少反对（尽管在西德没有受到多大欢迎），它再一次将德国历史引上了统一的轨道，民族国家的组织在德国也得到恢复。可以说，这是理所当然的趋势，毋庸多言。

值得注意的是，1990年重建德意志国家的要求与以自由民主来克服以前专政的要求是一致的，两者携手并进，相辅相成。这一民族主义和自由民主双重目标的同盟是一百多年来德国历史上从未经历的。从其他方面来说，今日的新德意志民族国家，与1945年、1933年的民族国家或是1918年以前的德意志帝国相比，也是不能相提并论的，它向东的疆域伸展受到了限制，生活在德国国界以外的德意志人的问题很小。另外，与1870—1871年不同，国家的统一，不是通过战争，而是在邻国的一致同意下完成的。像其他西方国家一样，德意志民族国家进入了一个相对稳定的历史时期。

二、成就与危险：民族国家的矛盾性

以上概述表明，民族思想可以有各种目标，民族国家可以作为各种政治与社会内容的组织形式。特别是在消除不平等或抵抗外族统治方面，民族与民族主义思想曾与民族解放、立宪、民主化、现代化和社会团结的纲领相联系，起到了进步的同化和推动作用。社会福利国家也是在民族国家的范围内发展起来的。所有这一切，今日依旧如此。不过，民族思想的积极作用在民族原则的实现阶段要比在其巩固阶段更强。

但是，民族思想、民族原则和现实中的民族国家，总是包含着排外和对内排斥异己的倾向，包含着潜在的平均主义、暴力和侵略性。[10]在过去和现在，它们都能成为阻止改革、压制自由、限制民主、排挤与压迫少数民族的武器，成为非理性的自我认同、拒绝批评、极端地方主义以及穷兵黩武的工具。

民族本是一个思想上的秩序、文化上的定义，一种将某一人群归属于一类的想法。[11]民族通过人关于自我的想象和与他人的认同而形成。但是，这些想象和想法影响着人的行为和机构的形成，并通过行为和机构得到巩固。它们以人们有关异同、统治与关联的现实经历为基础，以实在的但通过人们的解释、选择、美化与神化（但很少全属捏造）的传统和环境为基础。[12]

但是，人们对民族认同中所受到肯定、庆贺并通过象征的手法而得到巩固的民族共同特点的看法却大相径庭，其中，对共同历史、重要历史事件以及历史连续性的看法总是占有重要地位。这些看法大都具有一个基本符合史实的内核，但也充满塑造、传说与盲目性。共同的语言大都被看成是重要的，还有与其相关、由它依托、代代相传的一个不断变化的包括内容、形式和实践的多样性的文化总汇，此外还有由此达成的民族成员之间的密切交流。

以下区分最具现实意义：如果血缘与文化的相同成为一个民族认同的核心，那么这一民族就自认为是血缘共同体（大都属于虚构），或（较为现实一点）为语言共同体，加上所有与此关联的文化，为一个原民民族。如果国家公民权利方面的共同点占首要地位，那么这一民族就是一个国民民族的统一体，是国家公民民族。[13]这当然只是一个初步、理想的类型学的区分。因为，就是西方的国民民族，如法国、瑞士、美国，也有其人民民族性的组成部分，它们也大都强调共同的历史、语言和文化，即实行宪政之前的共同点。与此相反，原民民族，如德国、波兰或匈牙利，在其民族国家形成之后，也发展了国民民族的因素，或在此之前就有这方面的努力，即致力于宪法、不计血缘差异的相同的国民权利和义务。人们希望，也认为，东欧的新民族国家也能做到这一点。

但是，还有许多现实政治意义上的差别。如果一个国家，如法国或作为移民国家的美国，在其现代民族国家历史的开端，通过一部宪法以及某些具体的国民权利和义务作自我定义，那么，这将对它的内政产生重大影响。尽管当时的法国与美国在这方面还有很多局限性，如只限于男子为国家公民，也不是没有对外的排斥，但是，它们有发展潜力，能扩大其融合面，能超越种族、阶级、宗教和性别的界线而逐步实现公民权的普及。血缘民族思想、出身和语言共同体思想则与此相反，它们对政治宪法的性质没有什么特殊要求，在极端情况下，这种思想可与最残酷、剥夺了大部分国民权利的独裁政治相容，如1933至1945年间的德国，并以"民族抵抗"为之辩护。如果一个民族用一部宪法作自我定义，那么它政治上堕落的可能性就会小一些。

原民民族的自我定义，强调象征、语言、出身、历史甚至种族与血缘，所以它们更容易实行文化上的同化政策，或歧视内部的少数民族。国民民族则能较好地处理内部文化与民族的多样性。不过这也不是绝对的，现实中有许多混杂的例子。如历史上法国人在阿尔萨斯的语言政策上常常与德国在波兰西部的语言政策一样，具有狭隘与压制的特点。就是在国民民族里，也不是没有以文化、原民的共同点为依据的政治行为。这说明，以宪法为基础的爱国主义还不足以对国家的内外进行区分。

但原民民族与国民民族的区别由来已久，难以消除，且这两种民族主义至今仍是双重存在的。只要看看美国是怎样对待其他民族与种族,而我们德国常常又是怎样做的,就可以了解这一点。德国的国家公民权仍带有原民民族的色彩,这一点我们应该,也能够首先通过使入籍方便化来加以改进。当然,在各种原民、语言、文化集团紧密杂居的东欧,民族概念的初民特色特别浓重,而国家的初民特色过浓就容易导致灾害。

民族和民族国家都是历史发展的结果,是现代人为的产物。它们的合成、伸展和外延都比其自我想象或宣称的要偶然得多。作为历史的产物,它们还会发生深刻的变化,会分裂和消失。[14]不过,它们的形成与消失都需要经历非常漫长的阶段。尽管它们曾带来危害与灾难,尽管曾受到过批判,但它们却非常牢固,具有顽强的历史创造力,1989年以来的经验又一次证明了这一点。那么,它们为什么能这样牢不可破,死而复生?

至少,那种把民族和民族国家看成多多少少是一个不再入时的遥远时代的遗留物,认为它们今天已经失去其作用,而它们之所以还存在,只不过因为其烙印过深而已的想法,是片面的。

在格尔纳(E. Gellner)等人的影响下,一个与此相反的观点在学术界得到普遍赞成。[15]格尔纳认为,现代社会以非常精细的分工制度为特征。与以往农业社会不同,现代社会不断变化,具有高度的活动频率。社会角色的差别在淡化,局部体系、文化之间的界线在消失,跨阶层、部门和集团的交流在扩展和深入。在这样的社会里,"社会个人与集团的再生产"不再(像以前那样)在人与人之间或在狭小的社会环境与局部文化中进行,而只是通过一种普及教育制度,在一个要求所有人加入、不断同化,且主要是由此保障社会凝聚的现代文化的基础上得到实现。随着它的实现,这一文化在国家及其统治与秩序的作用下,获得了空前的重要意义。而另一方面,国家则必须(如通过国家的教育机构)保障这一逐渐重要的文化。这样,跨集团、宗教和局部文化,同时又不是没有任何界线的民族性观点、象征和文化因素对国家具有重要意义；同时，国家对这一文化也有重要意义。这就是格尔纳的解释。在这一相互关系中，国家发展为民族国家。

以下论点虽与格尔纳的论题相符，但具有另一种倾向，其关键不在于通过某一特殊形式来连接国家与个人的民族文化，实现跨地域、地区和部门的一致性，而在于对国家的民主调控，在于民主时代国家应该具有合法性。[16]我们所追求的是一个能够实现既不限于一个阶级，又不限于一批精英的最广泛的社会政治参与的机构。在这一机构中，没有宪法、舆论界和有组织的参与和交流是不可想象的。特别对于国民民族来说，如果没有一个舆论界的存在，要实现基于同一文化，借助于共同语言，而无视其他差别的广泛的交流是不可想象的。因为舆论界原则上具有包罗万象，能将个人与集体结合，实现最广泛的政治参与的作用，它也是一个国家为满足人们对于现代国家保护法权、秩序、提供社会福利等期望所需要的稳定与合法地位的必备条件。在民族的框架之内，原民逐步转变成国民。

除了这一发展途径以外，还能有什么其他办法呢？大范围区域的跨民族的统一，如果因语言文化上的差异过大，而阻碍一个共同舆论界的产生与实现参政和民主的可能性，那么它就不能取代民族的位置。小范围和地方的认同自然有其存在的权利，但不能用于构造较大的分析和行动的联系，以满足我们解决面临着的越来越多严重问题的需要。阶级与其他小集团也不能替代民族，因为它们有太大的局限性与排外性。宗教信仰至少在欧洲已经失去它以前所具有的对个人的控制和意义。即使不是这样，它也不能成为我们西方世界对所有人有效的政治认同的基础。

我们看到，民族、民族主义和民族国家常常没有阻止，反而导致和推进了自由民主的瓦解以及经济繁荣的破灭。但我们也看到，国家公民权利与义务、宪法、宪法的遵循与民主、有条理地解决矛盾以及社会权利的保障等这些内容，如果"没有民族和民族国家这样的东西"是难以实现的,尽管它们带有危险,常常以民族界线限制了人权和公民权的普遍实现,而且民族国家这一层次不能成为解决今日众多跨民族性问题所需要的联络与决策的机构。至于后者,往往被格尔纳和其他一些人所忽视。

三、欧洲前景的展望

对以上论述欧洲政治统一的宏伟规划(这一规划的发展情况这里不必细说)能有什么结论呢?[17]这里的问题不在于是否应该维持并继续发展已经取得的经济上的融合,经济融合是欧洲共同体的一大成就,它给所有成员国都带来了效率与福利的增长,难怪几乎所有欧洲国家都想挤进去。特别是从欧洲共同体或欧洲联盟获益颇多的德国人的角度来看,尽管还存在着一些具体问题,如农业政策方面,但如果在这条路上止步不前或走回头路,却是荒谬之极。所以,这一基本方向是不容更改的。

还没有答案的问题和主要争议是,欧洲联盟是否也应该发展成一个政治联盟,即除了经济上、经济政策方面的权限以外,是否它也应获得一般的政治权限。如果答案是肯定的话,那么又该在何种程度上获得这种政治权限?长远来看,欧洲联盟是否应该成为一个欧洲联盟的国家,即现在的民族国家与它的关系是否应该像德国或美国的州与联邦政府的关系一样?这一要求曾有许多人提出,就是在基督教民主联盟的新党章里我们也可以读到:"欧洲联盟应该是自由、民主、各邦分治和联邦式的"。[18]英国政府则站在与此对立的立场,坚持主张原则上欧盟应该仍是一个虚弱的、几乎只拥有经济和经济政策方面权限的"目的协会"。与权限问题相互关联,还有欧盟的扩大与其内部结构或宪法的问题。

主张将相当多的权限让渡给欧盟的人的理由有以下三点:首先,

经济政策权限向欧盟的完全让渡，造成了让渡其他权限的必要性。因为经济政策是不能与其他政策部门完全分开的。仅仅共同市场的形成，就使得欧洲共同体以保障平等竞争条件为理由，其权限逐渐涉及越来越多的其他政策领域。仅 1990 年，就有 7 000 个全欧性的法案。随着马斯特里赫特（Maastricht）条约中预定的货币同盟的实现，成员国将失去社会福利与地方发展政策方面的活动余地。在将来经济与货币同盟的条件下，目前联邦政府完成德国统一的政策就无法施行。这里，我们看到，经济政策与一般政策相互依存。马斯特里赫特条约已经是从一个经济和经济政策的目的协会向一个政治同盟的过渡文件，尽管它还只是一个争议纷纷的开端。

其次，几乎无可非议的是，在许多政治领域，跨民族的层次将会比在民族国家层次得到更好的管理。鉴于跨民族的经济交流以及与经济强国美国和日本竞争的必要，工业、基本建设和科研政策无疑属于这一类政治领域。另外还有环境保护政策、移民政策以及安全政策或某些外交政策也属于这一领域，打击刑事犯罪的要求也超越了民族国家的界线。即使社会福利政策的实施，也由于劳动力市场的跨民族的连接不能再由民族国家单独来进行。所以，问题的跨民族化要求其解决办法的跨民族化。不过，这并不意味着要把这方面的权限完全让渡给欧盟。因为，其他跨民族性机构，如负责安全政策的北约或负责发展中国家政策的世界银行，也同时存在。确实，问题的全球化常常跨越欧洲的界线。不过显而易见，从民族国家一级来解决许多问题已经不很妥当。将权限让渡给由此强化的欧盟，却是理所当然。

再次，我们也已经认识到"神圣民族利己主义"与民族国家相当大的潜在侵略性。将民族国家融入一个带有联邦倾向的欧洲联盟，能够对之进行驯化，消除其潜在的极端民族主义的危险。恰恰从德国当代史的角度来看，建立一个欧洲政治联盟有充足的理由。

但是，对此还是歧议纷出，持不同意见者也言之有理。首先，欧洲联盟只有一个非常无权的议会。它的权力一方面集中于欧盟理事会，这一理事会是一个与成员国政府机构、其他专家小组，特别是各种协会相互合作的庞大的政治官僚机构。另一方面，欧盟的权力集中在由国家和政府首脑组成的欧盟各国首脑会议或部长会议以及在这里进行合作的成员国的专业部长手里。这就意味着决策过程的非议会化、官僚化与政府化。这一点，就今天来说，不是没有问题。如果进一步扩大欧盟的权限，那么，由于人民对欧盟政治的参与和监督机会很少，它的内部构造和分权的情况将会得到恶化，各个政策领域几乎不可能融合为一项严密的总政策。

　　因此，有许多人建议将欧盟的宪法议会化和民主化。这是必要的。不过，这条路不容易走。因为仅仅加强欧洲议会的权限还是不能解决问题。这一点必须与建立全欧性党派结构、全欧性公共舆论界、全欧性协会和工会携手同行。因为如果没有党派、舆论界和协会作为基础，任何议会都将是架在空中，也缺乏监督和效率以及合法性。但是，欧洲大陆地域广阔，不能一目了然，还有那么多不同的语言，在文化上也零零散散，不可能有一个全欧性的交流和参与结构。而且，全欧性的舆论界、党派和协会又如何形成？或许缺少了舆论界，全欧性的协会也能形成？鉴于欧洲在语言、文化上的多样性，我们离全欧性参政和舆论结构还很遥远。欧洲文化的多样性即使会消失，也只有在短期内通过暴力或在极漫长的岁月里逐渐趋于消失。换言之，我们现在与不远的将来所缺乏的是一种欧洲国民，一个欧洲民族。没有一个欧洲民族，一个欧洲国家如何能够获得民族国家的合法性、一致性与力量？如果我们硬要造就一个欧洲联邦国家的话，那么它将缺乏合法性、稳定和实施权力的力量。从现代的条件和要求出发，根据参政和民主的准则，我们很难想象，一个国家或一个民族不以一批国民为根基而能获得作为一个国家的根本功能，即有条理地解决内部矛盾，分配资源和生活机会，具有维持秩序的能力以及对生杀予夺大权的垄断。

要做到这一点，对现在包含15个国家的欧洲联盟已经是一个很大的困难。如果欧盟向东扩展，这一问题将进一步尖锐化，因为欧盟内部的异质性将随之加剧。这是欧盟深化还是扩展问题的关键。

上述困难能迫使我们谦虚一点。谁能知道遥远的将来会是什么样？当代人并不能看到所有历史发展的可能性。欧洲内部的差异正被逐步磨损，欧洲各国之间的交流在逐步加深，欧洲的同一性也正在逐渐形成。[19]欧洲联盟不能取代民族国家，欧盟也不能像一个联邦国家那样居于成员国之上。欧洲法律不能压制民族国家的法律，欧盟也不能像德国联邦政府对待州政府那样指定它们与联邦政府分权。

相反，哪些权力、权限和义务应该让渡给欧盟？这是应该一一加以仔细排列的。不入列的权限就应该留在民族国家及其地方政府那里，这可称为"分治"。决策权限的集中本身不是目的，而且必须付出代价，它会扩大与基层的距离，增加人民参政的困难，松懈与基层的必要联系，因此会削弱政策的实施力。不过它还有其必要性与意义，但是集权必须有理由。

这并不意味着把欧盟永远规定为一个狭窄的以制定经济政策为目的的协会。政治权限与部分主权向全欧级别的让渡早已开始，并且应该出于以上所述原因继续进行下去。在这一过程中，将会发生欧盟与民族国家之间的权限争夺。我们现在关于主权概念的内容已经远离19世纪与20世纪初的内容，走回头路是既不可取也不可能了。但是，一个欧洲联邦国家是一个很有意义的目标。如果发展顺利的话，现在正在形成的欧洲国家将是一个崭新的、不符合现有宪法概念的、处于多国同盟与联邦之间的复杂机构。

能造就这样的欧洲联盟成就已经不小，它能够解决民族国家所不能解决的问题。如果发展顺利的话，它将使民族国家相对化和易于整合。从长远来看，它将有助于欧洲交流结构和同一性的形成。至于以后有无在这一基础上成立一个欧洲合众国的可能性和必要性，今天还不必下结论，因为要达到这个目标，困难重重，矛盾太大，而且还在不断增加。

注　释

1　参见 *Freiheit und Wiedervereinigung. Über Aufgaben deutscher Politik*, München 1960, S. 53。

2　H. Lindemann, *Die Sache mit der Nation*, München 1970, S. 161.

3　详细的分析见 H.-W. Platzer u. W. Ruland, *Welches Deutschland in welchem Europa? Demoskopische Analysen, politische Perspektiven, gesellschaftliche Kontroversen*, Bonn 1994, S. 28−35。

4　参见 H. Lübbe, *Abschied vom Superstaat-Vereinigte Staaten von Europa wird es nicht geben*, Berlin 1994。

5　以下论述参见 J. Kocka, "Nation und Gesellschaft. Historische Überlegungen zur 'deutschen Frage'", in: *Politik und Kultur*, 8 (1981), Heft 1, S. 3−25; J. Kocka. "Natievorming in Duitsland", in: J. C. Hess und F. Wielenga (Hg.), *Duitsland en de democatie 1871—1990*, Amsterdam 1992, S. 27−37。另参见 O. Dann 的综述: *Nation und Nationalismus in Deutschland, 1770—1990*, München 1993; H. A. Winkler (Hg.), *Nationalismus,* Königstein / Taunus 1978, S. 5−46: 见其引言（有详细的资料介绍）。

6　参见 D. Langewiesche 的确切论述: D. Langewiesche, *Nationalismus im 19. und 20. Jahrhundert*, Bonn 1994。

7　特见 T. Schieder, "Typologie und Erscheinungsformen des Nationalstaates in Europa", in: *Historische Zeitschrift*, 202 (1966), S. 58−81; T. Schieder, *Nationalismus und Nationalstaat. Studien zum nationalen Problem im modernen Europa* (O. Dann und H.-U. Wehler [Hg.]), Göttingen 1991。

8　以下论述及参考书目参见 J. Kocka, "Das Problem der Nation in der deutschen Geschichte 1870−1945", in: ders., *Geschichte und Aufklärung. Aufsätze*, Göttingen 1989, S. 82−100, S. 186; W. Hardtwig, *Nationalismus und Bürgerkultur*, Göttingen 1994, S. 191−273。

9　参见 M. R. Lepsius, "Die Teilung Deutschlands und die deutsche Nation", in: Ders., *Demokratie in Deutschland. Soziologisch-historische Konstellationsanalysen*, Göttingen 1993, S. 196−228。

10 参见 H.-U. Wehler, "Die Gefährdung des Sozialstaats durch Nationalismus und Fremdenfeindlichkeit", in: J. Kocka u.a. (Hg.), *Von der Arbeiterbewegung zum modernen Sozialstaat. Festschrift für G. A. Ritter zum 65 Geburtstag um 65.*, München 1994, S. 778–789。

11 参见 M. R. Lepsius, "Nation und Nationalismus in Deutschland", in: M. Jeismann u. H. Ritter (Hg.), *Grenzfälle. Über alten und neuen Nationalismus*, Leipzig 1993, S. 193–214。

12 近来有些作者过分强调民族观念的捏造成分，如 B. Anderson, *Erfindung der Nation. Zur Karriere eines folgendreichen Konzepts*, Frankfurt 1993。

13 以下论述也参见 M. R. Lepsius（同注释11）; R. Brubaker, *Citizenship and Nationhood in France and Germany*, Cambridge/M. 1992。

14 见 E. Hobsbawm, *Nation und Nationalismus. Mythos und Realität seit 1780*, Frankfurt 1991。

15 E. Gellner, *Nationalismus und Moderne*, Berlin 1991. 也请参见 R. Michener（Hg.）, *Nationality, Patriotism, and Nationalism in Liberal Democratic Societies*, St. Paul/Minnesota 1993。

16 参见 R. Dahrendorf, *Die Sache mit der Nation*, 1990年初版, in: M. R. Lepsius u. H. Ritter (Hg.)（同注释11）, S. 101–117; R. Dahrendorf近作: "Die Zukunft des Nationalstaates", in: *Merkur*, 48 (1994), S. 751–761。

17 以下论述参见 M. R. Lepsius, "Die Europäische Gemeinschaft und die Zukunft des Nationalstaates", M. R. Lepsius, "Nationalstaat oder Nationalitätenstaat als Modell für die Weiterentwicklung der Europäischen Gemeinschaft", in: Ders., *Demokratie in Deutschland. Soziologisch-historische Konstellationsanalysen*（同注释9）, S. 249–285。 C. Gasteyger, *Europa zwischen Spaltung und Einigung, 1945–1990*, Bonn 2. Aufl. 1991; A. M. Sbragia (Hg.), *Europolitics. Institutions and Policymaking in the "New" European Community*, Washington 1992; A. W. Cafrung u. G. G. Rosenthal (Hg.), *The State of the European Community*, Band 2: *The Maastricht Debates and Beyond*, Buolder, Col. 1993; W. Weidenfeld (Hg.), *Wie Europa verfaßt sein soll. Materialien zur politischen Union*, Gütersloh 1991; P. M. Lützeler (Hg.), *Europe after Maastricht. American and European Perspectives*, Providence, R. J. 1994。

18 引自 *Die Zeit*, 第22期（1994年5月27日）, 第10页。

19 参见 H. Kaelble, *Auf dem Weg zu einer europäischen Gesellschaft. Eine Sozialgeschichte Westeuropas, 1880–1980*, München 1987。

"德国独特道路" 的终结[*]

　　本文讨论的主题是有关德国近现代史的一个具有争议的论点,它带有浓厚的政治色彩。之所以这样说,是因为德国 "独特道路" 的论点,不仅在德国与西欧历史的比较中是批判性解释的核心部分,而且,持这一论点的人还认为,它能以特有的方式来对现代德国进行定位,并由此推进有关德国人同一性的争论。"独特道路已经终结" 的论点更是如此。

　　下面,我先介绍一种 "独特道路" 的提法,尽管它不属于本文研究的对象;第二,我要回顾一下20世纪40年代以来,某些学者以 "独特道路" 观点对德国近现代史所作的解释;第三,我将总结一下对这一解释的最重要的反对意见;第四,我要阐述一下我自己的立场;最后,我还要谈及1990年两德统一对德国 "独特道路" 观点意味着什么。

一、旧式 "德国独特道路" 的论点

　　曾经存在一种旧式的 "独特道路" 的论点,这种论点认为,德国有一条特殊的、有别于西欧的现代化发展道路。德国走这一条道路完全必要,因为西欧的解决问题方式,在德国(因其特殊的地理、社会文化

---

* 原文为：: "Ende des deutschen Sonderweges?" in: W. Ruppert (Hg.), *"Deutschland, bleiche Mutter" oder eine neue Lust an der nationalen Identität?* Texte des Karl Hofer Symposions 12. -17. 11. 1990, Berlin 1992, S. 9-31。

条件）不适用。有些更激进的人（如特劳赤[Troeltsch]，或译特洛尔奇）还认为，德国的"特殊形式"从根本上来说比其他国家优越，它迟早会迫使其他国家来模仿。19世纪，这种观点在德国历史学家、知识分子和政论家中逐渐传播，在一战中发展到极端化的高潮，两次世界大战之间有关这一问题的讨论继续进行，1945年之后，则一蹶不振。当然，这种观点在这里不必细说。

历史学家（如辛策[O. Hintze]、舍费尔[Schäfer]）、社会科学家（如桑巴特[W. Sombart]、普冷格[Plenge]）以及特劳赤和托马斯·曼（Thomas Mann）虽然各有不同的强调、不同的自信和不同的思考深度，但他们都将"德意志文化"与"西欧文化"相对立，将德国的官僚国家与英国的议会制度相对立，将普鲁士式的职责精神与西欧的天赋人权和平凡的启蒙思想相对立。这一特殊的意识最突出地表现在与"西欧1789年精神"相对抗的所谓"德国1914年精神"上。这一论点在桑巴特的《商人与英雄》以及1919年托马斯·曼写的《一个不问政治者的几点看法》中有集中的体现。1919年以后，这一认为德国独特道路比西欧优越的思想成为批判所谓西欧式"议会民主制魏玛共和国"的基础。布拉赫尔（K. D. Bracher）、吕伯和松特海默（K. Sontheimer）早就指出，这一思想意识的某些成分渗入了民族社会主义思想的大杂烩，并与之一起灭亡。本来我可以展现这一思想意识的组成部分是怎样在各种关联的场合下出台，怎样在特劳赤和梅内克（F. Meinecke）那里受到修正，又是如何影响了近现代史学家的观点和研究工作的，但是，这不是我这里的专题。福奥伦巴赫（B. Faulenbach）曾就此问题写了一本佳作。[1]

二、左派"德国独特道路"的论点

我这里想集中探讨另一种意义上，即进行传统批判的德国独特道路的论点。这一论点主要在20世纪中期形成，它对我们这一代历史学家产生了强烈的影响，而且至今仍有巨大的影响。它也曾带有政治色彩并具有理论意义。这一批判性独特道路的论点（以下我这样称之）来自社会主义者和左派自由主义者方面的先驱和父辈。马克思与恩格斯曾经提到（都是与英法相比）德国资本主义的相对落后性和德国资产阶级的相对软弱。韦伯在他对德国资本主义精神发育不良以及大资产阶级的封建化的尖锐批判中，也明确地把德国与西欧相比较。自由主义政论家和政治家诺曼，称德国人为"穿着农业国政治外衣的工业民族"，他埋怨道："我们的政治状况，犹如将一个日益扩展的工厂建在一个陈旧的农家谷仓里，是'崭新机器、旧木梁，铁架子穿通泥土墙'。"[2]美国人凡勃伦（T. Veblen）也曾于1915年对威廉帝国作过相似的批评。1932年，布洛赫（E. Bloch）继承了这一传统，称德国为"经典式时差国家"，与英法不同，是一个"带有未能消除旧经济现实和意识残余的国家"。

这一批判性论点的大部分来自左派对1933年前后纳粹上台所作的解释。它们将纳粹上台解释为德国资产阶级软弱的标志，认为德国资产阶级与西欧资产阶级不同，在危机中太软弱，不能自己执政，而让权给一个新的波拿巴，依靠他来扭转危机。在此之前，伯肯诺（Borkenau）和塔尔海默（Thalheimer）对法西斯主义所作的解释也已经含有独特道路论点的某些组成部分。

这一德国独特道路论点，是通过20世纪30和40年代的德国与美国或德国与英国的比较（1933年以后，这些比较自然就成为制度的比较）基本成型的。这里要提到的历史学家，有当年访问德国的美国学者如帕森斯（T. Parsons）和克雷格（G. Craig）；特别是流亡到美国的德国学者如罗森贝格、霍尔波恩（H. Holborn）和福仁克尔（E. Fraenkel）。总的来说，他们中绝大部分，如福仁克尔、雷德勒（E. Lederer）和霍克海默（M. Horkheimer），属于知识界的左派，他们亲近资本主义思想，而且不仅如此,资本主义对他们来说有过拯救生命的经历。他们认为,并不是所有属于资本主义社会制度和经济制度的高度发达的西方国家都会蜕变为法西斯主义,只有德国(和意大利)如此。为什么德国与高度发达的西方国家不同,在两战之间的危机中走上法西斯极权道路? 这一提问不仅在30和40年代对于正在形成的独特道路论点来说是问题的关键、动力和政治思想的中心,在我看来,在以后这一讨论深入进行时依然如此。

他们当然没有忽视临时因素对魏玛共和国崩溃和纳粹上台的重要意义。谁能对一战以及被视为耻辱的战败的后果视而不见呢? 至于国际经济关系方面的困难以及世界经济大危机加剧了德国历史上第一个共和国的困境,有助于希特勒上台,这也是不争的事实。

但是,随着当时国际学术界对长期性结构和进程的重要性的重视,他们对这一问题的探讨追溯到19和18世纪,甚至更往前的德国历史。他们试图通过与英、法、美或所谓“西方”的或明或暗的比较,找出德国历史上虽不是直接导致纳粹主义,但长期阻碍自由民主制在德国发展乃至使法西斯上台的特殊性结构、经历、过程或重大的决策。对此,各种学者作了不同论述。不过那时他们大都没有明确用“独特道路”这一概念。

普勒斯纳(H. Plessner)指出,德意志民族是一个“迟到的民族”,它的民族国家形成过程受到推迟,并且是“由上而下”进行的。其他历史学家认为,德意志帝国的民族主义扮演了一个特别好斗、很早就走向右倾的破坏性角色。福仁克尔、布拉赫尔、李特(G. A. Ritter)、莱普修斯(M. R. Lepsius)等人揭示了德国政治制度中长期存在的弱点,如推行议会制的受阻碍、极为分散的党派制度以及其他后来成为魏玛议会民主制度运转障碍的因素。克里格(L. Krieger)、斯特恩(F. Stern)、莫瑟(G. Mosse)、松特海默等人则强调德国政治文化中那些非自由主义、反多元化、可供纳粹思想作基础的因素。罗森贝格等人指出,工业化以前的上层人物,特别是易北河以东的农庄主("容克")、高级政府官员以及军官在直到20世纪的德国社会享有巨大权势。长远来看,他们阻碍了民主化和议会化进程,这一点,如温克勒(H. A. Winkler)等人所说,从大农庄主利益在魏玛共和国崩溃过程中所扮演的灾难性角色就可以看出。在普鲁士领导下用"铁血手腕"实现的德国统一,扩大了军官团的政治影响,提高了它的社会地位,赋予了它几乎特殊等级式的地位和独特的权力。许多传统的(工业化以前的)准则、习俗和生活方式,例如小资产阶级执拗的思想方式和反无产阶级的权力要求、资产阶级政治文化中的军国主义因素(我们这里只要联想起"后备军官"这一社会阶层),都与过去的上层阶级一道幸存下来。继韦伯经典性的批判之后,有人作出了德国大资产阶级"封建化"的诊断。大资产阶级似乎容忍了贵族在政治上的优胜地位,接受了贵族的道德准则和生活习惯,不再去追求资产阶级的政权,不培育资产阶级文化。与西欧相比,德国资产阶级没有"由下而上"的成功革命经验,长期受着由官僚领导的"自上而下改革"传统的影响,又受到了蓬勃兴起的工人运动的挑战,因此,显得相当软弱,简直没有资产阶级的意志。

按达伦多夫(R. Dahrendorf)和韦勒的影响深远的观点来看,德意志帝国是一个卓有成效的工业资本主义和现代经济与前工业化机构、统治秩序和生活方式的结合。这是一个不稳定的制度,其内在矛盾导致了对内压迫和欺弄,对外侵略。在这一关联中,菲舍尔(F. Fischer)及其学生指出了德国对一战爆发的特殊责任。[3]

当然,这一解释的代表人物也看到,一战及其失败以及1918—1919年的革命意味着一个重大的冲击,局势因此有了变化。1918年以后,旧专制国家、官僚集团和军官集团在很大程度上失去了原有的威望。一部分过去的领导阶层被替换掉,议会民主制已经在实行。而处于分裂中的工人运动是局势变化的获利者之一,社会福利国家得到很快的发展。但持独特道路论点的历史学家认为,尽管如此,许多旧的负担被保存下来并造成魏玛共和国特有的虚弱，以致在世界性的经济大危机中崩溃。而西欧和北欧较稳定的民主制度却能渡过这一关。

诞生于战争和战败后的议会制度由于受到长期的阻碍而运转困难，无力解决随着一战结束和经济危机产生的尖锐社会矛盾。帝国时期党派制度的主要部分经过革命动荡幸存下来。这些党派没能及时学会运用议会制度，作出必要的相互让步。传统观念和特权思想在大部分上层阶级（容克、高级官员、军官、法官和部分资产阶级）中继续存在。而这些传统的、前民主、局部是前现代的观念和权利要求，渐渐与魏玛共和国的现实发生冲突，所以大部分上层阶级对新兴的民主共和国抱着怀疑或敌视态度，因而加速了它的崩溃。部分小资产阶级对国家根深蒂固的依赖心理也保留下来。当这一新兴政治制度不能为其抵挡现代化带来的挑战时，这种依赖心理就转变为对这一制度的不满。政治文化中虽有柏林和魏玛的现代文化成分，但过去的非自由主义因素仍保留下来，而且变本加厉，通过各种不同的渠道促成了纳粹的上台。

这样看来，造成魏玛共和国危机的不仅是经济危机、剧烈的阶级分化和动乱性的现代化后果，而且，它也受到前现代结构和传统，即独特道路遗产的强烈影响。[4]

我们还能举出许多同意这一看法的学者，特别是历史学家，也有文学家和社会科学家的名字。这里只提霍恩达尔（Hohendahl）和哈贝马斯（Habermas）两人。我将把这一解释简要地加以概括，而且争取做到（在我看来）尽量使之言之有理。我删掉几种站不住脚的极端化的观点，以便于使它比实际显得更系统，更严密。此外，以上绝大部分学者只主张这一论点的某些部分，而不是全部，我也不可能与每个学者商讨。我认为，这一解释在过去和现在都不是没有一定的说服力。它与许多已知的史实相符合，并能将它们相互联系起来，从主导视角来进行综合性的解释。它将德国历史列入一个较广泛的比较关系中，用长期的眼光来回忆令人悲痛的"德国灾难"。总之，它既能使我们承认纳粹主义及其前因后果是我们历史的一部分，又能使我们与其保持批判性的距离。

这一解释也能测量现代德国与纳粹主义及以前历史的距离。因为，它迫使我们将1945年前后的岁月看成是一个与传统深刻决裂的时期。独特道路的许多组成部分在独裁统治、战争和崩溃中被毁灭，例如大农庄主在社会和政治上的势力、上层社会对共和国和民主制普遍的敌视、军官主义、反西欧综合征、反议会主义传统、极端民族主义以及其他（其削弱与遗失令人可惜）传统，（但愿）已被淹没在了由它们所造成的洪流中，或者只是元气大伤的幸存下来。由此，长达一百多年德国疏离西欧的历史总算是结束了（反正在联邦德国是这样），至于基于这一视角如何看待德国的统一，它有什么意义？本文在后面还要进行探讨。

三、反对意见

独特道路论点从来没有得到普遍的赞同。马克思列宁主义者对它持保留态度，试图将法西斯主义解释为资本主义社会内在矛盾发展的必然结果，但是，他们不能解释为什么法西斯主义只在德国，而不在西方其他民主国家蔓延。除此之外，在20世纪80年代，还有一系列不断扩展的强大的反对意见。下面，我把在我看来最重要的有关独特道路的反对意见总结成五点。

1. 有人认为，只从1933（或1933至1945）年的角度来解释德国历史是太片面了。托马斯·尼培代（T. Nipperdey）曾强调，德国历史包含着"多种连续性"。德意志帝国不仅是1933年的前史，而且也是我们这一时代的前史。另外，它又是一个独立的时代。"历史上每一个时代都与希特勒有间接的关系，但它们各自首先又是独立的时代。这就是兰克所谓'每一个历史阶段都直达上帝'这一名言的真正（没有神话色彩的）含义"。他还认为，纳粹主义在时间上与我们越远，以魏玛共和国的崩溃与纳粹的上台来解释19和20世纪德国历史的必要性就越小。[5]其他人认为，随着时间距离的加大，历史学家应该走出纳粹主义的阴影，不再把纳粹主义作为解释中心，而展现一幅平衡、全面的德国历史画卷。[6]

2. 第二种反对意见与众所周知的对现代化理论的批评相呼应。有人批评道，德国独特道路的想法假设有一条"正常道路"存在，而且认为德国偏离了此路。如果说"正常"是指"一般"、"可能"或"最常见"的话，那么就难以证明法国、英国和美国的发展道路是正常的，更不用说它们之间的差别就很大，难以被统称为"西方"式道路。在某种程度上，每个国家都有其"独特道路"。如果说"正常"有标准之意，那么问题就更大了。因为，如果把"西方"看成是标准模式，认为德国因违背这一标准而走上灾难的歧途，则包含着主观价值的判断，也有将"西方"理想化的危险。特别是英国学者布莱克本（D. Blackbourn）和埃勒（G. Eley）持这种理论，他们得到了一些（本来就缺乏自我批评精神而认同德国历史发展图景的）人的赞赏。[7]最近二十年来，对西方现代化道路的怀疑态度有所扩展，对文明社会的批评很普遍，今天的美国也不再像二十五年前那样受到人们的称羡。随着对西方式现代化模式怀疑的增长，独特道路的论点失去了原有的说服力，它不再那么理所当然。

3. 近年来历史研究的新成果似乎表明，作为解释因素，以前对前现代的习惯和结构对魏玛共和国危机产生的作用估计过高，而近年来，一战失败以及随之而来的通货膨胀、世界经济危机以及魏玛共和国的"仓促建立"则受到了进一步的强调。其他学者则引用旧有的理论，强调正是现代化的加速加剧了文化危机、制度的反常现象和矛盾冲突。正如一本新出版的魏玛共和国史的副标题所写的，魏玛的失败是"典型现代世界矛盾"的产物。[8]另一位历史学家写道："希特勒上台是由于一个世俗社会跨进文明的脚步太急才产生的危机和灾难。这一文明社会的标志是不知何去何从，何依何靠。"[9]人们的视线看来有所转移，希特勒成了一个欧洲问题，而法西斯主义则被视为现代危机的表现。德国的特殊性问题不再受到重视。

4. 近年来对德意志帝国的新解释强调了它的现代性，如其在科研、教育和建筑方面的成就，在民法、新闻、剧院以及其他文化领域"发展程度很高"的资产阶级精神。某些人更进一步认为，资产阶级在帝国的经济、社会和文化生活中占有主导地位；还有人试图将俾斯麦统一德国解释为一种资产阶级革命。这显然是过分了。不过，以前那种认为德意志帝国是一个局部现代化的产物，拥有一个现代的经济与陈旧过时的政治和文化的上层建筑，是一个主要靠愚弄和压迫手段维持统治的国家的观点受到了动摇。这样一来，独特道路论点的另一个主要支柱也被动摇了。[10]

5. 近年来的比较研究也增加了对独特道路论点的怀疑。资产阶级不能（像在比利时、荷兰以及后来的美国那样）上升为统治阶级，看来在欧洲不是德国的特殊情况，而是通常的现象。仔细的比较似乎表明，长期被解释为德国资产阶级所独有的弱点（如大资产阶级对贵族生活方式的模仿）实际上是欧洲的普遍现象。关于19世纪英、法、德、俄各城市资产阶级自治情况的比较研究，没有得出只有德国资产阶级才缺乏资产阶级精神的结论。恰恰相反，经济史研究的新成就表明，19世纪下半叶德国经济的发展速度如果不仅与英国（或英、法）相比，而与欧洲许多国家的一般水平相比较的话，并不像持独特道路观点的历史学家想象的那样出类拔萃，只不过是处于中上游。再说，若将德国与东欧、南欧相比较的话，我们对德国发展情况就会有完全不同的见解。那么，我们是否应该对只与"西方"比较的方法重新考虑一下呢？[11]

本来还可以列出其他对独特道路论点的批评意见，如另外一些历史学家提出了一种竞争性独特道路的论点，他们从历史地理或所谓

"权力地理学"的角度（德国处于"欧洲心脏"）来进行理论。这里就不一一赘述了。[12]

我想，以上选择和描绘的五种反对意见是最强烈和重要的。那么，对这些意见怎样评论呢？

四、对反对意见的评论

首先，以上批评意见迫使持有独特道路论点的人明确并限制这一论点的适用范围。独特道路的论点不是畅游全部德国历史的通行证，不是寻求所有问题答案的指南。它只是建立了一个我们对近现代德国大部分（或许多方面）历史进行独特、有意义的综合研究和叙述的观察角度。毫无疑问，许多有关德国独特道路的提问用处不大，或只会引上歧途。如果我们与许多经济史学家一样，对德国工业化史作欧洲范围的比较研究，探讨各国经济发展速度不同的原因，那么去讲德国走了一条特殊道路，就没有多大意义。因为，无可非议，各国各地在这方面都有特别道路。[13]如果我们要研究德国与其他国家近现代的科学史，像韦伯那样对西方理性化、世俗化过程感兴趣，那么独特道路的设想也没有多大用处，就是有关19和20世纪的社会不平等现象的比较研究也用不着独特道路论点。但是，如果引导性的观察点直接或间接地涉及纳粹主义之长远原因、后果与意义，那么（或许只有在这一前提下），特殊道路这一设想才具有史学上的意义。为什么德国的法治国家和资本主义社会制度会蜕变为法西斯主义或极权主义？而其他可比较的同时代欧洲国家具有相同条件，面临相似的内部问题，却没有走上法西斯主义道路呢？如果要研究这一问题，或要研究这一问题对希特勒以前和以后的德国历史的意义（或许只有在这一情况下），独特道路论点，或作为假设，或作为结构原则，才具有意义。也正是出于这一研究目的，独特道路的论点才应运而生。

　　这样看来,将"西方"作为比较对象是有理由的。当然,所选择的比较对象不同,我们通过比较所获得的自我认识就不同。把希特勒的独裁制度与同时代其他的独裁制度相比较的结论,会与将希特勒的独裁与西方的宪制国家相比较的结论大相径庭。那么我们到底应该与谁比较呢?有人曾经批评道,选择"西方"为比较对象是带有准则因素的,而且独特道路论点假设了现实中并不存在的西方国家的一致性。这一比较角度确实含有准则因素。但是,就"法西斯主义与民主法治国家相比较"而言,西方国家不是确实优越吗?它们的发展不是确实要比德国有更多的成就,比德国幸运得多吗?对此,我们应该能够达成一致意见。如果这一点可以肯定的话,那么,由此看来确实一致的西方发展道路是可以被用来作为历史比较模式的,虽然我们不能充分证明为什么非将德国与英、法、斯堪的纳维亚或北美国家比较,而不与当时的苏联以及在此之前的沙皇制度相比较。对此,我们作不出严密的证明与推论,但是,我们如果要通过比较研究找出"德国灾难"产生的原因和含义,如果我们要就这一关键性问题来掌握与解释自己的历史,那么就很有与"西方"比较的必要。因为德国与那些西方国家具有相近的经济发展水平和共同的(包括文艺复兴、启蒙运动、人权、公民权、法治和宪制国家的)文化传统。尽管如此,德国走上了法西斯主义道路,而西方国家却没有。为什么呢?独特道路论点能够对这一问题提供一些答案,因此我们有理由反击这一论点所受到的原则、理论和方法上的责难。

　　目前,除了独特道路论点外,还看不到有更好的解释方法。用"典型式现代化的矛盾"来解释魏玛共和国的失败和纳粹的上台,虽然今日对现代化普遍怀疑的态度相吻合,但它不能解释为什么其他国家也现代化了(可能比德国更现代化)却避免了德国的命运。[14]当然,纳粹历史的回顾之所以使我们感到痛苦不安,是因为它使我们认识到,西方文明社会里竟然会发生这样的作孽。但是,如要解释其原因,从中为将来吸取经验教训，做到切实、公正地对待历史，那么我们就必须正视纳粹上台，首先而且主要是德国一国的现象。所以，德国的侵略战争不应被粉饰为"欧洲内战"的最后一幕。[15]每个支持独特道路论点的历史解释都不利于将希特勒现象欧洲化，不利于由此可以对德国罪恶历史责任的推卸。那么，在史实方面对独特道路论点的反对意见是怎样的？这里暂且作两个具体的回答。

首先，没有一个严肃的历史学家会认为，德国历史上长期存在的特点必然而然地导致了1933年纳粹的上台。这一现象毫无疑问还必须有许多（从一战战败的后果到希特勒本人等等）其他原因，或许在1932年底还存在着阻止纳粹上台的可能性？尽管当时现存的结构与进程提供了事件发生的可能性，但事件的发生不能直接、完全地由此引申出来。持独特道路论的人所研究的结构和过程确实说明这方面的因素加剧了魏玛共和国的危机，帮助了纳粹的上台。近年来研究的新成果给这段历史的总画面增加了新的点缀和重点，但这一解释的基本线索还是没有被纠正。上层社会大部分人对魏玛共和国的反对、反民主的民族主义、议会制度运转的困难、大农庄主与军官集团的权势、政治文化中反自由主义的因素、民主共和阵营的软弱等等，所有这些因素，正如独特道路研究中得出的结论，是以往历史过程和结构的必然，它们的揭示有助于解释魏玛共和国的崩溃。

其次，在分析研究时，我们必须将魏玛共和国之虚弱和崩溃与纳粹上台和得势区别开来。用"独特道路"一词总结起来的德国历史的特殊性，虽能解释魏玛共和国的弱点和过早的夭折，却不能充分解释纳粹主义本身。纳粹主义在许多方面是新异的，跨越了德国历史至此的独特道路。独特道路论点能很好地解释为什么在德国对极权主义和法西斯主义的挑战和抵抗那么少，为什么这一挑战能在这里获胜，而在别的国家未能获胜。但在研究、分析极权法西斯主义本身以及它在1933年之后的发展问题上，这一独特道路论点则显得薄弱。

　　另外，我们也应该承认，解释纳粹主义是解释一个非常复杂的现象。诚实的历史学家都会对复杂现象之原因进行确切的掂量感到棘手。我们的方法足以排除错误的解释，排除没有史实依据的凭空猜测。能做到这一点已经是不小的成就，但通常还有一系列难以估量的历史原因。短期原因，如一战及其失败、经济危机有多大作用？长效性结构和进程的研究又有多大作用？仅就这一点而言，我们几乎没有希望可以通过一清二楚得到普遍认同的科研结论来结束关于独特道路的争论。

　　最后，我们还应该承认，鉴于一些批评意见，以前独特道路论点中的某些组成部分必须修正过来，而且也已经被修正过来。对德意志帝国成就的新解释，我前面已经提及。所谓"德国大资产阶级的封建化"，远远没有我们原先想象的那样严重。再说，大资产阶级与贵族的亲近是欧洲的普遍现象。我们对德国资产阶级的形象在很大程度上做了一分为二的处理。以前，为了作出鲜明的对比，某些有关英国发展情况的叙述无疑有些理想化，辉格派的历史（Whig-History）传统得到了不加批判的继承。独特道路的争论推动了比较研究，而比较研究的结论纠正了原有独特道路论点的某些组成部分。这一过程肯定还没有完结。但另一方面，近年来的比较研究也证实，独特道路的核心部分是正确的。由于篇幅关系，这里就不一一阐述。我这里只讲两个并不新异的一般性结论。这两个结论是德国历史发展的重要特征，联系1933年来看，它们是德国的历史负担，并在近年的研究中得到了澄清与证实。

　　我们看到，由于三大根本性发展问题同时被提上历史日程，它们的危机同时发生，这就使德国历史在19世纪晚期和20世纪初期的发展大为复杂化。我这里一是指民族国家的建立，二是指宪法问题的决定（即是否实行议会制），三是指已经开始的工业化带来的深刻的，特别表现在革命性工人运动的兴起的社会矛盾。这三大危机在1850至

1875年间的德国同时产生，并相互加剧。英、法、美，就是波兰、俄国或意大利也都没有面临这三大根本问题同时发生和压倒一切的挑战。这三大问题虽是西方式现代化的基本内容，但它们通常不要求同时得到解决。这样，围绕1933年德国重要历史的一系列发展情况，如德国工人运动的特点、自由主义党派的软弱、资产阶级在德意志帝国中权力的局限性、当时政治文化的非自由主义特征，还有建立民族国家的"铁血手腕"以及军队和军事地位的上升，所有这些现象都可以由此得到解释。[16]

另外，近年来的比较研究一再表明了德国历史发展中一个基本事实的存在，即官僚政治传统的重要性与连续性。德国的历史发展既有别于西方，又有别于东方，既是一个早熟、高效、享有很高威望和名声远扬的职业官僚体制，也有悠久、有效的自上而下的改革传统。德意志帝国是一个强大的专制国家，难怪它受到普遍的赞赏。但是，（几乎可以说是其成就的代价）它特别缺乏资产阶级自由主义的精神。官僚政治传统影响到每个现实领域，如社会各阶级和阶层的形成、教育制度、资产阶级的内在结构及其精神气质、工人运动、党派制度、大型企业的组织结构，甚至也影响了马克斯·韦伯的社会理论。官僚政治传统促成了德国社会福利国家的极早形成，也长期（直到今日）保障着德国社会在很多方面都应该得到承认的、绝非理所当然的高效率与灵活性。但强大的官僚国家的传统也阻碍了德国中央与地方（至1918年）议会制度的建立。官僚政治传统也给德国社会的精神面貌打上它的烙印，各社会阶层对国家的依赖性很大，而当期望落空时，依赖心会转变为对国家制度的不满与仇视。官僚专制的政治文化也有助于说明，为什么在30和40年代，对于德国政府掩盖和纵容的罪行没有得到社会广泛的抵抗。[17]

总之，通过仔细观察和系统的比较，我们可以说，独特道路论点虽然不是每一点都对，但其核心部分还是得到了证实。

五、德国统一对独特道路论点的意义

但愿以上论述已经阐明独特道路的论点是与我们所处时代紧密相关的。它起源于20世纪30和40年代德国灾难性的经历。只要历史学家、读者、学生以及舆论界直接或通过回忆间接地受到那一灾难性经历的影响，那么，这一解释就仍然会是一种对德国历史影响深远的重要解释。目前情况依然如此。对将来的人们来说，或许新的危机，如全球性生态灾难，要比对法西斯独裁的记忆影响更大。尽管他们不会否认历史事实，不会压抑排挤历史记忆，但他们会认为其他的挑战更重要。即使到了那一天，而且与这一新发展的程度相适应，对德国近现代史独特道路的解释也不一定会被认为是错误的，但它会失去其原有的重要性。它将失去其一部分思维功效和说服力，被隶属于另一个更重要的解释模式。大型历史解释都是这样失去其地位的，独特道路的解释大概也不会例外。

下面，我想就1990年实现的德国国家统一对独特道路论点的意义提出五点看法：

1. 德国的统一不意味着德国返回其独特道路。就其地理上的延伸、社会结构、国际关系、文化色彩而言，新统一的德国不是1933年走上纳粹道路的德意志帝国的新版。与传统的决裂既没有可能，也不必再纠正过去。

2. 一个强大的德意志民族国家的重建会使人们怀有复杂的心情。但是，民族国家的重建并没有开辟一条新的德国独特道路。恰恰相反，它将德国的国情与欧洲的通常情况划一。不管我们赞成与否，民族国家在欧洲与世界其他地方都是一个发达社会通常的政治组织形式。

3. 不过，联邦德国在政治、经济、文化和军事上的向西倾斜是与欧洲大陆的东西分裂相关的。德国的分裂至少也使联邦德国容易作出倒向西方的决定。如今，欧洲大陆和德国的分裂都已经告终。新德国是

否会像原西德那样保持西方式的模式呢？我们是否会得到一个全新的融合了各种地方文化、传统和倾向的综合性的德国？这一发展方向的征兆目前是存在的，不过还不大。现有条件下的德国统一是西德统一了东德，是按照西德的条件统一的，是西方向东方的扩展，而不是东西的相互协调。

4. 东德的革命对参加者和观察者来说都是一个少有的经历。统一过程也是一个根本性的结构变化，一次深刻的经历。这两个转折都对德国历史的解释背景作出了重新定义。两者大概都能加强德国人的自信心。在这一新经历背景下，带有自我批判的、强调纳粹历史阶段的独特道路的论点，可能会失去其影响。

5. 不过形势也会向相反方向发展。最近几个月里（1990年11月），民族理性和情感的复兴并未能"清除"、美化和使我们的历史变得更和谐。恰恰相反，对民族同一性的强调是与对共同责任的铭记携手共进的。我们能否做到牢记（以免重走）德国的独特道路，将会对统一德国的政治文化产生决定性意义。

注　释

1　B. Faulenbach, *Die Ideologie des deutschen Weges. Die deutsche Geschichte in der Historiographie zwischen Kaiserreich und Nationalsozialismus*, München 1980.

2　F. Naumann, "Der Industriestaat", in: ders., *Werke*, Band 3, Köln 1964, S. 45.

3　参见H. Plessner, *Die verspätete Nation. Über die politische Verführbarkeit bürgerlichen Geistes*, Stuttgart 1959; E. Fraenkel, *Deutschland und die westlichen Demokratien*, Stuttgart 1964; K. D. Bracher, *Die Auflösung der Weimarer Republik*, Villingen, Tübingen1962; M. R. Lepsius, "Parteiensystem und Sozialstruktur. Zum Problem der Demokratisierung der deutschen Gesellschaft", in: W. Abel u. a. (Hg.), *Wirtschaft, Geschichte, Wirtschaftsgeschichte. Festschrift für Friedrich Lütke zum 65. Geburtstag*,

Stuttgart 1966, S. 371-393; L. Krieger, *The German Idea of Freedom*, Poston 1957; F. Stern, *The Politics of Cualtural Despair. A Study in the Rise of the German Ideology*, Berkeley 1961; G. L. Mosse, *The Crisis of German Ideology. Intellectual Origins of the Third Reich*, New York 1964; K. Sontheimer, *Antidemokratisches Denken in der Weimarer Republik*, München 1962; H. Rosenberg, *Bureaucracy, Aristorcracy and Autocracy. The Prussian Experience 1660-1815*, Cambridge/Massachusetts 1958; H. Rosenberg, "Die Pseudodemokratisierung der Rittergutsbesitzerklasse", 1958年作, in: H. Rosenberg, *Machteliten und Wirtschaftskonjunktur*, Göttingen 1978, S. 83-101; H. A. Winkler, "Die 'neue Linke' und der Faschismus. Zur Kritik neomarxistischer Theorien über den Nationalsozialismus", in: Ders, *Revolution, Staat, Faschismus*, Göttingen 1978, S. 65-117; H. -U. Wehler, *Das Deutsche Kaiserreich 1871-1918*, Göttingen 1973年首版与1983年第5版, F. Fischer, *Bündnis der Eliten. Zur Kontinuität der Machtstrukturen in Deutschland 1871-1945*, Düsseldorf 1979。

4　参见 J. Kocka, "Ursachen des Nationalsozialismus", in: *Aus Politik und Zeitgeschichte. Beilage zur Wochenzeitung "Das Parlament"*, 第25/80期, 1980年6月21日, 第3—15页; Winkler, "Unternehmensverbände zwischen Ständeideologie und Nationalsozialismus", in: Ders, *Liberalismus und Antiliberalismus. Studien zur politischen Sozialgeschichte des 19. und 20. Jahrhunderts*, Göttingen 1979, S. 175-194; H. Möller, "Parlamentarismus-Diskussion in der Weimarer Republik. Die Frage des 'besonderen' Wegs zum parlamentarischen Regierungssystems", in: M. Funke u. a. (Hg.), *Demokratie und Diktatur. Geist und Gestalt politischer Herrschaft in Deutschland und Europa*, Düsseldorf 1987, S. 140-157。

5　例如, T. Nipperdey, "1933 und die Kontinuität der deutschen Geschichte", in: *Historische Zeitschrift*, 227 (1978), S. 86-111。

6　这一点曾是1986至1987年的所谓"历史学家之争"论题之一。参见 *"Historikerstreit". Die Dokumentation der Kontroverse um die Einzigartigkeit der nationalsozialistischen Judenvernichtung*, München 1987。

7　参见 D. Blackbourn u. G. Eley, *Mythen deutscher Geschichtsschreibung*, Berlin 1980; 修改后又见 *The Peculiarities of German History: Bourgeois Society and Politics in 19th Century Germany*, Oxford 1984。

8　D. Peukert, *Die Weimarer Republik. Krisenjahre der klassischen Moderne*,

Frankfurt 1987, S. 271. 另见 R. F. Hamilton, "Hitler's Electoral Support: Recent Findings and Theoretical Implications", in: *Canadian Journal of Sociology*, 11 (1986), S. 1-34; J. W. Falter, "Die Wähler der NSDAP 1928-1933: Sozialstruktur und parteipolitische Herkunft", in: W. Michalka (Hg.), *Die nationalsozialistische Machtergreifung*, Paderborn 1984, S. 47-59; Lepsius, "From Fragement Party Democracy to Goverment by Emergency Decree and National Socialist Takeover: Germany", in: J. L. Linz u. A. Stephan (Hg.), *The Breakdown of Democracy Regimes: Europe*, Baltimore 1978, S. 34-79; K. Borchardt, *Wachstum, Krisen, Handlungspielräume der Wirtschaftspolitik. Studien zur Wirtschaftsgeschichte des 19. und 20. Jahrhunderts*, Göttingen 1982, S. 165-205; G. L. Mosse, "Der Erste Weltkrieg und die Bruataliiserung der Politik", in: Funke u. a. (Hg.), *Demokratie und Diktatur*, S. 127-139; G. D. Feldmann, "The Weimar Republik: A Problem of Modernisation?", in: *Archiv für Sozialgeschichte*, 26 (1986), S. 1-26。

9 M. Stürmer, *Deutsche Fragen oder die Suche nach der Staatsräson*, München 1988, S. 70.

10 参见 D. Blackbourn u. G. Eley, *Mythen deutscher Geschichtsschreibung*; R. Evans (Hg.), *Society and Politics in Wilhelmine Germany*, London 1978; M. Stürmer, *Das ruhlose Reich. Deutschland 1866-1918*, Berlin 1983。韦勒对这一新评价作出了一定的肯定，但也指出了其局限性。见 H. -U. Wehler, "Wie bürgerlich war das Deutsche kaiserreich?", in: J. Kocka (Hg.), *Bürgertum und Bürgerlichkeit im 19. Jahrhundert*, Göttingen 1987, S. 243-280。

11 参见 J. Kocka(Hg.), *Bürgertum im 19. Jahrhundert. Deutschland im europäischen Vergleich,* 3 Bde., München 1988。

12 参见 H. Schulze, *Weimar, Deutschland 1917-1933*, Berlin 1982; Hildebrand, "Der deutsche Eigenweg. Über das Problem der Normalität in der modernen Geschichte Deutschlands und Europas", in: Funke (Hg.), *Demokratie und Diktatur*, S. 15-34。Schulze 进一步发挥了这一论点，见 Schulze, "Die 'Deutsche Katastrophe' erklären", in: D. Diner (Hg.), *Ist der Nationalsozialismus Geschichte? Zu Historisierung und Historikerstreit*, Frankfurt 1987, S. 89-101。

13 这样看来，对不够具体的独特道路论点的批评是有道理的。见 H. Kaelble, "Der Mythos von der rapiden Industrialisierung in Deutschland", in: *Geschichte*

und Gesellschaft, 9 (1983), S. 106–118; W. Fischer, "Wirtschafts- und sozialgeschichtliche Anmerkungen zum 'Deutschen Sonderweg'", in: *Tel Aviver Jahrbuch für Deutsche Geschichte*, 16 (1987), S. 96–116。

14　参见 M. Prinz, "Wohlfahrt, Modernisierung und Nationalsozialismus, Thesen zu ihrem Verhältnis", in: H. -U. Otto u. H. Sünker (Hg.), *Soziale Arbeit und Faschismus*, Frankfurt 1988。E. Kolb 提供了一个较好的概括, 见 E. Kolb, *Die Weimarer Republik*, München,2. Aufl. 1988。

15　见 E. Nolte, *Der Europäische Bürgerkrieg 1917–1945. Nationalsozialismus und Bolschewismus*, Berlin 1987。

16　参见 J. Sheenan 近作: J. Sheenan, *German History 1770–1866*, 1989。另参见 J. Kocka(Hg.), *Europäische Arbeiterbewegung im 19. Jahrhundert. Deutschland, Österreich, England und Frankreich im Vergleich*, Göttingen 1983。

17　这方面的一般概述见 J. Kocka, "Capitalism and Bureaucracy in German Industrialization before 1914", in: *The Economic Review,* 33 (1981), Heft 2, S. 453–468; G. A. Ritter, *Der Sozialstaat. Entstehung und Entwicklung im internationalen Vergleich*, München 1989。

走向文明社会的曲折道路

——德国近现代社会史概述

20世纪60年代末和70年代初，联邦德国史学界出现了一套历史研究新策略，即将历史作为社会史来研究的策略。社会史学在联邦德国史学界从未成为主导性的策略，而且，史学界内部充满多样性，从来不是清一色的。但是，在60和70年代以后，情况发生了变化。政治带来了转变的契机，从而导致将1933至1945年间的历史看成是德国近现代历史的关键阶段，并对19和20世纪德国的历史突出了社会方面的解释。这一变化对后来许多德国历史学家的研究工作产生了深远影响，他们通过或深或浅的比较研究和批判性的眼光，在西欧历史发展的背景下论述了德意志的各种历史问题。

直至今日，在德国历史研究中，社会史的研究方法仍然力量强大，充满生机，而且影响广泛。但是，在这几十年当中，由于受到各种新思潮和新方法的挑战，社会史学派本身也产生了变化。在20世纪70年代，它受到性别史的挑战；在80和90年代，它又受到日常生活史和新文化史的挑战，通过证实并向这些新策略和新方法学习，社会史学派扩大了自己的研究范围，也增加了一些新的研究方法。近年来，德意志统一民族国家的重建，开始转移历史学家的视线；后现代思潮的愈演愈烈也动摇了社会史学科的某些思想基础。看来，社会史学科的生存出现了问题。

那么，我们应该何去何从？本文想先对有关社会史方法的争论作一概括；然后提出一个研究近现代德国社会史的新方案，也就是研究文明社会的方案。本文主要部分（第三、第四部分）将概述18世纪末至当代德国历史实践中有关文明社会的设想的基本观点和最重要的思想转折，并就两个专题，即资产阶级和工人阶级的角色，作较为详细的论述。当然，德国文明社会史方面，还有许多值得讨论的其他专题和问题，这里暂且不谈。本文中的资产阶级（Bourgeosie）是指德文中的Bürgertum，这一德文词语有时也被翻译为"中产阶级"。这些概念的含义不完全相同，这里必须作一选择。

一、社会史学：一套不断更新的方法

在20世纪60和70年代，"社会史学"吸引了一批年轻的史学家。它成为史学改革的核心方案和聚焦中心。社会史的研究范畴有多个侧面，它特别重视对阶级、运动、城市化和工业化、家庭和教育、工作和业余生活、社会地位的升降、社会不平等、斗争和革命等类现象的研究。它借鉴了社会科学的分析方法，而不大采用传统的史学考据的方法。许多社会科学家同情受压迫和剥削的小人物，同情民众运动和工人运动。而以前占统治地位的历史学从来是以再现重大的政治历史事件和精英人物的思想为主要研究对象，并采用考证的方法。社会史被视为对这一传统史学常规的有力挑战，因而受到欢迎或遭到反对。

当时，社会史有两种含义，其一，社会史（Sozialgeschichte）被理解为历史实践的某一方面，即研究社会结构与进程、行为和意义的历史，因此有别于政治史、经济史、文化史等其他研究方向；其二，社会史被视为是一种对社会普遍历史的研究方法，在西德有人提出了"全社会的历史"（Gesellschaftsgeschichte）的概念，此为社会史的第二层含义。

显然，不管如何定义，研究全社会历史的目的在于，既要研究政治制度、经济发展和文化模式，又要研究社会领域，特别是强调社会因素以及经济因素在历史发展中的作用。全社会史力求揭示各种现象的关联以及这些关联之间的同时性和历时性，即社会总体的结构；它力图再现历史上各种不同领域、空间或各方面之间的紧密关系，以这一紧密关系构成社会总体的方案。社会史学家深信，人们若要理解历史，就不能将其基本组成部分割裂开研究。全社会的历史在于观察、挖掘事件外表和图像的内在本质，而不脱离这些外在的东西。它不仅问"如何？"，而且要问"为什么？"。社会史学家也希望从历史中能使人们得到那些在现实中更明确方向、更能开启人们理智的知识。他们清楚地认识到，要实现这一目的，只有选用最先进的分析工具。这些工具包括明确的定义、妥善的方案、研究的理论和模式以及反复推敲和精巧的数量和计量分析方法。他们向邻近的社会科学请教，求得启发和帮助。对于社会史研究的条件和后果，社会史曾有过许多方法和理论上的反思。

如果我们将各国社会史的主要代表，如德国的韦勒、英国的霍布斯鲍姆、法国的布罗代尔和美国的蒂利相比较，那么我们会发现，除上述一般共同特征外，社会史的表现形式是多种多样的。各种方法都有，有传统的马克思历史唯物主义理论的方法，有现代化方案、韦伯的理论、社会不平等理论以及其他方法，它们往往是连接了各种方法的折中的综合。其中，完美的总体史很难做到，只有大师才能问鼎。它们常常是设计出的某一种理论框架，再用来写出详细的类型学的专著。而较普遍的是以特殊的思想风格和视角表明其与社会史的联系，写出某一方面历史的一篇文章或一本专著，在20世纪60和70年代，社会史的主要反对者是政治史的代表。他们在德国的阵容虽然强大，但理由不足，因为绝大部分社会史学家并没有忽视政治史，而是试图把政治史和经济史以及社会因素结合起来进行研究。

后来，女历史学家批评社会史研究不分男女。社会史确实偏重了阶级的研究，忽视了对性别和其他方面社会不平等现象的研究。但是，实践证明，社会史能扩大其研究领域，如福雷佛特（U. Frevert）。事实证明，许多女历史学家在继承社会史传统的框架内对性别史进行了研究。不过，阶级、性别、民族集团之间的关系问题，至今仍是社会史领域没有完全解决的典型的有争议的问题。

在20世纪80年代，社会史受到了以日常生活史为代表的史学新方法的进攻。他们对社会史学家使用的分析方案（如工业化、阶级形态、民族的形成或城市化等方案）深抱怀疑，试图以过去人的视角，并从语言学方面来描述以往的世界。这是一种"历史主义"的方法，这一方法的内在问题早就遭到了社会史学派的批评。日常生活史学派认为，社会史学派过度使用了结构主义的方法。日常生活史学派偏重观察历史上的主观方面，即过去的人们是怎样经历、观察以及改造其生活环境的。他们批评社会史是"自上而下"的历史（这一批评只是局部正确和有理），他们每每要求研究"来自底层"的历史，偏爱作微观史学的研究，忽视或拒绝社会史学中对历史现象背后的关联和本质的强调。

与日常生活史学派的争论是十分激烈和有趣的，但这一争论今日已告结束。在我看来它有三个结论。第一，它揭示了日常生活史如果不是用来补充社会史，而是取代社会史，那么，它就有许多自身的局限、弱点和矛盾。第二，它使社会史学派明确认识到一个无可置疑的事实，即如果不重视过去的人的观察及其作用，就很难完整地再现历史。例如，测量和描写社会地位变化的模式只不过是一个方面，这些模式并不能告诉我们人们的经历和价值观念、人们对社会地位的稳定和变化所作出的反应等等。由此，与以前相比，社会史学派加强了对历史上人们的主观因素的敏感和研究，试图将社会结构的作用和进程以及他们自身的经历结合起来研究，而且取得了程度不同的成就。第三，社会史和日常生活史之间显然在现在以至将来还会存在隔阂和矛盾。社会史学派认为，如果我们要理解历史上代表人物的观察、决策和行动的"前因"与"后果"，那么我们是离不开分析方法的，必须重视历史结构和进程的研究；而日常生活史学派却认为，结构和进程是无法理解和无聊的。

对社会史最富成效的巨大挑战来自20世纪80和90年代的"新文化史"学派。新文化史学派在70年代已经产生，其内部有许多不同的派别。文化史（或称社会文化史）的代表人物批评社会史忽视了对过程所具有的创造意义、文化习俗和文化成果的研究，也忽视了历史现实的象征意义以及语言和其他方面的交流形式。这一批评具有一定道理。德国的社会史学（包括全社会史）是通过脱离旧的史学传统而成长和发展起来的，这些传统十分注重意义、目的、行为和虚构的所谓"客观精神"世界的研究，而忽视了物质条件、社会关系和社会不平等、统治和依附性等问题的研究，德国社会史学派认为有必要克服和纠正这一不平衡的状况。然而，在纠正的过程中又出现了矫枉过正和新的不平衡现象。这一回是忽视了文化方面的研究。

近年来，德国史学界吸收了来自英、法、美等国文化史和文化人类学的理论和方法，特别是从齐美尔（G. Simmel）、特劳赤、埃里亚斯、韦伯（再一次）的经典著作中受到了启发。由科塞勒克带头的"概念史"学派，一直与语义学和社会史研究有交流，是这方面联系的桥梁。我们至少应该肯定，许多社会史学家在研究工人阶级史、资产阶级史、性别关系史和家庭史时，也都作出了文化方面的研究。但是，有些文化史学家认为，文化就是历史进程的全部。与他们不同的是，社会史学派合理地否定了他们关于文化包罗万象的说法，也正确地否定了一些"向语言学转向"的垄断要求以及撇开文本还能理解到其他东西的论点。总之，文化史学派存在着一些新的尚未完全解决的理论和研究实践的问题。不过，社会史学派也正在努力融合文化史研究的方法。在这一过程中，社会史必须作出自我改进，改进社会史的表达方式。而改进的程度如何，还得看实际进展。

　　社会史还遇到了更为激进却收获不多的挑战。绝大多数史学著作是专著性的，在内容、时间和空间上都有局限，这是无可非议的。恰恰相反，一门事实科学的发展大都是通过这一途径出现，只要专门的研究和微观史学研究是与一个更广泛的背景（对这一背景可以有不同的构成）相联系。但是，近十年来，越来越多的历史学家集中研究个别事件、集团、画面和习俗，认为将其专题纳入一个广大的背景，不是很肤浅就是不合理。在某种后现代气氛中，人们赞同分解和破灭的系统性方案。有人认为，背景是虚构的图像，历史学家是无法了解到背景的，或有人认为背景的研究很无聊，这些历史学家们只是割取了历史的片段，收藏了历史的痕迹，再现了局部的历史现象。他们拒绝把肤浅与零散的印象相互联系起来，或将它们与更大的结构、进程及背景联系起来进行分析和阐述。他们的叙述尽管思想丰富，但孤立、不着边际，有时还含糊不清，历史被他们分解为若干个小故事。

　　这样的史学著作会是非常高超、赏心悦目的历史学这一大厦的确拥有，也必须拥有的许多大厅小室。但是，显然这样的方法，与要求作出分析、争取作出综合结论的社会史拥有天壤之别。从全社会史的角度出发，我们认为如果将历史分解成无数互不相关的片段的话，历史大概会失去其在现实中的指导作用。再现局部现象、保存历史痕迹、描绘历史画面，这些工作当然不可或缺，值得赞赏，但是它们不能取代宏观史学的工作。

二、文明社会的设想

　　德国历史学家采取不同形式研究社会史。现代化理论被（譬如尼培代）运用于描写19和20世纪德国历史前后关系的模式；关于社会制度（通过革命或非革命道路）更替的理论，不仅影响了东德，而且也影响了西德学者的社会史著作，如吕鲁普（R. Rürup）关于1815至1971年德国历史阶段的综合论述。另外，也有使用"阶级社会"这一模式来构造综合性的论述体系的尝试，如笔者的《战争中的阶级社会》、韦勒的《德意志社会史》。韦勒的著作灵活运用韦伯的方法，是社会史领域至今取得的最重要成果，已经出版的三卷本中阐述了"漫长的19世纪"，即从1789至1914年间德国的历史。

近来，德国社会史学家试图用一个有关文明社会的诞生、危机、瓦解和再生的进程模式，来概述德国18世纪晚期到今天的历史，并取得了一些进展。近十五年来，一些历史学家对德国资产阶级进行了深入的研究，为明确"资本主义社会"或"公民社会"这一设想作出了贡献（我们应该记住，德语中的"Bürger"既指"资产者"，又指"公民"）。在20世纪80年代末和90年代初，中东欧独立思考的知识分子研讨了关于"文明社会"的思想和理想。看来，以"文明社会"这一概念为中心的方法，将成为对二百年来的德国历史进行比较性概括和描述的重要途径。

作为乌托邦式假设的文明社会的方案，出现在18世纪的下半叶和19世纪的早期。从洛克、弗格森、亚当·斯密、孟德斯鸠、百科全书学派，到康德、黑格尔和后拿破仑时代的自由主义理论家、各种各样的思想家，都以不同方式为这一假说的形成作出了贡献。

这一规划的主要部分是一种关于（由自由、负责的个人组成的）现代世俗社会的理想。在这一理想社会里，人们和平理智地调整他们之间的关系（既有相互竞争的一面，又有自由的合作和联合的一面），不存在过度的社会不平等现象，也没有专制国家的束缚。为了达到这一目标，有必要建立某些设施和机构，个人的权利必须受到保障，家庭受到保护，市场竞争应该存在。此外，还应有公共讨论的场所、民族国家、合理的法律秩序、一个宪政政府和议会代议制。这些要求是与新一套社会关系方案相辅相成的。在这一新的社会关系方案中，分配财产、地位和权力的标准，是工作成绩，而不是出身和特权。文化教育应当列于各种事项的首位。凡事应公开讨论,理智决定,不能以传统为依据。公共生活和私人生活应有明确的划分,某些价值观念和文化习俗(包括个人的自我约束和纯正且严格定义的男女差别、某些审美观以及对自然明显的优越感)应普遍有效。而所有这一切,都与形成中并受到强调的资产阶级文化相符合。与此同时,这一文明社会的设想又具有普遍意义,在原则上,它是为"所有人"争得自由、机会和参与的平等。在这方面,我们可以看到启蒙运动对它的影响。

但是,它根本的矛盾也在这里。一方面,它宣称这一方案应该得到普遍的推行;另一方面,它却与一个非常狭小的资产阶级环境相联系。这不仅指家庭出身,而且指必须有资产阶级的社会地位(包括凭借财富、地位或文化得到的个人独立性),才能被承认为名副其实的公民。19世纪的选举法表明了这一点。这就是说,民众中的一半,即妇女以及广大的社会下层阶级实际上无权享受和承担文明社会许诺的权利和义务。一边是普遍的许诺,另一边却是少数人独享的现实。在人类历史上,为了缩小这一理想和现实之间的差距,几乎用去了二百年的时间。为此,社会主义者和马克思主义者进行了激烈的批判,以后的妇女运动也进行了斗争,迫使资产阶级实行自由民主的改革。在改革的过程中,人们借用了文明社会的模式和要求来比较,通过社会福利国家、男女平等等措施,这一方案获得了局部的实现。与此同时,社会的发展又出现了新的困难、危险和危机。这一发展进程中出现的曲折、社会的崩溃,特别是20世纪的独裁统治,改变了人们关于文明社会的设想。为了解决当前和未来的问题,有必要不断地加以改进。

这一方案至今没能在世界任何一个地方完全实现,它的普遍化才刚刚开始。所以,它原来是,而且今天仍是涉及政治、经济、社会和文化各个方面的准则。它是一个未来社会的理想类型,一种新的设计,也是一种分析社会的工具。那么,文明社会是如何在德国发展的?德国的案例有何特点?在这一进程中,有没有关键性的转折点?

三、文明社会在德国的兴起（1800—1918）

　　文明社会是在19世纪初至19世纪70年代期间，分三步半在德国出现的。当然，18世纪，它的出现已经有所酝酿。农业和工业资本主义逐渐发展起来，政府机构和法律方面的改革也在推行。例如1794年在普鲁士的改革。但是，只有到了1800至1815—1818年这一阶段，农村的封建秩序和城市的行会制度才结束或至少受到了沉重的打击。以上情况为资本主义在此后二百年的迅猛发展提供了法律基础。深刻的教育改革确定了教育在社会发展中的重要地位，教育成为以后时代的另一巨大力量。机构和政体方面的改革尽管有限，但不是完全没有。这方面的改革使得正在形成中的资产阶级和其他阶级阶层（后来）有了参政的机会。这一时期，民族运动也在兴起。来自法国的影响，不管是直接还是间接的，都对德国的发展举足轻重。但是，必须看到，上述成就实际上只是传统社会的上层所作的改革，人民运动所占的位置是次要的。

　　与此相反，人民运动在提出政体方面的自由主义改革要求上发挥了重要作用。1830—1831年，这些改革在德国的一些地区取得了一定成就。与此相似的场景在德国1848—1849年革命期间也出现过，其革命形势更为雄壮，社会成分更为复杂。1848—1849年革命虽然失败了，但它也推进了文明社会事业的发展。它加速了仍未完成的农业改革，带来了有益于工业化的经济政策，迫使普鲁士和奥地利这两个在德意志邦联中占主要地位的君主邦国建立了（尽管是较保守的）立宪政府。

　　在19世纪60年代初到70年代初的十年，德国的政治改革取得了决定性的突破。法律改革对遗存下来的封建和行会制度残余进行了致命的打击，限制了政府对社会的干涉，各类的控制和阻碍都受到削弱。经济的发展加速了，也加速了社会地位的变化和工人运动的兴起。在普鲁士和俾斯麦的领导下,通过三次战争,建立了统一的德意志民族国家(在1848—1849年,革命试图通过另一途径实现这一目标,但没有成功)。政体问题也已在解决之中,但是,没有实现全面的议会制,并保存了旧势力和旧机构的实际权力,但也拒绝了某些保守势力的反动要求,选择了一部具有自由主义成分的宪法。议会制的另一组成部分是普遍的男子选举权。在当时,能实现这一步相当不易。俾斯麦以此作为对付自由主义的政治武器。也正由于一下子实现了普遍的男子选举权,这使德国在以后几十年的宪政发展史上与西欧模式大有区别。这虽然又是"自上而下"进行的,但是,与1800至1815年间的先例不同,在这十年间,俾斯麦必须与一股活跃的社会政治运动,即自由主义党派进行周旋,自由派与政府之间的斗争和合作对这十年的决策和后果产生了深刻的影响。

19世纪70年代,具有德国特色的文明社会的核心部分已经建立,它们在德意志帝国时期(1871—1918)有了进一步的发展,如一个越来越工业化和经济不断增长的充满活力和创造力的资本主义社会;一套调节文明社会最主要成分的较为完善的法律制度;公民权、私法和讲究的家庭生活;正常的公共舆论;众多的协会和人民建议团体;一套充满生机的教育和科研体制;相互竞争的党派和一套宪政制度。旧势力,如贵族、官僚和军队,仍然掌有大量的权力和文化影响;日常生活和公共文化生活具有社会军国主义和官僚主义色彩;民族主义逐步滋长,越趋嚣张,向右转变并与不断高涨的非自由主义气氛和运动紧密结合。至少在国家一级,自由主义力量大为削弱;政体的改革停滞不前。只是在第一次世界大战令人耻辱的战败和一场新的革命运动之后,改革的强大障碍才被克服,议会制才得到全面推行。总的来说,德意志帝国时期是德国在走向文明社会的艰难道路上走出的矛盾重重和不稳定的彷徨一步。

四、资产阶级和工人阶级

文明社会的兴起是和阶级结构的变化，特别是与中产阶级或资产阶级的角色和特征的变化紧密相关的。传统史学倾向于把资产阶级的历史看成是商人、银行家、手工业者、工业企业家及其他经济界人士的历史。近年来，出现了一种比较妥当的新观点。这一观点也关注到受过大学教育的文化资产阶层（知识资产者），如医生、教授、部长和其他脑力劳动者以及受过大学教育的政府官员。就同时代人的观察和可理解的标准，这些人员都不属于包括资本家、企业家、经理等在内的经济资产阶级。资产阶级各组成部分的共同特点不是马克思主义所认为的共同的阶级属性，而是其他的两个因素。首先，它们有共同的敌人。在18和19世纪，它们反对贵族的特权，反对为所欲为的专制主义和宗教正统主义。而在19和20世纪，它们又共同敌视处于它们之下的社会下层，敌视民众、工人阶级。其次，资产阶级的各个组成部分具有共同的文化。这一文化的特征在于特别的家庭生活、男女的不平等关系、尊重劳动和文化、强调个人自由和成就、特别的世界观和以俱乐部、协会和城市交往为主要场所的生活方式。在这一基础上，即共同的敌人和共同文化的基础上，资产阶级产生了共同的阶级特色，成为社会进步的主要宣传者，对18、19和20世纪欧洲的社会、政治、经济和文化更新具有杰出的推进作用。

德国资产阶级的杰出之处，不在于人数的多少。如果不包括广大的小资产阶级和阶层的话，它只占德国总人口的5%—7%。在这一点上，它与欧洲其他国家的资产阶级没有多大区别。德国资产阶级对文明社会纲领的支持和认同，在19世纪晚期和20世纪早期要比在18世纪晚期和19世纪早期弱小。在欧洲绝大部分国家，资产阶级都逐步巩固了它们的地位，变得具有排外性、保守性和防御性。过去人们普遍认为，德国资产阶级上层在19世纪晚期要比其他国家的资产阶级更为

"封建化"和"贵族化"。这一观点已被近来的研究成果所纠正。在英国和法国,部分贵族和部分资产阶级也融合为领导阶层,而且其融合程度比德国更为紧密。

德国资产阶级有四大特点(除了它内部有较大地区和教派上的区别之外)。第一,在德国资产阶级内部,知识资产阶级与经济资产阶级相比更强大,声望更高,势力也更大;第二,在知识资产阶级内部,政府官员集团又明显处于领导地位,这与德国资产阶级整体所具有的官僚主义传统、目标和倾向相符合;第三,在社会和政治的影响上,与西欧国家相比,德国资产阶级显得较弱小,而与东欧国家相比则显得较为强大;第四,德国资产阶级遇到了十分成熟的工人阶级和十分强大的工人运动的挑战。

与绝大多数国家一样,德国工人阶级是随着工业化进程一起登上历史舞台的。德国的工业化进程,各地区有明显的差别。在19世纪40至70年代,雇佣劳动、家务与工业生产之间的分离(当然是历史悠久的现象,以前并非没有过)取得了突破,并在德意志帝国时期有了更为迅猛的发展。但是,这两种事物成为普遍现象,却是工业化以及随之出现的人口迁移和城市化的结果。劳资关系在逐渐变化,各种不同类型的工人之间的联络在增加,他们有共同的经历,能够逐渐(特别在与资本家以及资产阶级的其他部分、国家权威的矛盾和斗争过程中)提出共同的利益要求。在这一条件下(尽管有各种根源,如学徒和手工业者传统),工人文化产生了。这一文化既受到特殊的工作条件的影响,又受到被控制、排挤于国家和社会活动之外的经历的影响,还受到工作劳动经历本身的影响。它虽然与资产阶级文化相对立,但也受其影响。所有这些因素的合成,使得工人阶级能够采取行动(罢工或抗议示威),成立工人组织(如合作社、保险协会、工会和工人党)。

阶级的形成是一个复杂而未完结的过程。在德国,它始于19世纪初期;在以后的几十年里,它进一步加速、扩大和深入。根据联邦统计局1981年（第95页）、1992年（第114页）、1995年（第108页）年鉴的数据（原文中表格省略——译者注），在1907年，德国就业人数中有55％是工人，10％是职员，20％是数量正在减少的独立经营者（其余被称为协助性家庭成员）。工业部门（包括手工业、建筑业、矿山业）已成为最大的就业部门，占有40％的就业人数（农业有35％，第三产业有25％）。在工厂和矿山企业中（这里是指有19个工人以上的企业），有12万企业家和经理，620万工人（而只有61.5万职员）。在1871至1910年间，生活在人数少于1万的城镇的人口，由81％下降到54％；而生活在人数多于10万的城镇的人口，却由5％上升到27％。这些数据只能表明，阶级形成的可能性在增长，但其他征象表明，人们的行为和态度也产生了变化。在一战前夜，约有300万工人参加了工会，其中绝大多数参加了社会主义或社会民主党的工会。农业以外的所有工人，30％以上的人都由工会组织起来。工业部门的劳资矛盾越来越尖锐。在某些年月里（如1905和1912年），有50多万工人参加了罢工并因此被厂主开除，这些数字远远超过以前的数字。1912年，持坚决反对立场的社会民主党在全德大选中获得35％的选票，在其425万选民中，工人无疑占多数。当时，"阶级"的说法，处处可见。阶级差别和阶级矛盾对德意志帝国社会现实的影响，要比其他社会界线更明显。在社会上，阶级调和与阶级和睦的立场也曾产生过。尽管如此，在一战前夜，德国社会的阶级性质达到了前所未有的程度。

是否德国工人运动要比法国、意大利和欧洲其他国家的工人运动更激进？回答是否定的。而且，与欧洲其他国家的工人相比，德国工人得到的公民权、政治活动场所和社会机遇也并不少。在德国工人阶级的生活状况中，有两点应该加以强调，一个是时间上的巧合。德国的独立工人党是19世纪60年代的产物，这在国际上来说是较早的。普遍的男子选举权也较早地得到推行，这说明德国自由主义运动具有一定的扩展、融合和控制能力。工人运动的兴起、统一的民族国家的建立和文明社会的突破性进展,三大进程同时进行,是一个特别应该指出的德国历史发展的特色。这一同时性或许激化了文明社会、民族社会和工人运动之间的基本矛盾。另外,德国工人运动规模特别宏大,组织特别协调,它提供了基于原则的立场,这一立场拥有雄厚、成熟,来自民主和马克思社会主义思想的理论基础。在现实中,它并不具有特别的破坏性,但对一套僵化的政治制度和等级社会来说,却是一种有力的挑战。其原因或许是特殊形势下阶级的形成,也可能是遗存下来的封建传统和行会传统将家长式的压迫与排挤相结合,而专制主义和非自由的政治制度肯定也是造成德国工人运动激烈的原因。

面对这一挑战,大部分德国资产阶级深感受到攻击和威胁,变得十分具有防御性,转向右倾。与此同时,它们与旧势力联合起来,捍卫现有的政治局面,忘记了至此仍未实现的对于文明社会的所有承诺。当时的社会现实与文明社会规划之间的矛盾显而易见,社会主义的工人运动对这一规划的核心部分(特别是资本主义市场经济)发起了攻击,而对其他组成部分,如公民权、机会平等、公开批评、民主化等却表示赞同。到19世纪末20世纪初,文明社会的规划失去了资产阶级的支持,却在工人阶级中获得了新的盟友。不过这些盟友倾向于改革这一规划,将其原则化为自己的原则。女权运动的要求也是如此。当然,女权运动当时还非常弱小,到20世纪下半叶才强大起来。

自此以后,阶级的构成已有很大变化。直到第一次世界大战,主要潮流是阶级的形成;而自两次世界大战之间起,相反的潮流开始占主要地位。这一潮流倾向于阶级的分化和瓦解。联邦统计局有关统计表明,工业部门的重要性已大为削弱。自20世纪60年代起,工人甚至在绝对数量上也在缩小。工人的文化一直是工厂工人的生活表达,也是手工业者世界的重要组成部分。职员和大学毕业专业人员的增长必然改变原有比例。工人阶级的文化和组织受到了民族社会主义、纳粹独裁的破坏。暴力、战争、城市的被轰炸、战争和战败,人口的大迁移对德国生活和文化的强行混合更进一步地削弱了传统的阶级结构。特别是20世纪50至80年代空前的经济增长、民主制度的推行、社会福利政策的实施、消费社会和大众文化的兴起、工作和业余生活比例的变化、文化上的变更、社会不平等模式的淡化、生活发展机会的个人化等等，所有这一切都大大促进了阶级界限的淡化。西德的社会特别是如此。在东德，经济的发展、消费社会的形成和民主制的推行不大明显，或完全没有发生。不过，在那里，市场经济原则的放弃和独裁统治对传统的阶级制度进行了更大的摧毁。工人阶级在德国虽然没有消失，但阶级对财富、地位、权力的追逐、隶属性和社会排挤、阶级认同的特色和文化趋向的决定性意义，都已经在大大减少。与20世纪初相比，阶级的重要性已经大为减弱。

自第一次世界大战以来，德国资产阶级的历史是危机、成功，再到扩大成功和瓦解的历史。随着工人阶级的分裂，资产阶级失去了所剩下的最重要的敌人。另一方面，贵族和平民之间的区别到1918—1919年，已经失去了绝大部分法律上的意义，在此之后也失去了所有社会和政治意义。贵族失去了所有的特权，因此不再是（它在长达几百年中充当过的）统治阶级。这样，资产阶级活过了其老敌手，但也随之失去了其一部分特色。

在人数上，职员阶层超过了独立经营的资产阶级。官僚主义化的进程留下了痕迹。关于公民独立性的设想已有所变化。自第一次世界大战爆发以来，"公民"家庭中佣人的数量连续下降。而在19世纪，佣人的有无对于"公民"家庭来说是极为重要的。古典文化教育已经极为少见，它让位给专业训练教育，这一变革使资产阶级统一文化的重要因素之一趋于消失。关于勤俭节约、追求进步和秩序的风格，曾对19世纪初期兴起的大部分资产阶级有过深远的影响，到了一战以后，也大都消失。作为资产阶级文化核心的家庭也发生了深刻变化，使男女之间的关系完全改变，而以前却是以明确的男女家庭分工为基础的。其他方面的影响也对家庭的改变发生了作用,如年轻人地位的变化、新闻媒体地位的上升以及现代社会所提供的各种方便快捷的途径。由此,家庭失去了在19世纪所具有的许多功能和部分凝聚力,因而使资产阶级文化产生了分化。德国历史上的独裁统治也对资产阶级的堡垒——家庭和传统价值观念产生了巨大的摧毁作用。

在这一进程中,遗留下来的资产阶级文化特征却传播到整个下层社会,在一定程度上,也传播到正在缩小的农民阶级、曾被称为小资产阶级的广大中产阶级,甚至一部分工人中。在纳粹独裁统治结束和1945年全面崩溃以后,随着50年代的经济好转和社会的重建,在联邦德国甚至出现过某种资产阶级价值观和风俗的复兴。尽管资产阶级结构和传统被消除和破坏(在长达四十年的东德,要比十二年的第三帝国进行得更为彻底和持久),资产阶级文化的复兴在以后几年内也会在原东德地区出现。当然,资产阶级文化的传播仍将受到社会和经济因素的制约。但资产阶级文化从来就有普遍化倾向,并已经跨出了原来所属的社会阶层。

在今天,"资产阶级"和"工人阶级"的概念对社会不平等和斗争的描述和分析的能力有限。文明社会蓝图的阶级基础已经松动、削弱和被抽空。或许,这也正是这一规划今日能良好运转的原因之一。

五、20世纪德国社会史的转折点

1918—1919年的革命是德国社会史上一个重大的转折点。它开始于自上而下的改革。1918年10月,在不可扭转的败局的压力下,最高陆军指挥部(OHL)下令实行议会制;与此同时,一场自发的人民革命继续向前推进,最终一方面发生了根本性的改革,另一方面导致了暴力和内战的蔓延(1919—1920年)。在这场革命中,它所提出的某些目标明显超过了文明社会的模式,甚至有些内容是与文明模式针锋相对的。所以，这些目标大都没有实现。如全面国有化的尝试、在宪政以外非代议性的直接民主制等。

在1918—1919年，革命最终推进了德国实现文明社会的事业。它带来自由的宪法、议会制、第一批真正民主的选举（包括妇女选举权），根本性的社会福利制度（包括解决社会矛盾的新途径），并大大扩大了政治领导阶层。但是，在最后一点以及其他许多方面，这一革命是不彻底的。它在相当大的程度上，容忍了政治、经济和文化上的旧势力、旧传统，有太多的"旧政权"的残余部分幸存下来。这一革命也具有极端性、暴力性和摧毁性，它在政治阵营的两极都造成了巨大的失望、灾难和抗拒。这次革命在带来文明社会模式的同时，却又取消了其生存资格，因为革命的妥协和破坏，给这一社会模式带来了沉重的负担。

当然还有其他负担。一战不仅带来了失败，也带来了德意志民族的耻辱、经济上的混乱、穷困、社会的不平等、通货膨胀和经济大危机、新制度普遍的低效以及对人们心理的巨大冲击。这里不必重述魏玛共和国的希望和受挫的历史。但是，魏玛共和国的确在（至此的德国历史）前所未有的程度上，在德国实现了文明社会的准则，也为联邦德国奠定了文明社会的传统。在大部分资产阶级和小资产阶级大都拒绝魏玛文明社会模式的同时，这一模式受到了社会民主党的支持。不过这一模式的支持者寥寥无几，而且越来越无能为力。在一战期间，出现了左倾和右倾的新激进潮流，即带有极权主义的极端的群众运动。它们逐渐壮大，成为文明社会现实和准则的致命威胁。随之，新制度被接受程度的不足、公开的敌对关系以及社会内在的缺陷互为因果，越演越烈，最终使文明社会陷入了危机。

1933年，旧的上层势力（包括大部分资产阶级）和新起的右派法西斯群众运动联合起来，结束了魏玛共和国文明社会的试验。有人提出，是否可以把1933年纳粹上台看成是一种革命？关于这个问题争议很多。或许，我们可以这样看。另外还有人认为，纳粹统治时期不仅给德国、欧洲和世界带来了压迫、暴力、战争和灾难，从长远来看，不管是有意还是无意，也促进了德国社会的现代化。这一观点不是全无道理。当然，他们并不一定是在为纳粹辩护。现代化也可以是一场灾难，其作用不一定是积极的，常常是很矛盾的。另外，我们也不应该完全否认，某些短期内有摧毁性和灾难性的行动和过程，从长远来看有时会具有解决问题或医治创伤的作用（这当然不等于可以对这些行为和过程作道德上的谅解）。

无论如何，1933年对德国文明社会兴起的作用是十分清楚的。在这一年，一个与所有文明社会原则格格不入、背道而驰的独裁者夺取了政权。它以（可追溯到19世纪的）专制主义、种族主义和帝国主义传统，即德国文明社会方面的缺陷为基础。这也能解释，为什么德国文明社会（魏玛共和国）未能动员更强大的力量来对抗法西斯主义的引诱。但是，在许多方面，特别是在其摧毁性最大的方面，德国法西斯主义以摧毁过去的结构和传统为前提。法西斯主义是一种新现象，它是由在一战中产生的极端主义群众运动酝酿出来的。纳粹时期，德国偏离西方的"现象"有最突出的表现。在这一时期，德国资产阶级和文明社会之间的距离最大。纳粹统治摧毁了德国资产阶级的核心部分，即犹太人资产阶级。尽管资产阶级支持了纳粹的上台和统治，但是，在这一点和其他方面，纳粹独裁不仅损害了文明社会模式，而且同样损害了资产阶级的力量、文化、准则和使命。上面已就工人阶级作出了相似的判断。对其他社会集团和机构，特别是德国贵族和军队，也可以作出同样的结论。

1945年以后，文明社会的根基在西德再次奠定。它逐渐地得到了巩固。而这一次直至今日它是站住了脚的。这里，我们不必将联邦德国的历史概述一下，不必详述战后在西方战胜国影响下的艰难开端、领导阶层的新构成（在某种程度上是一种复辟），也不必详述经济的飞跃、对纳粹历史缓慢而沉痛的反思、议会机构和党派制度成功的历史

（这一党派制度与其大部分传统决裂）、较早决定偏向西方、后来小心翼翼地向东欧作出的和解姿态、一个开放社会的逐步发展，以及广大人民（这次也包括社会上层和资产阶级）对政权的合法性的认同和支持。漫长的"德国与西方的差异"问题，最终在联邦德国得到了解决。

当然，我们不能忽视这段历史的阴暗面。纳粹统治的历史遗产曾是一个沉重的负担，将来也仍会如此。一个现代文明社会的内在问题（如使人不可容忍的贫困和不平等、信仰危机和生态危机）是深重的。未来如何，还难以预测。德国当时是分裂的。这一点或许有助于西德解决自己的若干问题和避免产生其他问题，但它毕竟意味着统一民族国家的丧失，其后果是在民族本色和政治文化方面的疑惑。与共产党统治的东德对抗或许是西德稳定的一个因素，但它也毒化了西德的政治文化生活，威胁到它的宽容性。当然，肯定有别于以前的纳粹统治，没有前者危害深重。但是，它也是对文明社会的又一次否定，而同时它也意味着（西德正在克服的）陈旧的专制和非自由主义传统的延续。

尽管存在着上述局限和挫折，但是，无论如何，与德国历史上的其他阶段和其他政权相比，1949至1990年间联邦德国的历史是相当成功的。至少就本文使用的标准而言，完全可以这样说。尽管要做的事情还很多，但文明社会的核心原则在联邦德国已经得到实现，其实现程度要比德国历史上任何一个阶段都要高。

直至今日，德国历史最后一个较大的转折是1989—1990年的剧变。有人把它看成是对1945—1949年那一转折后果的修正。这一观点认为，1945—1949年的那一转折的主要结果是德国统一民族国家的丧失，开始了长达四十多年的不正常现象，即一个民族生活在两个国家里。1989—1990年的转折重建了德国统一的民族国家，不过没有其原有的疆域。它结束了德国的分裂，同时也结束了欧洲的分裂。从民族国家历史的角度来看，德国历史上的最后两次转折似乎证实了这一点。

从社会史的角度来看，历史的面目却是另一番景象。从文明社会实现的历史角度来看，1989—1990年的这一转折，即东德发生的剧变，继而转变为与西德再统一的运动以及东德加入西德，这不是对1945—1949年的纠正，而是文明社会的完全实现。它把西德的制度扩展到东德的范围，对此，大部分东德人是赞同的。它使得东德人能加入文明社会的蓬勃发展。此事能否成功，尚待观察。但是，新联邦德国（不大可能）只是旧联邦德国的延续，文明社会的优点之一在于，它能不断采取和平的方式进行自我更新。

参考文献

1. D. L. Augstine, *Patricians and Parvenus: Wealth and High Society in Wihelmine Germany*, Oxford 1994.

2. V. R. Berghahn, *Modern Germany. Society, Economy and Politics in the Twentieth Century*, Cambridge 1982.

3. D. Blackbourn and G. Eley, *The Peculiarities of German History. Bourgeois Society in Nineteenth Century Germany*, Oxford 1984.

4. C. Conrad and M. Kessel (eds.), *Geschichte schreiben in der Postmoderne. Beiträge zur aktuellen Diskussion*, Stuttgart 1994.

5. R. Dahrendorf, *Gesellschaft und Demokratie in Deutschland*, München 1968.

6. U. Frevert, *Frauen-Geschichte. Zwischen bürgerlicher Verbesserung und neuer Weiblichkeit*, Frankfurt 1986.

7. G. Iggers (ed.), *The Social History of Politics. Critical Perspectives in West German Historical Writing Since 1945*, Leamington 1985, especially pp. 1–48（编者引言）。

8. H. Kaelble, *Auf dem Weg zu einer europäischen Gesellschaft. Eine Sozialgeschichte Westeuropas 1880–1980*, München 1987.

9. I. Katznelson and R. A. Zolberg (eds.), *Working-Class Formation. Nineteenth-Century Patterns in Western Europe and the United States*, Princeton 1986, 特别是有关德国的第三部分。

10. J. Kocka, "Theory and History: Recent Development in West Germany", in: *Social Research*, XLVII (1980).

11. J. Kocka, *Facing Total War. German Society 1914–1918*, Leamington Spa 1984.

12. J. Kocka, "German History before Hitler. The Debate about the 'Sonderweg'", in: *Journal of Contemporary History*, 23 (1988).

13. J. Kocka, "The Middle Classes in Europe", in: *Journal of Modern History*, 67 (1995).

14. J. Kocka and A. Mitchell (eds.), *Bourgeoisie Society in Nineteenth-Century Europe*, Oxford 1993, especially pp. 3–39.

15. R. Koselleck, *Vergangene Zukunft. Zur Semantik geschichtlicher Zeiten*, Frankfurt 1987.

16. A. Lüdtke (Hg.), *Alltagsgeschichte. Zur Rekonstruktion historischer Erfahrungen und Lebensweisen*, Frankfurt 1987.

17. J. Mooser, *Arbeiterleben in Deutschland 1900–1970. Klassenlagen, Kultur und Politik*, Frankfurt 1984.

18. L. Niethammer et al., *Bürgerliche Gesellschaft in Deutschland. Historische Einblicke, Fragen, Perspektiven*, Frankfurt 1990.

19. T. Nipperdey, "Probleme der Modernisierung in Deutschland", in: *SAECULUM*, 30(1979).

20. M. Prinz and R. Zitelmann (eds.), *Nationalsozialismus und Modernisierung*, Darmstadt 1991.

21. R. Rürup, "Deutschland im 19. Jahrhundert", in: R. Rürup et al., *Deutsche Geschichte*, Vol. 3, Göttingen 1985, pp. 3–200.

22. R. Sieder, "Sozialgeschichte auf dem Weg zu einer historischen Kulturwissenschaft?", in: *Geschichte und Gesellschaft*, 20 (1994).

23. C. Stern and H. Winkler (eds.), *Wendepunkte deutscher Geschichte 1848–1990*, Frankfurt 1994, pp. 317–354.

24. K. Tendfelde, "Stadt und Bürgertum im 20. Jahrhundert", in: K. Tendfelde and H. -U. Wehler (eds.), *Wege zur Geschichte des Bürgertums*, Göttingen 1994.

25. H. -U. Wehler, *Deutsche Gesellschaftsgeschichte*, 3 Vols., München 1987, 1995.

20世纪下半叶国际历史科学的新潮流*

引 言

历史科学就好比一座拥有许多房间的大楼。在世界各国，它具有不同的形式与内容。与其他国际性学科相比，例如与国际经济学相比，国际历史科学的总画面则显得更为多姿多彩。

因时间有限，我这一关于国际历史科学的报告，不能面面俱到。我只能集中讲讲我个人认为极为重要的几个新趋向。我涉及的主要是西方国家，如德国、英国、法国与美国的历史科学。最后，我将讲讲全球性问题。在历史时段上，我主要涉及的是近几百年来的近现代史的研究。

首先，我想讲讲近几十年中西方历史科学的三大新潮流：第一潮流是指社会史潮流。社会史研究，自20世纪50年代开始立足，在60—70年代获得了国际史坛的中心地位。第二潮流是指新文化史潮流。新文化史潮流，起源于70年代，在80—90年代获得了主流地位。第三潮流是指新世界史或全球史潮流（global history）。它是目前最引人注目的史学潮流。在讲完这三大潮流以后，我将简略地谈谈国际历史学会与德国历史科学的情况。

---

* 本文为科卡教授于2001年12月在中国社会科学院世界历史研究所的演讲，首次发表在《史学理论研究》2002年第1期，收入本书时译文有所修改。

一、社会史潮流

　　我是在60年代学习历史专业，自70年代开始从事历史研究与教学工作的。当时，社会史潮流的发展与壮大深深地影响了我们。对于我们中许多人来说，新社会史潮流是当时历史科学中创新、魅力与挑战成分的集中体现。那么，什么是社会史，而当时它又何以如此吸引人呢？

　　首先，社会史着重研究历史的结构与进程。长期以来，历史学家主要研究了历史上的事件、行为与有名人物。而现在，即在60年代，我们开始研究历史上的局势，研究当时的伟大运动，研究变化缓慢的结构。这里，我想举两个例子：我们感兴趣的研究对象，已经不再是如爱迪生那样的大发明家或像克鲁伯那样的大企业家，而是工业化进程。我们不再集中精力去研究拿破仑与俾斯麦，而是去研究与写作18世纪末至19世纪初的所谓"双重革命"，或者去研究俾斯麦时代的宪法史以及政党史。这就是向历史结构与进程的转折。此其一。

　　第二，我们突出了"社会"这个概念。在此之前，历史学家注重研究政治史、国家史以及国际关系史。现在，我们开始研究与写作社会阶级与阶层的历史、社会运动（如工人运动）的历史、资产阶级与贵族的历史，研究与写作人口迁移、家庭与工商企业的历史。社会世界进入了我们视野的中心。与此同时，我们也希望能从社会史的角度来解释政治与文化方面的变化与发展。我们是从社会的角度，而不是从国家或伟大思想的角度来观察历史的。

　　第三，历史科学发生了"分析性转折"。在此之前，历史学家主要运用了诠释学方法与接近原始资料的语言与概念，对历史进行了叙述。现在，我们开始对概念（如"阶级"的概念）作出确切的定义，开始运用模式（如"工业社会"的模式），开始了理论（如现代化理论）的讨论。统计学的数量分析方法越来越重要了。还建立了有关历史上人口迁移、政治选举、家务与家庭、战争的大型资料库。同时，我们接受了邻近社会科学（如社会学、经济学与政治学）的启发。各学科之间的界线越来越模糊了。我们很重视跨专业研究。在西方，特别是在英国，马克思的思想遗产起到了重要作用。韦伯的著作对历史学家也重要起来。

这一向社会史的转折至今还没有告终。社会史潮流在今日的国际历史科学中仍有着重要地位。这一点，我们只要想起霍布斯鲍姆、德国的韦勒以及重视历史的社会科学家，如蒂利与沃勒斯坦（I. Wallerstein），就能体会到。

二、文化史潮流

但自 70 年代开始，另一史学潮流更重要了。就像我们这一代人着迷于社会史研究一样，80 与 90 年代的年轻史学家们被新文化史吸引住了。文化史有着多层含义，它有着各种各样的支流。或许我们可以突出其四大特点：

第一，观察与经历的历史被发现了。这一发现，既补充又阻碍了结构与进程史的研究。对工人与资产者社会地位升降的频率，年轻历史学家不再那么感兴趣。他们感兴趣的是，历史人物是怎样经历与体验、怎样在其生活中对待其社会地位变化的问题。在国际关系史方面，历史学家不仅研究了各国之间的外交关系，而且也研究了外交官员的心态习俗，其相互关系以及他们对东道主国的观察。文化史将主观因素带回了历史科学。而常常只有在研究狭小区域中人们的历史时，才能做到这一点。微观史学因此获得了立足之地。金兹伯格（Carlo Ginzburg）就是这方面的一个例子。

第二，历史学家发现了许多新专题。妇女史研究获得了极重要的地位，而且不久又转化为性别关系史的研究。普林斯顿的斯科特（J. Scott）与柏林的豪森（K. Hausen）就是这方面的例子。在美国，民族群体的历史本来就有着重要的地位。而现在历史学家们开始研究少数民族的文化，并扩展为"文化研究"（cultural studies）。人们开始研究心态习俗。历史学家开始研究象征符号的世界。在科塞勒克与斯金纳（Skinner）的概念史中，在所谓的"语言学的转向"中，语言又成为历史学家的研究对象。以前，英国史学家琼斯（St. Jones）曾研究过西德一个工业城市的阶级关系史。而现在他却在研究与写作"劳动的语言"（language of labor）专题，在研究与写作19世纪初期英国伟大的民众运动、宪章运动的语言问题。

第三，在方法上，发生了一个解释性转折。诠释学的方法变得更重要了。历史学家注重对复杂局势的惟妙惟肖的诠释，对历史上人物充满理解的接近。叙述获得了地位，这在一定程度上阻碍了社会学家自60与70年代以来侧重进行的所谓的"冷酷"分析。

民俗学与文化人类学为文化史研究提供了重要的启发。例如，吉尔茨就发挥了很大的作用。文化社会学家如埃利亚斯、福柯（M. Focault）的思想以及后现代哲学的影响增长了，而韦伯思想的重要性没有变。

第四，讲到这里，我们特别应该突出的是历史思考中产生的"建构性"转折。我们学习到，并非常清楚地认识到，我们使用的概念会给我们试图再现的历史现实留下深深的烙印。我们知道，我们所报道的历史现实，受着我们的提问、设想与概念的影响。每一种对历史的再现工作，都带有塑造成分，它也是历史学家的作品。对这一认识，目前各学派得出了不同的结论。

首先，许多历史学家对概念史、以现实为对象的思想史，对空间的、时间的与社会的秩序范畴以及心态地图（mental maps, mental mapping）的历史大感兴趣。

其次，回忆的研究已成为一个热门。许多历史学家在研究，人们是怎样回顾过去的，他们回想起了什么，他们又遗忘了什么，他们又是如何改变其集体回忆的。回忆史是一个新研究方向。所谓"文化记忆"（kulturelles Gedächtnis）的范畴得到了迅速的普及。这很引人瞩目。

最后，某些历史学家与哲学家从近二十年的建构性转折中得出了主观主义与相对主义的结论。美国文化科学家海登·怀特（H. White）就认为，文学家的虚构作品与历史学家再现历史的著作没有什么根本差别。他的论文集的德文版就以《克里奥也在虚构》（"Auch Clio dichtet"）为书名。这是一个后现代观点。我觉得它还缺乏说服力。历史学家的工作不同于虚构文学作家的作品。我们是在做一个事实科学的研究工作。在我们的工作中，原始资料及其批判性研究处于中心地位。

关于近几十年来西方历史科学的两个创新潮流，即社会史潮流与新文化史潮流，我就讲以上这些。

三、全球史潮流

最近，国际史坛出现了第三个新潮流：我暂称它为世界史的新研究方法。英文名称是"global history"。

长期以来，西方历史科学研究的范围，在很大程度上是民族史。这至今仍是如此。历史学家一般都在研究本国的历史，这也是人们对他们的期望。除此以外，当然一直也有过地方史与区域史（Lokal- und Regionalgeschichte）。某些历史学家也常常作出越过本国国界的展望。布罗代尔著名的地中海地区史就是一个很好的例子。另外，还有国际关系史方面的研究、殖民史与帝国主义史以及20世纪两次大战的历史。

60年代以来，历史比较研究迅速发展起来。比较研究的中心问题，就是比较对象的相同与相异之处。历史学家，如罗斯托夫（W. Rostow）与格辛克龙，对工业化进程的比较，就是这方面的例子。另外,还有各个大革命的比较研究。欧洲各个民族国家的建立过程,有共同点又有其相异之处。这一专题很适合比较研究。

比较是历史科学中一种极为重要的研究方法。有人称之为获得历史知识的"至上之道"。在将来,比较研究,包括文明之间的广泛比较,例如欧洲与中国之间的比较,仍将是一个重要途径。社会科学中关于"多种现代性"（multiple modernities）的讨论也邀请历史学家参加比较研讨,有助于提出这方面的新问题。

不过,在最近几年里,某些跨国家的研究方法更为吸引人,特别是吸引了最年轻一代的历史学家。他们在探讨全球性进程,如气候史与环境恶化史中的全球性进程。他们在追问20世纪世界大战、医学进步对全世界的影响。他们在问,欧洲与亚洲,或英国与印度之间是如何相互影响的。他们在问,历史上人员、货物、思想与技术是怎样从一个国家（或文化）迁移、运输、传播到另一个国家（或文化）,并在其间发生变化的。他们在研究,相隔万里的文化相互之间是怎样遥望与观察的。他们研究的史料是以往外交官、使节或商人的游记与对异国的描述。当然,在其中,今日的全球性交往日常频繁的经历,也起着一定的作用。历史学家从这一经历出发,寻找以往时代的全球性交流关系。这里,"后殖民"理论也起到了一定作用。这一理论不赞成已普遍传播的、认为西方具有压倒一切的优势的观点,不把欧洲看成是世界历史的主宰者,而是把它看成是受其他文化与区域支配的对象。其中,欧洲与古代东方的关系就是一个大专题。

毋庸讳言,这一新型的世界史还包含着许多问题。我们很难将这些很广泛的全球性提问与现代历史科学的方法原则融合起来。因为我们的方法原则要求做到接近原始资料、精通有关语言、注重背景框架的研究。而"global history"则常常是建立在第二手资料的基础上。作这种研究的人,一般不会精通所有有关国家的语言。"global history"很容易做得很肤浅。尽管如此,目前所作出的跨民族、跨文化的研究尝试,很值得我们的重视。或许其中会产生各大洲之间，包括中德历史学家之间相互合作的新机遇。

四、国际历史科学委员会（ICHS）

国际历史科学委员会（International Comittee of Historical Sciences，简称国际历史学会），成立于1926年。主要是由欧洲历史学家组织成立。但他们得到了美国历史学家的大力支持。它的任务在于，促进各国历史科学的国际性合作，并且在世界舆论界代表与维护历史学家的利益。国际历史科学委员会的成员，不是单个的历史学家，而是各国的历史学家组织以及一系列国际性专题历史学会，如国际史学史与史学理论研究会。国际历史科学委员会每五年组织召开一次国际历史学家大会。

在成立的初期，国际历史科学委员会对消除一战带来的各国之间的敌对关系，尤其是战胜国与战败国之间的敌对关系作出了努力。在冷战期间，即在1950至1990年间，国际历史学家大会为西方国家与社会主义国家的历史学家的相互接触以及进行跨联盟性讨论，提供了难得的机会与场所。

1990年以来，国际历史学家大会的这一职能过时了。其当今的任务在于，为历史科学的真正全球化作出贡献。因为，在活跃的成员国里，仍然是由欧洲与北美国家以及日本起着主导作用。亚非拉大部分国家与地区还没有参加或没有起到积极的作用。如果历史科学真要做到更国际化的话，那么它就必须对其专题与方法进行改革，就必须更进一步地向那些西方以外的仍站在国际历史学组织以外、犹待邀请加入的国家与地区的经验与兴趣开放。

下一届的国际历史学家大会将于2005年在悉尼举行。我希望中华人民共和国的历史学家踊跃参加。

五、德国历史科学发展的特点

最后，我想简要讲讲德国历史科学发展的特点：

第一，历史科学在德国社会中，不管是作为科学的一个学科门类，还是作为中小学的一门课程，抑或在有关德国人自我认识的公共讨论中，一直有着极为重要的地位。这有着许多原因。而原因之一是，德意志民族的形成与德国19世纪的历史意识有着密切的关系。德国人一直以历史来论证德国人的同一性以及他们与欧洲其他民族的相异性。在德国，历史与同一性讨论是密不可分的。

第二，在20世纪，德国经历了专制独裁的统治。尤其是对纳粹主义的讨论深深影响了1945年以后的德国历史科学。在公共舆论界，关于纳粹历史的回顾占据着极为重要的地位。纳粹主义受到了德国社会普遍而坚决的反对。今日德国人的集体同一性与自我理解是以对纳粹主义的坚决否定为基础的。对纳粹罪恶的公开与诚实的回忆，有助于联邦德国获得成为一个新的、更好的德国的思想意识。所以，对纳粹主义的公开回忆极为重要，它是一个力量的源泉。

历史科学能对此作出贡献。对我这一代的历史学家来说，关于纳粹主义的历史原因以及纳粹德国罪恶的问题，处于十分中心的地位。我们当中许多人围绕着1933至1945年的灾难研究了19与20世纪的德国史。也正因为这一点，政治这一专题，在德国历史科学中一直是主要专题，从来没有被狭义的社会史与文化史所排挤掉。

德国历史学家从20世纪专制独裁统治的经历中认识到，只有在没有政治压制的条件下，历史学家才能真正做好历史科学研究。在专制独裁条件下，历史科学是不能真正蓬勃发展起来的。这一点，我们也可以在其他国家看到。所以历史学家深知，不受审查、能自由查阅与使用档案资料以及自由开展学术批评，对历史科学是何等重要。

第三，目前，欧洲正在进行着一场规模宏大的实验：欧洲众多的民族国家正在融合成为一个新型的超民族的政治联盟，即欧洲联盟。现在，欧盟正在向东欧扩展。

欧洲各国的历史科学之间仍然有着明显的差别。但各国的历史科学正在相互认识与学习。一个真正的欧洲历史科学正在逐渐形成，一个包括历史科学在内的欧洲同一性正在形成。

我希望，中华人民共和国能将其年轻的历史学家也派往欧洲，让他们能够亲眼观察并亲身参与这一令人兴奋的进程。

悉尼：国际历史科学委员会和普世史的乌托邦

——在第20届国际历史科学大会上的开幕词[*]

今天开幕的第20届国际历史科学大会是一次非常特别的大会。从1900年在巴黎，到2000年在奥斯陆，迄今为止召开的19次大会不是在欧洲，就是在北美。而今天，2005年，我们第一次在南半球举行这一盛会。

我们应该把它看作一种征兆，在走向真正的历史学家全球共同体的道路上，我们正迈向一个新阶段。我们的组织，八十年前在欧洲成立的国际历史科学委员会，正在扩展它的地区和范围，而在过去，世界上的各地区并没有获得充分的代表性。今天，有越来越多的从欧洲和北美以外地区来的历史学家参加了国际委员会的组织、争论和共同的事业，其结果使我们的研究课题、观点和议程都产生了变化，使它们变得更具有全球性，在一定程度上更有普世性。这次大会标志着我们在前进的道路上迈出了重要的一步，它将有助于我们继续向前。

约瑟夫·班克斯（Joseph Banks），詹姆斯·库克（James Cook）船长探险队中的植物学家，赞美他们所"发现"的这一带海岸，把它命名为"新南威尔士"。班克斯说这片土地"对于欧洲探险家来说是最迷

---

* 本文是科卡教授在2005年7月3日至9日于悉尼举行的第20届国际历史科学大会上所致的开幕词。原文为英文，由中国社会科学院世界历史研究所姜芃研究员译出。

人的诱惑"。这是18世纪70年代早期的事。今天，我们将用其他语言来描述悉尼和她所处环境的吸引力。尽管我们长途跋涉来到这里，许多人要克服各种困难，如缺少旅费资助、签证手续的烦琐或飞行反应，但是，我们中虽不是所有人都愿意被称作"冒险家"，我们却赞同约瑟夫·班克斯对这个地方的"最迷人的诱惑"的高度评价。我们期盼着在这座令人兴奋的和好客的城市度过未来的一周。我们要感谢这座城市，感谢澳大利亚历史学会，感谢新南威尔士大学，特别要感谢在马丁·莱昂斯（Martyn Lyons）领导下把这次盛会组织得如此成功的历史学家和组织者们，感谢你们对我们的邀请。

作为东道主城市，悉尼除了她无可争辩的迷人风光和资质以外，还具有一种超出仅是2005年大会的特殊象征。澳大利亚在许多方面具有强烈的英国和欧洲色彩，但是，至少从欧洲人的角度来看，她就像一座桥，她的地理位置、人口构成、视野和邻国又使她接近并向非西方地区和文明开放。对于在西方产生并保有西方内核的世界历史学家大会来说，我想不出一个更好的地方，能够向世界的其他传统和地区打开大门，从而改变自己，使自己变得更具有全球性，更有希望和更具有普世性。

国际历史科学委员会（在法语中是：Comitée Internationale des Sciences Historiques，CISH）的主要任务是组织世界历史学家的大会。这一组织成立于1926年，得到了欧洲、北美和很少一部分这些地区以外的国家的历史学家委员会的支持。在过去的几十年中，这些支持者们成长起来了。至少从1950年起，澳大利亚的历史学家积极参加了国际大会并在1964年成为会员国。目前，这一组织已拥有54个会员国和28个特别专题国际委员会。回顾国际历史科学委员会的历史，大致经历了三个阶段：

第一阶段，试图治愈第一次世界大战遗留下来的一些创伤，使战胜国和战败国的历史学家们走到一起，通过历史研究来与民族主义进行斗争，但成效甚微。到第二次世界大战以前和大战期间，这一组织实际上已经瓦解。

第二阶段是从第二次世界大战刚刚结束到1990年，这是冷战的几十年。这一时期，国际大会成为仅有的少数几个能够使来自共产主义的"东方"和非共产主义的"西方"的历史学家们会面、讨论和谈判的平台之一。

1990年冷战结束，国际历史科学委员会丧失了这一使命。我们进入了一个全球化过程加速的新时代，国际历史科学委员会也进入了她的第三时期。今天，她的首要任务是把世界上来自不同大陆和地区、北半球和南半球的历史学家和历史方法汇拢到一起，以促进和推动我们有时所说的历史的"全球化"。

几乎在世界各地，历史研究和叙述总是与地区、国家、特殊的文化，有时是宗教紧密相连，这毫不奇怪。毕竟，各种文明的人为了使自己与现在的情况和未来的期望相联系而部分地求助于过去（一句话，会对历史感兴趣），因为他们想去追问他们从哪里来，到哪里去，他们属于谁，又与谁不同这些问题。在研究历史时，历史学家必然带有某种集体的认同感，这是为什么研究和叙述历史总是，几乎到处都是，要有一个专一目标的原因。在19和20世纪，民族主义的框架和对它的效忠深刻影响着大部分的历史研究和历史叙述。有时，这种效忠在历史学家的著作中导致了严重的曲解。而另一方面，人们又分享着超越民族、地区、种族和文化特殊性界限的东西，因为他们都属于人类。许多真正的历史总是发生在超越了单一地区、文化、民族或宗教单位局限的空间里。历史学曾经遵循科学的原则，作为一种科学学术而实践着。然而，由于学术的原则不再以民族或种族或宗教为特定目标，而宣布遵循普世公认的原则，这就使对过去的处理以及使它与现在的联系变得不那么专一。所有这些原因，使历史研究和叙述发展成一种推进普世化的力量。

一方面，国际历史科学委员会把历史学作为一种与特定集体认同相关的专门事业；另一方面，又把历史学作为推进普世化的潜能和动力。在这个基本的张力之间，国际委员会已基本站在了后者一边。一般来说，她的工作强调历史研究普世化的观念。我希望这一届大会也是如此。

普世化，普世史——这意味着什么呢？

当然，它并不意味着由一个包揽无余的发展方案来构筑一个统一的世界史，这种尝试通常总是失败的。之所以如此，是因为历史的研究和叙述总是依赖研究和叙述历史的人在实践中获得的观念和他们所提出的问题。这些观念和问题受个人和集体的经验、期望和选择的影响，而这些经验和期望又因国家、阶级、文化、性别和其他标准而不同，并具有不同时期的清晰变化。这样，由于政治手段或意识形态的强力控制决定着历史研究和叙述的多样性、流动性和对抗，这就使历史研究和叙述本身出现了极端的不同、变动和对抗。

谈到普世的历史，我想有以下三点特别值得注意：

第一，对共同方法论的确信。

由于有了普世化的取向，历史学家必然会应用不同的观念方法和理论。但是，他们将拥有一些共同的确信来指导对历史进行研究和叙述。例如，在历史学家交流的一些原则中，尊重证据和信义，包括争论和批评以及准备在面对新的证据和更好的论点时学习和改正自己。这是我们所说历史是科学的内容的核心——把历史当作科学。

第二，包容的精神。

显然，历史学家在兴趣所在、如何把故事组织起来、提出什么样的解释以及赋予过去什么样的意义等方面是各自不同的。他们的不同根深蒂固，并且还将继续如此。但是，由于历史学家在范畴上使不同的情况在实践中不再彼此孤立，而是通过反对和合作、解释和比较、排斥和承认的关系，使它们彼此相互关联和相互影响，这样一来，历史学家的这些不同就变得与普世的历史相一致了。这种共存的方式被转变成相互依赖和单一情况演变的结果。在这个意义上，为了普世历史的实践，人们需要提出问题，因为问题构成了跨越多样性的桥梁；人们需要有某种交流的技巧，因为它有助于兼顾好奇心与宽容。这样一种普世的历史是能够培养出来的，国际大会就是培养它的基地。

第三，强调背景和相互关联。

显然，单一民族、地区和文化的历史，特殊进程、经验和事件的历史以及特殊问题的历史，将是历史研究的一般主题。我们中的大多数人将继续是一个或几个国家、一个或几个特殊问题领域和有限时间段的历史的专家。我们学科的标准是一个史学家必须有自己的专业领域。通常，历史学家有特殊的偏爱，而不是对所有事情都感兴趣。这就是历史学的方式，或历史学应该具有的方式。但是，普世历史的取向将意味着，无论如何，一个人要对广泛的相互联系和背景感兴趣，一个历史学家应该学会把已经深入研究的单个的地区、社会、国家或某种格局看成是受其相互关系、综合进程和构建的影响的，这样，民族的认同和构建将更多的是作为超越民族进程的结果出现而不是相反。今后，我们中的许多人将继续把自己的研究集中在一两个国家范围的问题上，但是，如果从普世的观点来看，如果把它们作为普遍的相互关联和相互牵扯的事物来看，就可以用不同的角度来重新构筑和解释它们。

总之，共同方法论的确信、包容的精神和强调背景的相互联系——如果说这些是普世的历史所表明的特性，那它怎么会是乌托邦呢？

乌托邦是值得向往的，它不可能完全实现，却会对现实产生影响。

无疑，普世的历史是一个树立的目标和工作的项目，它能够提供一种新的观念和惊人的洞察力，它可以成为知识的源泉和工作的平台。人们可以用理性的方式，而不是忽视或压制理性的方式来处理差异。在面对一个越来越相互联系却高度多样性的世界，这是一个重要的先决条件。历史学家能推进普世历史的产生。

　　写普世的历史无疑是困难的，历史学家需要特殊的技能和语言，需要丰富的知识以及懂得如何去比较和揭示相互关联。历史学家也需要耐心和明白自己的局限。或许，最重要的是，几乎到处的历史研究都继续在——有正当的理由认为——紧密地与所追寻的民族和文化的背景相联系。但是，在一定的程度上，历史学家又必须使自己从这种特殊的背景中解放出来，以便于去写普世的历史。

　　另一方面，普世的历史不是幻影，而是乌托邦。作为今天的历史学家，它能够，而且确实已经对我们的工作产生了富有成效的影响，即使仅在调整思想的意义上。这次大会无论在展示不同的思想、结果和方法上，还是在具有某些普世历史的取向方面，都将是一个范例。对此我是乐观的。

　　我希望我们将度过有意义的一周。

全球化时代的社会史研究*

    历史科学是以热潮的方式前进的。有些人或许也会说,它是一个依赖时尚的专业,但这样说就太消极了。因为,尽管提问、专题与研究领域以相当快的替换频率崛起、占据主要位置,然后又退居后位,人们在回顾时还是能够看到,它们有过长期性影响,产生了许多成果,哪怕起初对它们的期望与要求被证实为过高了。这有点像众所周知的荒漠考察队的故事,必须有一个海市蜃楼来吸引它,它才会向前挪进一段路。另外,如果我们对眼前发生并不断变化的当代重大问题以及新历史学者队伍的不同经历不作出反应的话,那么我们的专业会是多么枯燥无味!

    如果一个人作为历史学者工作了几十年,那么他就经历了许多这样的潮起潮落。比如说,20世纪60—70年代曾经有过对我来说具有决定性意义的社会史的迅速崛起。社会史在今天仍然很强大,但已经有了很大的变化,并且远不像以前那样吸引人(与特别)。在80年代,日常生活史向渐成经典的社会史挑战。许多年里,人人都在谈论日常生活史。今天很少有人提及此概念,尽管它留下的不仅仅是某些痕迹。然后是90年代迅速崛起的文化史,其中有的是随着语言学转折潮流而

* 本文德文版首发于德国《信使-德国欧洲思想杂志》(*Merkur-Deutsche Zeitschrift für Europäisches Denken*)总684期(2006年4月),中译本首次发表于《史学理论研究》2007年第1期。

起,有的是受后现代精神的影响,又有的是以一个未来的包揽一切的垄断学派的姿态出现的。但是,现在它也苍白失色了,人们长久讨论的社会史与文化史之间的对立也不那么重要了。

当然,在此迅速变化的层面以下或者以外,还是有许多东西遗留了下来:例如某些长期项目,还有历史研究方法的核心部分。一些著作的产生经历了漫长的时间,仍很时兴,成了经典之作,如《历史基本概念》(*Geschichtliche Grundbegriffe*),或者托马斯·尼培代与汉斯-乌尔里希·韦勒的宏大德国历史综述。但是,如果有谁比较一下近几十年来历史专业讨论班的专题、历史畅销书书目与历史专业大学生感兴趣的专题,那么他首先觉察到的是变化与热潮。

一、历史科学在向跨民族研究开放

至今最新一次的,现在最高涨的热潮是历史科学向跨民族的世界历史或全球史的开放。全球史虽然早有先行者,但特别自90年代初以来经历了迅速的崛起——尽管它仍是少数人现象,但越来越成为一个专业的新方向,它尤其使年轻人着迷,它推动着基础性讨论,有望带来新的发现与对旧事物的新认识。现在我们有了新的(世界历史)学术刊物,如1990年创立的《世界历史杂志》(*Journal of World History*)和2000年创立的《世界史杂志》(*Zeitschrift für Weltgeschichte*)。该领域的著作已经很多,以至于《美国历史评论》将书评部分的"综合"栏目改名为"比较研究与世界历史"。2005年9月,莱比锡举行了有250多个历史学家参加的欧洲第一次世界史与全球史的会议,那里也已经设立了一个"18世纪至今的跨民族化与地区化研究"的博士专业方向。

在"跨民族的历史学"(Transnationale Geschichtswissenshaft)、"世界史"(Weltgeschichte)、"全球史"(Globalgeschichte)这些标签下[1],积聚着内容很不相同的专题:从19与20世纪德国与法国之间文化交流与关系的历史，到欧洲层面的公共舆论、政治与文明社会的历史以及长达几百年的大帝国及其战争的历史，再到西方与非西方之间的殖民与后殖民关系史。其中有世界经济史或者全球规模的经济史，也包括气候史与环境史，还有通过旅游、战争、传教团报道与思想讨论反映出来的东西方相互观察的历史，高水准的文明比较研究，以及这里不涉及的极端的地球历史构想。

我们还可以举出许多其他内容，各方面应有尽有。这些研究的共同之处是跨民族方向，跨越界限的激情，对空间跨度巨大的历史现象的着迷，对跨地区、跨民族、跨文化的交织与比较的兴趣，寻找大的框架，尽管随后又转向研究一个较局部的对象，例如1900年前后的德意志帝国，以期在广大的、倾向全球性的关联下重新探讨与解释。

欧洲与非欧洲的世界部分、"西方与其余"之间的充满冲突的不平等关系，明确或隐约地成了新世界史与全球史研究的思想政治的核心内容，这些研究常常带有后殖民精神与西方人的良心愧疚，明确表明要脱离欧洲中心论的解释——哪怕只是通过话语史、对遗留下来的关于西方在现代崛起的"宏大叙事"的解构与批判。但是，并不是所有活跃在世界史与全球史或者跨民族研究领域的历史学者都有"批判西方"的观察方式。他们所共有的，是他们都在松动、超越、克服民族史的范式。而这一点，如果做得到，确实是重要的。

因为，至少近代史研究自其19世纪的专业化以来都是在民族史的框架之下进行的，尽管经常出现例外现象。在绝大多数西方国家，历史作为一个大众学科在中小学、大学与公共舆论中的崛起，是与文化意义上的民族的形成紧密相关的，并且受到了方兴未艾的民族国家的支持，反过来历史学家也以他们的历史解释为民族同一性的加强作出了贡献。

历史学家虽不总是，但在绝大多数情况下都把研究对象定位在民族史的框架之内，他们研究一个国家——常常是本国的政治、社会、经济与文化现象，这在本质上至今如此，不仅西方国家如此，包括东欧国家，乃至在亚洲与非洲国家都是这样。在那里西方历史科学得以立足并与当地独立的历史思维传统融为一体。虽然，例如在德国，对本民族历史的无批判的赞美和对本民族的无保留的认同意愿在20世纪下半叶已经大为减少，但恰恰对自我历史的批判性与自我批判性研究大多仍停留在民族史范式的范围之内。

对突破民族史思维与研究这一强大传统的兴趣，能够部分地解释许多活泼的年轻历史学者（对跨民族研究）的着迷。但（这些年轻人的踊跃参与）反过来也能解释，为什么（历史科学）向世界史与全球史、纠结史与关系史的开放，今天是一股充满力量的思想运动。它首先是对我们生活中的现实的跨民族化的反应，这一跨民族化——长期以来作为欧洲化，最后作为全球化——虽然有着深远的根基，但随着1990年东西对立的终结与近十五年来的数码革命大大加速了。

全球化不是指各种不同的社会与文化越来越相似，世界越来越同质了；在一定程度上我们看到的是相反的趋势。全球化是指各种不同的社会、文化、经历空间与行动单位的相互作用，相互影响与交织越来越频繁、越来越紧密了，跨民族的关联更为真实、更可以经历到与可以操作了。

这一点，目前不仅发生在经济与政治领域，而且通过移民与旅游、信息与文化也发生在高级文化与大众文化、时装、音乐、消费与生活方式上。它们是跨度大小不等的跨民族性交织——从德法邻国关系到欧盟的种种关联与跨大西洋的同属感，再到全球性的有选择性的联系。媒体、国际性与全球性机构，如联合国、世界银行、阿塔克组织（Attac），或者也包括全球共同经历的事件如奥运会、伊拉克战争或者教皇的去世都推动了这一进程——更不用说扩展到全球的资本主义与原则上在全世界范围内操作的科学研究。这一进程首先涉及的是精英们，但在相当程度上也涉及广大民众，至少在我们的国家是这样。

什么是"我们的历史"，这一观念由此改变了。民族维度并没有消失，跨民族的维度在我们的经历与期望中，在我们的自我理解与行为空间中的分量加重了。跨民族的历史观是全球化时代的产物——这一全球化，它的开端可以追溯到16世纪，在19世纪晚期与20世纪初加速，但直到最近十五年内才如此强大，以至于可以作为当代的标志。

二、社会史的传统

社会史研究与全球史潮流之间是有冲突的。社会史的思想渊源可以追溯到19世纪。这里（德国）的祖师是卡尔·马克思、马克斯·韦伯、古斯塔夫·施穆勒（Gustav Schmoller）与奥托·辛策（Otto Hintze），或许也应把海因里希·李尔（Heinrich Riehl）与卡尔·兰普雷希特（Karl Lamprecht）算进去，另外还有国民经济历史学派、国家科学以及形成中的社会学的某些实践者。社会史受到了发展中的资本主义社会的根本问题的影响。它从那里获得了研究的问题与专题，如资本主义的挑战、工业化、阶级冲突、城市与乡村的对立、社会不平等。后来还有两性关系，劳动世界中、消费社会以及小人物生活中传统与现代之间的撞击。

当然，以前也常有跨越界限的社会史研究——例如对世界贸易、移民潮流、帝国主义的社会史研究，后来，尤其是在今天，对战争的社会史研究。当法国社会史学家费尔南·布罗代尔写作其地中海世界历史巨著时，他在纲领上就跨越了民族史的界限，英国社会史学家埃里克·霍布斯鲍姆从世界史的角度设计了其对于现代世界的宏大综述。个别社会史学家，例如哈特穆特·凯伯乐（Hartmut Kaelble）在其德国、法国与欧洲社会史研究中，常常进行国际比较研究，也观察了其他国家。

但这些都是例外。当社会史研究于20世纪50—70年代开始立足时，它首先是以民族史为框架的，经常集中研究较小的研究单元，也就是单个地区、城市、村庄、企业、协会、社会机构与进程。维尔纳·康策（Werner Conze）的著名论文《暴民与无产阶级》研究的主要是1848年三月起义前的德国历史，尽管也展望了法国与英国的状况。汉斯-乌尔里希·韦勒似乎理所当然地撰写了一部德意志社会史。克劳斯·藤费尔特（Klaus Tenfelde）研究的是鲁尔地区的矿工史。沃尔夫冈·科尔曼（Wolfgang Köllmann）的人口史研究主要是针对德国，另外他还研究贝尔基希地区与鲁尔地区的历史。当于尔根·罗伊勒克（Jürgen Reulecke）研究19世纪的资产阶级社会改革时，他研究的是德国的，特别是普鲁士的资产阶级社会改革。我的博士论文研究的是西门子公司的社会关系与职员；这是一个早期的跨国家族公司，但我感兴趣的是19世纪德国社会框架下的西门子公司。有许多社会史学者探讨了两次世界大战之间导致德国民主制度崩溃与纳粹极权法西斯主义上台的条件与原因。正因为这点，他们首先关注的是德国，尽管也有国际比较的视角。

自20世纪70年代以来，通过对经历史与日常史的容纳，然后又通过与文化史的新的沟通，也因为有性别史的挑战，社会史研究有了很大的扩展与改观。但是，其间它常常更微观了，而不具有跨民族性。国际比较，再跨越民族界限，它也在方法上论证着民族史的范式，因为它寻找的是X国与Y国的现象之间的相似与相异之处，这样它就证实了国家以及同一性之间的界限。

社会史学者喜好观察得很仔细，正如彼特·斯蒂姆斯（Peter Steams）最近所写的那样，他们的研究大多有"高度的地点性"（highly place-specific），因此他们能够重构经济、社会与文化跟政治因素的错综复杂的相互作用——而这只有在全神贯注地研究可以全视的空间的情况下才能做到。德国的社会史研究摆脱了传统的大国关系史研究，在一定程度上确认"内政优先"的范式，特别关注社会以及社会经济原因系列的重要性。当他们研究跨度很大的跨边界的关联时，如研究殖民主义或者帝国主义时，社会史学者倾向于在进行扩张的社会内部本身寻找解释，而不是主要在跨民族的关联本身或者在国际体系本身中去寻找。在我们所熟悉的，我们中许多人所从事的社会史研究跟世界史与全球史之间，无疑存在着张力。那么社会史应该如何对待这一张力呢？

三、民族史框架的合理性

首先必须强调的是，也在民族史的框架内研究社会史，至少是19与20世纪的社会史，是理所当然的、合理的，甚至是必要的。在这一时段内，自法国革命起，至少至20世纪中期，但又在该世纪的最后十年（特别是在跨民族统治的苏联瓦解以后的东欧），社会生活确实在很大的程度上，且长期不断增长，至今仍然在相当大的程度上，特别是在其边界与语言的界限相吻合的时候（如在绝大多数情况下以及20世纪再次出现的越来越多的情况下），受到了处于建立、巩固与壮大阶段的民族国家的影响。正如最新的民族主义研究成果表明，最迟自19世纪80年代以来，跨界限的跨民族联结不仅没有阻碍这一（应理解为社会生活的领土化或者民族化的）进程，反而推进了它。

当人们研究不断变化的交换过程、社会互动、交流过程与文化接触时，当人们研究生活机会与社会风险的分配时，当人们思考绝大部分社会冲突与合作发生在哪些领域的问题时，人们会发现，较早在西欧，随后在中欧，最后也在东欧形成的民族国家界限不仅分离着国家，而且分离着社会——尽管它们只是到了20世纪才用关卡横木以及签证限制着旅行者的通行，尽管有许多跨边界的观察、接触与互动，尽管许多社会生活实际上在较小的空间内，如在地区、在乡村、城市中与在邻里之间进行。

民族国家界限也明显地将文化、经济与社会的生活关联相分离，这与民族国家的特征有关，民族国家的建构原则的基础是，它把国家、社会与文化相互紧密对接，其间语言担当着一个特别重要的角色。这一社会、文化与国家的对接随着广大民众逐渐被纳入政治与民族文化，也随着19世纪末的社会福利国家的建设而逐渐加深。这是民族国家的巨大力量的根基，这有别于被它逐步排挤的跨民族国家的建构原则——这一点实质上直到今天仍是如此，尽管有过许多战争、危机与灾难，尽管已经有了欧盟。

因此，首先应该肯定的是，在研究西方19与20世纪的历史时，也在民族史的框架内进行社会史研究是有意义的。就再往前的几个世纪而言，这一观点的有效性要小一点，在世界其他部分情况也不一样，而在21世纪形势或许会有根本变化。另外应该提醒的是，我们在研究社会史时使用的理论与概念，如"社会"与"阶级"概念，明确地或隐约地是与民族空间相关联的，因为它们是在19与20世纪形成的，当时民族国家的权力也深刻地影响了对现实的思想构建、提问、分类与分析工具。

其次，没有争议的是，社会史研究，也与历史科学的其他种类一样，需要史料。这里至少值得提及的是，民族国家时代的这些历史资料越来越以民族空间为单位被组织、收集以及开放使用。因此，人们虽然不强迫，但总是建议与希望历史学者能够尊重民族史的范式，尽管历史学者通晓多种语言，能够阅读多种语言的原始资料，但能够做到这点的人很少。

再次，作为民族史框架的合理性理由，我们还应注意到历史科学的功能，历史对生活的用处。这是一个很大的专题，我在这里只想指出，很多历史学家，与绝大多数物理学家、电子工程师或者梵文学家不同，他们在与一个较大的受众交流，而且必须与他们交流，如果他们要完成他们作为历史学家的使命，作出他们对于现实的历史性自我启蒙的

（微薄）贡献的话。在近两百年以及近几十年来，在今天以及在可预见的时段内，恰恰就集体记忆、传奇与回忆、历史意识以及从中得出的借鉴的可能性而言，即就他们的集体回忆或者宁愿忘记与扭曲的内容而言，这一受众——不仅仅是，但也是——以民族国家为单位，带有民族文化的色彩与民族语言的特点。

如果我们在这一意义上对我们的历史感兴趣，哪怕是以批判的眼光来反思它，那么它不仅仅是民族史，但也是民族史。从这点也可以得出采用民族史视角的合理性，对于许多专题来说，采用民族史视角甚至是必不可少的。举一个突出的例子：试想一下，如果我们在近几十年来把纳粹主义及其罪恶只当作一个欧洲的甚至是全球性现象（它无疑也是），而不是首先作为德国问题来研究（对于我们来说，它曾经是并且仍然是，首先是并且主要是一个德国问题）的话，就很容易导致一个严重的压抑行为，联邦德国在一定程度上成功的、从越来越无保留地面对自己历史的阴暗面中得出的学习进程，也会被阻碍了。

最后，必须再次提及，历史学者十分重视背景。历史研究的对象一般是各种各样的人员、利益与情感的复杂的相互作用，是众多的因素，是结构、进程、经历与行为的联结，还有单个事件。所有这些内容，只有当历史学者将其研究范围局限在可全视的研究空间内时才能进行研究。一个地区与一个城市特别适合作为研究空间。在全球化时代，也有很多理由在小空间内研究社会史，至少就19与20世纪而言，也有许多理由把民族史的视角仍然看成是一个有成效的视角。

四、社会史应向跨民族研究开放

我希望，上述理由有一定说服力，但如果把它们过于夸张或者绝对化，它们就成了错误。因为，很明显，我们不仅是德国人，而且还是欧洲人，白种人或者黑种人，男人或女人，另外还是社会阶层以及其他更小的集体的成员。有许多——这也与当代与未来相关——跨民族(以及民族层面之下的)的、针对我们历史的,应该通过跨民族(以及民族层面之下的)视界研究的问题。出于好奇,出于分析动机与根本上的认识兴趣,我们也对不属于我们的历史感兴趣。如果让(例如在国家档案机关)按民族空间整理、使用的原始资料挡住了我们跨民族的视线,那会是很糟糕的。当代的跨民族经历不应该使我们对过去的跨民族联系感兴趣吗?尽管我们知道,它们没有今天这样突出。或许我们能够在那里发现今天的全球化经历才使我们得以看到的新的方面?社会史方面也是如此,更是如此!如果我们一般使用的理论与概念使我们看不到这些问题,或许我们应该对它们进行批判并且寻找新的理论与概念?恰恰像"历史社会科学"这样一个以理论为指导的社会史学派更应该是这样。

因为,首先有许多理由表明,我们在社会史研究中也应该加深对空间的思考、将界限作为研究专题,把民族国家之间的划界当作史实问题来研究,而不是简单地预定为史实。因为,如上所述,19与20世纪民族国家的界限,也是社会史的界限,有意义地划定了研究单位的范围。只有将在各自国家内部的交流与互动过程跟国界以外的交流与互动过程就其频率、密集性与重要性进行比较,才能系统地考核这一点。

这种比较,最近德国历史学者就德意志帝国的经济互动问题实践过。人们还可以就移民、邮件、旅游与其他方式的交流,作出试验。它有可能使我们发现跨国界的专业化的社会空间,它们的存在确实使国家确定的界限的社会史意义相对化。尤其是近来的移民史研究,自从它更加注重有时经常发生的、逐渐加强的回流移民的研究以来,就此得出了新的结论。这对于工人史的研究有着直接意义,对于资产阶级以及其他阶级的历史来说更是如此。因为阶级是通过流动,也是通过跨界限的流动而形成的。

再举另一个例子:近来的研究表明,20世纪的两次世界大战之间许多希腊人的社会生活发生在希腊国界之外。希腊的整个国民收入中的相当部分是由散居在国外的希腊人在美国、澳大利亚，在商船上或其他地方挣得，然后作为跨界限与距离的亲属之间的互助行为邮汇给他们在国内的家庭成员与亲戚的。同时，希腊的上层社会把他们的儿子，不久也把他们的女儿大批地送到巴黎与维也纳，送到德国与英国的学校接受教育。部分的希腊社会生活发生在希腊以外，人们把这种现象称为"社会的跨领土性"（索菲娅·斯皮利奥蒂［Sophia Spiliotis］语），但是后来受到梅塔克萨斯（Metaxas）独裁政权的在一定程度上有效的打击。这些例子足以表明，对跨边界的流动的系统研究能给社会史与理论，也可以对"界限"理解的历史化与"社会"概念（现在对这一概念有许多争论）带来某些新东西。

其次，至今为止，比较研究，即系统地寻找相同与相异之处，是历史学者超越民族史的最佳途径。我相信，在目前发生的历史视线通过全球史的扩展过程中，仍然是如此。但是很明显，我们早就知道，而在最近十年里至少更清晰地认识到，还有第二条超越各自民族史框架的道路：重构跨界限的关系、观察、传递与交织。货物、信息、人员从国家流动到国家，从地区到地区，跨越或近或远的距离，并且在途中发生变化。那里仍有许多现象值得从社会史的角度进行研究，其中隐藏着许多有趣的，现在在"纠结史"（"histoile croisèe"、"entangled histories"与"Verflechtungsgeschichte"）的提示语之下讨论着的理论问题。

我们知道，法国大革命像野火一样扩散到欧洲大部分地区，直到新世界，例如到海地。1848年革命是一个复杂的欧洲性交织关联，也影响到了试图避开革命的俄罗斯与英国。史学界经常讨论说，英国工业革命与黑奴贸易的利润有关，同一批把黑奴从非洲贩运到美洲的船只，又把糖与棉花从新世界运回了欧洲：这是一个特殊的大空间内的经济联系。在阿拉伯裔美国知识分子爱德华·萨义德的《东方主义》（1978）的论点的启示下，人们在讨论与研究，欧洲人关于东方的图像与语言模式,对于欧洲的自我理解及其殖民主义与帝国主义实践有哪些意义。

这在根本上是"纠结史"的一个核心问题:16世纪以来欧洲向世界的扩张如何反过来影响到欧洲国家的社会与文化——直到殖民时代的结束,它导致了几百万葡萄牙裔、西班牙裔、法国裔、英国裔人口回流到其来源国,基本上在同一时代,有许多德意志人从东欧、中东欧与东南欧因强制遣返、逃亡与驱逐回流到德国。

在方法上来说,我觉得有两点很重要:人们不应该故步自封地认为,历史比较与纠结史是不相容的;恰恰相反,它们是相辅相成的。如果全球史学者,就像我们经常看到的那样,认为可以放弃历史比较研究,那么他们就走上了薄冰。越来越多的跨界限的交织与影响并不必然地导致界限的模糊化,而是会促进它们的明确化——在当代人的观察中,但也表现在实践中对边界的扩建与加固,可以说是作为对策。这样民族化、民族国家的形成与民族主义的浪潮跟现实的跨民族化、全球化携手同行,1800年前后是这样,在1900年前后又是如此,或许在最近十五年里,尤其是在西方以外的地区,也是这样:看上去是个矛盾,但可以化解,其间民族主义的社会史会获得新的推动。

第三,关于"西方与其他"的专题。在许多批判性的、经常是攻击性的、更多的是抱有愧疚心理的对西方与世界其余部分的关系的提问,是近来全球史兴趣高涨的一个重要动力。跨民族的历史写作,只有当它们能够超越西方的范围提问、研究与论述的时候(总是有选择的,从不是全面覆盖的,但至少超越了西方范围),才能达到全球性跨度。

看一下严肃的具有全球史深度的研究著述,我们可以看到,感知史与话语史方面的研究较为领先,例如关于几百年来亚洲人与欧洲人之间的,特别是反映在文学、游记中的相互观察的研究;我们可以看到,政治史方面有许多研究,例如国家关系、20世纪的国际组织、世界帝国(恰在眼下这是一个重大的全球史专题)的历史。我们还可以看到,全球史框架下的经济史研究，包括为什么东亚直到17世纪甚至18世纪在某些方面与欧洲至少一样现代、经济上一样强大，而自18、19世纪以来远远落后于捷足先登的西方（这点现在又改变了）这个老问题的研究，也有了很大进展。

社会史方面的研究绝大部分还有待进行，尽管早就拥有了一些基础。例如移民史，最近做得最好的是迪尔克·霍尔德（Dirk Hoerder）。作为一个特殊领域，我们可以提及关于"黑色大西洋"的著述，即关于非洲、欧洲、美洲的大西洋海岸地区相互之间通过移民、奴隶贸易与其他关系建立的多种多样的相互交织关系。还可以提及的有散居史研究，如华人以及他们在东南亚、非洲与北美的经济活动的历史。犹太人的历史是最经典的跨民族现象。另外，还有初步的对工人史以及工人运动的全球性研究，例如阿姆斯特丹市的马赛尔·范·德林登（Marcel van der Linden）的研究工作。我们还应该想起生活在鲁尔地区的波兰人的历史，这是一个长期以来被仔细研究过的纠结史的例子。最后，我们还不能放弃广泛的文明比较研究，例如借助于一个经过反思的、以韦伯为先驱的现代化概念。但是这样的比较研究不适合写博士论文，而是适合进入成熟年龄段的历史社会学家，例如埃森斯塔德（S. N. Eisenatadt），迈克尔·曼（Michael Mann）以及比甬·维特洛尔（Bjoern Wittrool）。而此类的比较研究几乎会自动地引发一些条件反射式的指责，说他们抱有欧洲中心论以及西方人的偏见。

但我们不应该因此畏缩不前。相反，我们应该严格地在史实上研究后殖民研究精神坚持者很愿意提出的问题，即西方国家殖民与帝国扩张对于这些国家本身有什么反作用的问题。至今为止，这些研究并未导致全球史视角下的"欧洲的边缘化"。而对于德国来说，这个问题的研究的收获似乎远不及英国、法国以及其他真正的殖民国家。

社会史研究可以给全球史学家提供许多东西，尤其是冷静的史实研究（作为反空想的平衡物）以及原因分析，后者在全球史讨论中奇怪地常常处于靠后位置,或许是因为(如果重视它的话)它会把人们的目光引向相关社会的内部。因为,如果人们要理解全球化的动力与载体,理解跨民族伸展的动机与能量,那么人们首先必须关注相关国家内部的经历与期望、社会化进程与社会冲突、利益与格局、行动个人与集体,而且主要在大都市,而不是在边远地区。另一方面,必须承认,交织进程一旦被启动,本身会产生新的动力。这一点,在几十年来关于帝国与帝国主义的形成的研究上,得到了范式性的探讨。

　　反过来,对全球史研究的开放,尽管很难,也能够给社会史研究带来新的机遇:在史实上,作为对社会史基本概念的批评;大概就因果分析而言也能带来新的机遇,因为它能迫使社会史学者,用对外部因素、广泛的交织、跨民族冲突与共生关系的关注来补充他们在社会内部动力范畴内作出的习惯解释。今天人们已经不能对国内政治研究专题的普遍优先性坚信不疑,跨民族性视角的优先性更没有理由。将两者恰到好处地结合起来,同时明确地追究关于原因与后果的问题,这才是关键。

注　释

1　这里举出的虽然只是德语概念,但它是一个国际性现象,重点在美国,但在其他国家如印度也有。

国际历史科学大会：回望与期待*

一、民族史传统与全球史研究路径

以往的现代历史科学主要是在民族（国家）史的框架下进行的，至少自19世纪以来在西方国家是这样的。不管在大学还是在中小学，历史科学作为现代专业的机制化，都在民族国家史的框架下进行。绝大多数历史学家把他们的主要精力花在自己的即本国的、本民族历史诸方面的研究上。

一般而言，这主要是由于民族构建的巨大影响力，它不仅深刻影响了政治改革与革命，而且深刻影响了文化、习俗与人们的思维习惯。具体而言，这是由于民族构建与历史科学之间的紧密同盟。猛力崛起的民族国家推进了历史科学的机制化与对历史学家的专业认可，而历史学家则常常充当民族事业的积极支持者。通过重构或者编造那些所谓数百年来影响民族归属性的传统，历史学家在定义民族同一性方面扮演了一个重要角色。民族构建与现代历史科学之间的关联一直深入历史学的方法层面：与其他某些规律科学（如物理学）不同，当历史科学研究连续性与变迁的时候，其目标主要是得出关于具体空间与时间的

* 在第22届国际历史科学大学在济南召开的前夕，科卡教授应《史学理论研究》编辑部之约撰写了本文，并于2015年5月19日在中国社会科学院世界历史研究所作了相关学术报告。本文首发于《史学理论研究》2015年第3期。

结论，因此它对特殊的空间感兴趣。这里我们还可以想到本国语言在研究历史资料方面的重要意义以及历史学家最为重要的工作场所档案馆，它们绝大多数是由国家——越来越多是由民族国家——组织建设的。

自19世纪以来，民族史的框架在专业化的历史学中占有主要地位，具有深远影响。它在20世纪也长期如此，实际上直到今天也是这样。但是，过去与现在都存在相反的趋势。地方史与区域史虽没有占据主要地位，但仍然活跃着。人们也研究帝国的历史、著名宗教与教会的历史、思想与战争的历史，所有这些研究大都超越国家与民族的界限。撰写世界历史的尝试由来已久，不仅在西方历史学中有，在其他国家，譬如在中国也有。

在20世纪，特别是在最近全球化急剧加速的三十年之中，面向跨越边界的、跨民族以及全球化问题的研究与叙述的趋势大为增加。尽管全球史的转向经常只是纲领性的，它还没有淘汰民族史，但全球史研究路径占据的地盘越来越大，它属于历史专业最富有成效的新方法，并可能有着远大的前程。

我想以20世纪初以来的大型国际历史学家大会的发展为例，阐述国际历史科学面向全球史的发展趋势。到现在为止，据官方的统计，此类会议已经举行了21次。最后我将展望一下即将于今年8月在济南举行的第22届国际历史科学大会。

二、国际历史科学大会运动的兴起

依据通常的统计数据，第一批国际历史科学大会先后于1898年在海牙、1900年在巴黎、1903年在罗马、1908年在柏林、1913年在伦敦举行，每次有300位到1 000位来自各个国家的历史学家参与，他们主要来自欧洲与北美。在第一次世界大战以前，亚洲只有日本历史学家参与，1903年的会议还有三位印度历史学家参加。不过，每次都有许多的俄罗斯历史学家与会。绝大多数历史学家来自德国、法国与比利时。

举行这些早期会议的最为重要的推动力来自专业以外。召开1898年的第一次大会的建议来自一些不那么有名的法国法律史学家以及巴黎的一个外交史协会，参加这个协会的除了专业历史学家以外，还有外交官、一般官员以及历史爱好者：它是一个文明社会提出的动议。他们得到了荷兰政府的支持，荷兰政府试图用这次会议来为一个原本就要举行的国家典礼，即女王储威廉敏娜的成年以及加冕典礼作点缀。

虽然也有举行这些大会的学术上的理由，如国际性可以防止片面性，可以保证客观性，但是绝大多数历史学家对此不感兴趣或者持怀疑态度。例如，在讨论1908年柏林会议的时候，以爱德华·迈耶、奥托·辛策、迪特里希·舍费尔为首的德国著名历史学家在给普鲁士科学与文化部的相关请愿书中就认为：这样的会议的学术收获很少，何况历史学最为重要的部分"受到政治与民族对立过于强烈的影响，以至于不能确立一个国际交流的共同基础。讨论可能会围绕无果的方法论争论或者某些中性的边缘领域进行，而故意排斥与重大的权力与民族斗争有关的核心问题"。[1]

最终还是历史科学以外的理由决定了柏林会议的召开。一部分人以民族谅解、文明进步、容忍的名义支持这种会议；另一部分人的支持理由是，如果本国在自己的首都以官方的名义隆重地主办这种国际会议，就可以提高本国的国际知名度。这一理由得到了政府的支持，最后说服了持怀疑态度的柏林历史学家。历史科学本身很适合公共表演，国际历史科学大会很适合展示民族的成就与能力，类似世界博览会。出于民族主义的动机，许多国家派遣它们的顶级历史学家去参加国际会议——这是帝国主义时代民族意识与国际性之间的对立统一关系，颇为有趣。

但在内容上，那些早期的国际会议也挺有意思。除了政治史以外，会议日程中还有许多法律史、宗教史与艺术史的专题。会上发生了活跃的理论与方法论的讨论。与会者提出了通过比较研究"跨越民族界限"的主张，这一主张有时也被付诸实施。会上有人提出要撰写范围广泛的综合性论述，这一要求也被尝试了。例如，亨利·贝尔（Henri Berr）在1900年的巴黎会议上展示了他新创建的、不久就名声大噪的杂志《综合杂志》（Revue de synthèse）。不过，人们的眼光一般还是局限在西方历史上。会上不乏帝国主义以及民族主义的声调。

历史学家的会议运动自19世纪末起是文明社会跨越边界的强大潮流的一部分——从跨民族的体育俱乐部到第二工人国际，再到一系列跨越边界的大会和科学院以及不同专业的科学家的联合会。尽管这个时代（至少在西方）是民族主义的时代，但经济、社会与文化方面的跨界活动非常活跃。

因此，人们把第一次世界大战前的几十年视为全球化的第一个阶段。19世纪末以来的会议运动属于这一全球化进程。

三、两次世界大战之间以及国际历史学家组织的产生

在两次世界大战之间，召开了四次历史科学大会，先后于1923年在布鲁塞尔、1928年在奥斯陆、1933年在华沙、1938年在苏黎世举行，参加人员在1 000人至1 200人之间。1938年第一次有一位中国历史学家（胡适——译者注）登记参加。每次都有250次至300次报告、讲座与单元论文被宣读，绝大多数报告者使用的是法语、英语、德语、意大利语。所有历史学科都被照顾到，理论与方法问题得到众多的关注。1926年，国际历史科学委员会（Comity International des Sciences Historiques, CISH；或 International Committee of Historical Sciences, ICHS），作为22个国家的历史学家的国际总联合会在日内瓦成立了。这一组织现在还

存在着。在两次世界大战之间，这一组织的成员国主要是欧洲国家。

苏联以及"非欧洲的"美国，作为战败国的德国、奥地利，还有日本、巴西与阿根廷也加入了。这一最早的国际历史学家组织及其机构很自然地由代表各个民族国家（一般由各国历史学家协会派遣）的历史学家组成。也就是说，这一国际组织是由民族定义的组织材料组合成的。它的成立也迫使还没有建立全国性史学组织的法国、英国、意大利以及丹麦的历史学家建立本国的协会，以遵照国际历史科学委员会的章程完整地出现在国际舞台上。与1914年之前一样，实际上直到今天，跨越民族界限的那一步带来的结果是民族结构的加强，而不是它们的消除。

这一组织的第一批主席来自挪威、英国与美国。那位影响巨大的秘书长米歇尔·勒里提尔（Michel Lhèritier）是法国人。秘书处在以后的岁月里也留在巴黎，这一点原则上直到今天也没变，而且法语是国际历史科学委员会除了英语之外的官方语言。美国的洛克菲勒基金会在两次世界大战之间曾参与资助国际历史科学委员会及其会议，今天已经不是这样了。

1926—1939年，由各国历史学家组织构成的会员从22个增长到46个，翻了一番还不止。大多数会员是欧洲国家，不过在1939年的46个会员中已有14个来自非欧洲国家。1939年，除了美国以及几个拉丁美洲国家以外，中国、印度、日本以及土耳其也是会员。

国际历史科学委员会的主要任务一直是每五年组织召开一次国际历史科学大会。两次世界大战之间的国际史学大议概括而言，在方法论上，人们还是继续强调比较。在1923与1928年，亨利·皮雷纳（Henri Pirenne）与马克·布洛赫（Marc Bloch）把国际史学大会作为舞台，宣传他们关于欧洲史比较研究的宏大纲要，这些纲要至今仍有影响。比较方法处于每次大会纲领性主张的中心位置，在各单元的实际工作中也不完全缺乏。

在组织方面值得关注的是，至1938年，国际历史学会内部或者在与它的紧密合作下，产生了共25个运转良好的国际委员会，在这些委员会（分会）中，历史学家不是以其国籍，而是因他们对某个具体的问题领域或者分支专业的兴趣而进行合作。例如历史地理学委员会、近东历史委员会或者教会史委员会。在国际史学大会上，这些委员会常常举行活动，这是通向与日俱增的国际化的重要一步。

在理论方面，这些会议的多国的而非专业化的组合，过去与现在都在推动与会者经常提出广泛的、全面的乃至带有全球广度的问题。例如1928年的大会有一个议题是使用"总结方法"来研究"世界历史上的自然经济与货币经济"。1933年的大会上有关于殖民史以及专制主义史的单元。非欧洲的与非西方的专题也越来越多地被选中。国际历史学会固然主要是一个西方的机构，但是由它主办的会议，在两次世界大战之间就是试验宏大的综述纲要、关于广泛的比较的思想以及全球史广度的主张的场所，由此将欧洲中心主义相对化。

两次世界大战之间波澜壮阔的政治与思想意识斗争也影响了这一时期的国际历史科学大会。这一时代的民族主义留下了它的痕迹。国际历史科学大会对膨胀中的民族主义进行了斗争。1938年的国际历史科学大会就已经被欧洲即将到来的战争的阴影所笼罩。在二战期间，为克服历史科学中的民族主义而成立的国际历史科学委员会停止了运转。

四、冷战期间

在冷战期间，1950—1985年，国际历史科学大会以五年一次的间隔分别在巴黎、罗马、斯德哥尔摩、维也纳、莫斯科、旧金山、布加勒斯特与斯图加特召开了八次会议。我第一次参加的是1975年的旧金山会议。这些会议绝大多数在主办国受到很大的公众关注。国家元首与政府代表一般都来参加开幕式。通常有2 000多名，有时则有3 000多名历史学家参与。

这一时期的国际历史科学大会有哪些主要的趋向呢？欧洲以外的历史的专题无疑更为重要了，但它们仍然属于少数专题。跨界限的专题占据的地盘越来越大，如工业化史或者"1750年前的价格史"或者"15与16世纪各国的治理结构"。这些专题产生于西方的讨论关联，但被以广泛的比较方式加以研究，由此可以将世界上各个不同的部分纳入讨论之中。方法与理论的讨论被赋予了较重要的位置。这里举两个例子。

第一个例子是在社会科学导向的、偏向于结构史与进程史的、使用分析方法有时是量化方法的历史学家，与偏向于"历史主义"方法、强调叙述与描写式方法的历史学家之间的辩论。前一类历史学家，如以法国《年鉴》刊物为核心的小组，在1950年的巴黎大会上就很强势，他们的地位在20世纪60年代与70年代初更为提高。但是第二类的历史学家并没有被压倒。在70年代与80年代，他们获得了新的地位。当然，两类历史学家内部已经发生很细致的分化。

另一个重要的辩论，是发生在来自共产主义国家的马克思主义或者马列主义历史学家与来自西方国家的历史学家之间的辩论。这一辩论涉及历史专业的很基础的问题，即它的哲学前提、历史专业在国家与社会中的功能。就"封建主义"与"阶级"等核心概念，就历史分期模式以及革命与战争等历史现象，也发生了辩论。另外，也就科学研究的自由、科学研究与政治及思想意识的关系等问题发生过激烈的争论。

在这些辩论中，总的来说是围绕跨民族的问题与专题。冷战本身就是一个跨民族现象。它对历史学家工作的影响有时是扭曲性的。但是它也有益于历史科学不仅仅是依据民族史的标准而进行，而是经常在跨民族的乃至全球的范围内讨论。1985年斯图加特会议上关于"马克斯·韦伯与历史"的深入讨论就是一个有趣的例子。参加讨论的也有中国历史学家，他们回国后向国内同行介绍了马克斯·韦伯及其在西方科学界的重要地位。20世纪50—80年代，国际历史学会组织的国际会议是东西方历史学家会晤与一起讨论的最为重要的平台。在冷战时期，除此以外没有更多其他的机会。国际历史科学大会在东西方之间架起了桥梁，试图在马克思主义的历史学家与非马克思主义的历史学家之间开展对话，这使得国际会议在这一阶段特别具有吸引力。在冷战期间，国际历史科学大会的意义尤其重要。

五、20世纪90年代以来加速进行的全球化

国际历史科学大会的这一功能在1989—1990年东欧剧变后丧失了。自此以后，东西方冲突成为历史。近二十五年来，兴起了强大的加速的全球化浪潮，不仅在经济领域，而且在通信与思想交流方面。现在西方（欧美）与世界的非西方部分（亚洲与非洲）之间的关系成为中心议题。它们之间的关系被加强与深化了，但也更进一步地成了思想上的挑战。

这一点在最近分别于1990年在马德里、1995年在蒙特利尔、2000年在奥斯陆、2005年在悉尼以及于2010年在阿姆斯特丹举行的五次国际历史科学大会上显现出来了。在这些大会上，出现了很有趣的讨论单元，如西方（欧美）历史学与非西方（亚非）历史学之间的关系。会上有着关于全球化与全球史的广泛讨论。人们更加关注普遍性专题，如"历史上的老年问题"、"帝国"或"历史上的少数宗教与民族区域"。

尽管来自亚洲的、拉丁美洲的，特别是非洲的历史学家在国际历史学会中仍然是少数，但争取他们加入的努力在增强。起初国际历史学会几乎只是一个欧洲与北美历史学家的组织，尽管日本一开始就加入了。现在国际历史学会加强了争取非西方世界的历史学家参加国际会议的努力。为此目的，在我2000—2005年担任这一组织的主席、弗朗

索瓦·贝达里达（Francois Bèdarida）担任秘书长期间，国际历史学会在联合国教科文组织的支持下，在亚洲、非洲与拉丁美洲组织召开了地区会议。这样，国际历史学家组织试图成为一个真正全球性的、包括所有国家与地区的国际组织。今年国际历史科学大会第一次在亚洲，即在中国济南召开，由中国历史学家主办，这是国际历史学会在全球化道路上迈出的一大步。

六、对济南国际历史科学大会的期盼

当今的国际历史科学大会的可能性与问题是什么？我们能够鉴于以往国际历史科学大会的经验对即将在济南召开的大会作出哪些期待或者希望呢？

第一，目前存在着一个很大的危险，即内容上的碎片化的危险。瑞典历史学家罗尔夫·托斯滕达尔（Rolf Torstendahl）指出了这一危险。虽然这些会议的议程是广泛而全面的，各种不同的单元与讨论活动在同一周内、在同一大会的框架下举行。今年，各种不同的委员会（分会）将于8月23—29日在济南举行它们的聚会。但是，在以往的会议上，绝大多数参与者只对自己的领域、专业、单元感兴趣，并将自己的注意力集中在上面。这样就形成了一种庞大的各顾各的现象，而不是一种真正的对话。这样，就会产生如下的问题：是否有足够的普遍的专题、综合性的活动、共同的议题被主办者推到前台，以阻止实际上的碎片化，由此实现全球性的不同历史学家之间真正的交流？

第二，方法论方面，我首先希望，能将历史比较与关系史、交流史富有成效地结合起来。在比较研究中，关键是分析相似性与相异性以及在此基础上的论述。比较研究能够如何富有成效，最近十五年来的关于"大分流"的辩论，即关于几百年来中国某些地区与欧洲某些地区在经济发展方面的相似与相异之处的讨论，将之展示出来了。但是在全球史学家那里，人们的兴趣在最近几年里已经转移了，离开了比较，转向交流、关系、交接、纠结的重构。历史学家更进一步地突出或者更加重视某一种文化、一个国家、一个世界区域的历史往往是受其他文化、国家与世界区域的影响的产物，也就是跨界限的实践与设想的产物。后殖民的观察方式在历史科学中赢得了更大影响，并对部分世界历史进行了与长期占主导地位的欧洲化范式背道而驰的研究。结果是，欧洲或者西方比过去更进一步地被解释为世界历史性交接的结果，而不是主体："欧洲的地方化"，犹如查克拉巴蒂（Chakrabarty）的成功著作的书名所表达的那样。所有这些都很兴盛，而且应该如此。但我们的目标应该是，把比较研究与交流史相结合。我很期待看到这一点在济南会议上能在多大程度上做到。

第三，尽管最近历史科学向全球史开放了，但是在史学研究中占主要地位的仍然是源自西方的范畴、理论与解释。尽管西方的概念，如"阶级"、"现代化"、"宗教"、"民主"、"进步"、"资本主义"或"权力政治"在应用于非西方的历史事实与进行讨论时其侧重点有所改变，但一个仍然需要提出的紧迫问题是：有没有不是来自西方的，可以产生或允许我们对共同的历史作出另类诠释的概念、理论与解释？作为西方历史学家，我们对此拭目以待。关于过去的解释往往是与对未来的希望与期待相结合的。在这方面有什么新进展呢？来自西方的与会者当然希望看到，中国学者能够提供哪些新的解释路数、思想挑战与新的分析方法。中国是一个正在崛起的大国。它与日俱增的财富与逐步增强的政治地位将对它在国际精神生活，尤其是国际历史科学中的角色产生怎样的影响？我希望在济南的会议上得到相关的启示。

第四，我期待在济南会议上看到一场关于我们专业的基本原则的讨论，在根本上来说是对这些原则的证实与强调。德国历史学家卡尔−迪特里希·埃德曼（Karl-Dietrich Erdmann）出版了他撰写的关于国际历史科学大会以及国际历史学家组织的历史著作，书名是《走向历史学家的全球共同体》。[2]像济南会议这样的一次国际历史学家会议适合讨论、继续发展与坚持跨越所有专业化和界限的我们的历史学家的共同性。这些共同性指的是全世界历史学家的共同认识兴趣、历史学家的方法与论述方式、历史学家为了工作与生存需要什么，例如可以查阅原始资料、体制上的独立性与个人自由，但也包括跨越学术观点差异与政治界限进行密集的专业交流的可能性。每五年一次的国际历史科学大会能够给历史学家共同体提供体验、讨论与坚持他们不管一切显著差异仍然存在着的共同性的机会。我希望，在济南也将是如此。

注　释

1　Karl Dietrich Erdmann, *Toward a Global Community of Historians. The International Historical Congresses and the International Committee of Historical Sciences, 1898-2000*, New York/Oxford: Berghahn Books 2005, S. 42f.

2　Karl Dietrich Erdmann, *Toward a Global Community of Historians. The International Historical Congresses and the International Committee of Historical Sciences. 1898-2000.*

一个历史学家的资本主义观[*]

一

　　"资本主义"这个概念的历史比资本主义本身的历史要短得多。与更早出现的"资本"和"资本家"概念相比,"资本主义"这个名词直到19世纪下半叶才出现。法国社会主义者路易·布朗基(Louis Blanc)1850年使用了这个概念,批评其"被一些人用来排斥其他人"。1872年,德国社会主义者威廉·李卜克内西(Wilhelm Liebknecht)斥责资本主义是"工业战场上的洪水猛兽"。在英国,帝国主义的批评者、费边主义者约翰·霍布森(John A. Hobson)19世纪90年代使用该词,他是最早使用资本主义概念的人之一。不久,"资本主义"超出早期的批判性与论辩性使用范围,成为社会科学的核心概念。诸如谢夫勒(Albert Schäffle)、桑巴特、马克斯·韦伯和马克思主义者希法亭(Rudolf Hilferding)等德语学者对之作出了很多贡献。卡尔·马克思虽然写过很多"资本主义生产方式"和"资本主义积累"方面的文章,但几乎不用"资本主义"这个名词,即使偶尔用之,也是不值一提的。

---

* 根据科卡教授2019年11月5日在中国社会科学院世界历史研究所的英文演讲翻译整理,译者为中国社会科学院世界历史研究所张文涛研究员。

当前的资本主义概念，主要是指历史学家，尤其是英语世界学者所使用的概念。在美国历史协会所主编的著作《当代美国史现状》中，资本主义史与已经确立地位的分支领域妇女史、文化史并列其中。2018年的《纽约时报》头版文章曾用过这样的标题"在历史课上，资本主义股价飙升"。

我不想以笼统的学术回顾与基础性研究来烦扰诸位，也不愿给大家干巴巴地描述过去几个世纪来世界不同区域的资本主义。我更想认真反思一下这个概念传入世界其他地区前欧洲人对它的理解。这个概念发端时，既是一个批判性的核心概念，同时也是一个分析性的核心概念。起码在一些学者那里，两层含义一直延续至今。我想谈谈两者间奇怪的相互作用，即作为一种欧洲现象的资本主义与资本主义批判之间的辩证关系。我只能大致讲讲。

"资本主义"概念在19世纪下半叶被广泛使用之前，那些一直使用它的人们并不怀疑，这个概念也可适用于表述概念尚未出现时的历史现象。我同样坚信这一点。

如商业资本主义早在西历第一个千年就存在于阿拉伯、中国和欧洲，尽管多数情况下只是非资本主义关系的汪洋大海中的岛屿。金融资本主义自中世纪晚期就在欧洲某些地区出现，起初是意大利北部，后来中心移到安特卫普、阿姆斯特丹和伦敦。在近代早期阶段，西欧与东欧的土地资本主义，以及美洲、亚洲和非洲的种植业资本主义，塑造了我们对资本主义的理解，即视其为一种压迫性、剥削性甚至是暴力性的制度。工业资本主义前发生的一切，首先源自18世纪的英国，然后是源自欧洲和北美，已经成为资本主义全球扩张的决定性动力。在当前全球化的时代，这些不同类型的资本主义仍然同时存在并相互影响。

在描述这些场景时，我预设的"资本主义"涵义比通常的市场经济要窄，但是比基于雇佣劳动下的工业资本主义要宽泛。我想强调，分散化、商品化和资本积累是资本主义的基本特征。一方面,个体和集体性角色处置(财产)权利是重要的,这使得他们能够以相对自主和非中心化的方式作出经济决策。另一方面,市场充当分配和协调的主要机制;商品化以多种形式渗透进资本主义,包括劳动的商品化。第三,资本是中心。这意味着用于当下投资的资源期待将来有更高的收益,接受储蓄和回报之外的信用,应对如获得收益与积累目标一样的不确定性和风险。变化、增长与扩张是内在之意,尽管是以不规则的节奏、带有起起落落、常被危机打断。

二

《马可福音》说:"骆驼穿过针眼比财主进入神的国度还容易。"在中世纪的欧洲,天主教会的道德教条通过布道、视觉形象和经文等方式,塑造了有教养者的观念,同样也塑造了大众的精神状况。的确,道德教条承认商人是有用的角色,认可工作和财产的道德价值。人们也可对此作弹性解释。不过在宗教教条中,爱财被视为邪恶的根源,主流信念认为一个人的所得常常意味着其他人的所失。这种世界观非常不信任巨额财富和商人行为,包括逐利和竞争。以兄弟般的利他主义和有德性的自我为名,基督教道德不信任朝向个人自利的决定性定位,反对特定的资本主义实践,尤其是放贷获利。放贷被视同高利贷一样受到禁止,起码对本族群或共同信仰的成员如此,对外邦人则不受此约束(《旧约·申命记》23∶20)。(作为对资本主义行为实际扩散的应对之策,自12世纪后,反对基督徒之间借贷的禁令得到强化并形成了法条。这在很大程度上解释了犹太人在商业行为中的强劲表现,因为他们不受基督教高利贷禁令的直接影响。)

进入16和17世纪后,一种对资本主义的怀疑或敌对性倾向在欧洲的神学、哲学和社会理论中占主导地位。这种怀疑主义被文艺复兴的共和人文主义所放大。依赖于对亚里士多德的重新发现，文艺复兴声称要保卫公共美德和价值，反对利己、私有财产和腐败。

尽管有广泛的不信任，道德抵制和知识分子的批评既没有阻止也没有实质性地妨碍中世纪欧洲资本主义的兴起。与诸如阿拉伯、中国和南亚等世界的其他地区类似，商业资本主义也在欧洲出现，只是略微晚了些。长途贸易是主要部分：一方面经由海路，从意大利北部、法国南部和加泰罗尼亚的沿海城市通向埃及、巴勒斯坦和拜占庭，并从那里继续向东。穿过直布罗陀海峡通向西北欧，或者穿过北海和波罗的海通向俄国、波兰和斯堪的纳维亚。另一方面，陆上贸易路线也得到发展，包括从意大利通向德国南部的阿尔卑斯通道，并从那里继续向西或向东北，或者从欧洲向亚洲扩展。这推动了纵横交叉的贸易网络的发展，不过商人们还是宁愿组成商队和船队旅行，有时甚至结成制度化的形式，比如13至16世纪北欧城市和商业的汉萨同盟。商人们利用亲属关系、同乡关系、民族和文化关系以建立信任，预防抢劫和侵害，或者以非经济的手段处理经济问题。许多人是虔诚的基督徒。他们必定有同样的传统宗教性看法，反对逐利和积累财富。商人们某种程度上适应了这种流行的态度，通过大量慈善捐款，并常常以旧时代向修道院和教会捐献大额财富以获得"最终忏悔"的形式，采取一种与信仰兼容的生活方式和想象。

与此同时，虽然生活在一个基本上是非资本主义的环境中，他们如资本家一样行事。他们愿意承担高风险，他们授权并接受信用，他们投资并互相间展开激烈竞争，他们努力获取收益并积累财富。特别是与银行联手后，他们可以变得非常富有与有影响力。他们利用罗马法和普通法传统中的不同法律形式为项目和企业服务。他们发明了新的传输、信用、支付和计算方式，如复式簿记。多数项目和企业规模有限、寿命不长。不过这些早已是多分支机构、多地点的企业，有时比创立者的寿命还长，能传给继承人和其他人。商人和银行家们，通常是商业银行家们,处于这种极其有能量的系统的核心位置。

　　与世界其他地区相比,特别是与中国相比,中世纪欧洲的商业资本主义有两个特征值得强调。一方面,商业资本在某些点和某种程度上超出了分配领域,渗透进生产领域。这种情况既出现在需要巨大资本并常有大量基于雇佣劳动的车间操作的采矿业,也出现在家庭手工业中。商人通过向生产者提供原料、下订单,有时甚至提供工具等方式,开始到处对工匠和家庭手工业工人产生影响力,这就是说对要进入市场的商品生产者产生了影响。在意大利北部、弗兰德斯和布拉班特最迟始于13世纪的羊毛贸易史中,我们发现了大量例证,这是原工业化的早期形式。

　　另一方面,存在着指向金融资本主义早期形式的举措。从一开始,银行交易就包含投机买卖成分。某种程度上,它们自始至终是被商人所造就的。专门化的金融业务开始了。银行12世纪后开始在热那亚出现,13世纪后在威尼斯出现,14世纪后在托斯卡纳出现。佛罗伦萨1350年已经有80家银行,其中一些在不同欧洲国家设立了许多分支机构。他们利用储蓄向不同种类的业务提供资金。此外,他们给市政府、土地和庄园地产,最终也给最高精神和世俗统治者们发行债券。这些人常常缺钱,难以发动战争、完成礼仪性义务和扩大地盘。国家的形成与金融资本主义的起源紧密相连。这种关系使得高端金融中一波富裕的市民,即规模不大的精英阶层,确立了对政治的影响力。与此同时,他们也使自己的创业成功依赖于有权势的统治者们和他们浮浮沉沉的政治命运。这种模式在随后的数个世纪中一直持续着。

　　15世纪前欧洲的资本主义似乎并不是最早的,但那时变得格外有动力。其动力与欧洲政治结构的特殊张力相连。这种政治结构被多元竞争、有时是交战性的政治单位所界定。与之相比,中国是包罗万象的帝国。这种多元的政治结构给欧洲资本家们提供了特殊的激励、机遇和影响。

三

自约1500年以来欧洲向世界的扩张有过许多动机和驱动力量，但毫无疑问，西欧商业和金融资本家们的资源与野心、贪婪和企业家精神都在其中。从16至18世纪，资本主义在海外贸易、在殖民地和与之相连的欧洲经济生活中有了新的规划。这些世纪中，资本主义的特点是商业与暴力之间的共生，欧洲之外但受欧洲国家影响的地区尤其如此。在许多战争和劫掠中、在非自由劳动为基础的种植园体系中，这一点是显而易见的。奴隶制当然不是资本主义的发明，但资本主义在巴西、加勒比海和北美南部地区的种植园经济，刺激了奴隶贸易和奴隶制的巨大扩张。按照马克思的说法，现代资本主义来到这个世界上，从头到脚都滴着血和肮脏的东西，是暴力和压迫的结果。如果思考资本主义兴起和殖民过程之间的关系，就会发现马克思尽管说得没错，但这只是历史的一个方面。现在这种关系得到了详尽的研究。

欧洲内部的资本主义持续向生产领域扩张，也相应地重塑了生产领域。这里我们可以想到西欧和东欧的土地资本主义，想到采矿业和金属生产工业，想到欧洲多数工业地区家庭手工业的原初工业化重组。生产率的增长是一个重要结果，由此决定性地拓宽了急剧增长人口的生存机会。但新的不平等、依附和剥削也随之而来。没有暴力和许多社会冲突，这种局面也不会出现。

商业与金融资本主义和殖民主义的联合，激发了创新。作为资本主义强化过程中核心要素的企业，在获得超越创立和经营者个人所具有的法律和实践身份后，更加明显地登上了舞台。一批着眼于殖民地贸易的企业在荷兰、英国和法国开张。1602年成立的荷兰东印度公司（The Dutch Vereenigde Oostindische Compagnie，缩写是VOC）就是其中之一。该公司股本庞大（64.5亿荷兰盾），有200多名承担有限责任的股东，设有董事会。这是一个跨国和跨地区的复杂组织，阿姆斯特丹总部很快有350名雇员。公司有多种贸易举措，其中包括成立一些生产单位，在印度还有一家纺纱厂。这真是一家非常现代的公司。不过它所依赖的基础是政治特权，垄断了广泛的准政府权力。荷兰政府授权东印度公司运作所有好望角以东地区的荷兰贸易业务，同时准许其"发动战争、签订条约、占领地盘和建造堡垒"。东印度公司实施这些权力过程中，常常与来自其他国家的竞争者发生武装冲突。经营资本主义业务和发动战争之间的区别是变化不定的。有一些年份中，公司的主要收入明显来源于掠夺竞争者或敌人的船只。

　　该公司持续到1799年才解散，不过股东一直在变动。股东们很容易加入或退出公司，因为他们可以在新近出现的证券市场上买卖股份。安特卫普的证券市场始于1460年，阿姆斯特丹的证券市场始于1612年。伦敦证券市场始于1698年，其前身是始于1571年的皇家交易所。从事殖民地业务的垄断公司的股票，占证券交易所商业票据交易的很大比例。资本渐渐变成了一种商品，随之而来的投机性成分也突飞猛进。可观利益的前景在增长，巨大损失的风险也同步提高。机遇和风险很快不仅仅影响到数量不多的活跃的职业贸易资本家，同样也影响到来自西欧大都会各行各业的数量日渐增长的大小投资人。他们在17世纪学会了如何在证券市场碰碰运气，带着希望，冒着风险，去赌一把，去投资和投机。英国南海公司1720年的股价雪崩之前，出现了全方面的投机狂热。英国政府授权公司垄断与南美的贸易，包括尚未发现地区的各种权利。公众期待巨额收益。一轮股票竞逐启动了。仅仅一个月内，股价从100镑飙升至905镑。当泡沫在1720年夏天破裂时，将资金投入公司的大量人群血本无归，而股价仍直线下跌。伊萨克·牛顿爵士也是受害者之一。据说牛顿说过："我能计算不稳定天体运行的轨迹，却难以预料到人们的疯狂。"这类危机的宏观性经济后果和社会后果仍非常有限。然而，通过证券交易市场和投机，更大规模的社会人群初识了资本主义如此生动地给他们带来的希望和失望、收益和损失。

近代早期金融资本主义的兴起，并没有仅仅跟随日渐增长的贸易和生产、扩张性贸易和生产的信用需求。更大程度上，银行所提供的服务，是那些掌权者、市政府和统治贵族所特意要求的，后来则首先是通过互相竞争甚至战斗而建立的、有实力的地域性国家的政府所需要的。跨国的金融资本中心一步一步向西欧移动，先是安特卫普和阿姆斯特丹，后来是伦敦。

尤其是在荷兰和英国，资本主义原则对社会生活的影响超出了经济、社会能力、消费、休闲活动、博彩和体育、两性关系和政治权力的分配。在17和18世纪，荷兰和英国是欧洲最具资本主义色彩的国家，当然也是世界上最具资本主义色彩的国家。值得注意的是，它们也是欧洲最繁荣和最自由的国家，走在通向宪政和充满活力的市民社会的道路上。

我已经讨论过受基督教道德教条和其他因素影响下的中世纪欧洲对贸易与资本主义的怀疑、反资本主义的主流情绪。

当然，宗教改革和反改革带来了"现代狂热"，其强调"信仰的世俗性"，有助于提高对于工作和职业的赞赏态度。马克斯·韦伯强调，通过清教徒-加尔文教徒的伦理，资本主义精神得到了促进。这些人无疑是一些企业主，最重要的是属于小教派（门诺派、贵格宗）教徒，这符合韦伯的看法。

姑且不论新教改革，启蒙运动更是在当代思想中带来了对资本主义和其声誉的重新评价。起码知识分子是这样，或许还要超出这个范围。受所处时代摧毁性战争的影响，诸如格劳秀斯、霍布斯、洛克和斯宾诺莎这样的思想者，带着世俗化的动力和对于人权、自由、和平与繁荣的关注，致力于重新界定市民社会的美德。1748年，孟德斯鸠清晰地从旧欧洲主流价值撤退，称赞贸易是文明的动力，有助于克服野蛮、缓和侵略和改善举止。其他作者也有同样论调，其中有曼德维尔、大卫·休谟、孔多塞,当然还有亚当·斯密。这就是说,他们主要是英国、法国和荷兰的思想家。

这些人讨论的主题是公共利益。公共利益实际上是由合理地追求自利所引起,即一个人的所得无须以他人的所失为代价。商业和道德并不是处于不可避免的对立僵局中。在利益诉求中,市场有助于替代狂热的战争。据说商业促进了诸如勤奋、坚韧、正直和自律等美德。

总而言之,对社会上种种新资本主义趋势的一个基本主张开始出现。其认为,这些趋势有望不仅带来繁荣,而且还有助于创造一种新的社会秩序,更有利于人们的合作。国家由此不是专断干预而是尊重自由和个人责任,同时有能力以妥协代替战争方式来解决冲突。当然,这些作者们没有使用"资本主义"概念。亚当·斯密写过"商业社会"。不过这基本上是启蒙精神中一个文明化承诺的资本主义合法版本。我们不应当误解作为典范的"看不见的手"的使命和"经济人假设"。亚当·斯密和其他作者非常明白,并且也写道,单单市场本身不能带来他们希望得到的改变。他们知道,市场也需要制度的、道德的和政治的框架,市场不能单独造出这些东西。

带着知识分子和公共舆论的赞赏,资本主义在18世纪下半叶经历了其最好时光。不过现实和话语之间再次凸显很深的鸿沟,现在是资本主义现实与其"双向贸易"和"商业社会"的乌托邦式理想之间的深深矛盾。

四

在维尔纳·桑巴特和马克斯·韦伯等人对资本主义的分析中,有大量对于资本主义经济优越性和经济理性的信心。但这些作者不再认为资本主义是人类进步、道德改善和文明上升的载体。相反,诸如韦伯这样的自由派担心经济体系的日益僵化会威胁到人类的自由,因为它会强迫经济参与者按照无情竞争和增长的日益强制的规则运作，否则就会完全退出市场。无论是保守派还是左翼，资本主义都被视为一股不可抗拒的侵蚀力量：习俗被契约取代，集体（Gemeinschaft）被社会（Gesellschaft）取代，传统被现代取代，社会关系被市场取代。在右翼那里，反资本主义常常与反自由主义和反犹主义携手合作，自19世纪70年代大萧条之后尤其如此。社会主义者对资本主义的批判与众不同，也是最有力的一种。一方面他们攻击资本对于劳动的剥削、社会不平等的上升、缺乏关于分配的公平交易，以及工作场所的异化和压迫。另一方面，他们预言资本主义将因内部矛盾而衰落和被新生事物社会主义所代替。许多不喜欢这种视角的人不与之争辩，但担心社会主义会变成现实。

抬升和勃兴的话语被下降和衰落的话语大规模替代。我早就提醒过，这就是"资本主义"概念出现时的思想和习性背景，首先是批判性和论战性的概念，后来变成了一种有力的分析工具。或许可以说，"资本主义"概念本身就是作为一个有争议的概念出现的。人们习惯于区分和批判性地强调当前的某些特性，以与据说是此前时代的特性对比，与未来社会主义的可能特性对比。与选择性记忆的过去以及想象的未来对比，是资本主义概念出现的基本方式，今天依旧如此。

如何理解在18世纪晚期和19世纪晚期至20世纪早期之间对于资本主义评价所发生的变化，即从赞赏情绪变成批判态度？我要指出三个相关性问题。

亚当·斯密所理解的是工业化之前的资本主义，而19世纪的资本主义主要是以工业资本主义方式扩散，总体上立足于工厂制度和雇佣劳动。现在，资本主义商品化原理已经完全延伸至工作和劳动领域，延伸至人类行为的总体。工作关系已经变成资本主义式的，这就意味着：它们依赖于变动的市场机制，从属于更加严格的计算和工具化，服从于雇主或经理的直接监督。与此同时，由于采矿业、工厂、铁路和其他工业资本主义机构中需要大规模固定资产,工业财富积累到前所未有的程度。结果是,财富分化更加明显,雇主和经理人感到需要和实现更严格控制的历时盈利能力。这些变化推动了更加明显的阶级分化,而阶级分化自一开始就成为资本主义潜力的一部分。人们现在可以更加直接地体验、广泛观察和批评地讨论阶级分化。这个格局——由工厂制度、大规模资本积累和作为群众性现象的雇佣劳动集合而成的工业资本主义——是马克思和恩格斯经典叙述的经验基础,也是劳工运动兴起的基础。

工业资本主义下的技术革新和组织革新变得比以往更加重要、更加频繁和普通。换言之,美籍奥地利经济学家和社会科学家约瑟夫·熊彼特后来称之为"创造性破坏"的东西成了规则和广为传播的经验。工厂将纺纱和织布中的家庭手工业挤到了一边。蒸汽船取代了河道、运河和海洋上的传统运输方式。电力设施的生产者比汽灯提供者有优势。这是打开许多通往成功之路新机会的过程,但同时也带来数不清的失败者。兴起和衰落、上升和下降是恰恰锚定在资本主义核心的机制。永远的竞争、持续的不安全、吓人的危险是制度性的,也是被厌恶的。这一切周期性地到来,带着起起落落、繁荣和萧条。19世纪的危机影响了大量人口。危机让资本主义失去了合法性,招致了反资本主义情绪。

对未来的期望在上升。部分是资本主义工业化的前提,部分是资本主义工业化的结果,此前的社会控制方式松弛了,生活标准得到了提高,快速的历史性变化发生了,人类的事务看似也是可变的。教育水准得到了提升,公共空间出现了。知识分子和媒体在公共空间充当了有动力的、经常是批评性的角色。结果就是,人们变得更缺乏耐心,有更多需求,也更加挑剔。某种程度上,对资本主义的批评是资本主义成功的后果,这就是约瑟夫·熊彼特和阿尔伯特·赫希曼(Albert Hirschman)所分析并视之为资本主义自我削弱倾向的内容。

19世纪末和20世纪初，这一切都浮出了水面，与亚当·斯密时代形成鲜明对照。资本主义壮大了力量，并向内部（不同的生活领域）和外部（世界的不同地区）强劲地扩张。资本主义形象变得黯淡，获得的评价日渐悲观，其过去和当下都遭到严厉批评。

五

自那以后又过去了一个世纪，马克斯·韦伯和其同代人理解的情况发生了巨大变化。技术和组织革新达到新的深度，最近几十年的数字革命就是其中之一。包括大众消费在内的消费行为发生了前所未有的扩张和分化，欧洲和西方尤其如此。

在这个"极端的世纪"（霍布斯鲍姆语）里，欧洲和其他地区的人们经历了史无前例的社会、政治和文化动荡，某种程度上与资本主义有关联。这些动荡主要由欧洲人发动，同样影响了世界上多数其他地区。两次大战之间资本主义的深重危机就是其中之一，它导致了纳粹的上台和第二次世界大战的爆发。我们，尤其是欧洲，在后一个世纪中努力从中汲取教训。

市场和国家、经济决策和政治权力的关系已经发生了深刻的改变；市场和政治权力的关系随着政治体制的变化而有了强劲的转变。

我们经历了一个强大的反资本主义的替代方案的兴起，即苏联模式社会主义。在其输掉波及全世界的冷战冲突和崩溃之前，苏联模式社会主义以非常务实和有效的方式激进地抛弃了资本主义。

特别是在欧洲，在有组织的利益集团特别是劳工组织的帮助下，协调的、有组织的、有管制的资本主义形式被发明出来并付诸实施，福利国家是其核心。有组织的资本主义——其他人会说"凯恩斯主义的福利国家"——可以追溯到19世纪末，在20世纪70年代蓬勃发展，与代议制民主非常相容。但在最近几十年里，在新自由主义的鼓动下，福利国家受到质疑(尽管没有被摧毁)。

全球化被理解为日益增长的相互依赖,而不是日益增长的趋同,它以加快的速度跨越世界不同区域之间的边界向前发展,它受到并影响着比以往任何时候都更加跨国和全球化的大部分资本主义的制约。这给通过政治手段对资本主义进行任何形式的监管和协调带来了一个悬而未决的问题,毕竟政治权力在很大程度上仍归属于相互竞争的民族国家。

许多其他的变化也应该提到,特别是自20世纪70年代以来资本主义的日益金融化。在结束一一列举之前,我想提一下目前在任何对资本主义的评价中经常讨论的两个令人不快的问题:其一是资本主义和不平等,另一是资本主义和自然资源。

随着资本主义在19世纪至第一次世界大战的扩张,我们社会中收入和财产分配的不平等在加剧。第二次世界大战后至20世纪70年代的几十年,这种不平等并未进一步增加,而是略有减弱。这要归功于两次大战毁灭性的影响和危机,归功于社会政策和财政政策:积极的税收和转让,等等。过去几十年中,虽然多数西方社会内部的社会经济不平等再次增加,但其他形式的不平等在缩减,例如性别不平等和世界不同地区的社会经济不平等:西方和非西方大陆之间的不平等,在19世纪至20世纪中期的工业化和殖民化时代进程中更加显著。由于资本主义的扩散和非西方地区的工业化,各大洲之间的不平等在最近几十年已经减弱了。东亚地区尤其如此。资本主义与不平等已经变成一个重要且被广泛讨论的话题,比五十年或一百年前更为受人关注。

当然还有污染、城市衰败、资源匮乏、通货膨胀等相互关联的问题群。我们现在已经对之有了更好的理解,开始经历以增长为中心的资源资本主义(社会的、文化的和自然的资源)的破坏性影响。资本主义需要这些资源,却不能提供或更新资源。具有威胁的气候变化(许多人更愿意说具有威胁的气候灾难)渲染了放任不管的资本主义的这种不可持续性。

今日的世界非常不同于"资本主义"概念出现时的世界。发生的改变是广泛的、根本性的，甚至是系统性的。我们仍然在使用这个概念，现在甚至比几十年前更厉害。马克思主义的讨论之外同样如此。总之，这个概念是一个建构。这就是我们从研究其历史、其出现的语境和创造概念的不同视角所得出的结论，同时也用这个概念表达许多不同方面的内容。尽管事实上有各种历史变化，我们还要困惑地观察其语义的延续性。

在一种对资本主义的批判和怀疑主义的气氛中，欧洲所发生的资本主义的兴起和胜利意味着什么？对于这个问题可能有不同回答。我认为最乐观的看法是：对资本主义的批判，一再对渐进性改革和资本主义的步步提升作出了贡献。过去如此，现在或许仍旧如此。所以资本主义已经变得或者正变得更加文明，更加满足人们的需求，更容易被接受或起码被容忍。这是一个并没有完全被历史证伪的旧式社会民主信条。

格哈德·A.李特与联邦德国的社会史研究 *

一、谨慎的革新者

"我有幸属于世界范围内的这样一代历史学家，他们在上个世纪30至70年代的史学转折之间实现了历史书写的彻底革命，并且主要是通过历史学与社会科学之间的新联系。他们并不属于一个单一的意识形态的学派。那是现代史学针对陈旧的、传统的兰克史学的斗争，不管是打着经济史的、法国社会学与地理学（如在年鉴学派那里）的旗帜，还是打着马克思的或韦伯的旗号。" [1]

上述文字是埃里克·霍布斯鲍姆对自己的学术历程的回顾总结。格哈德·A.李特（Gerhard A. Ritter）不会这样总结自己的学术历程。人们也可以质疑霍布斯鲍姆的这些自我定位的话是否准确。真的发生了一场历史科学的革命吗，而且是一场彻底的革命？发生在20世纪30年代（如年鉴学派）与"黄金三十年"（Trente Glorieuses）终结的70年代之间，当文化史开始超越社会史，历史学家又开始背离已成为经典的社会科学学科（如经济学、社会学与政治学），对使用宏大概念的分析

---

* 原文为："Behutsamer Erneuerer: Gerhard A. Ritter und die sozialgeschichtlichen Forschungen der Bundesrepublik", in: *Geschichte und Gesellschaft* 42 (2016), S. 669–684，是科卡教授在德国艾伯特基金会与德国历史学家协会2016年10月6—7日于柏林举行的格哈德·A.李特（1929—2015）追思会上所作演讲的修改稿。

产生新的怀疑的时候,这一断代是否适用于德国?

　　我们这里不深究这方面的怀疑。总的来说,我认为霍布斯鲍姆的看法是准确的。而且很显然,李特产生影响的第一阶段是与霍布斯鲍姆所说的第二阶段相吻合的。我之所以选择这一段话作为报告的起点,是因为我认为格哈德·A.李特是一位重要的革新者,他对霍布斯鲍姆所简要总结的变化作出了重要贡献,尽管是以一种霍布斯鲍姆可能没有着重所指的那种方式:非常谨慎地、渐进地,默默地,没有大的冲突,没有大张旗鼓。李特作为谨慎的而更为有效的革新者——这是我演讲的话题。

二、在柏林的起步阶段

　　让我们先关注李特在图宾根、柏林与牛津上大学,后在柏林与明斯特任教的20世纪50年代初期至70年代中期(在他1974年去慕尼黑大学前)工作的阶段。在此四分之一世纪里,在国际上与联邦德国同时发生了社会史的快速崛起,以下先讲李特与社会史的这一崛起的关联。

　　1952年,23岁的格哈德·A.李特在汉斯·赫尔茨费尔德(Hans Herzfeld)的指导下获得博士学位,其博士论文《威廉帝国时代的工人运动:1890—1900年间的社会民主党与自由工会》在几年后出版。[2]这是一项开拓性的社会史研究,现已成为经典。该书不仅从政党与组织史的角度,而且从根本上来说是从社会史的角度进行论述的,因为它也研究了工人运动产生和存在的社会与文化环境。在此书中,工人运动是一场"解放与文化运动",一场社群运动(Milieubewegung),它试图"在政治领域以外也掌控每个工人",将其对市民世界进行免疫化,同时又将其融入进去。在这里,李特将工人运动史与工人史融为一体,这点在此前无人做到,此后也少有人做到。

要问的是，这是如何实现的。李特说，这个题目是他1949年转学到柏林自由大学的赫尔茨费尔德那里时自己带来的，后者接受了这一博士论文专题，但没有作出鼓励，尽管他后来对李特的影响很深。这一专题是李特从图宾根大学那里带来的，可能是在一个研讨班上由鲁道夫·施达德尔曼（Rudolf Stadelmann）建议的，李特在回顾时非常赞赏他。李特提及，他受到19世纪与20世纪之交讲台社会主义者的历史著作的启发，另外也受到了奥托·辛策以及英国与美国社会科学家与社会史学家的方法的影响。他特别提到汉斯·罗森贝格，后者在1949与1950年曾经担任柏林自由大学的客座教授，此后也访问过该校，他对当时的高年级大学生李特产生了很深的影响。可见，在1950年前后，柏林存在着进行社会史研究的空间与推动。[3]

但对于李特而言，一个主要推动来自他本身的社会背景。李特是一位"跳龙门者"（Aufsteiger），他是家中第一位大学生。他的父母是在柏林的莫阿比特（Moabit）工人社区长大的。李特的父亲"当了出版商学徒，因为他没有得到钳工学徒的位置"，后来他创办了一个小小的出版社。他家后住在市民城区达勒姆（Dahlem），但思想上接近社民党。李特在1999年回顾说："我自己青少年时代的经历也把我带到了社会史研究。我祖母与姥姥关于她们在柏林当保姆时期的故事，或者我对波莫瑞（Pommern）一个村庄的访问经历。我的父亲在那里作为私生子出生，在那里，如在他的青年时代，农业工人与长工还生活在对庄园主的恐惧中。这些都引发了我的深思。"[4]

战争刚结束的几年，对于少年的李特来说是一个思想与文化迸发的时代，那时有着许多戏剧演出、文学与艺术展览及讨论，应该是在那些年里，他对自己的出身进行了深刻的反思。物资短缺的、战时与战后求生斗争的经历，对深刻转折中的城市生活的观察，还有当学校因战争停学时，作为费尔德米勒公司（Feldmühle AG）造纸厂的学徒在劳动世界的初次经历，这些在他进入大学（先是1947—1948年在图宾根）选择历史专业（以及其他专业）的时候，都唤醒与坚定了他对社会史的兴趣。李特就这样走上了社会史研究之路，没有起草纲领并在理论上进行论证，这发生在维尔纳·康策1957年在海德堡成立现代社会史工作组的多年之前，在70年代初在比勒费尔德大学形成一个批判社会史研究中心的很久之前。[5]

我想提及另外两个早年的，与格哈德·A.李特密切相关的创新。其一是向跨学科研究开放的历史学与当时刚兴起的政治学的新联结。汉斯·赫尔茨费尔德与恩斯特·福仁克尔为弗里德里希-梅尼克研究所与德国政治学院，即后来柏林自由大学的奥托-苏尔研究所（Otto-Suhr-Institut）之间的紧密合作作出了贡献。赫尔茨菲尔德对50年代自由大学的近现代史研究起到了决定性的影响作用，李特在他那里自1954年起任助教。福仁克尔是法学家与政治学家，李特作为学生听过他的课，并很快就进行合作，据他说深受其影响。自1956年起，李特在德国政治学院讲授英国政治制度的课程。与当时的吉尔伯特·齐布拉（Gilbert Ziebura）与格哈德·舒尔茨（Gerhard Schulz）一样，李特获得了近现代史与政治学两个学科的教授资格。"但是，政治学，"李特回顾说，"还远没有成为一个明确界定的学科：当我1962年受聘于政治学讲席时，他们还希望我作为历史学家在这一（奥托-苏尔研究所的）讲席的框架内确立政治的历史基础。"[6]尽管如此，这是跨学科性与近代史学科向社会科学开放的一个先例。

最后是历史比较。格哈德·A.李特在1952—1954年间作为博士后在英国圣安东尼学院工作，后来他在那里成立了一个影响深远的德国基金教授位置，并且他直到去世都是那里的名誉研究员。李特说，这是在汉斯·赫尔茨费尔德的介绍下达成的。"当时英国女历史学家，海德兰姆-莫雷（Headlam-Morley）来访问他，想为刚成立的学院找一位德国人。赫尔茨费尔德就推荐了我，因为他欣赏我的博士论文，而我在中学里英语口语也学得不错。当然我还得通过面试。1952—1954年间在牛津的两年对我的影响很大。"[7]

李特在牛津及伦敦主要在写(但一直未出版的)他的关于1900—1919年间的英国工党与英国对外政策关系的教授资格论文,同时也深深投入了英国的政治与日常生活,他一辈子对此都非常欣赏。这确立或者加强了他跨界限的视野与在历史学中进行国际比较的偏好。1962年,他的著作《德国与英国议会制:一个宪法史方面的比较》出版了。[8]这样成熟的、均衡的比较在那时是很罕见的,它以明确的(这里是政治学的)概念为前提,并需要一个欣赏它的学术环境。此书分析水准很高,简直可以说是前卫的,对他的几个后来进行比较研究的学生,很早就产生了影响,尤其是起到了激励作用。另外,李特当年的比较研究,也受到了从纳粹时期流亡到美国并在那里生活与工作,在战后又回到德国的汉斯·罗森贝格与恩斯特·福仁克尔的影响。仅仅出于这一生活经历,他们就坚定地主张、局部地也实践比较研究,在某些社会史与政治史的领域里搜寻(大多还没有使用"德意志独特道路"的概念)促成(尽管不是必然地造成)第一个德国民主制度失败以及法西斯极权主义胜利的"德国特殊与错误发展的根源"。在其1962年的英德议会制比较研究中,李特明确揭示了德国的结构缺陷,当然他也与绝大多数同代人,如卡尔·迪特里希·布拉赫尔(Karl Dietrich Bracher)、沃尔夫冈·绍尔(Wolfgang Sauer)与格哈德·舒尔茨一样对1933年德国民主的失败极感兴趣,目的也是为防止这种失败在未来重演作出贡献。因此,这一代对纳粹主义的解释,对未来如何防止类似的灾难感兴趣的历史学家而言,1933年以前的时代(德意志帝国与魏玛共和国)比纳粹时期本身更令他们感兴趣。

非常早地投入社会史研究,历史学与政治学的新型的结合以及带着对"德国与西方的分离"的兴趣进行历史比较,这是非常年轻的李特所作出的引人瞩目的创新成绩的内容,但他没有以战斗的姿态与传统历史学划清界限。他决不会像霍布斯鲍姆与其他德国社会史的代表后来所做的那样坚决地与"陈旧与传统的兰克史学"决裂。相反，他多次带着深厚的感情详细地研究其老师，特别是汉斯·赫尔茨费尔德，后者虽然怀着好奇与开放的心态早就进行了跨界限的研究与论述，如在其多卷本的著作《现代世界》中，但在方法论上仍然停留在历史主义的基本立场。李特在回顾的谈话中强调："我不会称自己为'修正主义者'，因为我从我的老师，特别是从罗森贝格、福仁克尔与赫尔茨费尔德那里，然后在我1952—1954年在牛津留学的时候，学到了太多，（我）非常尊敬我的德国与英国老师的学术成就。"[9]

李特在许多方面忠诚于历史学方法与叙述方式的历史主义传统，不过是以允许自己进行新探索的方式——有显著的变化，尽管有明显的连续性，特别是在汉斯·罗森贝格的影响之下。罗森贝格很早，自20世纪30年代起就在方法上脱离了他敬爱的老师梅尼克，在逃出德国后他接受了美国社会科学的启发，在40年代末50年代初在柏林对一整批年轻的男女历史学者，其中包括李特，产生了深远的影响。通过李特及其在柏林的同事（其中也包括赫尔伽·格雷宾[Helga Grebing]）以及后来通过在科隆与比勒费尔德工作的韦勒，左翼自由主义的汉斯·罗森贝格可以说成了西德社会史研究最重要的导师——至少与"族民史"（Volksgeschichte）的褐色传统保持着明显的距离。后者通过康策、席德尔、易普森（G. Ipsen）等人对西德的社会史研究——常被称为结构史——产生了一定的影响。李特对此问题的态度很明确："我觉得，这个图像完全是扭曲的。有人煞有介事地认为，被纳粹主义污染的族民史是德国社会史的一个重要来源。但依我之见，罗森贝格重要得多，他与族民史毫无关系，不是来自那里。我自己通过后来的讨论才了解到族民史。我对它一点也不感兴趣，尽管我早就开始研究社会史。"[10]

这一特殊创新成就，青年李特处于其中心位置，大概只有在当时的柏林才能够取得。他自己在1999年回顾道："对于某些人来说，西德的小地方在50年代有些让人窒息，但同时期的柏林却不能说有这样的氛围。那里有着许多政治上的刺激与震撼,那里有令人着迷的西柏林市长恩斯特・罗伊特;人们也不要忘记,四个占领国在文化上也相互竞争乃至对抗。(从柏林大学)分裂出来的自由大学,因其成立的历史,学生的自主性扮演了一个重要的角色,这是一个对新生事物开放的机构,在那里人们可以将学科进行整合,而在传统的德国大学里通常不能这么做。”“几乎没有一个德国城市像西柏林那样向西方的,尤其是美国的影响开放”,他继续说,“作为‘空中桥梁’事件的结果,柏林人对美国产生了感情联系,来访的美国同事以及德国的流亡者,特别是当他们住的时间较长一点时,绝大多数是到柏林来。西格蒙德・诺依曼(Sigmund Neumann)、弗朗茨・诺依曼(Franz Neumann)、奥托・基尔希海默(Otto Kirchheimer),在历史学家里主要是汉斯・罗森贝格,对于我们年轻人来说,不仅为我们建立了与美国学术界的联系,他们也代表着1933年后被迫流亡的德国社会科学的创新试验。”[11]

战后时代的思想上的迸发[12],西柏林的特殊状况,特别灵活与不那么注重等级的新建大学“自由大学”以及在这里特别有效的来自美国与英国的思想方法的影响——这些因素组成了使新探索成为可能的格局,李特代表这一探索并以此吸引了许多大学生与博士生。

三、没有规划的社会史研究

自1965年起,李特在明斯特大学任教,而其职位是近现代史教授。他在60年代末也拒绝了奥托-苏尔研究所的聘请,作为福仁克尔的继任者,尽管福仁克尔专门跑到明斯特来劝说他返回柏林。那里的抗议的激烈性让他感到恐惧。1974年他去了慕尼黑大学。在60—70年代李特培养了一批数目可观的博士生、研究人员与教授资格生,他们以不同的方式全身心地或者主要地研究社会史。李特自己就此提及了以下的名字:汉斯-于尔根・普乐(Hans-Jürgen Puhle)、哈特穆特・凯伯乐、克劳斯·藤费尔德、笔者、吕迪格·冯·布鲁赫（Rüdiger vom Bruch）、卡琳·豪森（Karin Hausen）、伊尔姆加特·施太因尼西（Irmgard Steinisch）以及梅里特·尼胡斯（Merith Niehuss），不过只是说"例如"，也就是说没有把所有名字都囊括进去。我至少还要提及威廉·布雷克（Wilhelm Bleek）、迪尔克·霍夫曼（Dirk Hoffmann）与玛丽-路易斯·雷克尔（Marie-Luise Recker），以及更年轻的玛吉特·佐罗斯-杨泽（Margit Szöllosi-Janze）与约翰内斯·保罗曼（Johannes Paulmann），而其他的如古斯塔夫·施密特（Gustav Schmidt）与克雷门斯·乌尔姆（Clemens Wurm）更多是研究政治学的专题。李特深深地影响了我们，而他反过来允许并欢迎被我们以及我们的想法所影响——恰恰在迅速扩大与发展的、越来越时兴，其辩论愈加原则化的社会史领域是这样。"在李特周围的社会史研究的逐步发展是一个复杂与互动的过程。李特扮演了主角，不仅在机构方面与作为组织者和促成者，也在对话中继续推动。他吸引了许多人，而那些人也有其他兴趣，他让他们追逐自己的兴趣。" [13]

70年代初，在弗里德里希-艾伯特基金会的支持下，社会史的重大项目"18世纪末以来德国工人与工人运动史"立项。作为积极主动的主编，李特主管这一项目，直到其生命的尽头。现在已经出版了厚厚的10卷本，还有三或四卷本仍待出版。迪特·多韦（Dieter Dowe）曾回忆到，该项目的提出与构想是如何受到了与东德马列主义历史学的竞争形势——一个对于德国处境标志性的特殊情况的影响，这一特殊情况在工人史与工人运动史之外也扮演了一个角色。[14]

早在70年代上半期，贝克出版社就推出了《德国社会史：文献与纲要》，后来作为补充，又出版了主要是统计资料的《社会史研究资料》。[15] 作为主编与作者，李特是主要参与者。笔者自1967年起是李特在明斯特大学讲席的助教，参与了帝国部分卷本的编辑工作。由我们提供与评论的原始资料记录了那个时代的社会史基础，例如工业化、城市化与市民化；各种工作场合，还有技术与工业、农业与军队；最后还有各阶级、阶层与群体的生活与文化，从底层到文化资产阶级再到"社会的顶层"，以及一个关于冲突的章节"解放与防御"——可以说是一种全面的社会史，包括其经济史与政治史的框架，不只是聚焦于工人史。

不是所有人对社会史概念的理解都是一致的，但绝大多数人认为，"社会史"（Sozialgeschichte）一方面是指历史现实的一个局部的历史，即狭义上的社会结构、进程与行为的历史，也就是阶级、等级与阶层的历史，企业、协会与人际网络的历史，劳动关系、流动性、家庭、性别、世代等的历史，等等。另一方面，社会史是一种观察方式，它不排除政治、文化与经济领域，但从社会的角度来解释它们。在这个全面的意义上，社会史有时也被称为"整体社会史"（Gesellschaftsgeschichte）。作为"整体社会史"，它也研究当时在联邦德国历史政治方面处于核心位置的宏大专题，如帝国主义、民族主义、独裁与民主，不过是从社会史的角度来研究的。社会史大多以批判意识形态的方式，经常通过联系巨大的利益与社会冲突，后来也联系普遍的经历，寻找政治与文化现象的社会前提与后果。社会史学家积极参与关于纳粹主义在德国历史中的位置的激烈辩论，他们大多是把19与20世纪德国与西方民主国家加以比较的"德意志独特道路"这一批判性论题的代表人物。恩斯特·福仁克尔1964年出版的《德国与西方民主国家》是这方面的一部关键性著作。[16]

当时，高校体系不断扩张。有的新讲席就以"社会史"命名。对于某些人来说，社会史在70年代也是"涉嫌左倾"的社会学对历史科学的"入侵"，对此观点表示异议的沃尔夫冈·措恩（Wolfgang Zorn）1980年曾就此报道。[17]但对于绝大多数年轻人来说，社会史是一个有吸引力的项目，并且是典型的创新与试验性新方法——从量化到性别史或者日常生活史——被尝试并取得成功的史学领域，虽然不是没有尖锐的争论与斗争。

最后，社会史是一个相对性概念。社会史各种方向一致的地方，是它们共同与之划清界限的，是它们所反对的。在过去，普遍史，如它在高校作为大众学科确立与中小学所讲授的那样，主要是政治史、国家史及其相互关系。社会史与它划清界限，更替了研究对象，将被所谓的普遍史忽视的现实的（社会）部分、领域与维度推入研究视野，而且经常与同样被边缘化的经济领域相联合。在过去，一般的历史学主要是对事件、行为与大人物感兴趣。与此相反，社会史强调形势与长期的变化、结构与进程的重要性，立志要研究它们。长期以来专业历史学关注的是领导人、精英与历史上的大人物，而社会史则主张，小人物、人民，尤其是（但不仅仅是）工人也值得研究。长期以来，在一般历史学中诠释理解的方法与讲故事的叙述方式占着主导地位。与此相反，社会史与经济史学家很具体地问及原因与结果，并强调，至少经常强调补充地使用其他方法的必要性：如统计学、地图学、类型学，以理论为导向的论证，以及与社会科学的合作。在所有这些情况下，社会史（经常与经济史一起）逐渐成为很有影响的少数现象，或者也可以说，如有人所说的那样，是"反对派科学"。它所获得的一致性与特殊性，来自与占统治地位的历史学的不同。[18]

正因此，它在20世纪60—70年代具有吸引力。它适合于当时的社会批判的氛围，它适合于当时占据主要地位的社会经济的现实解释。它也适合于虽然很明确地以其宪法，但更明确地通过其成功的社会与更成功的经济而自我定义的联邦德国。社会史在一个时代取得成功，在那个时代里，对传统的批判很兴盛，人们在大学学习历史专业，目的是从中汲取经验教训并从中解放出来，而不是认同它或者纪念它。"记忆"与"集体记忆"，这些概念在那时不是像自90年代至今那样，不是所谓的"流行词语"（buzzwords）。德国历史学，其某些有着稳固地位的发言人也承认这一点，直到战后时代在国际比较中是有些落后了，

"以其对政治史的偏好与过于升华的思想史"，面对"现代大众"的研究任务有些手足无措，弗莱堡大学的历史学家格哈德·黎特（Gerhard Ritter）1950年如是说。[19]社会史给人以专业所必要的现代化、向国际史学界主要是面向西方的开放、与崛起的邻近学科的跨学科合作的预期。

另外，社会史在联邦德国以各种不同的方式与重点，在不断增加的岗位上被研究着。以往它的位置是在许多经济与社会史的讲席那里，与经济史相联系，绝大多数情况下处于次要位置。海德堡无疑是一个中心，在那里，在康策的研究所与工作组里，进行了相关研究，许多年轻的社会史代表人物被培养。在1961年成立的《社会史文库》（*Archiv für Sozialgeschichte*）刊物周围，产生了不仅是工人与工人运动史但以此为重点的研究成果，由弗里德里希－艾伯特基金会长期支持，先是在布伦瑞克，后在巴德－哥德斯堡。自70年代初起，在比勒费尔德的改革大学确立了一种社会史以及"整体社会史"，它以分析为导向，对传统采取批判立场，试图对历史科学进行根本的改革，并勇于进入公共领域；自1975年起它有了《历史与社会：历史社会科学》期刊，汉斯－乌尔里希·韦勒是其推动者。但是，在那里发展起来的、外人所说的"比勒费尔德学派"在人员、内容与合作实践上都与在柏林及明斯特在李特周围产生的研究方向存在着紧密的关系。比勒费尔德大学历史系在1977年与1994年分别授予了罗森贝格与李特第一与第二个（也是仅有的两个）名誉博士学位，这不是偶然的。在比勒费尔德，马克斯·韦伯越来越明显地成为理论的偶像，而在其他地方的学派则更多地以马克思为指导。政治社会史在许多地方很兴旺，波鸿就是一例。至于中世纪史与地方史方面的研究情况，需要专门地进行论述，关于近代初期的研究更是如此。本文专注于李特的研究兴趣，即19与20世纪的历史。在柏林，社会史研究的重点从奥托－苏尔研究所与弗里德里希－梅尼克研究所转移到了其他地方，如由沃尔夫拉姆·菲舍尔（Wolfram

Fischer）领导的自由大学经济与社会史研究所、柏林历史委员会、工业大学，在那里技术史、妇女史与性别史以及德犹关系史取得了突破性成果。[20]

四、充满社会史底蕴的其他史研究

通过他的研究与著述、他的教学与对一大批学生的培养（他们不久便积极地、有时比他们的老师更具原则性、更激进地投身于社会史，继续发展社会史），格哈德·A.李特对社会史的崛起，起到了决定性的作用。他做到了这点，尽管或者正因为他从没有拿出一个社会史学科建设的理论总方案，没有真正参与关于社会史的界限与功能的、有时激烈的辩论。他从事了社会史研究，绝大多数情况下没有称之为社会史或者与其他史划出明确的界限，更没有认为社会史比其他史更优越。而且他也研究了其他专题，使用了其他方法，早在50、60、70年代就这么做了；这些专题与方法，即便我们把社会史概念作出最为宽泛的解释，也不能真的将其称为社会史的专题与方法。例如他早年关于英国宪制史与政党史、国际政治、第二国际、苏维埃民主制的论文。我怀疑，李特曾经自称是社会史学家，但肯定自认为是一个有着其他兴趣，并与这些兴趣有关联的、对社会史感兴趣的历史学家。这样，他克制住了为社会史大张旗鼓，并因此招惹反对的诱惑，如在60、70年代在其他地方经常发生的那样。如此，他不仅为社会史的进展，而且为社会史在一个对它抱有怀疑的史学界获得认可作出了贡献。顺便提一下，格哈德·A.李特以此明显的非对抗性态度（他有时明确为其有效性辩护）也为其更为激进的学生在史学界的接受，以及由此他们事业机会的改善，作出了决定性的贡献。在那些习惯并刻意进行争论的几十年里，也在并恰恰在比勒费尔德，我们中的一些人因此受益了。

总的来说，这一模式在随后的、社会史不再像60、70年代对于许多人来说那么有吸引力的几十年里得到了保持。李特继续追随着他的各种不同的兴趣,并有了新的兴趣。他关于议会制史的研究被继续,他主编了相关的多卷本手册。他发表了关于选举史、德国大科研项目的历史,还有弗里德里希·梅尼克及其流亡学生的著述。李特赞赏社会福利国家为一个文明成就,他熟悉其细节与问题,他在著作中一而再地回到福利国家专题,并就此出版了一本进行国际比较的综述。东德的"和平革命"与德国再统一让他深有感触,他十分动情,并始终支持地关注着它。在他的晚年,再统一的历史是一个重大专题,他撰写了后来荣获德国历史学家奖的著作《德国统一的代价》、献给东德"起义者"的《德国统一史》以及关于汉斯-迪特里希·根舍(Hans-Dietrich Genscher)及其在德国再统一政策中重要角色的研究。[21]李特也参与了许多机构的工作,如在1976—1980年间作为德国历史学家协会主席,在德国科学基金会(DFG),在慕尼黑历史学院、伦敦与华盛顿德国历史研究所的建设方面,几十年来他在众多顾问会与委员会,例如在议会制与政党史委员会、当代史研究所的学术委员会、巴伐利亚科学院的历史委员会担任委员,最后他全力投入了柏林洪堡大学历史研究所的再建。以上只是几个参与的例子,这些工作让他与长期以来许多一流的历史学家一样,介入了科学政策的制定与组织工作,并取得了非凡的成就与影响,他是一个真正的学术共和国的公民。在近几十年的所有这些工作中,李特也不只是扮演了一个社会史学家的角色,而是很明确地突破了这一角色。[22]

另一方面,李特忠诚于其本色的社会史研究。他继续主编《工人与工人运动史》丛书,并且亲自为其撰稿,如他与克劳斯·藤费尔德共同撰写的奠基性著作《德意志帝国工人史:1871—1914》。[23]他参与领导了一个关于一战以后通货膨胀及其社会后果的重大研究项目。[24]他出版了一本关于联邦德国近现代社会史研究的详细综述(1989年德文版出版,1991年英文版出版)。[25]在这一著述中,他最接近于对社会史概念与理论的原则性分析，对比勒费尔德式的"批判社会史"有着许多好感与理解，尽管与某些极端化倾向保持一定的距离。他也撰写了一篇关于联邦德国在德国历史中的位置的、带有浓重整体社会史色彩的综述性纲要。[26]

尽管总的来说李特发展成了一个研究德国自由、社会的民主制度历史（这可以说是其多方面的专题与兴趣的核心，也与其政治意愿最紧密地结合在一起）的历史学家，但社会史对他来说仍然很重要。他的宪制史、选举史、政治史与科学史研究也拥有着社会史的根基。需要强调的是，他没有忽视社会结构与进程，他重视集体经历，例如，他从没有轻率地掠过一般的社会学家关于所研究的社会群体与现象的规模与大小的问题。李特很喜欢数数与计算。尽管他的社会史研究方法不需要一个"文化转向"（因为他在早年就研究过工人文化），尽管他没有参加90年代关于社会史与文化史关系的辩论，但他很显然不会犯将历史现实以文化主义的方式简化到象征性或语言维度的错误。后现代的碎片化对于他的思想是陌生的，他坚持认为，各种关联是可以被认识的。不管具体的专题是什么，他的研究总是拥有社会史的框架。他从来不是一个社会史的专家，但总是有着社会史的根基。

许多目前面临的任务，李特及其同代的历史学家都没有预见到。其中包括目前扣人心弦的、对社会史也产生影响的向全球史方法的过渡。[27]但是，李特那种从容地将社会史融入各种专题，由此影响它们，而不将社会史作为特殊史作茧自缚的风格，在笔者看来现在也很有启迪意义。因为在最近几十年里，与1950—1975年间相比，对社会史的热情不仅有了较大的降温，社会史也深深地渗入了一般史并改变了它。所以社会史的地位没有下降，而是其地盘有所增加。[28]虽然它的"反对派科学"的角色已经扮演完了，作为具体的辩论的对象的意义丧失了，但作为框架与基础的媒介（Medium），社会史更重要了。我们从格哈德·A.李特那里学习到，如何把握其中所出现的机遇，由此提出的

问题如何解决。这些我们都可以从其令人印象深刻的终身成就中领
会到。

注　释

1　Gerhard Botz u. a. (Hg.), *Geschichte: Möglichkeit für Erkenntnis und Gestaltung der Welt. Zu Leben und Werk von Eric J. Hobsbawm*, Wien 2008, S. 74.

2　Gerhard A. Ritter, *Die Arbeiterbewegung im Wilhelminischen Reich. Die Sozialdemokratische Partei und die Freien Gewerkschaften 1890 bis 1900*, Berlin 1. Aufl. 1959, 2. Aufl. 1963.

3　这一以及以下绝大多数关于李特生平的信息来自如下采访集里对他的采访：Rüdiger Hohls/Konrad H. Jarausch (Hg.), *Versäumte Fragen. Deutsche Historiker im Schatten des Nationalsozialismus*, München 2000, S. 118-143；还有关于"学科史与民主史"的谈话，见Marcus Gräser u. a. (Hg.), *Staat, Nation, Demokratie. Traditionen und Perspektiven moderner Gesellschaften. Festschrift für Hans-Jürgen Puhle*, Göttingen 2001, S. 270-278。

4　引自Hohls/Jarausch (Hg.), *Versäumte Fragen*, S. 118, S. 135。

5　关于战后几十年里社会史的各种研究方向，参见 Jürgen Kocka, *Sozialgeschichte in Deutschland seit 1945. Aufstieg-Krise-Perspektiven*, Bonn 2002, S. 5-16。

6　见Marcus Gräser u. a. (Hg.), *Staat, Nation, Demokratie. Traditionen und Perspektiven moderner Gesellschaften. Festschrift für Hans-Jürgen Puhle*, S. 271ff。

7　Hohls/Jarausch (Hg.), *Versäumte Fragen*, S. 129.

8　Gerhard A. Ritter, *Deutscher und Britischer Parlamentarismus. Ein verfassungsgeschichtlicher Vergleich*, Tübingen, 1962；其修改与补充版见 Gerhard A. Ritter, *Arbeiterbewegung, Parteien und Parlamentarismus. Aufsätze zur deutschen Sozial- und Verfassungsgeschichte des 19. und 20. Jahrhunderts*, Göttingen, 1976。

9　Hohls/Jarausch (Hg.), *Versäumte Fragen*, S. 128. 也参见李特的文章：Otto Büsch (Hg.), *Hans Herzfeld-Persönlichkeit und Werk*, Berlin 1983, S. 13-

91; Ritter, "Hans Rosenberg 1904-1988", in: *Geschichte und Gesellschaft* 15, 1989, S. 282-302; 以及 Gerhard A. Ritter und Gilbert Ziebura (Hg.), *Faktoren der politischen Endscheidung. Festgabe für Ernst Fraenkel zum 65. Geburtstag*, Berlin 1963。

10 Hohls/Jarausch (Hg.), *Versäumte Fragen*, S. 134. 族民史的连续性被过度强调了，例见 Lutz Raphael (Hg.), *Von der Volksgeschichte zur Strukturgeschichte: Die Anfänge der westdeutschen Sozialgeschichte 1945-1968*, Leipzig 2002。

11 Gräser u. a. (Hg.), *Staat*, S. 273. 在他最后的已经是身后发表的一篇文章中，李特再次讲到这一对他很重要的话题："Encounters with Émigré Historians of the First and Second Generation", in: Andreas W. Daum u. a. (Hg.), *The Second Generation. Émigrés from Nazi Germany as Historians*, New York/ Oxford 2016, S. 304-317。

12 就此也参见 Gerhard A. Ritter, "Ein tiefer Einschnitt in meinem Leben", in: Werner Filmer und Heribert Schwan (Hg.), *Besiegt, Befreit…: Zeitzeugen erinnern sich an das Kriegsende 1945*, München 1995, S. 252-259。

13 Hans-Jürgen Puhle, Gerhard A. Ritter und der Aufbau der Sozialgeschichte als neuer Forschungsrichtung in der Historiographie（普乐在2016年6月20日慕尼黑李特纪念活动上的简短发言，未刊稿），S. 3. 该发言正确地强调了李特周围社会史的缓慢与增量式（没有"规划"）的发展特点。笔者感谢普乐的重要建议。李特研究社会史的学生的名单见 Hohls/Jarausch (Hg.), *Versäumte Fragen*, S. 134。

14 在注释13提及的纪念活动上，迪特·多韦讲述了由李特主编的丛书的发起与发展史。就此尤其也要参见 Gerhard A. Ritter, "Zum Gesamtwerk", in: Jürgen Kocka, *Weder Stand noch Klasse. Unterschichten um 1800*, Bonn 1990, S. 11-21。

15 尤其参见 Gerhard A. Ritter und Jürgen Kocka (Hg.), *Deutsche Sozialgeschichte. Dokumente und Skizzen.* Bd. II: 1870-1914, München 1974; Gerd Hohorst, Jürgen Kocka und Gerhard A. Ritter, *Sozialgeschichtliches Arbeitsbuch.* Bd. II. *Materialien zur Statistik des Kaiserreichs 1870-1914*, München 1975。关于由李特撰写与主编的著述的详细目录见 Jürgen Kocka, Hans-Jürgen Puhle und Klaus Tenfelde (Hg.), *Von der Arbeiterbewegung zum modernen Sozialstaat. Festschrift für Gerhard A. Ritter zum 65. Geburtstag*, München 1994, S. 849-858（截至1993年）；该书中也有关于李特指导的博士与教授资格论文的目录（第859—864页）。

16　Zu Fraenkels Einfluss auf Ritter s. oben S. xxx. 关于独特道路的辩论，见 Jürgen Kocka, "Ende des Sonderwegs. Zur Tragfähigkeit eines Konzepts", in: Arnd Bauerkämper u. a. (Hg.), *Doppelte Zeitgeschichte. Deutsch-Deutsche Beziehungen 1945−1990*, Bonn 1998, S. 364−375。

17　Wolfgang Zorn, "Sozialgeschichte-Eine Politische Wissenschaft?", in: P. C. Mayer-Tasch (Hg.), *Münchener Beiträge zur Politikwissenschaft*, Freiburg 1980, S. 50−67, hier S. 58.

18　李特撰文详细阐述了联邦德国社会史研究的发展，并在文中表述了他对社会史概念的理解，见 Gerhard A. Ritter, "Die neuere Sozialgeschichte in der Bundesrepublik Deutschland", in: Jürgen Kocka (Hg.), *Sozialgeschichte im internationalen Überblick. Ergebnisse und Tendenzen der Forschung*, Darmstadt 1989；该文修改与补充版见 *The New Social History in the Federal Republic of Germany*, London 1991。

19　Gerhard Ritter, "Gegenwärtige Lage und Zukunftsaufgaben deutscher Geschichtswissenschaft", in: *Historische Zeitschrift* 170, 1950, S. 1−22, hier S. 9.（这位格哈德·黎特［Gerhard Ritter, 1888−1968］是20世纪50—60年代联邦德国史学界保守派代表，与本文主人公格哈德·A.李特［Gerhard A. Ritter, 1929−2015］不是同一人。——译者注）

20　罗森贝格早在1969年就略带嘲讽地写道，"在最近几年里，所谓的社会史（进入了人们兴趣的前沿，而且）对于许多人来说（成了）一切在联邦德国历史学中被视为值得期待与进步的东西的含糊不清的总称呼"。参见 Hans Rosenberg, *Probleme der deutschen Sozialgeschichte*, Frankfurt/Main 1969, S. 147。也参见 Eric J. Hobsbawm, "From Social History to the History of Society", in: *Daedalus* 100, Winter 1971, S. 20−45, hier S. 43："现在是当一名社会史学家的好时机。甚至我们当中那些从未明确这么自称的人，今天也不会对此作出否认。"关于20世纪70—80年代社会史的发展情况的带有例证的叙述，参见注释15中提及的李特的著述以及 Kocka, Sozialgeschichte in Deutschland seit 1945；强调柏林与比勒费尔德之间紧密关联的叙述见: ders., "Wandlungen der Sozial- und Gesellschaftsgeschichte am Beispiel Berlins1949 bis 2005", in: Jürgen Osterhammel u. a. (Hg.), *Wege der Gesellschaftsgeschichte*, Göttingen 2006, S. 11−31; Kocka, "Berlin als Vorort der Sozial- und Gesellschaftsgeschichte", in: Karol Kubicki / Siegward Lönnendonker (Hg.), *Die Geschichtswissenschaften an der Freien Universität Berlin*, Berlin 2008, S. 103−118; 也参见 Lutz Raphael, "The Bielefeld School of History", in: *International Encyclopedia of the Social & Behavioral Sciences*, Amsterdam 2. Aufl. 2015, S. 553−558。

21 参见注释15关于李特著述的目录，另参见：Gerhard A. Ritter (Hg.), *Handbuch der Geschichte des deutschen Parlamentarismus*, xxxxx; Gerhard A. Ritter und Merith Niehuss, *Wahlen in der Bundesrepublik Deutschland. Bundetags- und Landtagswahlen 1946−1987*, München 1987; Gerhard A. Ritter, *Großforschung und Staat in Deutschland*, München 1992; ders., *Föderalismus und Parlamentarismus in Deutschland in Geschichte und Gegenwart*, München 2005; ders., *Der Sozialstaat. Entstehung und Entwicklung im internationalen Vergleich*. 3., erw. Aufl., München 2010; Friedrich Meinecke. *Akademischer Lehrer und emigrierte Schüler. Briefe und Aufzeichnungen 1910−1977*, eingel. u. bearb. v. Gerhard A. Ritter, München 2006; Friedrich Meinecke, *Neue Briefe und Dokumente*, hg. u. bearb. v. Gisela Bock u. Gerhard A. Ritter, München 2012; Gerhard A. Ritter, *Der Preis der deutschen Einheit. Die Wiedervereinigung und die Krise des Sozialstaats*, München 2006, 2., erw. Aufl. 2007; ders., *Wir sind das Volk! Wir sind ein Volk! Geschichte der deutschen Einigung*, München 2009; ders., *Hans-Dietrich Genscher, das Auswärtige Amt und die Deutsche Vereinigung*, München 2013。

22 Vgl. Margit Szöllösi-Janze, "Gerhard A. Ritter (1929−2015)", in: *Historische Zeitschrift* 302, 2016, S. 277−289, insb. S. 285−289, 关于李特在机构中的工作。关于他在洪堡大学1991—1992年的工作的报告，见Gerhard A. Ritter, "Der Neuaufbau der Geschichtswissenschaft an der Humboldt-Universität zu Berlin-ein Erfahrungsbericht", in: *GWU* 44, 1993, S. 226−237；以及对批评者的回复：ders., "The Reconstruction of History at the Humboldt-University. A Reply", in: *German History* 11, 1993, S. 339−345。

23 Gerhard A. Ritter und Klaus Tenfelde, *Arbeiter im deutschen Kaiserreich 1871 bis 1914*, Bonn 1992.

24 与费尔德曼（Gerald D. Feldman）、霍尔特弗莱里希（Carl-Ludwig Holtfrerich）以及维特（Peter-Christian Witt）一起，他主编出版了 *Die Erfahrungen der Inflation im internationalen Zusammenhang und Vergleich*, Berlin 1984，以及 *Die Anpassung an die Inflation*, Berlin 1986。

25 参见注释18。

26 Gerhard A. Ritter, *Über Deutschland. Die Bundesrepublik in der Deutschen Geschichte*, München 1998.

27 参见最近出版的Jürgen Osterhammel, "Hierarchien und Verknüpfungen. Aspekte einer globalen Sozialgeschichte", in: Sebastian Conrad und Jürgen Osterhammel (Hg.), *Geschichte der Welt 1750–1870. Wege zur modernen Welt*, München 2016, S. 627–836。

28 更为详细的叙述见: Jürgen Kocka, "Losses, Gains and Opportunities: Social History Today", in: *Journal of Social History*, Bd. 37, Nr. 1 (Fall 2003), S. 21–28。举一个例子:"格布哈特"德国通史(der "Gebhardt")作为手册在20世纪50年代(第8版)还以政治史为主线并按编年章节叙述德国近代史,它是如此聚焦于政治与思想史,以至于关于19世纪的一册在最后附上了关于整个时段的"经济与社会史"一章。与此相反,目前在书市上可购买到的第10版"格布哈特"德国通史就不再设计独立的经济与社会史章节。而是每一个章节都被社会史所渗透,并且受一种融合的历史观所影响,这一历史观把政治史、文化史与经济史都囊括进去,当然还有社会史,而且以重要的方式。

跨学科研究的现实与意识形态

——在比勒费尔德跨学科研究中心的工作经验[*]

　　以下我以自己与跨学科研究的相关经验为基础,就跨学科研究问题发表一些看法,我主要从两个工作领域来阐述跨学科问题:其一是我在比勒费尔德跨学科研究中心(Das Zentrum für interdisziplinäre Forschung Bielefeld)的工作经验,我曾经有几年是该中心主任部成员之一。其二是我在我的专业,即历史科学的,尤其是该专业的一个种类的工作经验,在这一种类里,社会史处于核心地位,它常常被贴上"历史社会科学"的标签。首先我对这两个工作领域作一些简要的解释。

　　比勒费尔德跨学科研究中心是比勒费尔德大学的一个相对独立的组成部分。它有着跨地区的任务,主要目的是推进跨学科研究,尤其是基础研究。它拥有一个为数不多的工作团队、自己的房子与一笔独立的由北威州提供的预算,但这一预算自1981年起在数字上固定不变,实际上在萎缩。该中心主要是由赫尔穆特·谢尔斯基(Helmut

* 原文为: "Realität und Ideologie der Interdisziplinarität: Erfahrungen am Zentrum für interdisziplinäre Forschung Bielefeld", in: Akademie der Wissenschaften zu Berlin(Hg.), *Einheit der Wissenschaften: internationales Kolloquium der Akademie der Wissenschaften zu Berlin*, Bonn 25.–27. Juni 1990, Berlin/New York 1991, S. 127–144。译文首发于姜南、张文涛主编:《跨学科视野下的世界史研究》,河南人民出版社2021年版。文中的核心概念"Interdisziplinarität"的直译是"跨学科性",这里将其意译为"跨学科研究"或"跨学科"。

Schelsky）设计的，他也是其第一任主任。中心自1968年起就开始部分工作，自1975年起开始全面工作。

比勒费尔德跨学科研究中心是德国第一个"高级研究所"（Institute for Advanced Study），第二个高级研究所，即柏林科学院（Wissenschaftskolleg zu Berlin）的情况，由沃尔夫·雷彭尼斯（Wolf Lepenies）来讲。类似于普林斯顿、斯坦福、耶路撒冷或瓦瑟纳尔（Wassenaar）的高级研究所，该中心邀请各个不同专业与不同国家的科学家，作为奖学金生或"同事"，来进行或长或短的、最长为期一年的研究访问。该中心为客座人员提供经费基础，让他们能够在本单位获得假期，有需要的话也与他们的家人一起，在中心的房子里居住较长一段时间，不受其他职责的影响，从事讨论与研究。与其他同类的机构不同，该中心要求来客参与广泛的、每年更新的问题与专题的研究工作。邀请也按此要求发出。由此形成了紧密合作的、跨学科的研究小组（Forschungsgruppen）；这些小组绝大多数是由约20位在一起合作一年的科学家参加，他们来自不同的学科，绝大多数来自不同的国家；中心对这些小组的准备常常需要好几年的时间；这些小组的研究成果一般也以较大篇幅的出版物推广给公众。

这里只举几个例子："人与动物行为个体发生学比较"研究小组在1977—1978年把自然科学家、社会科学家与人文科学家组合在一起。1981—1982年，社会学家、经济学家、法学家与政治学家在研究小组"公共部门的调控与成绩监控"里一起合作。1985—1986年，"复杂流体"（"Complex Liquids"）这一专题由化学家、物理学家以及其他自然科学家进行研究。目前，研究"精神与大脑：理论心理学与精神哲学的视野"专题的研究小组即将结项，该小组试图更好地理解心理现象——思考、感觉、意愿、经历——与其物理的，尤其是神经基础之间的关系。

研究小组处于比勒费尔德跨学科研究中心工作的核心位置。除此以外，自1968年起，还组织了约四百个"工作团体"（Arbeitsgemein-schaften）。它们是时间较短的、为期只有几天的但也是跨学科组成的会议，如关于氢弹的技术、社会学与人文科学层面，关于"语言学与人工智能"，或者关于"国家支出的增长与法律调控能力的下降"，这也仅是几个例子。关于这些工作团体的建议绝大多数由外部人员向中心提出，中心协助它们的筹备工作并提供会议场所。前提是，这些工作团体研究的对象，必须是看似只有在多个学科同时参与的情况下才能得到解决的问题。在研究小组与工作团体之间，常常有着内容、人事与组织上的联系。

下面很简要地讲讲作为我跨学科研究思考的基础的第二个领域的情况。"历史社会科学"把自己理解为历史科学的一部分，但强调其与系统的邻近科学，尤其是社会学、经济学与政治学的紧密合作与交流关系。这些科学的理论、方法、提问应被引入历史科学的研究，并在其中发挥作用。尤其是通过这一纲领性目标，在20世纪60—70年代逐步成型的"历史社会科学"有别于其他种类的历史科学。许多内容只是停留在纲领阶段，但在一些研究、教学与讨论的项目里，历史学家与在相关领域工作的社会学家之间的合作达到了某种密切程度，以至于可以说是跨学科的——如果我们不把跨学科概念定义得太严格的话。

以下我讲四点想法：1. 跨学科研究的概念；2. 跨学科研究要求提出的几种格局；3. 跨学科研究的收获、优势与成果；4. 跨学科研究的困难与解决办法。

一、跨学科研究的概念

不存在一个被普遍赞同的、强制性的跨学科概念，因为没有一个被普遍赞同的学科（Disziplin）与学科性（Disziplinarität）概念。如果我们把专业（Fächer）等同于学科（Disziplinen），并以高校联合会早在20世纪70年代在联邦德国高校的教学与科研中确定的包括四千多个专业的目录为依据，那么跨学科是一个很常见的、正常的、不需要额外推动的现象。人们已经把经济史学家与社会史学家之间的对话，把普遍史学家与政治史学家之间的对话或者外科医生与妇科医生之间的合作当作是跨学科研究的案例。

　　如果人们遵循海因茨·海克豪森（Heinz Heckhausen）的建议，把完全意义上的学科理解为整个专业集群（Fächergruppen），它们通过一个相近的理论类型或者理论方案区别于其他专业集群，那么只存在很少的学科或学科性。海克豪森认为有20至30个学科，他把所有使用诠释方法的人文科学都归纳为一个学科。因此，真正的跨学科研究很少有，只有在——例如——注重历史的人文学者与行为科学家合作，或者法学家与注重经验的自然科学家以及数学家合作的时候才有。如此看来，比勒费尔德跨学科研究中心的许多研究工作就不是跨学科的，而是学科内部的合作，对于我指出的历史学与社会科学的合作来说当然更是这样。

　　比勒费尔德跨学科研究中心的日常工作，如该中心主任部在判断一个申请的工作团体是否属于跨学科研究时，走的是一条中间道路，我在本报告中也是这样。人们把跨学科研究理解为专业之间的研究，但——绝大多数情况下不明确地——以一个宽泛的专业概念为基础。例如，历史科学被视为一个专业，而宪法史或中世纪史则不是。这种处理方式有着很实际的——务实的原因。还有的理由是，机构上固化的专业之间的界限也是讨论或交流团体之间的界限，至少从趋势上是如此，尽管有许多例外。以这一界限特征为依据显得也特别有意义，因为如该中心想要做的跨学科研究的组织工作，也可以理解为在一般情况下相互孤立的科学家群体之间建立沟通桥梁，并且——作为机构-组织方面的努力——恰恰是从科学家群体现有的分离化而获取其合理性的。

但是，将跨学科研究以此理由依附在现有的专业结构上，是有问题的。因为有时一个专业内部的论证与讨论群体没有这一专业的一些部门与邻近专业的一些部门之间那样紧密。另外，一个专业——学科——目前的规模与界限只能从历史的角度得到解释。而且专业的划分会发生变化。与此相应，跨学科的定义是历史性的——有时是偶然的。

还有一个定义的问题简要说一下。各专业的科学家之间的联系在频繁程度上与时间长短上都不同。在这一光谱里，有同事在共进午餐时的有启发意义但点滴的交流，有像比勒费尔德跨学科研究中心那样的为期一年的研究小组，还有相互融合的、长期的科研与青年培养计划，它们作为历史社会科学领域产生的例外，长远来看能够发展成为新的学科。下文提及跨学科研究、跨学科教学时，都假定它们具有最低程度的协调与连续性，超越了完全临时的、点滴的会晤。更准确的定义在目前既无必要也不需要。

二、提出跨学科研究要求的几种格局

总体来看，毋庸置疑，18世纪以来的科学史存在于与日俱增的功能性内部分支化、分工、趋向于越来越多且越来越狭小的子学科的专业化的规律之下。科学这一子制度与其他社会子制度如国家、宗教或艺术的日益区别化，是与其自身内部的区分化同时进行的，按照卢曼（Luhmann）与施迪希韦（Stichweh）的观点，两者是紧密关联的。反过来，科学从来就不缺少的、继续存在的与实践的联系——如参与培训学术上合格的专家或者它们在一个越来越细化的工作与经济制度中的技术性应用——又迫使它们作出进一步的专业化。效率标准与专业化旨趣在共同起作用。最后，仅就科学的增量而言，被外界交给科学处理的或者被科学宣布为其职责范围的任务越多，科学家、出版物、知识存量与学术机构越多，科学内部的专业化就越有可能。当学生、任务与资源超过一定量的时候，它才有可能。科学的增长使得其专业化成为可能，但也显得有必要，因为随着信息的增多——过去导致了——现在还导致着交流与处理系统的不堪重负。专业化提供了一条减压的出路。

外部与内部的因素因此要求科学的功能细化，外部因素似乎在开始要重要得多，而内部因素则随着时间的推移更重要了。

与此相反的关于跨学科的合作与综合的要求的例子，可能在科学史上很久以前的时代也以其他名义出现过。从某种角度来看，可以将19世纪的大学或者其院系，还有传统的科学院，视为使跨学科合作成为可能的机构。因为它们把各个专业的科学家与学生放在一个屋脊之下，使他们能进行某些跨越专业界限的合作。无疑，经济、社会与政治的实际需求在早期不仅推动了科学的专业化，而且反过来也强行推动了跨专业-应用性的研究，如自19世纪晚期以来的工程学、工业研究以及国家试验、审核与研究机构。

但是我们今天所说的跨学科研究，指的是另一种东西，即有意识地对以前发生的、广泛的与被感受为过度的专业化的融合性反应；对于在旧机构的躯壳里，尽管有着机构——尽管有大学与学者协会——实现的并被感受为需要批判、纠正与平衡的专业化的反应。因此，跨学科的要求是一个现代现象，是20世纪的现象。

这里没有时间从科学史的角度系统地论述这些在其中跨学科要求不可忽视并有实际后果的格局。但我还是想举五个例子。

例如，有两个有意思的尝试，它们也以对专业进行跨学科的开放的要求来扩展与重新调整历史科学的传统范式。这在20世纪60年代批判传统的改革氛围中尤其明显，当针对专业的传统史学基本模式——针对被视为过于狭隘的对国家与政治史的专注，针对其对诠释性理解与叙述——提出历史学家与社会学家进行合作的要求的时候，以进一步纳入社会世界，让历史更具有分析性与理论性，将注意力更强地引向结构与进程，而不是事件与行为。作为对本身的学科传统的批判要素与作为改革的工具，一部分历史学家提出了跨越界限走向社会科学——一个跨学科导向——的要求并进行了实践。

有意思的是，同样的模式在20世纪30—40年代，在完全不同的政治与意识形态的背景下就出现过。当时有一批年轻的、同样对传统持批判态度的、同时也有民族主义思想的历史学家，尝试着将历史学向民众的家庭与定居结构、斗争与习俗的历史开放。这里不谈所谓"族民史"（Volksgeschichte），这一今天的社会史的不那么出名的前驱的功绩与局限性。要指出的是，这一革新尝试也借用了跨学科研究的力量。这些族民史学家与地理学家、民俗学家及语言学家紧密合作。他们向当时的汉斯·弗赖尔（Hans Freyer）、贡特尔·易普森（Gunther Ipsen）以及其他人的"德意志社会学"的影响大大开放。他们对当时像维尔纳·康策这样的年轻历史学家的影响很大，那套多卷本的《边疆与国外德意志文化手册》是一项巨大的各学科协调合作成就。

而60年代中期比勒费尔德跨学科研究中心作为比勒费尔德大学的核心部分，与赫尔穆特·谢尔斯基建立它时的局势完全不同。谢尔斯基无疑有着多个动机，其中包括以著名的机构，如法兰西学院与普林斯顿研究所为榜样，给予优秀的学者优待，让他们从当时扩建中的大学的快速增长的教育任务中解脱出来，可以短时间自由地在学术的跨专业的对话中进行研究与创新。

但他还想实现更多的目标，否则不能解释，为什么他把该中心设计为一个有组织的跨学科研究的家园。众所周知，谢尔斯基把他所见到的大学的状态与他详细研究过的19世纪初的洪堡式大学作过比较。他看到并且感到遗憾的是，科研开始从大学撤出，而且学科分工专业化到了一个程度，以至于以往的科学统一的理想毫无希望地丧失了。谢尔斯基认为，科学的专业化不可避免，为了科学的效率起见是有必要的，反正是不可逆转的。他也不寄希望于哲学，他不相信哲学能够把分化的科学融合起来。但他确信，有那么一种特殊的科学的合理性，它使得我们既有可能又有必要，在不懈的尝试中——而且是通过专业化的科学本身的有系统的结合，而不是科学之外的通俗流行的综合——进行跨学科的融合。谢尔斯基建议不断作出融合的努力与步骤，由此或许长远来看——他明确不排除这点——可以形成一种"科学对世界掌握与世界知识的物质的整体性"。

这里，在将他那个时代扩张同时又狭隘地专业化的大学与作为标准的洪堡式大学的对比中——同时作为引起公众关注的一个新机构的成立计划——产生了一个像企业一样组织的，在专题与问题上定期变化的，但能够保证一定稳定性的跨学科研究的方案。

最后，再举出两个最近几年提出的跨学科研究要求的例子。主办本次研讨的柏林科学院，在20世纪80年代下半期成立时的自我定位是，更加准确地、坚定地和与应用更紧密结合地实践跨学科研究。它将其研究工作专注于通过跨学科方法解决那些现代技术文化的问题，解决那些当代问题，即那些（就如他们所说的那样）不愿意像我们所希望的那样，在现有科学的学科意义上自我组织的，而是需要许多学科的合作才能解决的问题。在跨学科组成的工作组里，柏林科学院研究着环境问题、科技后果估量以及类似的复杂问题。

最后一个例子：在1988—1989年大学生罢课活动中，至少在柏林有人将跨学科研究的要求提到了中心位置。大学生们要求进行跨学科研究，作为对科学体系的纠正，这个体系在批评者看来太专业化与自我运转，不能做到大学生们认为应该做到的，即在当代指引方向。实际上，抗议的大学生对待科学的态度是很认真的。他们指出矛盾所在，科学一方面——就其自身的受启蒙运动影响的要求而言也应该如此——必须就当代的问题提出批判性导向，但另一方面在现有状态下这方面能力却很有限。由此他们提出了跨学科研究的要求。这一要求的结果是，大学设立了相应的辅导班与项目组。

考察一下这五个提出跨学科要求的格局，可以得出以下结论：跨学科要求是在非常不同的意识形态关联下提出的。

不过很经常地，在跨学科的要求里，表达了批评：要么是针对一个应通过跨学科的开放而改变的科学传统状态的批评；要么是针对一种不能提供人们期待的具体的导向服务的教学与研究的学术体系的抗议，或者是作为对一个原则上认可的，但被认为需要补充的专业化的科学体制的纠正。

对跨学科研究的呼吁常常以关于在科学学科的结构跟被视为亟待解决的实践与解释问题的结构之间差距的经历为理由。以历史科学为例，这句话可以落实到具体的历史事实上：19世纪的历史主义的历史科学，以其国家与政治导向、个体性原则以及理解性方法，在德国统一的时代是一个符合大多数受众的需求与问题意识的学科，而到了民族主义的20世纪30年代与对社会进行批判的20世纪60年代，就不再明确是那样。一种"问题发展与学科发展的不对称性"（米特施特拉斯［Mittelstrass］语）产生了。其原因一方面在于科学以外的主流问题意识的变化，另一方面历史科学因内部的原因在此期间继续固化与专业化了。原来与时代合拍的学科导向随着时间的推移有着变得不合拍与过时的危险。关于跨学科研究的要求对此作出了反应。

正如比勒费尔德跨学科研究中心与柏林科学院所显示的那样，跨学科的要求可以作为采用新方法的理由，以论证新成立的机构，它们必须拿出一个特别的存在理由，以在科学界与舆论界找到关注与支持。只有在学科的组织是常规的，而跨学科是例外的情况下，它才有成功的机会。

20世纪80年代中期，有声音指出，跨学科研究——与二十年前的情况相比——更常见与更被接受了。有时跨学科本身转化成为一种新的专业化。有些期待落空了，以至于魔语"跨学科研究"的说服力在论证项目申请或新机构时下降了。但在最近几年里，对跨学科研究的兴趣似乎又上涨了。

三、跨学科研究的收获、优势与成果

跨学科研究能够推动学科的进步。它能够加强按学科进行研究的科学家的问题意识与观察能力，使他们更加敏锐地看到本学科的局限性并补充他们的研究工具。但它也能导致对一个学科惯有的常规与理所当然的东西的批判，扩大与更新它们的观察方式。

即便这种更新成功，在科学学科的专业化及结构与科学应为其解决作出贡献的实际问题的结构及延伸之间，也仍有可能一再存在不吻合性。跨学科的合作试图过渡性地弥补这一不吻合性，只要学科的范围还没适应新的问题，暂且跨学科所做的事情就还未成为一个新学科。也就是说，跨学科研究关心的是还没有找到其学科的问题。从所有这些可以得出，一种特殊的跨学科研究方向常常在一段时间后失去其存在的理由，尽管而且正因为它是成功的并在变动的学科体系中找到了其位置。但新问题会一再产生，这些问题——至少暂时地——只能通过跨学科的方式得到研究。所以对于跨学科研究来说，专题与问题的迅速变换，是其核心特征。跨学科研究的组织必须具有足够的弹性，以满足这些需求。比勒费尔德跨学科研究中心研究小组定期变化之特点的原因在于这一关联。

如果问及跨学科研究的成绩，就应该特别提到文化科学的导向与解释功能。过去人们或许会说科学有着来源于启蒙运动的教育功能。哈特穆特·冯·亨梯希（Hartmut von Hentig）在其关于科学的跨学科研究的思考中仍然是如此说法，但他得出了一个怀疑的判断。在他看来，因其极度专业化的大学式的组织形态，现代科学，即便通过跨学科的方式相互联合，也不能发挥导向与教育功能。按照他的意见，或许拥有一些科学的基本知识但只是以前科学的方式进行叙述、上课与教育的中学老师能够完成这一任务。人们确实可以怀疑，今天的科学的导向功能能有多大。但可以肯定的是，人文与社会科学，特别是历史科学

必须面对这些期待。而且人们可以提问，如果科学被确认不能，那么谁能承担这些批判性导向功能。人们肯定会拒绝太高的期待，不宣称能够解决科学不能解决的问题：根本的意义问题、道德规范的论证、世界之谜的破解。但同样应该肯定的是，提供导向知识与进行关于解释其条件、含义与后果的讨论属于文化科学的任务，人们可以为它们的解决作出贡献，而不过高估计自己的能力——至少很谦虚地，以马克斯·韦伯的方式。而且，跨学科合作肯定可以经常提高人文与社会科学这方面的，在科研中特别是在教学方面的能力。

另一方面必须怀疑，跨学科研究能够为曾在19世纪初在其哲学的理念上——而不是在实践中——存在过的科学的统一性的重建做多少事情。即使比勒费尔德跨学科研究中心最雄心勃勃的跨学科项目，也仍然是局部的，将许多方面排除在外，产生了只是有限地可以连接上其他科学的看法与结论。我认为，通过跨学科研究重建科学的统一性的要求，是跨学科研究的一种意识形态。相反，跨学科合作的前提是科学原则上的统一性——但是在一个很形式的层面上。它指的是科学合理性的原则。因共同坚持这些原则，各专业的科学家与学生有可能进行合作。

四、跨学科研究的困难与解决办法

最后讲讲跨学科研究会遇到的一些困难，我同样是以比勒费尔德跨学科研究中心跨学科研究小组与工作团体的经验为基础。跨学科研究项目会遇到相关人员的积极性与招募方面的困难。因科学仍然基本是按学科组织起来的，学者与学生的成就——事业与分数——首先是在学科内决定，至少一般是这样。在时间有限的现有条件下，学科框架以内的工作常常获得优先位置。跨学科工作是例外，它要求打破习惯。因此它也需要特别的激励。

　　跨学科研究经常碰到语言与理解困难，而且各学科参与的领域越是庞杂，困难就越大。这需要耐心、时间，需要绕道而行——常常借助于日常生活语言。而且在跨学科对话中，人们事先也不知道，另一个专业的同事所提出的看起来很愚蠢的问题，是交流困难的结果还是实际上是对自己误以为理所当然的东西的一个根本的质疑。跨学科研究耗费更多的时间，也因为它要求参与者学习最低程度的陌生的知识：其他专业的合作伙伴的研究，与这些专业对于现有科研问题的专门的著述。这可能很烦琐，人们会问投入与结果是否匹配。

　　如果在理论上很不同的专业在一起合作，那么不相融的理论方案可能发生碰撞。人们常常只能让它们去碰撞，最多只能反思，因何种前理解、选择、科学传统与处理关联，理论与方法的"交配能力"不存在。只是有时候能够以理论的形式成功地建立两个理论类型之间的桥梁。例如，比勒费尔德跨学科研究中心的"公共部门的调控与成绩监控"研究小组报道说，他们借助于博弈理论成功地实现了经济学与社会学官僚制度理论之间的协调。一般来说，学科之间的协调困难迫使跨学科项目参与者，在较高的抽象层次进行讨论，加深反思程度，并且加入烦琐的连接思考。由此产生了一个向外传播的特殊问题，至少对于也想被广大公众关注的文化科学是这样。随着内部的复杂性与反思程度的加深，向非学术公众的传播就更困难了。跨学科研究的结论很少可以用流畅、亮丽或美妙的语言来陈述。它们的产品常常给人生硬与沉重的印象。这会影响它们产生被希望产生的广泛影响。

　　总的来说，弗朗茨-克萨韦尔·考夫曼（Franz-Xaver Kaufmann）依据在比勒费尔德跨学科研究中心的工作经验所说的是对的，即跨学科研究只能"逆流而行"。或者，如哈拉德·魏因里希（Harald Weinrich）也是依据在这个中心的工作经验所说的那样，"我在这里不由得常想起埃里希·克斯特纳（Erich Kaestner）一首著名的诗。这首诗的标题是《坐在椅子之间唱歌》。如果说这是一个不舒服的唱歌的位置，那么要在讲椅之间唱那些跨学科的歌又是多么难。但它们还是必须被唱，因为坐在讲椅上虽然比较舒服，但有老是唱同一支歌的危险"。因此跨学科研究需要特殊的准备，才能够达成。

人们不应寄予跨学科研究太多的期待。所参与的科学的完美与严谨的融合是稀有的例外，尤其在参与的专业的范围广大，其中占主导地位的科学在学科界限上特别分明与固定的情况下。这样的学科有自然科学或者还有法学，它们有别于历史科学，后者的方法实际上很折中，使用的是与日常用语相近的语言并且向许多方面开放。

跨学科研究失败的风险仍是高的。为了降低这一风险，可以——如果研究的问题允许——将参与其中的学科中的一个作为主导学科，把它作为力图实现的可扩大的融合的基础，其他专业的代表可以朝这一方向表态，哪怕是提出反对意见。

跨学科研究不是脱离学科方面的能力，而是以它为前提。只有通过在一个或两个学科的学习，才能学到所需的能可靠地进行跨学科研究的技术、知识、扎实性。在学科以外的全才是不存在的。而另一方面，如果跨学科研究小组的参与者自己能带来一个专业以上的经验，而不是太固化，则是有用的。因此进行早期的跨学科教学有一定的道理，但这种教学只能是补充性的。跨学科的研究工作容易让学术新手无法胜任。

比勒费尔德跨学科研究中心为期一年的跨学科研究小组的方案是以不同的方式产生的。有几个小组是在共同专题的基础上形成的，例如参与"19与20世纪初的法律与大企业的发展"项目的历史学家、社会科学家与法学家。其他的小组在它们对某一共同理论在各个不同的应用范围的兴趣中找到了共同点。例如，1988—1989年的研究小组"行为科学中的博弈理论"就是这样产生的。成功的跨学科研究最容易实现的情况是，它产生于一个普遍性问题，这一问题被研究小组成员都认为需要得到解决，而其处理很显然需要不同专业的合作。

　　这样的只有跨学科才能解决的问题经常在实际生活中自动地冒出来。但问题的表达本身也可能是一个跨学科的讨论过程的结果。一旦一个跨学科研究的,带有不断变换的专题的机构框架成立了,它就会以其所拥有的资源,鼓励着新的亟待用跨学科方法解决的问题的提出。与许多其他事情一样,跨学科研究也能够通过机制化获得进展,只要它能保证问题提出与专题选择方面的弹性与灵活性,以避免学科研究常有的典型的固化。对此,比勒费尔德跨学科研究中心二十年来令人印象深刻的成绩单就是一个证据。

参考文献

J. Kocka (Hg.), *Interdisziplinarität: Praxis-Herausforderung-Ideologie*, Frankfurt a. M. 1987(此书收录在文中提及的H. Hentig、H. Heckhausen和J. Mittelstrass 的论文)。

J. Kocka u. G. Sprenger, "Das Zentrum für interdisziplinäre Forschung(ZiF) der Universität Bielefeld", *Jahrbuch zur Staats- und Verwaltungswissenschaft* 2 (1988), S. 367−386.

K.D. Bock, "Helmut Schelsky: Hochschulreformer 'auf eigene Faust': Zur Vorgeschichte der Bielefelder Universitätsgründung", in: *Helmut Schelsky-ein Soziologe in der Bundesrepublik*, hg. v. H. Baier, Stuttgart 1986, S. 167−181.

H. Weinrich, "Interdisziplinäre Forschung an der Universität Bielefeld", in: *Jahresbericht des ZiF 1973*, S. 9−21.

F.-X. Kaufmann, "Das Bielefelder ZiF: ein Ort interdisziplinärer Forschung", *Merkur* 37 (1987), S. 464−468. Centre for Educational Research and Innovation (CERI), *Interdisciplinarity: Problems of Teaching and Reasearch in Universities* (OECD, 1972). *Inter-disciplinaryty Revisited: Reasessing the Concept in the Light of Institutional Experience*, hg. v. L. Levin u. I. Lind, Stockholm (OECD/CERI), 1985.

W. Vosskamp, "Von der wissenschaftlichen Spezialisierung zum Gespräch zwischen den Disziplinen", in: *Kindlers Enzyklopädie: Der Mensch.* Das zehnbändige Werk, Bd. 7 (1984), S. 445-462 (mit Literatur). M. Carrier u. J. Mittelstrass, "Die Einheit der Wissenschaft", in: Akademie der Wissenschaften zu Berlin, *Jahrbuch 1988*, Berlin/New York 1989, S. 93-118.

历史学家与未来[*]

一、历史文献中呈现的过去、现在和未来之关系

当历史学家谈到他们专业的基本特点时,他们经常会讨论过去和现在之间的关系。由于历史学家治史更多地与现在而不是过去形成关联,意大利历史学家贝奈戴托·克罗齐(Benedetto Croce)认为:一切历史都是当代史。与之相对,法国历史学家弗朗索瓦·阿尔托格(Francois Hartog)则谴责了"当下主义"(presentism),指出如果史学家从现在的立场上强行接管过去,那么过去就会丧失其自身的特性。[1]对于这两种立场,大多数历史学家可能都会因其过于夸张而不愿接受。不过他们其实也清楚,重建过去是他们的专业实践,体现为一个不断建立过去与现在关系的过程。史学家一方面从史料中汲取有关过去的信息,另一方面他们作为当代人,又有自己的问题、观点和假设。而这些问题和观点被带入历史的研究和书写之后,就不是纯粹的主观臆想了。所以《过去与现在》不仅是1952年以来一本有影响力的历史刊物的标题而已,当学者们就历史学这一学科的理论和方法展开争论的时候,其

---

* 原文为: *Historians and the Future*. The First Wittrock Lecture, held in Uppsala on 15 February 2019, Uppsala 2020。中文版首发于《史学理论研究》2020年第4期,译者为德国波鸿大学博士生杨晶晶、北京大学博士生修毅,译文经美国罗文大学王晴佳教授校订。

语境便由过去与现在的关系所界定。

不过，我们如果浏览一下相关的文献便会发现，对于历史研究来说，未来的重要性抑或对未来的期望，似乎不受关注。当然，历史学家对未来的思考并不罕见，但它们通常集中于历史研究如何在理解、塑造和预测未来的方面可能或应该发挥的作用上，比如提出"我们如何鉴往知来"这样的问题，便是一例。对此我将在最后一部分涉及。但是，历史著述中很少提出与之相反的问题，即未来或者对未来的展望又如何可能影响历史学家和其他作者重建过去的实践。[2]这是我首先要探讨的问题。

我们其实有充足的理由将过去、现在和未来放在一起讨论，可以看一下现存历史著述中的几个例子，我所注意到的最早一位作者是古罗马人，名叫塞索里努斯（Censorinus）。他在公元前3世纪上半叶撰写的一篇文章中认为："绝对的时间分为过去、现在和未来。在这三者当中，过去没有起点，未来没有终点，而处于中间的现在则不仅转瞬即逝，而且扑朔迷离。（现在）没有自身的空间，它似乎只是过去和未来之间的连接，形式上又复杂多变、漂移不定，现在所涵括的就是从未来中撷取出来然后加在过去的那个时间。"[3]在拉丁语中，这三个时间维度有不同的表述，对它们的相互联系也有频繁的讨论。例如在4世纪末，基督教神学家和北非主教奥古斯丁（Augustinus, 354-430）在他的自传《忏悔录》中，写到了过去、现在和未来的关系。奥古斯丁用"记忆"（mernoria）或"过去的中介呈现"来表示过去，未来则是预期的希望（expectation），而现在（contuitus）虽然稍纵即逝，却因为人类的经验得以有所持续。奥古斯丁承认在他的思考中，现在获得了某种优先的地位，因为它是让人关注和构建过去与未来的空间。[4]

在历史研究和著述中，思考时间的功用颇为常见。明显的例子就是保罗·利科（Paul Ricoeur）、莱因哈特·科塞勒克（Reinhart Koselleck）、吕西安·霍尔舍（Lucian Hölscher）、约恩·吕森（Jörn

Rüsen)、彼得·伯克（Peter Burke）、克日什托夫·波米安（Krzysztof Pomian）等人的论著，以及林·亨特题为《考察时间，创造历史》的演讲。这些研究都包括了对未来的预期和展望的一些思考。例如，诺贝特·埃利亚斯在他的《论时间》中认为："今天的未来是明天的现在，而今天的现在是明天的过去……它们之间的分界线游移不定，时刻变动。"[5]最近，认知科学家和脑神经研究者如维维安·埃文斯（Vyvyan Evans）指出，虽然过去、现在和未来三者的语言表述受制于文化，呈现时间和空间的不同，但区分这三者是一种普遍的现象，并在人脑神经运转及部位中有着相应的区别对待。[6]换言之，古代的论著、历史学的理论和现代科学家都强调，时间经验的模式或时间的这三个维度形成了一种相互关联性，应该将它们结合起来讨论。那么史学史能否论证这一立场呢？

二、过去与未来的差异和关联是现代历史思维的决定性因素

在《历史是什么？》中，爱德华·卡尔（E. H. Carr）有此判断：古典时代的作家中，没有几个人具有历史感。他的结论会让人惊讶，因为正是这一古典文化产生了像希罗多德和修昔底德那样的人物，他们通常被奉为历史研究和书写的开山鼻祖。卡尔认为变化才是历史和历史研究的核心。他补充说："修昔底德曾相信在他所描写的那些事件以前没有发生过有意义的事，而其后多半不会发生有意义的事情。"对于古人来说，"历史不是走向任何地方：因为没有意识到过去，也同样没有意识到未来"，所以"希腊和罗马的古典文明基本上是非历史的"。[7]

摩西·芬利（Moses Finley）和其他希腊、罗马历史思想的研究者不太同意上述的观察，但他们基本上还是认同：古典作家认识不到过去、现在和未来之间的质的差异。[8]于是，古人会相信学习历史有直接的功用：人们可以温故知新，用过去的经验为在未来解决类似的

问题作好准备。西塞罗在公元前1世纪中叶认定"历史是人生之师"（historia magistra vitae），便是这一观念的集中表述。[9]

正如卡尔·勒维特（Karl Löwith）在《世界历史与救赎历史》（1953）这本富有神学意涵的历史哲学著作中所展示的那样，正是在犹太–基督教末世思想的语境中，人们才开始将过去、现在和未来之间的关系视为一个有始有终的过程，终点为人类的救赎或基督的再次降临。在这个过程中，未来将与过去截然区分，而同时相互之间又有所联系。这是一个"变化"和"连续"相互关联的观念。我已经引用过奥古斯丁的说法，他把人类的历史比作一次朝圣之旅，也就是一个有着终极目标的旅程。其他中世纪作家的论述也表达了时间会有质变的思想。[10]

但是，这种关于过去、现在和未来之间有质的差别的新观念，大致停留在超验的层次。它并没有根本改变中世纪的主流历史叙事：图尔的格雷戈里（Gregory of Tours）或可敬的比德（the Venerable Bede）等人仍然认为历史有其内在关联，并以此来描述历史事件的依次发生，也即今世与来世之间没有质变。他们尚未采用现代的变化观念重建这一内在相连、没有质变的历史（inner-worldly history）。[11]

正是在从文艺复兴到启蒙运动这一时期，过去、现在和未来之间有着"本质区别"（basic difference）的概念逐渐流行，并成为现代历史思维的决定性因素。14、15和16世纪以来的学术、艺术和文学，让人们将自己的时代与古典时代相比较，也会一厢情愿地对后者加以重新发现或重新发明。他们强调了自身的时代与古代的过去之间的差异，并主张对古典世界进行理想化的复兴和进一步的发展。从这个角度来看，处于"中间"的时期被视为一个衰落的时期，大体上被看作黑暗的"中世纪"；这一我们至今在沿用的概念，最迟在17世纪初便出现了。正是这种将自我与想象出来的古典过去加以鲜明对比，并认定在这两者之间有一"间隔期"的概念，使得当时的人形成了将自身的时代视为"现代"的自我认知。在17世纪末和18世纪，以巴黎为中心兴起的有名的

"古今之争"（Querelle des Anciens et des Modernes）便是一例。其中不少欧洲国家的知识界围绕审美标准、文化规范、制度变迁和进步观念进行了旷日持久的辩论，讨论从过去到未来的长久历史变迁中"现代"所处的位置。在这一时期"现代"的概念和"现代性"的愿景（visions）开始成型，而在这一话语中，诸多社会科学也开始涌现。

　　现代的历史观念也在这样的背景下形成：人们坚信现在不同于过去，未来也会不同于现在，但现在又源于过去，未来也出自现在。之后，孟德斯鸠深入阐述了过去和现在的区别，视之为历史（研究）的核心取径。其他启蒙作家也试图展现，人类可以通过研究他们的过去，以求对历史的未来走向有所感悟。从这种历史观出发，区分我们的现在和我们可能的未来，变得至关重要。比约恩·维特洛克（Björm Wittrock）指出，进步是可以想象和期待的，也是可以实现的。"发展"（Entwicklung）变成了一个核心范畴，其不同的阶段也被构建起来。

　　这是一个远在工业革命发生之前、植根于社会与制度变迁而产生的知识发生重大变化的复杂过程。那时虽然大部分地区还处于王权专制主义的统治下，但这一变化与那时资产阶级的兴起和大西洋两岸逐步形成的跨国交流的公共空间，均有密不可分的联系。在这里我只想强调，这种新的历史观念是这一复杂的历史变化中的一个部分。在这一历史观和历史时间观中，未来显得十分重要：它不同于过去和现在，处于更高的阶段，因此被一些人视为某种目标。过去和现在则构成了一种双向的关系。一方面，人们希望重建过去而阐明历史未来发展的走向；另一方面，这种对未来的预期、展望，又引发了期待、不安、愿景和规划，产生了多样的视角和多种的问题，让人重建过去并思考过去与现在的关系。林·亨特已经向我们揭示，这种历史思想（对未来的态度）如何在法国大革命中成为一股政治力量，而与此同时，法国大革命又如何使其昭然若揭。[12]

　　如果我们看一下18世纪后期至19世纪末的历史，我们便会发现有各式各样、相互媲美的历史哲学理论，它们都质疑启蒙思想家视作理所当然的普遍主义信念。以约翰·戈特弗里德·赫尔德（Johann Gottfried Herder）1774年的《另一种历史哲学》为例，他强调人类社会的多样性乃是他们在不同环境下发展的结果。与西方启蒙思想所偏好的普遍主义思维模式相对，赫尔德认为不同的民族为追求不同的发展道路而提出不同的诉求，合情合理。他视历史为一种"最真诚的爱国精神的手段"，并加以提倡。[13]

我们再以19世纪德国历史学的创立者兰克、尼布尔和德罗伊森为例。他们生活在法国大革命和拿破仑战争之后，在许多方面都对启蒙运动持批评态度。虽然形式各不相同，但他们都质疑伏尔泰、孔多塞、苏格兰启蒙思想家以及康德所宣扬的普遍主义进步信念。他们认为，研究历史可以展示特殊化——历史作为一种知识体系可以为实现现代化所采取的不同方式提供合法性和正当性。比如可以有"德意志的道路"或"普鲁士的道路"，指通过改革而不是革命来建立强大的国家并由其推动现代化，而非采取自由放任（laissez-faire）的方式。[14]

作为西方启蒙思想的批评者，赫尔德、兰克和他们的追随者提出了一种对过去和未来关系的不同看法，与启蒙思想的立场迥异。但是，他们对未来也怀有一种愿景：他们期待未来，既满怀憧憬，又心存恐惧。从上面举例可见，这些史学家对未来的观念是：让德意志民族成为世界的一员，而这一世界由已经建立或正在建立的欧洲民族国家所构成。这些历史学家和他们的大多数读者认定，通过历史的研究和教学，这一目标将能实现。同时，他们对未来的预期和谋划也对他们作为史学家如何重建过去，产生了深刻的影响。这些影响在他们的历史观念、问题意识、史学概念和方法上均有体现。

这就是我要强调的：前述这些史学家与启蒙作家所提倡的基本信念相去甚远，特别是在怎样看待历史的进步和现代化上，几乎有天壤之别。但问题在于，无论他们是接受还是否定启蒙思想中比如进步之类的思想范畴，他们还是与启蒙思想家共享着一个基本的认识论前提和一种共同的智识经验。历史学家莱因哈特·科塞勒克将这一智识经验描述为在"经验空间"（space of experience）与"期待视域"（horizon of expectations）之间不断增大的差异或间隔，也即过去与未来之间的根本区别。但无论如何，过去与未来之间又呈现一种连续性。科塞勒克的说法被多次征引，代表了现代心智思考的一个成就。对之我想补充一些他或许也能认可的内容：如同对过去的研究可以影响一个人的"期待视域"那样，一个人对未来的愿景，无论表现为憧憬、不安、疑虑还是信赖的模式，也影响我们如何重建过去及思考过去与现在之关系。

由此可见，对未来的态度已经成为研究和展现历史的组成要素，直到今天仍是如此。未来在历史中占据着不小的比重。当然，差别还是存在的。如果一个人致力于书写全面的综合作品或构建宏大的叙事，这一点就比较明显；如果一个人从事高度专业化的经验研究、关注细致入微的主题，这一点就不那么明显。通常情况下，大多数历史学家的工作都属于后者。不过即便如此，我还是认为，对未来的愿景或类似愿景的展望，对历史研究仍然具有间接的作用。

三、对未来的愿景如何影响历史书写

通过聚焦对未来之预期（经常以含蓄的和间接的方式）及其变化，看一下不同的史学家或学派如何重建过去，然后以此视角来重述历史思想史和史学史，这将是一个有趣的实验。但这还需要进一步的研究，迄今尚未有人尝试过。我在这里也不可能去做。我在此仅仅想举一些例子，作一个粗略的勾画，以便能更为清楚地阐释我对这一问题的想法。

（一）如前所述，启蒙思想中有关未来和进步的看法，影响了18世纪的历史学，孔多塞的《人类精神进步史表纲要》（1794）和伊曼纽尔·康德的文章《关于一种世界公民观点的普遍历史的观念》，都可为例，爱德华·吉本的《罗马帝国衰亡史》（1776—1789）或路德维希·施勒策尔的《普世史的观念》（1773）则是更为实证的著作，尽管历史研究那时尚未成为一门专门的学科，史家们已经普遍采用线性的历史时间观，从人世而不是用神意来解释历史。18世纪的史学是广博的，涵括社会、经济和文化等各个层面，尚未受限于政治史的藩篱，那时也有不少人尝试比较人类各文明的优劣，而同时又出现了一种认可欧洲文明有其特殊性和优越性的倾向。[15]

（二）我还提到了历史学作为一门职业化学科，如何在19世纪的欧洲兴起。与之相应，历史研究和书写也服务于国族建构和民族主义这两个相互关联的目的。于是，以民族国家兴起为主题的叙述史成为历史书写的主流，其重点是研究政治制度、政治进程和政府决策。历史学成为一门面向大众的学科，在学校和公众中的作用越来越大，同时又出现了这样的趋势，越来越多的史学家在大学里就职，并以档案资料为基础从事科学的研究。德国历史学家兰克、聚贝尔和特赖奇克，法国史学家基佐、米什莱和梯也尔，英国史学家斯塔布斯、弗里曼和西利，瑞典史学家埃里克·盖耶尔和埃米尔·希尔德布兰德，均可为例。[16]

（三）卡尔·马克思及其许多追随者（以E.P.汤普森和埃里克·霍布斯鲍姆为杰出代表）的著作中表现出来的对未来的展望，是人们对未来的期望如何影响他们看待过去的一个显例。展望未来和解释过去之间的内在联系，还影响了学者们对一些重要概念的选用和界定，比如"资本主义"。当这一概念在19世纪后半叶出现时，各种不同的定义四处流传，但它们中的大多数又有着一个共同点，那就是将资本主义与其替代选项加以对照而设定其定义。这一替代选项要么是前资本主义的过去，要么是一个既定的未来，通常被认为是社会主义。不仅社会主义者以此方式界定资本主义和社会主义，而且其他学者也将资本主义和社会主义相提并论。例如德国自由保守派经济学教授阿尔伯特·谢夫勒（Albert Schäffle）便在1870年写了名为《以商业和资产类型考察资本主义和社会主义》的巨著。如果不知道资本主义之后会发生什么，人们对资本主义这个概念，便根本无从谈起。也就是说，人们对未来的愿景，也即对一种特定未来的预期想象，形塑了他们研究过去（包括现在）的诸多观念。[17]

（四）当然，也有人对未来抱持一种否定的态度。雅各布·布克哈特便是如此。这位瑞士史学家用保守的观点看待世界，对现代世界是否有一个令人鼓舞的未来充满怀疑，因此他在1860年写了《意大利文艺复兴时期的文化》，以那个遥远的过去为题来凸显那个时代与现在的差异。马克斯·韦伯在一段时期内也曾对未来持悲观的看法，视其为"铁笼"，认为这一"铁笼"会抑制创造力，损害人类的自由，使其无法生成真正的政治领袖。韦伯对未来所持的怀疑态度与他解释资本主义的论点形成了一种关联。他认为由于新教伦理的作用，新教徒们基于自由思考的个人道德行为促成了资本主义的早期发展。瓦尔特·本雅明（Walter Benjamin）在1940年将保罗·克莱（Paul Klee）的画作《新天使》（*Angelus Novus*）解读为一位历史的天使，也是一个例子，他的隐喻性文本描述了历史的天使如何被一场不由自主的风暴驱使着，走向一个黑暗且危险的未来。而当天使回顾过去，看到的则是因一系列的灾难和毁灭而造成的一堆废墟，本雅明对未来和过去之间关系的这一解读，写于第二次世界大战的灾难中，处于个人生命危在旦夕的时刻。[18]

（五）如有时间，我还可以详论20世纪60至80年代社会史学家如何有意或无意地将现代化和人的解放作为未来的期望和目标来批判地重建过去，而他们的努力又如何与他们批判性的自我反省产生间接或相应的联系。可以举的例子有年鉴学派的史学家和他们的仿效者，德国的汉斯-乌尔里希·韦勒这样的韦伯主义者，像埃里克·霍布斯鲍姆那样的马克思主义历史学家，以及查尔斯·蒂利等历史社会科学家。对这些社会史学家来说，"批判"（Kritik）和"现代性"的概念至关重要，因为它们融合了历史的解释和以未来为视角的观点。[19]在这种批判的社会史或历史社会科学中，"落后"（backwardness）的概念也频频出现，这一概念可以被用来分析和思考过去，将其归为以往历史发展导致的结果。而另一种解读可以是："落后"是因为过去还没有展现出它的所有潜力，未来和过去形成了一种反衬的关系。前者若即若离、似乎令人向往但却无法掌握，后者则可以用批判的方式加以考察思考，但又不能弃之如敝屣。

（六）自20世纪80年代以来，后现代主义的史学思想产生了一些影响，大多体现在弗兰克·安克斯密特（Frank Rudolf Ankersmit）和海登·怀特等理论家身上，但也有从事实证研究的史学家参与其中，如研究思想史的多米尼克·拉卡普拉（Dominic LaCapra）和研究劳工史的帕特里克·乔伊斯（Patrick Joyce）。后现代的史学家思考过去与未来之间的关系，方式截然不同。一般而言，他们对现代化大都表示失望，并颇有说服力地批评了各种目的论的观念。他们强调的是历史的断裂。在我看来，人们可以说后现代思想家强调过去和未来之间的差异，这显然不会有任何异议。但同时我们要看到，后现代思想家会倾向于松开乃至切断或消解重建过去和预测未来之间的任何联系。在这方面，他们的理论对近现代历史学形成了最为激烈的挑战，也许因此使得他们对历史研究和书写的实际影响相当有限。[20]

（七）最近二十年来，跨国研究是最有意义和最有前景的发展趋势，其最新的例子便是全球史的勃兴。这一发展为现实世界的变化所驱动，在不同的国家中被一些历史学家所推动。他们虽然人数不多，但成长很快。现实世界的变化包括：非殖民化和后殖民主义的现象；国家和世界各地区之间快速增长的相互依赖性，但这一全球化并不意味着它们之间将会融为一体、亲密无间；还有各地区之间通过移民、通讯和知识等交流，在经济和政治上所形成的日益明显、千丝万缕的联系。[21]这一跨国史和全球史的研究趋势，不仅为职业历史学家所关注，而且也被对历史感兴趣的社会科学家所推进。跨国研究的趋势和取径，为历史学家和有志于历史的社会科学家相互之间的合作，提供了新的契机和动力，乌普萨拉大学就是一个显例。在比约恩·维特洛克的领导下，瑞典高等研究院（The Swedish Collegium for Advanced Study, SCAS）结合历史学和社会科学，开展了不同形式的全球化的合作研究。瑞典高等研究院发起、资助和主持了对多重现代性的研究，讨论了现代性中进步与战争之间的辩证关系，以及有关"轴心时代"的全球性变迁的跨学科论述。正是在这些领域里，比约恩·维特洛克给人留下了深刻印象：他不仅是一位学术活动家，领导力很强并有号召力，而且还是一位颇具原创性的思想家和学者。我希望看到他富有开创性的论著很快能集结成册。在过去的二十年里，如果没有瑞典高等研究院和比约恩·维特洛克的推动，全球史的国际趋势将不会有如此实质性的进展，其面貌也会有所不同。[22]

　　全球史的近年趋向，让我们看到重建过去与预测未来之间的关系正面临新的挑战，但同时也使其显得更加重要。例如，我们所讨论的历史思想，采用的显然是源于西方的范式。尽管用这一范式理解作为全球现象的历史，并不一定就是无用的或是不合适的。但我们需要问的是，其他文明中是否也有同类的或相似的历史观念：既强调过去、现在和未来之间有着根本区别，而同时又相互联系。对全球范围内的史学范式进行深入的比较，将会给当前所讨论的欧洲范式，带来一个崭新的视角。[23]

　　从全球观点着眼，不同国家对未来的看法，影响了历史学家重建"我们的"历史的尝试。一方面，新一代的历史学家越来越认识到，下列的未来观不证自明，即尽管存在大量似乎不可逾越的差异，但未来属于所有的人类，因为人类的需求、机会和权利也有其普遍性。从这个意义上说，乌托邦式的未来观或许会对全球史带来某些启发。这种对未来的希冀而不是预言，应该在全球史的探索中发挥比现在更大的作用。[24]然而"敌托邦"（dystopia）或反乌托邦的因素，则又形影不离并似乎有日益增大之势。人们愈益担忧人类对其生存的自然条件尤其是环境和气候正在造成的严重破坏，也关心人类是否有一个可持续性的未来。这些都有助于激发人们从长时段的角度考察全球史的结构和发展。最近有关"人类世"的历史所引发的争论，就反映了历史观的一种变化。它走出了人类历史的时间框架，注重从更为长期的角度考察其影响。[25]如果人们采取了长程的视角表达对未来的希冀和不安，他们也会采用长程的方式来考察过去。因此，历史学正经历着一场变革。

在历史学家和有意治史的社会科学家中，未来已经成了他们讨论和研究的一个热门话题。但我们尚不十分清楚的是，我们对未来的观点、期待、展望、想象、不安和希冀，又会如何影响我们对过去的看法。未来在历史学中占据了很大的比重，这就是我在上面这几段想要说明的内容。

四、我们如何以史为鉴

现在让我转换一下视角，考虑一下历史研究在我们应对未来的时候可以发挥什么作用。我想关注的问题是：鉴往知来究竟意味着什么。这是一个老话题，历史学家常受到别人的询问，但他们却很少自我反省。

有一点十分明确，从历史中直接习得教益，也即认定"历史是人生之师"这一说法，其可能性不大。如果我们承认这个基本事实，至少在现代社会，快速变化是其特征，人们所经验的空间和所期待的视域之间存在着差异，而上述差异又构成了历史思维和历史研究这一学科的前提，那么解决过去问题的方法并不有助于我们处理现在和未来的问题。

正如黑格尔所言："经验和历史告诉我们,人民和政府从来没有从历史中汲取教训,也从来没有按照历史的教训行事。每一次都有其特殊的情境,并且是一种独特的情况,以至于只能根据自身逻辑独自决定。在世界历史的压力下,普遍原则和对类似情况的铭记都无济于事,因为一个苍白的记忆无力对抗现实的活力和自由。"[27]我所展示的大意已经表明,鉴往很难知来。[28]

不过,我们也不要一概而论,人们仍然期待以史为鉴。尽管经历了不少失望,充满了怀疑,但这一期待仍然普遍存在。[29]在文章的结尾,让我讨论一下人类心智活动的三个事例。在一定程度上,这些事例或许能让我们看到鉴往知来的某种可能。

(一)值得一提的是,杰出的历史学家相信以史为鉴是可能的。马克·布洛赫和莱因哈特·科塞勒克便是例子。在《为历史学辩护》或《历史学家的技艺》中,马克·布洛赫不仅表达了自我批评,而且还谴责了他的同代人对法国社会的自欺欺人、毫无防备没有作出及时的警告,由此导致随后法国被德国人征服。1941年,当他决定加入反对纳粹德国占领的抵抗运动时,布洛赫痛惜地指出:"我们的执迷不悟使我们陷入了可怕的悲剧,其实我们一无是处,连自己都不了解。"他继续写道:"在这种困惑中,我们渴望理解、希求预知,于是我们求助于过去。这种希望以史为鉴的旧习让我们觉得,如果我们恰如其分地温习过去,或许能有助于认识现在,并对未来也有所知晓。"[30]大致而言,布洛赫相信对历史进行反思和研究可以帮助发现一些常规。虽然这些常规总是只在有限的时段内有效,而且他也知道有彼此抗衡的趋向存在,但还是认为能指明一些方向。

针对"历史是人生之师"这一自古以来的信念,莱因哈特·科塞勒克出版了大量论著,加以批驳。不过令人惊讶的是,在他生命最后十年里,他却一再强调所谓复数的"重复结构"(Wiederholungstrukturen),即了解过去能有限预测未来。[31]

我们当中会不会也有很多人认同这一信念？我们会不会在积累历史经验的基础上，在有限的程度上，对可能发生的事作出预测性的判断？例如，人们通过观察一些政府的外交政策，是否可以成功地预见其政策制定由于国内出现困境，社会和政治矛盾激化，政府想将国人视线往外转移？又如，虽然无法确切知道下一次资本主义危机的具体特征，但还是能成功地预知其必不可免？[32]

我们必须看到，我们所作的预测都需要有一个时间限制，即只有在有限的时间跨度内才有效；我们也需要考虑语境的作用，即语境如何决定了这些预测是否有效，以及通过何种方式并在何种程度上有效。换言之，我们只能作概率性的预测，并承认这些预测含有一些无法克服的不确定性。归根结底，那些通过对于历史经验的反思得出的有条件的规律性的知识，还是能指明一些方向。当然，这与西塞罗将历史奉为"人生之师"推崇备至，不可相提并论。但历史知识可能会让人更为谨慎行事，这也是以史为鉴的一种方式。

（二）当2008年经济大衰退席卷世界之时，不仅学者和评论家，而且顶层决策者（例如经济史学家、时任美联储主席的本·伯南克）都求助于历史知识，以求了解正在发生的事情并设想如何去应对。将当时的动荡与20世纪30年代的"大萧条"进行比较研究，便是一个主要的做法。[33]他们思考的是，处理这两场经济危机有什么主要的应对思路，又产生什么样的结果？虽然没有不言自明，但他们决定性的一步是达成这样的认定：这两次动荡都是（源自其内部的）资本主义的危机。所以，首要任务便是考察和关注两者之间的各种相似性，如股票市场的暴跌、信贷业的失败、许多银行的破产，国际贸易的中断，以及公司业绩、工人工资和职员薪水的下降和失业率的攀升。

而下一步则是（其实也是整个分析的一个部分）查明20世纪30年代经济危机的多种原因及其所造成的一些问题较大的社会与政治后果。这一分析变得更为困难，因为有关其原因和后果，不但看法各异，而且各有所见。这一比较的做法也使得人们发现两次经济危机之间的差异，如资本主义在此时和彼时形式之不同、全球化发展程度和方式的不同、人们储蓄和消费习惯的变化以及美国在世界经济和政治秩序中扮演的角色之不同等等。由于比较分析而显现的这些不确定性和不同之处，又对如何决定走下一步也是最重要一步的可能性产生了影响：如为了能避免其灾难性的部分后果，在应对20世纪30年代危机的时候，人们还可以或应该做什么？为了避免现在和将来出现相似的后果，人们在2008年又应该做什么？

对历史学家和政策制定者而言，这些问题都没有简单的答案。但大家都承认，在20世纪30年代早期，政府没有积极干预危机处理是一个重大失误。因此在应对2008年危机的时候，政府大规模干预的决策获得了多数人的认可：政府从公共资金中提取大量信贷，拯救那些规模大到不能倒闭的银行和金融机构、发放利率很低的贷款。这些措施多有成功之处，但也带来预料之外的后果，比如一些国家国债高居不下，货币大幅贬值。欧元那时出现的危机便是一例。因此基于历史经验的分析，往往不能预示未来会产生这些预料之外的结果。

我想我已经表明了自己的主要立场：如果我们的目的是从过去汲取对现在和未来有益的教训，那么常见的跨时期比较方法，比较发生于不同时代的事件之异同，是个很好的策略。它有助于深化人们对概念的理解，显现其语境之变化如何至关重要。当然，这样的分析方式并无法克服不确定性，亦不能排除作出错误结论的可能性。但它们让我们在当下采取将影响未来的行动时，提出一些有所依据的建议，这些建议是否能转化为实际的政策，则另当别论。

（三）我想说的最后一点是，"以史为鉴"还有另一个含义。瑞士历史学家雅各布·布克哈特在1868年曾指出："我们汲取历史的经验，不仅仅为了一时之需，而是希望它能垂诸久远，让人永远明智。"（Wir wollen durch Erfahrung nicht sowohl klug［für ein andermal］als weise

［für immer］werden）[34]我们对布克哈特这句话的意思，并不一定完全了解。他很有可能希望历史学家的知识和教育能够超越他们狭隘的专业领域。他们需要学会考察长时期的历史变化，他们需要认知结构和行为之间复杂的互补关系，他们也需要学会处理人的行动意图与其结果之间常有的差距。布克哈特说这句话的时候，可能要表明，历史学家的核心任务不是像许多社会科学家那样，孤立地看待历史的动因，而是要将它们语境化，并研究在德文中所说的"关联性"（Zusammenhang），即看到过去的经验和未来的期待之间的内在联系。唯有仔细研究过去，方能取得和练就这样的技能，这些技能可能有助于人们应对未来，对之作出合理的期望、拿出正确的抉择和采取有效的行动，同时包括做好对未来的失望准备。

我强调，过去、现在和未来之间的基本区别，是历史学作为一门现代学科的认识论前提。正是这种时间分化的模式，让人们对未来的某种期望以及如何认识过去和重建历史，产生了可能的影响。因为历史"不会重演"，这种时间分化的基本模式也指出，温故知新、鉴往知来，其实并无直接的可能性。不过尽管快速变化已是常态，历史的许多方面的确一去不返，但过去、现在和未来之间的基本区别并不排除在一定的时间范围之内，人们在一些方面可能看到"重复结构"（即历史重演——译者注）的存在。如果我们想对此继续讨论，就必须区分对未来预期的不同层次：对长期和遥远未来的展望显然不同于对即时和近期未来的期待，而对中期未来的预期又介于两者之间系统地区分历史现实的不同维度，看到每个维度都可能有自己的时间性，并区别于其他维度中的时间性，同样有助于我们的讨论。因此，经济史、社会史、文化史和政治史学家以及研究资本主义、宗教或民主的学者，必须以各自不同的方式讨论与未来有关的想象、期望和愿景如何对重建历史发生作用。这是一个蕴藏新知的领域。我们的生活经验和知识储备已经显示，历史通常会进入未来，影响其降临的方式。但我们也应严肃地认识

到,未来也进入历史的思考。我们对过去的解释,映照出我们对未来的
想象。

注　释

1　Benedetto Croce, *La Storia come pensiero e come azione* , Napoli: Bibliopolis,
　　2002, p. 13; Francois Hartog, *Régimes d'historicité: Présentisme et
　　experiences du temps*, Paris: Seuil, 2003; Lynn Hunt, *Measuring Time, Making
　　History*, Budapest/New York: Central European University Press, 2008, p.
　　18; Jürgen Kocka, "Zukunft in der Geschichte", in: David Feest and Lutz
　　Häfner(eds.),*Die Zukunft der Rückständigkeit. Chancen. Formen. Mehrwert.
　　Festschrift für Manfred Hildermeier zum 65. Geburtstag,* Cologne: Böhlau,
　　2016, pp. 27-35.

2　这里也有例外,可参见如下文献: Reinhards Wittram, "Die Zukunft in den
　　Fragestellungen der Geschichtswissenschaft", in: id. et al., *Geschichte-Element
　　der Zukunft*, Tübingen: J. C. B. Mohr (Paul Siebeck), 1965, pp. 7-32; Jörn
　　Rüsen, "Kann Gestern besser werden?", *Geschichte und Gesellschaft,*
　　28 (2002), pp. 305-321; Johannes Rohbeck, *Zukunft der Geschichte:
　　Geschichtsphilosophie und Zukunftsethik*, Berlin: Akademie Verlag 2013,
　　reviewed by Jörn Rüsen: "Future by History", *History and Theory* 54
　　(February 2015), pp. 106-115。

3　Norbert Elias, "Über die Zeit", in: id., *Gesammelte Schriften*, Vol. 9, Frankfurt
　　am Main: Suhrkamp, 2004, p. 100.

4　Saint Augustine, *Confessions*, London: Penguin Books, 1961, pp. 277-278;
　　Zachary S. Schiffman, "Historizing History/ Contextualising Context", *New
　　Literary History* 12 (2011), pp. 477-498, p. 483f.

5　相关参考书目可参见 Lucian Hölscher, *Die Entdeckung der Zukunft*, Göttingen:
　　Wallstein, 2nd, ed. 2016。

6　Vyvyan Evans, *The Structure of Time. The Language, Meaning and Temporal
　　Cognition*, Amsterdam/Philadelphia: John Benjamins Publishing Company,
　　2004, p. 186, p. 196.

7　Edward Hallett Carr, *What is History*, Harmondsworth: Penguin Books, 1965,

p. 109f. 中译文参见E.H.卡尔：《历史是什么？》，吴柱存译，商务印书馆1981年版，第119页。

8 Moses I. Finley, "Myth, Memory and History", *History and Theory* 4 (1965), pp. 281−302. 伊萨克·卡利米（Isaak Kalimi）分析了西方历史思想的另一个根源，参见Isaak Kalimi, *Writing and Rewriting the Story of Solomon in Ancient Israel,* Cambridge: Cambridge University Press, 2018, pp. 312−315; id., "Placing the Chronicler in His Own Historical Context: A Closer Examination", *Journal of Near* Eastern *Studies* 68 (2009), pp. 179−192。

9 Reinhart Koselleck, "Historia Magistra Vitae. über die Auflösung des Topos im Horizont neuzeitlich bewegter Geschichte", in: id., *Vergangene Zukunft. Zur Semantik geschichtlicher Zeiten*, Frankfurt/Main: Suhrkamp, 1979, pp. 38−66.

10 Karl Löwith, *Weltgeschichte und Heilsgeschehen. Die theologischen Voraussetzungen der Geschichtsphilosophie*, Stuttgart: Kohlhammer, 1953. Schiffman, "Historicizing", pp. 483−486.

11 科卡的原文用了"inner-worldly"这一概念，其原义与中文里的"入世"相近，与"出世"（outer-worldly）相反。但这里的含义是指过去、现在和未来之间存在内在的递嬗关联，即今世与来世之间没有质变，而所谓"现代的变化观念"则强调过去、现在和未来三个时间维度的本质差别。——译者注

12 Reinhart Koselleck, "Erfahrungsraum und Erwartungshorizont", in: id., *Vergangene Zukunft. Zur Semantik geschichtlicher Zeiten*, Frankfurt/Main: Suhrkamp, 1979, pp. 349−375; Lynn Hunt, *Measuring Time, Making History,* pp. 47−92; Björn Wittrock, "History, War and the Transcendence of Modernity", *European Journal of Social Theory* 4, 1 (2001), pp. 53−72, p. 62.

13 Jürgen Brummack, "Herders Polemik gegen die 'Aufklärung'", in: Jochen Schmidt (ed.), *Aufklärung und Gegenaufklärung in der Europäischen Literatur, Philosophie und Politik von der Antike bis zur Gegenwart,* Darmstadt: Wissenschaftliche Buchgesellschaft, 1989, pp. 277−293.

14 Georg G. Iggers et al., *A Global History of Modern Historiography*, Harlow: Pearson, 2008, p. 125, pp. 73−74; Georg G. Iggers, *Deutsche Geschichtswissenschaft: Eine Kritik der traditionalen Geschichtsauffassung von Herder bis zur Gegenwart*, Cologne: Böhlau, 1997; Jörn Rüsen, "Droysen heute-Plädoyer zum Bedenken verlorener Themen der Historik", in: id.,

Kultur macht Sinn. Orientierung zwischen Gestern und Morgen, Cologne: Böhlau, 2006, pp. 39−61.

15 Georg G. Iggers et al., *A Global History of Modern Historiography*, Harlow: Pearson, 2008, p. 125, pp. 22−32.

16 Georg G. Iggers et al., *A Global History of Modern Historiography*, Harlow: Pearson, 2008, pp. 69−82; Donald A. Kelley, *Fortunes of History: Historical Enquiry from Herder to Huizinga*, New Haven, CT: Yale University Press, 2003.

17 Jürgen Kocka, "Eric J. Hobsbawm (1917−2012)", in: *International Review of Social History* 58 (April 2013), pp. 1−8; Q. Edward Wang and Georg Iggers (eds.), *Marxist Historiographies. A Global Perspective*, London/New York: Routledge, 2016; Jürgen Kocka, "Capitalism: The History of the Concept", in: James D. Wright (ed.), *International Encyclopedia of the Social & Behavioral Sciences,* 2nd , Vol. 3, Amsterdam: Elsevier, 2015, pp. 105−110.

18 Wolfgang Hardtwig, *Geschichtsschreibung zwischen Alteuropa und Moderner Welt*, Göttingen: Vandenhoeck & Ruprecht, 1974;Jürgen Kocka (ed.)*, Max Weber, Der Historiker*, Göttingen: Vandenhoeck & Ruprecht, 1986; Walter Benjamin, "Geschichtsphilosophische Thesen (IX)", in: id., *Illuminationen. Ausgewählte Schriften*, Frankfurt/Main: Suhrkamp, 1961, p. 272f.

19 Georg G. Iggers, *New Directions in European Historiography. Rev. Ed.*, Middletown, Conn: Wesleyan University Press, 1984, pp. 43−174; Friedrich Lenger, "'Historische Sozialwissenschaft': Aufbruch oder Sackgasse?", in: Christoph Cornelißen (ed.), *Geschichtswissenschaft im Geist der Demokratie: Wolfgang J. Mommsen und seine Generation,* Berlin: Akademie Verlag, 2010, pp. 115−132.

20 Ernst Breisach, *On the Future of History. The Post-Modernist Challenge and its Aftermath*, Chicago: University of Chicago Press, 2003.

21 Dominic Sachsenmaier, *Global Perspectives on Global History. Theories and Approaches in a Connected World*, Cambridge: Cambridge University Press, 2011; Sven Beckert and Dominic Sachsenmaier (eds.), *Global History Globally*, London: Bloomsbury, 2018; Sebastian Conrad, *What is Global History?* , Princeton: Princeton University Press, 2016; Jürgen Kocka, "Globalisierung als Motor des Fortschritts in der Geschichtswissenschaft?", *Nova Acta Leopoldina,* NF Nr. 414 (2017), pp. 215−226.

22 Björn Wittrock, "The Axial Age in world history", in: C. Benjamin (ed.), *The Cambridge World History*, Cambridge: Cambridge University Press, 2015, pp. 101−119; id., "Modernity One, None or Many? European Modernity as a Global Condition", *Daedalus: Journal of the American Academy of Arts and Sciences* 129, no. 1(Winter 2000), pp. 31−60. - Jürgen Kocka, "History and the Social Sciences Today", in: Hans Joas / Barbro Klein(eds.), *The Benefit of Broad Horizons. Intellectual and Institutional Preconditions for a Global Social Science*, Leiden: Brill, 2010, pp. 53−67.

23 Wolfgang Küttler, Jörn Rüsen and Ernst Schulin (eds.), *Geschichtsdiskurs*. Vols. 1−5, Frankfurt/Main: Fischer Taschenbuchverlag, 1992−1999, especially: Vol. 2, pp. 165−215 (on Chinese and Islamic Views); Chun-chieh Huang and Jörn Rüsen (eds.): *Chinese Historical Thinking. An Intercultural Discussion*, Göttingen: Vandenhoeck & Ruprecht, 2015; Sebastian Conrad, "Enlightenment in Global History: A Historiographical Critique", *American Historical Review* 117 (2012), pp. 999−1027.

24 两位社会学家已经在全球史研究方法中探讨了这种乌托邦因素，参见 Ulrich Beck and Edgar Grande, "Jenseits des methodologischen Nationalismus. Außereuropäische und europäische Variationen der Zweiten Moderne", *Soziale Welt* 61 (2010), pp. 187−216。

25 Katrin Klingan et al. (eds.), *Textures of the Anthropocene: Grain Vapor Ray*, Cambridge, Mass. : MIT Press, 2015; Jürgen Renn and Bernd Scherer (eds.), *Das Anthropozän. Zum Stand der Dinge*, Berlin: Matthes & Seitz, 2nd. ed. 2017.

26 最近的两个例子参见 Rüdiger Graf and Benjamin Herzog, "Von der Geschichte der Zukunftsvorstellungen zur Geschichte ihrer Generierung. Probleme und Herausforderungen des Zukunftsbezugs im 20. Jahrhundert", *Geschichte und Gesellschaft* 42 (2016), pp. 497−515; Jens Beckert, *Imagined Futures: Fictional Expectations and Capitalist Dynamics*, Cambridge Mass. : Harvard University Press, 2016。

27 Georg Wilhelm Friedrich Hegel, *Vorlesungen über die Philosophie der Geschichte* (1837), Frankfurt/Main: Suhrkamp, 1986, p. 17.

28 Jürgen Kocka, "Überraschung und Erklärung. Was die Umbrüche von 1989/90 für die Gesellschaftsgeschichte bedeuten könnten", in: Manfred Hettling et al. (eds.), *Was ist Gesellschaftsgeschichte? Positionen, Themen, Analysen,*

Munich: Beck, 1991, pp. 11−21.

29　Martin Sabrow, "Historia vitae magistra? Zur Rückkehr eines vergangenen Topos in die Gegenwart", Frank Bösch and Martin Sabrow (eds.), *ZeitRäume. Potsdamer Almanach des Zentrums für Zeithistorische Forschung 2016,* Göttingen: Wallstein, 2016, pp. 10−20. 萨布罗（Martin Sabrow）令人信服地表明德意志联邦共和国的政治文化在多大程度上是基于对 1933—1945 年德国历史"最黑暗"时期的反思参照，以及为避免此类情况的不懈努力，这是一种特定且有效的以史为鉴的方式。

30　Marc Bloch, *Apologie pour l'histoire ou Métier d'historien,* ed. Etienne Bloch, Paris:Armand Colin, 1993, p. 281f. Quoted and analyzed by Peter Schöttler, "Marc Bloch, die Lehren der Geschichte und die Möglichkeit historischer Prognosen", *Österreichische Zeitschrift für Geschichtswissenschaft* 16 (2005), pp. 104−125, especially pp. 115−118.

31　Reinhart Koselleck, "Wiederholungsstrukturen in Sprache und Geschichte", *Saeculum. Jahrbuch für Universalgeschichte* 57, 1 (2006), pp. 1−16.

32　Jürgen Kocka, "Erinnern-Lernen-Geschichte. 60 Jahre nach 1945", *Österreichische Zeitschrift für Geschichtswissenschaften* 16 (2005), pp. 64−78.

33　Ben S. Bernanke, *The Courage to Act. A Memoir of a Crisis and Its Aftermath*, New York: WW. Norton, 2015. 伯南克作为一位经济史学家研究了 20 世纪 30 年代早期的大萧条。Cf. Bernanke, *Essays on the Great Depression*, Princeton: Princeton University Press, 2004. -Cf. Adam Tooze, *Crashed. How a Decade of Financial Crises Changed the World*, London: Allen Lane, 2018, Pts. 1 and 2; Jürgen Kocka, "Learning from History and the Recent Crisis of Capitalism", *Storia della Storiografia* 61, 1 (2012), pp. 103−109.

34　Jacob Burckhardt, *Weltgeschichtliche Betrachtungen,* ed. by Rudolf Marx, Stuttgart: Kröner, 1978, p. 10.

附录（一）
德国社会史研究的今昔（访谈）*

问：科卡先生，您正在忙什么呢？

答：我正在撰写19世纪德国工人与工人运动史。我已经完成出版了两册，目前正在写第3册，准备明年出版。另外，我还在写一部欧洲近几百年来的劳动史，将劳动作为一种社会史与文化史现象来研究。再次，我在做《格布哈特德国史手册》(*Gebhardt Handbuch der Deutschen Geschichte*) 第10版第13册的编辑工作。本书主要内容是德国所谓"漫长的19世纪"的历史。我刚刚为此书写了一篇详细的引言。

问：《格布哈特德国史手册》在德国史学界已有悠久的传统。您参加此书的编辑工作是否也标志着社会史学派在德国史学界受到了较为普遍的承认？

答：可以这么说。这也标志着，社会史已经成为一般史的一个核心部分。

问：联邦德国的"历史社会科学学派"本身已有三十年的历史，您是这一学派的主要代表之一。您认为，"历史社会科学学派"在这三十

---

* 这是景德祥1999年8月31日对科卡教授进行的采访，首次发表在《史学理论研究》2001年第4期，收入本书时译文有所修改。

年中经过了哪些主要发展阶段？

　　答：在"历史社会科学"纲领形成的20世纪60年代，社会史学派还是一个充满战斗精神的少数史学流派。二三十年来，它尽管没有成为多数史学流派，但已经在德国史学界立足。今天，它已经不像当年那样充满挑战性。这是一个很大的变化，是一个巩固的过程。社会史学派，包括"历史社会科学学派"的另一变化是，它作出了较大的扩展。它发现并融合了它初期缺少的性别史。最近几年来，它主要融合了文化史，并因此发生了变化。

　　问：菲尔豪斯（R. Vierhaus）认为，社会史的扩大已经达到了向文化史转折的程度。德国史学界是否已有将社会史称为文化史的趋势？

　　答：这一点是有争议的。毫无疑问，近十至十五年来，文化史方面的提问与著述很多。有人说，这是一个文化转折。我本人不把社会史与文化史之间的对立看得那么绝对。文化史重视历史人物是如何经历与解释历史世界的问题，重视象征性形式与内容，重视解释和文化实践。社会史学派也应该深入研究历史人物的经历与解释。社会史不应只是社会结构史与进程史。这一点，我们今天要比二三十年前看得清楚多了。今天的社会史研究比过去更重视诠释学方法，更重视历史人物的经历、对历史现实的解释与加工，更重视主观因素，更重视文化。但是，另一方面，社会史学派必须坚持反对把这些历史现实绝对化的做法。我们必须将历史人物的经历、解释、象征性行为与文化实践跟当时的结构与进程结合起来研究。举例而言：仅仅讲德意志帝国时期柏林的军事仪式是不够的。与此同时，我们还必须谈到德意志帝国时期的统治关系，谈到当时军人的重要意义。另外还应讲到帝国的社会基础，不能只讲它的自我表现仪式。社会史能够吸收文化史的许多东西，但它不能在文化史研究中得到充分的发挥。在这一点上，社会史区别于单纯的、常常放弃研究人们生活的硬性条件、放弃研究经济与社会不平等的文化史。

问：这么说，文化史学派与社会史学派之间的争议，并不是像西德尔（R. Sieder）所认为的那样，只不过是"争标签"而已。两派的分歧还是挺大的。

答：对。我们认为，文化史学派中有些方向与潮流是很不完善的，因为它们只集中研究经历与象征世界。社会史学派必须坚持它的伟大传统，钻研历史结构与进程，即钻研历史人物经历与行为的条件与后果。如此看来，两派争议不仅仅是"争标签"，尽管社会史学派与文化史学派之间的界限越来越模糊。

问：在社会史著述中，我常常读到"联邦德国社会史学派有四代人"或"历史社会科学有三代人"的说法。但具体的分代法，每代有哪些人，特别是第三或第四代的社会史学家，却不大清楚。您能否对这一问题谈一谈您的看法？

答：对联邦德国的社会史学派当然可以有各种各样的分代法。我个人认为，应该区分三个阶段或三代人。首先要提到的是50与60年代由康策带头的一代人。这一代人为数很少，他们受30与40年代的"族民史"学派的影响很大。"族民史"学派在纳粹时期常常带着民族主义思想意识，所以较成问题，但它做过一些重要的研究工作，特别是在居住史、居住方式、各民族的迁移史、人口史方面。1945年以后，这种"族民史"没有被直接继续研究下去，因为它的政治思想已经破产。但是，它的一些代表，特别是当年还很年轻的康策，成了五六十年代西德现代社会史学派的先驱。50年代初期成立的海德堡现代社会史工作组是这一代社会史学家的主要活动中心。

联邦德国的第二代社会史学家与第一代人划清了界线。第二代的主要代表人物是韦勒。韦勒不仅比康策年轻，而且所受思想影响也不同。韦勒受到了马克思与韦伯以及纳粹时期流亡英美的史学家，如罗森贝格等人的影响。第二代社会史学家提出了"历史社会科学"纲领，将社会史研究与系统性社会科学密切联系起来。他们的社会史是批判性社会史,不仅对德国历史学界传统,而且对德国社会的某些保守倾向作出了批判。这一点在1975年创立的《历史与社会》刊物中得到了最明确的表现。《历史与社会》刊物是这一结构史倾向很重的社会史的主要言论场所。这一学派也在国际史学界产生了巨大的影响,被人们看成是法国年鉴派在德国史学界的同流,尽管两者之间的区别很大。

80年代以来,社会史学派第三代人成长起来。他们一方面立足于第二代人的"历史社会科学"纲领的基础上,而另一方面又转向新的方向。其中有重视研究性别史的女史学家们。豪森,尽管年纪较大一些,是性别史的主要的先驱者,年纪较轻的,有福雷佛特。还有伯克(G. Bock)。除此以外,还有在80年代批评以"历史社会科学"为纲领的社会史的日常史学家。这里该提到的有吕特克(A. Lüdtke)。或许也可以将梅迪克(H. Medick)算进去,尽管他年纪较大一些。最后,还有研究文化史的、最年轻的史学家们,如丹尼尔(U. Daniel)以及在维也纳工作的西德尔等人。他们在性别史、日常史、新文化史以及历史人类学的旗帜下,对以"历史社会科学"为纲领的社会史研究作出了批评。第三代社会史学家是站在第二代人的肩膀上来批评第二代人的。我自己处于第二代与第三代人之间。

问:"语言学的转向"这一史学思潮主张将历史现实当作文本来研究,它与社会史学派的争议很大。但在我看来,这一思潮也有一定的道理。每个社会都有其方案性、关键性的文献,现实社会在很大程度上是这种文献的实现。例如,我们要研究联邦德国就必须特别重视联邦基本法的研究,以此为线索。这种研究法是不是也可以说是语言学方法?

答:我看不能这么说。每个历史学者、社会科学者,都必须研究一个时代与社会的主要文献,但仅仅就此而言,他还不是语言学者。一个政治学者或一个历史学者会对这种关键性文章有另一种读法,另一种解释法。一个语言学者主要注意的是语言形式,而一个社会科学者或者一个历史学者会至少像重视形式那样重视文章的内容。当然，我们确实可以通过语言学的方法从一篇文章中了解到历史学家一般注意不到的方面。但是，这一所谓的"语言学的转向"在德国史学界，以及国际史学界没有产生深远的影响。

问：但这一思潮提高了历史学家对语言文字的敏感性？

答：是的，就此而言，它是重要的。它使我们更重视原始资料的语言，使我们受益于语言学家的启发。不过，有些地方，这一语言学方法得到了极为荒唐的夸张。有人认为，世界上只存在语言，其他什么都不存在。似乎语言没有指向特点，似乎语言的作用不在于指向非语言性现实。所谓"语言学的转向"的最重要的成就在于，它使我们更清楚地认识到，历史现实在很大程度上是用语言构成的。例如，我们在讲到"阶级"时应该知道，"阶级"这一历史现实本身是通过语言表达出来的，许多历史人物用这一概念来观察与描写。历史学家用某些概念来研究历史现实时，并不是在给历史现实"照相"，而是在进行再现与塑造工作。认识到社会现实的塑造性是很重要的。尽管这一认识不完全是一个新发现，因为我们在韦伯与19世纪晚期的新康德主义者那里早就了解到这一观点。但是，"语言学的转向"使我们更准确、更明确地认识到了这一点。我认为，说人文科学里有了建构主义性重点转移的说法，要比说发生了"语言学的转向"的说法恰当一些。

问：日常史学派对社会史学派的理论使用法提出了批评，认为社会史学派是将外来的理论，如马克思与韦伯关于西方工业资本主义的理论，强加到历史现实上去。日常史学派提倡挖掘"本地人"的，即历史人物自己关于其生活世界的理论，搞"来自内部"的历史。但是，从中国人的角度来看，马克思与韦伯这方面的理论，特别是韦伯关于德意志帝国官僚机构的理论，就是西方或德国本地人的理论。"历史社会科学"运用马克思与韦伯的理论来研究西方与德国现代资本主义社会，是不是也在搞"来自内部"的历史？

　　答：这是一个很有意思的问题。您认为，德国历史学家们使用的理论是来自同一历史时代，本文化区域，甚至是本国人的理论，这一看法有一定的道理。但是，我们也使用其他理论。例如，布迪厄（P. Bourdieu）的社会特征范畴在近来的社会史与文化史研究中的影响很大。此外，我们也使用了帕森斯以及其他美国理论家的范畴。再说，尽管马克思与韦伯的理论是19世纪的产物，但它们不一定是1860年或1900年前后德国"小人物"的所思所想。所以，用韦伯的官僚主义理论来分析1914年德国的一个工业企业（我就曾使用这一理论分析过西门子公司），确实是在运用在一定程度上处于被研究的同时代人思想境界之外的理论。因此，日常史学派的观察是有一定道理的，以理论为指导的社会史学派所运用的概念与提问不是被研究的历史人物的概念与提问。但社会史学派必须坚决捍卫这一研究法的合理性。如果我们只使用历史人物的概念，只运用历史人物的提问方式，结果是不可思议的。所以，我不同意日常史学派对社会史学派运用外在理论研究历史现实的批评。不过，应该指出的是，与六七十年代相比，近十年来社会史研究中理论的运用已经大大减少，德国历史学界的情况也是如此。尤其是年轻一代的历史学者，不像我们在六七十年代时那样对理论感兴趣。很可惜，但现实就是如此。

　　问：德国一些年轻的社会史学家正在进行社会史学派与文化史学派之间的调解与疏通工作。我的印象是，他们不仅仅是在两个学派之间调解，而且也在彷徨。例如，我在韦尔斯科普（T. Welskopp）与默格尔（T. Mergel）合编的《处在文化与社会之间的历史》论文集的引言中就读到以下这样一段话：统治、阶级、资产阶级这些基本范畴只不过是"乌托邦"，只不过是我们对世界的想象方式而已。这是不是对文化史学派过度的让步？

　　答：您刚刚提及的韦尔斯科普与默格尔的观点，我还没见过，所以还不能直接对此表态。不过，最年轻的一代，或许可以把他们称为社会史学派第三代的年轻代表，确实有很值得思考的新观点。他们在他们的老师们（您提及的两位来自比勒费尔德）与新学派之间作调解与疏通。当然，他们也有些彷徨。我们还得看以后的发展情况。目前，史学界有过分强调文化史方面的倾向。或许矫枉必须过正。长期以来是结构与进程史占主要地位，现在人们则在更大程度上强调历史人物的行动、经历与解释，不再强调人们创造历史的客观条件，而是强调他们创造历史的行动与动机。而我们的目标则应该是两方面的结合。对此，史学界的意见基本上是一致的。

问：1989—1990年的东德与东欧的剧变对德国历史学界与德国社会史研究有什么影响？

答：首先，我们开拓了新的研究领域，例如东德的社会史，萨克森与图林根的社会史，即德国二战以后属于东德的、西德社会史学家难以涉及的地区的社会史。

其次，整个欧洲的历史进入我们的视线。1990年以来，我们有了把欧洲作为整体来思考的可能性。欧洲统一的进程正在迅速向前。新形势向史学界提出了新问题。我认为，新发展之一是，德国社会史研究不再局限于德国境内，正在走出民族国家的界线。跨民族界线的社会史研究一方面借助于历史比较研究，最近十五年来德国史学界历史比较研究有了很大的发展；另一方面，也借助于欧洲各个国家和地区之间的关系与交流以及影响的历史。我们这里的，柏林自由大学与洪堡大学合办的欧洲历史比较研究中心就是这一新趋势的一个标志。两个至今主要研究西欧社会史的社会史学家，即我与凯伯乐跟两个研究东欧社会史的社会史学家——修德迈亚（M. Hildermeier）与松德豪森（H. Sundhaussen），在这一中心进行合作。我们力求设计出一个以社会史为主的欧洲史新史纲。

第三，民族又成为历史科学，包括社会史学的一个主要专题。一方面，1989—1990年以来，民族国家在东欧与德国的复兴，确实值得注意。另一方面，我们知道，欧洲的统一以及其他进程将越来越减小民族国家的主权，因此我们正在走向一个旧型民族国家不再占主要地位的未来。这两个方面都使我们提出有关民族国家的历史，它生存力的原因，它功能的局限性等问题。例如，社会史学家在研究19世纪体操运动是如何加深与传播民族形象，在研究民族与情感的关系时，研究民族观念的吸引力时，都很重视研究这方面的问题。

第四，马克思主义史学当然是衰落下去了。实际上，它在1989年以前已经老化了，对绝大多数西方年轻史学家失去了吸引力。对绝大多数东欧的历史学家也是如此，尽管他们出于制度原因不得不仍然运用旧概念。这也仅仅局限于著作的前言与后记中，而在主要章节中他们则是以史实为主，并使用另一种语言。而现在，众所周知，马克思主义史学在制度上的后盾已经不复存在。这样，马克思主义在历史学，包括在社会史学中，大为削弱。我认为，有可能削弱得过分了。因为，恰恰在没有制度强迫的情况下，恰恰对于不把马克思主义当作教条的历史学者来说，可以在社会史研究中向马克思学习许多东西。

问：您与其他几位历史学家共同主持的"欧洲历史比较研究中心"的主要研究课题是欧洲Zivilgesellschaft（"文明社会"）的发展史。这一概念的具体含义是什么？

答：这一概念有许多层含义。我们欧洲中心所运用的"文明社会"是一个未来社会的设想。它产生于欧洲启蒙运动中，是一个关于觉悟公民理智地组织他们共同生活方式的未来设想。它的主要内容包括一个法治的、拥有许多参政途径的国家，一个多元化而又相互疏通的社会，一个分散性市场经济，一个世俗性现代文化。在这一社会中，人们作为个人或作为集体，自主地组织其生活，既独立自主，又互帮互助。这是一个启蒙运动的乌托邦设想，在世界上任何国家与地区都没有得到百分之百的实现。但是，从这一角度来向德国与欧洲历史提出问题，是很有意义的。

问：为什么称之为Zivilgesellschaft（"文明社会"），而不称之为Bürgerliche Gesellschaft（"资本主义社会"）？

答：Zivilgesellschaft一词是一个国际性概念，是英语civil society（公民社会）与法语société civile的德语直译。Zivilgesellschaft在德语中常常被译为Bürgergesellschaft（公民社会），而有时也被解释为bürgerliche Gesellschaft（资本主义社会）。Bürgerliche Gesellschaft一词的含义很复杂。自黑格尔与马克思以来，自19世纪前半期以来，它已成为一个抨击性、批判性、贬低性概念，意味着一个充满利益斗争、贫富差别的经济社会。Bürgerliche Gesellschaft就成了Bourgeos-Gesellschaft（"资产者社会"），而不是Citoyen-Gesellschaft（公民社会）。德语中至今有这一痕迹。所以，我们难以用"Bürgerliche Gesellschaft"来作研究工作，尽管本来是可以使用它的。如果用Bürgerliche Gesellschaft来代替"Zivilgesellschaft"，那么我们就必须说明，bürgerlich这个形容词是与Citoyen，而不是与Bougeois同义。这在德语中很麻烦，因为德语中Bürger既指"资产者"，又指"公民"。而在英语、法语以及其他语言中，这是两个截然不同的概念。所以，我们现在一般选用Zivilgesellschaft以及Bürgergesellschaft概念，而在使用Bürgerliche Gesellschaft这一概念时非常谨慎，尽管在原则上我们是可以使用Bürgerliche Gesellschaft的。而且，在康德、莱布尼茨与门德尔松的著作中，Bürgerliche Gesellschaft恰恰是指Zilvilgesellschaft（"文明社会"）。我们是可以继承与发扬这一概念传统的。

附录（二）
于尔根·科卡的成长历程（访谈）

    1999 年，联邦德国柏林自由大学和洪堡大学的历史专业学生在电脑网站上设立了一个论坛，与著名的德国历史学家进行访谈，重点是德国社会史学派早期的历史学家在纳粹时期的历史经历问题。于尔根·科卡教授也接受了访谈。所有的访谈均收入霍尔斯和雅劳施合编的《该问没问的问题：在纳粹阴影下的德国历史学家》(R. Hohls und K.H.Jarausch [Hg.]，*Versäumte Fragen. Deutsche Historiker im Schatten des Nationalsozialismus*. München 2000）一书。以下是对科卡的访谈。

    问：科卡先生，您是于 1941 年出生在苏台德地区。您能否给我们讲讲您的家庭情况，您在童年受到的主要影响？

    答：我是出生于一个二战后被驱逐的苏台德德裔人家庭。我先后在不同的地方，如在波莫瑞（Pommern）、多瑙河畔的林茨（Linz），最后在鲁尔河畔的埃森市（Essen）上过学。1960 年我在埃森中学毕业。在 50 年代，我有机会参加了校外政治学习班。这些学习班是由当时的年轻学生组织的，并得到了北莱茵-威斯特伐利亚州文教部门的支持。这个学习班对我有着深刻的影响。我开始接触到了以两德关系为中心的政治与历史问题。当时的文化部门支持这些学习班，是为了在东西德竞争中取得优势，培养年轻人的辩论能力。这一本来为应付东西德竞争而设立的学习班，后来发展成为一个在根本上从批判的角度研讨马克思主义、联邦德国历史、纳粹主义以及自然法的场合。因此，我产生了除了学习日耳曼语言文学，还学习历史与政治学的兴趣。我是自1960年开始上大学的。

问：您在童年主要是受到了这方面的而不是来自家里的影响？您的父亲是一位工程师？

答：我受到的主要影响不是来自家庭。我父母还是希望我从事自然科学方面的职业。回顾起来，我的经历也表明，50年代也有有意思的、建设性的方面。我受到了这一影响。在我的学校，即埃森-布雷德讷的歌德中学，建立了一个东西德问题工作组。它是由对这些专题感兴趣的学生自己组织的。

上面提及的学习班是由一个大学生政治研究班组织的，参加者有克里彭多夫（E. Krippendorf）与米勒-普兰肯伯格（U. Müller-Plankenberg）、埃格特（H. Eggert，他在柏林自由大学的日耳曼语言文学系工作）、教育家基塞克（H. Giesecke）。我上了大学以后也继续参加了这些学习班。在60年代早期，这一工作组与正在开展讨论运动的德国社会主义学生会（SDS）建立了联系。若干参加者也以不同的形式参加了学生运动。

我先在马堡大学与维也纳大学学习，学习的专业是日耳曼语言文学、历史与政治学。1962年，我去了柏林。我去柏林的兴致极高。在那里，我很早就与李特（G. A. Ritter）建立了密切的关系。他当时是一个年轻的历史教授，但不是在历史系，而是在奥托-苏尔研究所，即在政治学系。在这一场所里，通过参加几个讨论班，我受到了很深的影响。我接触到了反犹主义与反犹党派的历史、一战的内情史、工人运动史、议会制度史、社会史等专题。我对这些专题的兴趣之大，使我不久就将历史作为自己的第一专业。

在大学学习期间，我于1964—1965年到美国留学了一年，这是我第一次较长时间的出国。在查珀尔希尔的北卡罗来纳大学政治学系，我获得了硕士学位。这次留美，我受到了深刻与积极的影响。自此以后，对我来说，不管是作为历史学家还是在其他方面，美国是我的第一外国。

当我返回德国时，这里的学生运动刚刚开始。我正在写博士论文，我参加了学生运动，参加了示威游行，但没有首当其冲。学生运动一方面启发了我们的政治兴趣，另一方面也促进了我们的科研工作。两者是携手共进的。

问：当时柏林自由大学的气氛如何？除了李特以外，政治学系或历史系的哪些教授对您有过特别深的影响？

答：除了李特以外，首先应该提到的是政治学家福仁克尔(E. Fraenkel)。他关于民主理论与民主历史的讲课，他关于多元性的、反专制的，以西方模式为榜样的传统的设想，给我留下了非常深的印象。其次，我听了勒温塔尔(R. Löwenthal)的许多课，特别是有关外交、东西方关系与社会主义运动史的课程。再次，我还在日耳曼语言文学家埃姆里希(Emmrich)那里学习，一直上到了现代大学史的高级讨论班。最后，我还听了戈尔维策(H. Gollwitzer)与亨里希(D. Henrich)的课。我写的第一篇论文，即关于马克思与韦伯方法论比较的论文，是在我在自由大学亨里希的高级讨论班上所作的报告基础上写的。

这是我初次接触到韦伯，而马克思的思想，我实际上早在上面提及的校外学习班与政治教育研究组里就接触到了。当时，哲学家利伯(H. -J. Lieber)也在这里工作。在他那里，以及在其他许多的学生组织里，我对这方面的内容有了更进一步的了解。我还上过社会学家施塔默(O. Stammer)和经济与社会史学家费舍尔(W. Fischer)的课。

问：这么说，您很明确地作出了到与马堡有鲜明对比的柏林的决定。这里的教授年轻、开放一点，或许也较现代一些。李特只是比您年长10至11岁，这在当时肯定不常见。在马堡的学生生活或许与柏林完全不同。

答：是完全不同。我去柏林，是出于对政治的兴趣。柏林当时是东西方对抗的焦点，似乎是当代史发生的地方。另外，这里有自由大学。这是一个现代、新型的大学，它的体制比联邦德国其他大学都民主，拥有许多年轻的教授，并对社会生活很感兴趣。所有这一切，都在鼓舞着我去柏林。

问：60年代的第一批历史大辩论，如费舍尔争论、奥斯维辛审判案或苏维埃制度争论，有没有影响到大学的教学？

答：费舍尔争论我没太注意到。当时我刚刚开始学习。对纳粹主义的兴趣，对为什么在德国能出现这一文明倒退现象的问题，实际上自50年代起就是一个中心问题。早在那个政治教育研究组里，我们研究的根本问题之一就是，为什么在德国，而不在我们常常在其他方面与其比较的西方民主国家，如英国、美国，在一定程度上可以比较的法国，完全可以相提并论的斯堪的纳维亚国家，出现了法西斯主义式的政治制度的蜕变。我所参加的几个课程，特别是在福仁克尔那里，为这一问题提供了答案。关于德国特点的问题，也是李特研究的核心问题，例如他对德英议会制度的比较研究。所有这一切都围绕着所谓的"德意志独特道路"的问题。此后，很快就开始了"议会民主制还是苏维埃民主制？"的讨论。这是1965至1967年间的大讨论之一。科尔布（E. Kolb）与吕鲁普曾作过这方面的历史研究，即关于1918与1919年革命时期苏维埃组织的研究。讨论的高潮是由拉贝尔（B. Rabehl）与阿尼奥利（J. Agnoli）等人掀起的。后者是一个左派的政治学家，他深受了卡尔·施米特（C. Schmitt）的影响。他们主张一种较直接的民主制，而对"资本主义的"议会民主制采取怀疑态度。对此观点，我与李特一起写了一篇关于德国历史上的苏维埃组织的文章。就此机会，我对这一问题作出了很深刻的反省，明确地得出了代表性民主制优越于苏维埃制度的结论。尽管我赞成学生运动的许多方面，但我在当时就觉得，也鉴于德国的历史，联邦德国宪法的基本原则很值得赞成，我至今都持这一看法。我想，在一定程度上，这一对德国历史上的灾难及罪恶的兴趣与震惊，使得这方面的历史学家，虽然不是立即，但渐渐地，在60年代晚期与70年代初期很明确地把联邦制的新德国看成是一个巨大成就。我很早就写了一篇关于1945年的论文，发表在由斯特恩（C. Stern）与温克勒（H. A. Winkler）主编的《德国历史的转折点》一书上。这篇文章对于我来说是一篇关键性文章。我为此花了很长的时间。在此文中，我反驳了认为联邦德国是第三帝国的复辟的论点，指出了1949年以后的巨大的新发展的可能性。先是可能性，后来才实现。这都是有深刻影响的思想辩论。

此外，对以议会制度为基础的自由宪法与法治国家的支持，是可以与对资本主义的批判相结合的。我们当时的一个观点是：这个宪法是可以的，但还可以、也必须有更多的社会民主，或许也可以在经济界搞一点社会主义。但当时对我来说，一方面在根本上赞成自由宪法，另一方面较激进地主张经济与社会领域的改革，两个方面是可以同步共进的。这就使我走上研究社会史的道路。我开始写的是社会史与经济史方面的著述，我的博士论文的专题是工业界的官僚制度，是企业里的统治与工作关系。

问：您在李特那里获得博士学位后，在工作方面是如何继续发展的？

答：在李特指导下，我获得了博士学位，后来也获得了教授学位。1966年或1967年，他从柏林转到明斯特大学，并邀请我同行，先在那里，按当时的提法，当了一个代助教，因为我当时还没有博士毕业，后来当了助教。当时，我、我们很不愿意去明斯特那个小地方。柏林的学生与助教运动轰轰烈烈地开始了，而在明斯特还没有或者才渐渐地兴起。到了明斯特，我也参加了那里的运动，当了明斯特大学校委的第一个助教成员，这大概是在1968或1970年。我还于1968年在柏林获得了博士学位,然后就又去了美国一年,这是在1969—1970年间,此后于1972年在明斯特大学获得了教授资格,教授论文的专题是美国与德国职员的比较。

问：您是否开始就作出了在学术界工作的决定,即在大学毕业后就决定攻读博士与教授学位?

答：我刚上大学时的打算是,在中学当教师,或当记者。上大学期间,我也曾在埃森与博特罗普的地方报社实习过,或许我能在那里干一番事业。当时只有很少数的人打算继续在学术界工作。因为大家都觉得这太难了。当李特给我提供这一可能性时,我也就很高兴地答应了。

问：当时您是否很快就有了一个学术上的自我定位? 那个时候,社会史学派出现了,60年代中期,一代年轻人上来了。你们是怎样看自我与西德或德国史学传统的关系的? 尽管您自己没有亲身的经历,因为您的导师李特几乎是同一代人,你们与老一代的关系又是如何?

答：60年代下半期,"社会史"成为一个具有魔力的概念。它成了本专业里所有进步的、受欢迎的倾向的总和。我们觉得,社会史能给我们提供某一具体的、对我们很有启发的、批判传统的工具。它也确实是这样。它能将历史专业与系统性近邻学科结合起来,能对历史图景作出批判性的更正。人们想钻研政治与思想的社会前提与后果。实际上,这一社会史的新方向给我们提供了一个思想批判的提问方法。从某一时刻开始,我们就坚信,我本人今天还是这样认为,用哈贝马斯的话来说,历史的内容不仅仅是历史人物的内心世界。特别重要的是去理解历史上的结构与进程。它们虽然不表现在当事人的动机、设想与经历中,但很重要,是人们经历与行动的条件与后果。这一思想批判的根本立场当时对我们,即我的同代人,大都在李特那里学习的学生,如普乐、凯伯乐、豪森、布雷克等人很有吸引力。除了我们的老师以外,哈贝马斯从一开始就对我们很有影响。他在60年代中期就以其《公共舆论的结构变化》,后来以其与阿尔伯特（H. Albert）在方法论方面的争论，又因其在学生运动中的表现，产生了很大的影响。他的著述，如关于社会科学的逻辑，又如对专家政治的批判，我们都了解。罗森贝格也对我有很大的影响。罗森贝格在30年代流亡英美，早在1949年就以客座教授的身份返回自由大学，与李特建立了密切的关系。李特给我介绍了罗森贝格的著述。我1965年在伯克利拜访了罗森贝格，罗森贝格又向韦勒介绍了我。韦勒是在其美国留学期间认识罗森贝格的。这样，我不仅很早就认识了罗森贝格，而且也很早就认识了韦勒。两人的著述，我当学生的时候都阅读过。韦勒为其1965年主编的克尔（E. Kehr）的论文集《内政优先》所写的引言，我一直认为是很重要的。在这一引言中，韦勒作出了后来历史社会科学纲领的初步设想，当时大概还没有用到这一概念。此后不久，在李特为罗森贝格65岁生日主编的祝寿论文集中，韦勒又写了一篇研讨理论问题的论文。

这一思想背景，很有力地把我引上了一个具体的社会史方向，即柏林式的社会史。当然由罗特费尔斯（H. Rothfels）与贝森（W. Besson）主编的《费舍尔历史学词典》（Fischer lexikon Geschichte）也影响了我。其中有汉斯·蒙森（Hans Mommsen）的一篇论文。我们也读了沃尔夫冈·蒙森（Wolfgang Mommsen）的《非历史主义的历史科学》。韦勒在基彭霍伊尔与维奇出版社（Kiepenheuer & Witsch）主编了黄皮丛书，即《新科学丛书》（Neue Wissenschaft）。其中有关于社会史的一册。还有康策的著述。康策关于结构史与社会史的论文是我受到的众多影响之一。但更主要的影响我是在柏林受到的，罗森贝格以及英美国家对某一德国传统的新发展，其中一定包括韦伯，也有马克思，但也有辛策。另外，我还应该提到辛策专家格哈德（D. Gerhard）、法格茨（A. Vagts）关于帝国主义的研究，他们都是从德国流亡到美国，战后影响德国学术界的学者。我的论文主要以韦伯理论为指导，可以说是一部历史社会科学的著作。

问：从跨专业的角度来看，当时历史社会科学学派还很孤立，没有立稳脚。与现在有争议的、当年势力很强的老一代的矛盾是怎样展开的？那时是否已有明显的矛盾？

答： 我们当时的自我感觉是，我们是一个人数不多的反对派，对本专业传统的主流、本社会秩序的某些组成部分，也对当时的教授大学制度采取批判态度。当时有矛盾，有冲突。社会史被认为是极端、左倾、修正性的。但作为一个新学派，它也使人感兴趣。不过，我觉得我与老一代的矛盾不很大。

在博士毕业以前，我与康策和特奥多·席德尔（Th. Schieder）没有多少关系。我前面已经讲到，对康策，我已通过他的论文了解到一些。他本人，我只是通过科塞勒克认识的。科塞勒克我是于1966年或1967年在萨尔布吕肯（Saarbrücken）的一次会议上第一次认识的。当时他大概还在海德堡大学当编外讲师，也可能是刚刚在波鸿大学当上了政治学教授。他正在与康策、布伦纳（O. Brunner）一起主编其巨作《历史基本概念》。当他听到我正在研究工业管理与职员时，他便邀请我为此书第一册写"职员"的词条。通过科塞勒克的介绍，我在博士毕业后的某时认识了康策。我估计，先是于1968年或1969年，在弗赖堡召开的历史学家会议上，后来又在海德堡。我当时认为，康策与科塞勒克研究的概念史与结构史方向，与我们的设想不大相同，但不一定是格格不入。科塞勒克关于普鲁士的著作，我作为刚刚上任的助教，很早就此为《经济与社会史季刊》写过一篇书评。与康策关于工业时代的结构史纲领一样，科塞勒克一书对我的影响很大。但是，康策的著述对我的成长，既不在攻读博士学位期间，也没有在攻读教授学位期间，起到决定性影响。他与我之间，形成了一种忘年交式的同事关系。1973年或1974年（我刚刚在比勒费尔德当上教授后），我成为由康策建立的现代社会史工作组的成员。这时这一工作组的成员，除了科塞勒克以外，还有韦勒、菲舍尔、科尔曼、布劳恩。后来加入的有盖尔（D. Geyer）。这些历史学家都对社会史感兴趣，但各自有着极为不同的方向。在其初期，在50年代，这一工作组的倾向还较一致，主要是早期的结构史，当时与族民史也有许多联系。到70年代，它几乎就没有这一特色了。

问：您70与80年代在比勒费尔德大学的工作，肯定是您一生中的一个主要阶段？

答：自1973年起，我在比勒费尔德大学任以社会史为主的历史教授。从1973年到1988年，共十五年，这当然是一生中最活跃的时代，是人生的中年。这一阶段是一个非常令人兴奋、很有启发的、很有成果的时代。现在回顾起来也是如此。在这一阶段，我们试图在社会史的旗帜下，建立一种新型的历史科学，即整体社会史，或历史社会科学。对我当时、现在仍然认为重要的传统，我已经提到过：它们一方面是源于马克思主义的传统，特别是那些通过法兰克福学派传授的传统。另一方面，还有源于韦伯及其在英美的新发展的传统。此外，还有流亡英美的罗森贝格、吉尔伯特，在伦敦的卡斯藤斯（F. Carstens）的传统。这些传统与目前辩论中的、30与40年代的"族民史"有着明确的界线。

问：1986年，您在纪念康策的文章中曾写道，康策对联邦德国的社会史研究的影响最大。那么说，您指的是组织上的影响，而不一定是指思想上的影响。您今天的看法如何？

答：首先，康策带出了一大批学生。例如，沃尔夫冈·席德尔（W. Schieder）、汉斯·蒙森、格罗（D. Groh）、恩格尔哈特（U. Engelhardt）、朔梅鲁斯（H. Schomerus）、亨舍尔（V. Henschel）等人。其次，康策通过其著述，在组织上通过社会史工作组，起着重要的作用。再次，他当过德国历史学家协会的会长，可以说这就使社会史得到了完全的公认。现在，我会认为，李特对联邦德国社会史的影响，至少是同样的重要。

问：我们再返回到当今的讨论。在您当年的文章里，您也曾指出了康策与席德尔、布伦纳、扬特克（Jantke）、弗赖尔的密切关系。当时人们有没有觉察到，这四五个人以前在克尼斯堡（Königsberg）或其他地方干了些什么事情？人们有没有注重过去的事情？有没有这方面的怀疑？

答：没有。我没有研究席德尔与康策阅历与身世的直接理由。在70年代初期，我曾听说过康策的一个反犹言论，是60年代海德堡大学学生运动挖掘出来的。除此以外，我对社会史的棕色传统没有了解。只是到了80年代上半期，我才渐渐地对本专业的历史感兴趣，并在80年代中期建议欧伯克罗默（W. Oberkrome），写有关族民史的博士论文。这为时较早。与此同时，舒尔策（W. Schulze）关于德国战后史学史的著作出版了。此书中有关于海德堡工作组的一个章节。欧伯克罗默的论文花了很长的时间。但它很明确地被设计为专业史，不是为了到档案中去找那些历史学家的政治活动，只是为了再现族民史学派的历史，最后问一问1945年以后是否还有继续存在的连续性。所以这是另一种类的研究。我觉得这是一个很重要的尝试。与舒特勒（P. Schöttler）、阿利（G. Aly）、哈尔（I. Haar）、法尔布施（M. Fahlbusch）等人的研究不同，可惜他们都不研究这些纳粹历史学家的指导思想、方法与理论，而只是盯住其政治言论与身世上的过失。我想，关键是要将两个方面的研究结合起来。这方面的工作还有待做下去，或只是做到了一部分。

附录(三)
比勒费尔德学派的兴起及其时代背景[*]

  问:这个周末,与您并列的比勒费尔德学派的创始人之一汉斯-乌尔里希·韦勒去世了。韦勒曾多次提及,你们两人在许多科研实践观点上都一致,这是多么幸运的事情。您是否认为,这一联盟,即您与韦勒先生的核心联盟是比勒费尔德学派的基石之一?

  答:(比勒费尔德学派的产生)是多个因素促成的。一方面,在70年代的改革氛围中有着一种历史思想发生变化的气息。当时的关键词是:社会史的崛起、批判传统、倡议一种"非历史主义"的积极介入政治的历史科学。另一方面有了一些新成立的大学。比勒费尔德大学就是一所新成立的大学,允许大力实践新的想法——所有这一切都是在这样一种氛围中展开的,它欢迎批评、没有明显的等级、专业以及专业分支之间不相互孤立。最后是汉斯-乌尔里希·韦勒个人的作用,他属于"45一代",他师从特奥多·席德尔,然后在50年代留学美国,受到在那里学习的影响,对一个新型的、被理解为"历史社会科

 * 本文是科卡教授在其亲密战友汉斯-乌尔里希·韦勒于2014年7月5日去世不久后受德国《政治与社会》刊物采访的记录,采访中他回顾了比勒费尔德学派诞生的过程及其时代背景,原标题为《"高度的试验意愿":比勒费尔德学派与20世纪70年代的良机》("Ein hohes Mass an Experimentierbereitschaft". Die Bielefelder Schule und die günstige Gelegenheit der siebziger Jahre, Interview mit Jürgen Kocka, von Danny Michelsen und Matthias Micusin, *Zeitschrift für Politik und Geselllschaft* 3〔2014〕, S. 95-108.)。

学"的历史科学的纲领作出了决定性贡献。韦勒在1971年（在比勒费尔德大学）开始工作，我是1973年去的，不久莱因哈特·科塞勒克也来了，他在海德堡大学的时候就长期参与了比勒费尔德大学历史系的创建工作。其他人是招聘来的，如汉斯－于尔根·普乐与彼特·伦德格林（Peter Lundgreen），后来有悉尼·波拉德（Sydney Pollard）与克劳斯·藤费尔德，科研人员（助手）如海因茨·赖夫（Heinz Reif）、约瑟夫·莫泽（Josef Moser）以及海德龙·洪堡（Heidrun Homburg）也作出了贡献，很早的时候就有博士生积极参与，如克洛迪娅·许尔坎普（Claudia Hürkamp）、乌特·福雷福特（Ute Frevert）及古尼拉·布德（Gunilla Budde）、克里斯蒂安森·艾森贝格（Christiansen Eisenberg）、卡尔·迪特（Karl Ditt）及米夏埃尔·普林茨（Michael Prinz）。由此形成了一个有一些共同点的小组。在这一框架下，韦勒与我之间很密切的合作，后来发展成为深厚的友谊，确实也扮演了一个角色。但我们必须从结构的角度来观察它。当时它是一个特殊的构架，带有一定的机遇，但仍被抓住了。

问：描述这一团体组合的名称"比勒费尔德学派"（Bielefelder Schule）来自美国，也就是说它是一种外来的标签。您还记得当初的情形吗，当人们开始说在比勒费尔德正在形成一个学派的时候？

答：这大概是在70年代中期吧。不过我还记得，我们当时在比勒费尔德大学其实不大喜欢这个概念，认为这是一个不很确切的称呼。但它也有些道理，不完全错。在纲领上与本专业某些被极端表述的传统划清界限，是比勒费尔德大学一个学术方向自我确立过程的部分内容。我们试图脱离一个比较强调国家与政治史的历史科学，而把社会以及社会不平等的历史推到中心位置；我们要脱离的历史学对事件与行为及其先后顺序很感兴趣，而我们则对结构与进程或者状态与发展更感兴趣，但从来不是简单的"非此即彼"。我们提倡并实践理论指导的分析方法，以补充传统历史科学的历史"理解"（Verstehen）方法，系统性社会科学的启示在其中扮演着一个角色，跨学科性被赋予重要地位。我们与这样一种历史科学划清界限，该历史科学在以往的岁月里很专注于专业的自我导向——烧伤的孩子怕火苗*——，而我们主张积极介入政治的历史科学，它同时，就像我们当时所说、我今天仍然要说的那样，应该认真地起到解放功能，为社会的启蒙作出贡献。总的来说，通过尖锐化（Zuspitzung）来划清界限。由此看来，说存在一个学派，并不完全错误。尽管"学派"的说法带有比在现实中更多的同质性。

问：您刚刚的描述，听起来像一个相当明确的纲领，至少是一个相当明确的方向。可以说，这群人，不管是否选择了学派作为自我描述，在学术上，在超越个人友谊的程度上有一种紧密的归属感。

答：一方面是这样。另一方面，我刚刚描述的是一个通过更侧重于社会史研究的、更多分析性论述的、积极介入政治的历史科学，它不仅发生在比勒费尔德。例如，在柏林也有一个强大的研讨脉络。汉斯·罗森贝格，他后来成为这种社会史在德国的创始人，在有"比勒费尔德"之前很久的时候，他在1949—1950年间在柏林曾任客座教授，就影响了我的老师格哈德·A.李特等人。另外，尽管我们就我刚刚所提及的原则的优先性达成一致，但在其他方面还可以有不同意见。例如，莱茵哈特·科塞勒克，他是否属于比勒费尔德学派呢？比勒费尔德的历史科学的理论导向，许多是来自科塞勒克的建议与论文。他原来是学哲学的，就历史写作的条件与可能性——走向一种新的史学理论——进行了许多原则性与理论性的反思与实践。但是，就把与社会科学的紧密联系作为自己的历史写作的工具而言，则是其他人的事情。在政治上，我们的观点也不一致。存在着一种基础性的导向的混合物，我们都同意，我们在公共场合与内部明确坚持并进行了许多讨论，但也

---

* 原文是 gebrannte Kinder scheuen das Feuer，指的是20世纪50—60年代联邦德国历史学家因本专业在纳粹时期的失误而回避现实政治问题，关起门来做学问的倾向。

存在着较大的异质性。内部也存在着竞争。

问：尽管比勒费尔德学派这一概念很模糊，每个学者都有其个性，您如何划定这一学派的范围？我们确实可以发现，比如韦勒在提及比勒费尔德学派时曾提到许多人的姓名，他把他们称为"同志"，这些人并不在比勒费尔德任教。尽管您对"比勒费尔德学派"这一概念有保留，作了淡化，那么您如何在人员上划界？

答：原则上来说，这是一个方向，它的目的在于扩展，而不是与外界划清界限。因此，它愿意，也在自己在比勒费尔德的小团体之外，寻找有共同信仰的同事、学生、科研后备力量及媒体界的朋友。就是现在我也不想与外界划出界限。更重要的是要看到，很快就有了一套自己的学术丛书，即《历史科学批判研究》（*Kritische Studien zur Geschichtswissenschaft*），是由韦勒与我，但常常由第三位，有时也由比勒费尔德以外的第四位主编出版的。然后，自1975年以后有了《历史与社会》（*Geschichte und Gesellschaft*）刊物，参与这一刊物的有一大批比勒费尔德以及其他地方的学者。这是两个机构化步骤，其意义再高估也不为过。或许只有在能看见某些自我机构化的要素时才可以说出现了一个学派。再就是我们主张并在比勒费尔德确立的教学课程，博士学位授予程序以及具体的课程，在设计时都特地将系统性邻近学科容纳进来。这产生了影响。然后有一些人经常参加，而其他一些人则较少参与：这是一个流动性状态，确实难以确定其界限。

我想，这一所谓的比勒费尔德学派有许多特点：第一是高度重视批判。批判是一个非常重要的范畴，而且不仅是指专业上的传统批判，也指社会的批判——当时我们是在20世纪70年代——针对我们所处的环境。第二是高度的理论导向。由此，比勒费尔德大学的实践有别于绝大多数其他大学的历史系：如科塞勒克那样的关于历史学的条件与可能性的形而上理论，但也有以系统性邻近学科的理论为导向的理论。第三，强烈的试验意愿，在一个正在建设中的新型改革大学相对开放的形势下。变化是正常的，目的不是实现一个固定的纲领。后来有人指责我们是新教条（neue Orthodoxie），来自80年代的日常史学派，他们向比勒费尔德学派发出挑战。但很少有教条的东西，相反可以试验许多东西。第四是已经提及的对历史主义的批判与向社会史的转向。我想，所有这些定义了当时的气氛、精神与实践。从某种程度上来说这是一个学派/学校（Schule），因为也有越来越多的年轻人到来，比勒费尔德很快就成了一个热点，来自其他大学、地区与州的高年级大学生慕名而来，愿意与我们一起干。如果我们说有一个学派，那么我们必须提及这一层面。我们能在多大程度将一个思想与实践的大厦传承给……下一代是说过头了，不如说下一个年龄群体？

问：这么说，人们讲"比勒费尔德学派"，而不是讲"波鸿学派"或"柏林学派"是偶然的？

答：不，不是偶然的。正如常常发生的那样，这不仅是一个描述性的，而且也是一个建构性概念。但它建构的方式，对于我们来说不是无益的。国外对我们的，不管是对于我们个人还是《历史与社会》刊物的浓厚兴趣——大多是一种带有高度肯定的兴趣——对我们帮助很大。另外，我们的历史科学的传统批判也包括关于为什么德国这个国家在两次世界大战之间以如此极端的方式转向了法西斯独裁的问题的争论。一方面，它包含着对于这一转折起决定性作用的条件的分析。另一方面包括，作为科学工作者，也作为公民，为防止这些或类似的事情在德国重现。这也能解释德国以外，特别是在流亡美国的与我们有很多交往的学者对我们工作的巨大的兴趣，如汉斯·罗森贝格、弗里茨·斯特恩以及格奥尔格·伊格尔斯。最后一位通过他关于欧洲特别是德国历史科学的发展动向的描述，为明确我们在他人的观察中的形象作出了很大的贡献。

问：比勒费尔德学派学术成果上的多产与在媒体上的显著存在，是否也是因为比勒费尔德大学在建校时就被设计为研究型大学，教授们每年都有一个科研学期？

答：这没有维持很久。这是开始时的计划，后来因学生越来越多而被削减了，尽管我们继续相对容易地经常到其他大学获得科研学期。比勒费尔德大学一开始就很突出跨学科的理念。与社会学家以及法学家，还有文学研究者的合作非常重要。例如，很早就与尼克拉斯·卢曼（Niklas Luhmann）以及迪特·格林（Dieter Grimm）有联系。还有与科学社会学家彼特·魏因加特（Peter Weingart）以及有趣的文学研究者威廉·福斯坎普（Wilhelm Vosskamp）。跨学科是比勒费尔德大学的纲领，它也因此拥有一个中心："跨学科研究中心"（Zentrum für interdisziplinäre Forschung-ZiF）。它作为德国第一个高级研究所（在后来更为有名的柏林科学院成立之前）为我们提供了许多资源，例如为举行研讨会或者大型的合作一年的研究团体。它是一个传动带（Transmissionsriemen），一个扩大影响的论坛。如此看来，比勒费尔德大学是一个独立的因素，它能够帮助解释为什么我们现在所描述的"比勒费尔德学派"是在那里发生，而不是在别的地方。格罗特迈尔（Grotemeyer）是一位很优秀的校长，他为我们提供了很多帮助。我们从共同的取向出发，一起申请了联邦德国第一个人文学科的特别研究领域（Sonderforschungsbereich），并得到了批准，专题是欧洲资产阶级历史的比较研究。这是在80年代中期。这一特别研究领域将社会史与文化史相结合，它继承了比勒费尔德的社会史研究传统，尽管也受到了其他也在研究资产阶级的地方的启发。

问：这一跨学科的要求长期来看实现了吗？

答：至少不只是说说而已。这也与比勒费尔德这个城市与大学有限的规模有关，另外也与那些新设讲席没有相互孤立有关，这在历史系也是如此。在研究近代初期、中世纪以及19和20世纪的历史学者之间有着许多讨论。通过普乐和利尔（Liehr）也囊括了拉丁美洲研究，尽管当时全球的维度与今天相比还未充分展开。这些持续的对话以及与来自邻近专业同事（绝大多数是男性）的小型合作项目，在当时是比勒费尔德的特点。

问：我们再回到您强调的开放性与跨学科性。我们在哥廷根十分明确地实践一种方法与理论上的折中主义（Eklektizismus），它拒绝将一种普遍理论一刀切地使用于所有提问，更是拒绝任何一种方法上的教条主义，而是灵活使用理论库存。正如弗朗茨·瓦尔特（Franz Walter）经常灌输给其学生的那样，"把理论当作支撑的栏杆而不是限制性的紧身胸衣"，韦勒也有很相近的要求。刚刚您说，比勒费尔德学派的三个核心要素之一是高度的理论导向。（两者）如何协调呢？

答：我们在很早阶段就试图告诉学生：原始资料不会自己说话。你们必须向它们提出好的问题。为此，你们需要概念、假设、不是详尽表达意义上的理论。我的例子总是我个人的经验。我的博士论文是关于1847至1914年西门子公司的企业管理以及内部状况。如果不是使用一个韦伯的明确定义的官僚制度概念的话，我就会淹没在一大堆档案、业务信件、单子与通信之中。这一概念使我能提出特定的概念，然后整理材料并在最后作出解释。在此意义上，以理论与明确的概念为指导，具有核心的作用。同时，我们不是固定在这一个或那一个方向。马克思（的著作）在比勒费尔德的社会史研究中扮演了一个重要的角色，比如他的阶级概念。然后，马克斯·韦伯"堆积如山"的概念与著述占有越来越突出的位置，因为在实践中可使用，可以批判地使用。还有其他因素。我们曾经在某个阶段使用过"认知不协调"（kongnitive Dissonanz）这一概念，现代化理论扮演过一个角色，还有社会抗议理论。我们不是局限于一个理论。但是我们很需要找到这样的东西，不是为了简单地照搬，而是有选择性地运用于我们的历史研究。这是一个很明确的分析性的上手方式，由此我们与其他人相区别。严格的叙述性历史或者理解性的历史写作，不是我们想要的，我们要的是一种分析与理论导向的历史。理论也很重要——莱茵哈特·科塞勒克以及后来的约恩·吕森就如下问题的讨论作出了很大贡献："我们作为历史学家在干什么？使我们作为历史学家存在成为可能的社会、政治、思想与文化条件是什么？"历史科学能为其本身做些什么，但也能对我们所在的文化的集体理解，为集体的自我启蒙、身份建构（Identitätsbildung）以及类似的东西做些什么呢？如果我们翻开当时的博士论文，我们会对理论部分所占的庞大篇幅而感到诧异。然后我们就会问：理论方面的探讨与研究结果之间的比例是否还恰当？因为理论本来应该是工具，而不是自我目的。但我想，总的来说我们干了许多事情。这些没有长期维持下来，不久也遭到了80年代以来历史科学文化主义或者微观史学的攻击。不仅遭到了传统主义者的攻击，而且遭到了新的更重视文化史、日常史或者微观史的年龄群体的历史学家的攻击。他们的方向在比勒费尔德也赢得了地盘。

问：确实可以看出，韦伯与马克思在绝大多数出版成果中成为理论的主要联系点。例如在您的由凡登霍克与鲁普雷希特（Vandenhoeck & Ruprecht）出版社出版的著作《社会史》中，您探讨了马克思与韦伯的理论，而且在一定程度上反驳了韦伯对马克思的攻击，但是也在结尾处说，我们应该使用理论的时候也纳入其他解释，将它们融合在一起。这样我们又遇到了折中主义原则，这确实使您刚刚提及的教条主义指责显得不合理。

答：我们总是向两个方向划清界限。我们不要一个我们如此理解的历史科学：叙述的、历史化的、对概念持怀疑态度。另一方面，那时是冷战时期，教条式的马克思主义在70年代扮演了一个比今天大得多的角色。这个我们也不要。例如，我在《战争中的阶级社会》以韦伯的方式使用了马克思的阶级理论或者其部分——作为理想类型，由此可批判，而不是以马克思列宁主义的方式，像在东德那里，或者在西德某些地方，如在马堡。还有就是，我们当时相对年轻。我是1941年出生的，也就是说我是在32岁的时候应聘比勒费尔德大学教授的。韦勒比我大10岁，也是相对年轻的。那个时代，社会批判拥有一个重要地位，"六八运动"刚过去不久。同时也存在一个高度的未来乐观主义，与现代化理论的设想相联系，即应该可以在德国克服陈旧的落后状态，创造一个更新、更好的、更民主的世界。连带着某些激情。一些人激情更高一些，其他人则少一些。这与时代的精神有关。如此看来，这个比勒费尔德学派，如果它存在过的话，也是60与70年代的产物。不过，反正我是这样看的，它是如此发展与立足的，以至于影响到了其形成时代之外，深层次的影响直到今天，在许多单个要点，尽管不是作为单个方向，但却作为各个不同研究领域之内的影响。当然，也通过很大型的著作，如汉斯–乌尔里希·韦勒的巨著《德意志社会史》。

　　问：我们再回到比勒费尔德的集体结构。科研后备力量的征集是如何进行的？据说有一个有着传奇色彩的周五研讨会（Freitagskolloquium），里边的辩论很激烈、竞争性很强。在研讨班（Seminar）里大概也是如此。是不是这种氛围吸引了年轻的学者？

　　答：当时的气氛不那么有学究气，在某种角度来看也是很随意的。那里不怎么重视头衔，非常重视批评，特别是在内部。与之相吻合的是比勒费尔德大学超级务实的建筑，有别于所有传统风格。在我们由韦勒和我从1973至1988年共同主持的星期五研讨会里，讨论非常具有批判性。我们给了那些年轻人，即在那里讲他们的研究项目的博士生或博士后，还有外来的客座人员，相当大的压力。不过，我希望，我也这么认为，这是一种有时会制造伤害的，使一些人远离的批评，但常常会转化为理解过程乃至友谊。批评不一定要分裂，恰恰在学术中也可以导致融合。我们赋予批评这一极端重要的意义，不仅针对外部——对本专业的传统、某些社会状况，上级权威或者不必要的不平等关系——而且在自己内部的讨论中，这是比勒费尔德的特点，给许多从其他大学来的年轻人留下了深刻的印象。

　　问：您在前面就学术流派的机构化谈了各种成果、刊物与丛书。

您是否认为，研讨会也是形成一个共同的同一性的重要组成部分？

答：绝对是。或许我甚至应该一开始就讲到这一点。尤其是有着多个同时存在的研讨会，它们也都很不同。有韦勒与我主持的研讨会。还有近代初期、中世纪与古代史的研讨会，有时也有跨研究室的研讨会。科塞勒克在自己家中主办一个很随意的研讨会，介于历史与哲学之间。有传言说，有时研讨会房间的门被锁上了——谁来了，就应该待下去，而不应该提前离开，也不想受到外部的干扰。因此，有着一系列的研讨会，在这些研讨会上，确立了讨论性的、跨学科工作的基石。当然，也有对"比勒费尔德人"的攻击，也有来自外部的认可，作为特别的、同类的外部观察与归类，是研究方向与学派成立的一个重要因素。

这一切对于我来说都很有启发，我很受鼓舞。这是一个很好、很高产的时期，我很珍视这个时期。现在汉斯-乌尔里希·韦勒去世了，这当然是一个深刻的转折。我想这样说：或许可以怀疑，是否存在过一个比勒费尔德学派。但是，如果它存在过的话，那么汉斯-乌尔里希·韦勒是它的首领。他是一个非常高产的学者，他推动别人，以身作则，推陈出新。他富有学术内涵（Substanz），知道如何表达才能在公共舆论界产生影响。对理念以及单个专题领域的发展有许多人负责。但除了科塞勒克以外，韦勒是最年长的。在观察者关于比勒费尔德学派的著述中，直到今天只出现不多的名字，但韦勒的名字出现很频繁，而这不是偶然的。

问：您认为比勒费尔德学派的产生也与其代表人物的年轻有关。你们当年很年轻，充满活力，正如作为年轻人通常所感受到的那样，对现有的方法提出了许多批判。但韦勒与您随着时间的推移当然也变老了，年轻人成长起来，但不能填补留下的空缺并排挤领军人物。因此没有发生真正的更新换代，在老人那里活力某时就没有了，而新的不再新。领军人物的连续性，是学派的普遍问题还是比勒费尔德学派特有的问题？您如何看这个问题？

答：我想，这些格局与相关人员很有关系，也随着这些人员的去留更换而塌陷（erodieren）、消失与失色（vergehen und verblassen）。但不完全！刊物还长期存在；还有产生一定影响的记忆；还有通过课程或观点（Argumentation）而产生的影响，并在新形势下作出调整。格局消失，（必须）适应新的形势，令人着迷对象的吸引力的丧失，一定程度的习惯化（Routinisierung），有因新出现的吸引人的事物而产生的相对化。我想这是正常的。对于"比勒费尔德学派"也是如此，它不再存在，至少不是以我们所描述的方式存在着。我更多是说"社会史的柏林-比勒费尔德方向"。我们前面提到的汉斯·罗森贝格，他恰恰对比勒费尔德学派扮演了一个很重要的角色，很长时间里他是我们的第一与唯一的荣誉博士，他在1945年以后曾在柏林自由大学讲学。如果您仔细看一看就会发现，比勒费尔德学派范围的绝大多数人是在柏林成长起来的。如普乐、凯伯乐、卡琳·豪森、克劳斯·藤费尔德以及其他人都在60—70年代在柏林，后来在明斯特在格哈德·A.李特那里学习过，李特培养的社会史学者比任何一个人都多。我也是从柏林经过明斯特这个中间站到比勒费尔德去的。这并不意味着贬低比勒费尔德的社会史研究，它确实很特别，但它的影响史是跨地区的——实际上它的形成也是跨地区的。幸亏是这样！

问：在关于比勒费尔德学派的著述中，格哈德·A.李特确实常常作为比勒费尔德学派领军人物的老师形象出现。尽管他在年龄上很接近汉斯-乌尔里希·韦勒，比您要与韦勒近多了。尽管如此，他并不被视为是这一方向的代表人物。为什么会这样？

答：一方面，我们与李特的关系都很好。继汉斯·罗森贝格之后，李特成为我们比勒费尔德大学历史系的第二位荣誉博士，而且从来没有过隔阂或真正的疏离。但是李特是另一种性格。他不像韦勒那样尖锐。他愿意更多地调节，他讲授社会史与其他史，但同时还是德国历史学家协会主席。这显示了他享有的广泛的认可。在70年代像我们这样的人无论如何都不能当选德国历史学家协会主席,韦勒就更不用说了。韦勒代表着尖锐化的力量,也比我更尖锐,但尤其更比李特尖锐。对于竞争原则的信任,这是韦勒的特点。他相信,一个片面表述的纲领,通过观点竞争的博弈也可以产生益处,会引向真理,有利于公共利益。我们中的绝大多数,肯定绝大多数李特的学生以及李特本人会说:要小心,度很重要,绝大多数情况下历史学家要使用的颜色是灰色,而不是黑白分明。

问: 对于一个学派的成立,通过对外的界限而实现内部的团结是不是一个重要的前提条件?

答: 是的,而韦勒对此作出了关键性贡献。但同时也很重要的是,接纳外部的新生事物,在其他大学以及在媒体上面对第三者如此表现,以至于自己不仅被关注到,并且也被重视与认可。尽管我们在比勒费尔德欢迎新方法,我现在也带有满意之情回望这些新方法,但我们也很认真地坚持专业的基本规则。比勒费尔德是一个进行非常艰苦的史实研究、以原始资料为基础的研究的地方。(我的)第二本书,即教授资格论文(Habilitation),也属于这样的研究。也可能有些人的教授资格论文没有被通过,学术事业因而夭折。当时存在着很强烈的对成就与历史科学某些原则的遵循。这一点在联邦德国的某些激进的另类选择的圈子里不一样,他们也有着类似的或者更为极端的梦想,但是这些梦想的实现的艰苦工作就被怀疑是市民阶级性质(bürgerlich)。比勒费尔德学派,如果它存在的话,有着很浓重的市民阶级性。这也很典型地表现在在韦勒身上。他的生活风格在其家庭中有着牢固的根基,没有他的妻子蕾娜特(Renate),他不会成为后来的他。这些或许也能解释,为什么比勒费尔德的方向也被人物与群体所重视,他们在政治上有着完全不同的导向或者不是特别参与政治,但在专业中扮演着一个重要的角色。因此,对外的界限是学派形成的一个重要因素,但自我划界必须通过合作与交流能力得到平衡。如果想使各自的方向不成为一种邪教或者一朵很快凋谢的鲜花的话。

问：曼弗雷德·赫特林（Manfred Hettling）与科内琉斯·托尔普（Cornelius Torp）对韦勒的采访文本给我们留下的印象是，起初新兴的、丰富且具有启发性的方法随着时间的推移呈现出固化的倾向。书中许多页面的内容涉及社会史是否可以通过文化史的方法得到补充。韦勒很决然地作出了否定的答复。学派在形成初期能够突破固化，而后来自己又倾向于固化，这是学派不可避免的发展趋向吗？

答：这是韦勒2006年的态度。在当时我们中的许多人都不一定同意。我想，社会史与文化史的尖锐对立是有问题的。我们自80年代以来进行的我本人大力参与的资产阶级研究，在本质上是社会史与文化史的新的结合。总的来说，我不认为有固化倾向。或许我们必须反过来问：那些原属于"比勒费尔德学派"的人现在还有共同的主张吗？我会说，共同的主张是一种对批判的确定的态度、理论的导向以及对试验的兴趣。另外还有把作为历史学家的工作理解为一种更大的社会责任的一部分的意愿。

问：您前面说，比勒费尔德学派在比勒费尔德已经不存在了。比勒费尔德学派仍然在发生影响，但在比勒费尔德已经不存在了。您认为比勒费尔德学派在比勒费尔德是什么时候终结的，为什么？

答：我要说得准确一点：一些要素还存在。我们在比勒费尔德还有一个——或许是唯一的——地方，那里还有一个由历史学家与社会学家共同办的博士生研讨班（Graduiertenkolleg）。在历史学家中，托马斯·韦司科（Thomas Welskopp）是一个重要人物，他是一位社会史学家，他对我们这一代人所进行的社会史研究的某些方面作了很尖锐的批评，但他同时仍然在这一领域工作。所以还有着连续性的因素。但是，我前面所描述的60—70年代的格局已经不存在。

问：按照韦勒的看法，要成立一个学派必须在一个大学有三四个人，加上几个踊跃参与的博士生与一些学术助手。然后就必须带领这些人加入专业竞争。这就是说，需要一个足够的量（eine kritische Masse），三四个教授加上他们的助手与博士生。就这些？

答： 一个足够的量，但不要太大，是的，这是比勒费尔德的机遇。如果是在柏林的某个单位则不可能如此实现，在那里同时期发生着非常多的事情，兴趣多样化并且扩散化。韦勒总是说"东威斯特伐利亚的荒原"，而比勒费尔德是其中的一片绿洲。这说得有点道理。或许我们不必这么攻击性与讽刺地表述，但人们确实相互之间有许多交往。这是在信息化时代之前。人们要比在一个大城市更多地一起聚会。这样一个足够的量很重要，如果要成立一个类似于学派的东西，但是它必须——再说一遍——防止自我固化。如果它产生影响与成功的话，它必须同时是开放的。这点我们做到了。

问： 最后一个问题，"个人魅力"（Charisma）这个因素扮演了什么角色？

答： 在老师与学生之间存在的个人因素，在以前非常重要。在最近几十年里，与媒体重要性的上升相对应，媒体制作的一个学术方向、机构、研究项目、学者的形象在公共舆论界越来越重要了。韦勒当然知道这点。在那里（公共舆论界）他确实是一个重要的角色，他很有能力，不仅作为专业学者，而且作为知识分子，产生着影响：他充满激情，愿意参与、愿意进行战斗。在个人的交往中，韦勒能够鼓舞人心，富有魅力（如果他想要这样的话）。或许学派难以长期存在，因为它们的地位依赖于这些很个人化的东西——尽管其机构化也可以在一定时段内保障超越起初个人的格局而发挥影响与作用。

附录（四）
回顾：我的史学人生 *

　　人们不必是历史学家也能知道，重要的事件与发展只有在很少情况下才是长期计划与有目的行为想达到的结果，更多的是源自许多有其他目标同可能产生其他结果的形势（Umstände）与变化。我将研究历史当作职业来做的决定也是如此。那么是什么影响了我的决定呢？是什么可能导致了这一决定的呢？

一、20世纪50年代：并不灰暗

　　我五岁时发生的，从（捷克）伊色尔山区（Isergebirge）苏台德德意志人居住的小城市海因多夫（Haindorf, 今海尼采［Hejnice］）的被驱逐经历，或许有利于我后来铭记（verinnerlichen）形势的力量及其通过个人行动实现的可改变性的有限性（这是社会史的一个基本前提）；但它未成为我研究历史的动机。我的父母（我父亲是工程师专业毕业，母亲主要是家庭主妇）教育我积极肯干、努力奋斗、纪律与重视教育，

* 原文为："Rückblicke", in: Christof Dipper, Heinz Duchhardt(Hg.), *Generation im Aufbruch. Die Geschichtswissenschaft in Deutschland im Spiegel autobiographischer Porträts*, Köln 2024, S. 317-333。

但也希望我转向自然科学或技术领域。我是一名成绩优秀的学生，获得了良好的中小学教育，先是在多瑙河畔林茨市德明（Demin）县的亚尔门（Jarmen）上学，自1954年起直到1960年高中毕业就读于埃森市的歌德中学，它是一所现代语言文理中学，但也重视自然科学。

　　那时我在学生参与管理机构中的工作，我经常参与的为期多日的学生培训班，对我的成长有着决定性的意义。该培训班在20世纪50年代后期在弗洛托（Vlotho）、施泰因基门（Steinkimmen）或者哈姆（Hamm）的"青年庄园"（Jugendhöfe）与其他"交流场所"（Begegnungsstätten）举行，它们的目的是，向西德的学生传授必要的知识，以便他们能在当时预期的，但后来几乎没有进行的与东德年轻人的讨论中跟得上，并为德国的再统一作出思想上的贡献。这些学习班由一个北威州教育部为此目的任命的候补教师（Studienassessor）指导，由中年级或高年级大学生主持。当时的指导教师是洛塔尔·阿尔贝廷（Lothar Albertin），后来他成为我在比勒费尔德大学历史系的很尊敬的同事。大学生来自不同的大学，松散地组织在一个"东西（德）问题研究小组"中，该小组后来改名为"政治教育研究小组"，每年召开两次相关的高水平专题的会议。早期的参与者，除了其他专业的大学生，还有后来的历史学家莱因哈特·吕鲁普（Reinhard Rürup）。他在回顾时这样描写这个小组："我们当时批判性地研究了马列主义理论与'现实存在的社会主义'……我们坚信，我们这里遇到的是错误发展。但我们对于当时自身的社会不是没有批判。我们看到了民主的缺失，也观察到，对纳粹历史的深入反思最多只发生在社会的边缘区域。这样就从对民主德国的批判变成了对联邦德国的批判。"（参见保罗·邱普克等主编：《北威州的成人教育与政治文化：1945年以来的专题、机构与发展》[Paul Ciupke u.a.(Hg.), *Erwachsenenbildung und politische Kultur in Nordrhein-Westfalen. Themen-Institutionen-Entwicklungen seit 1945*]，埃森2003年版，第195页）这些培训班深刻地影响了我。神学家霍斯特·格洛伊（Horst Gloy）与我们一起从根本的与意识形态批判的角度研究了"历史——走向一个目标的运动?"的专题。我们主要认识了青年马克思的思想，阅读了卡尔·曼海姆（Mannheim）的《意识形态与乌托邦》，讨论了关于纳粹德国集中营的法国纪录片《夜与雾》（*Nuit et brouillard*）。但我们也继承了青年徒步旅行（Wandervogel）的传统，经常引吭高歌，青春意气（jugendbewegt）。晚上我们聆听布莱希特（Brecht）与魏尔（Weill）的戏剧。这些丰富多彩的"培训班"使我对政治更加感兴趣了，更有批判意识，使我对历史学与社会科学的专题产生了兴趣。同时，这些"培训班"与为它们提供帮助的大学生组成（我不久加入）的"研究小组"证明了，那些并不灰暗的50年代拥有着源自东西方冲突中两德竞争的思想与政治动力。所有这一切都影响了我的大学专业的选择。

二、柏林与美国

我在马堡大学与维也纳大学学习了几个学期以后，转学到柏林自由大学，并在这里学习了四年，但我学习的专业不只是历史学。我后来研究历史的方式，在很大程度上受到其他领域的思想经历的影响。在自由大学，我在日耳曼语言文学专业上到日耳曼语言文学家威廉·埃姆里希（Wilhelm Emrich）的高级研讨班；我也听过埃伯哈特·莱默特（Eberhard Lämmert）的内容扎实（substanziell）的、语言优雅的讲课，他的课因为太火而必须到大礼堂上。我后来的妻子，当时的哲学系学生乌特·席尔德（Urte Schild），告诉我迪特·亨里希（Dieter Henrich）在办一个关于"马克斯·韦伯的科学理论"的讨论班，我（与她一起）在1963—1964年冬季学期参加了这个讨论班。亨里希1950年在伽达默尔那里就此专题写了博士论文，在联邦德国越来越重视韦伯著作的那些年代里又把它拿了起来。在这个研讨班里，我将马克思与韦伯的方法论进行了比较。在当时热烈的（一方面在波普尔［Popper］与阿尔伯特之间，另一方面在阿多诺［Adorno］与哈贝马斯之间的）"实证主义争论"的影响下，我提出了一种就经验研究与主导性认识兴趣之间关系，客观性与价值判断之间关系，以及学术与政治之间的关系而言，处于决定主义（或选择主义［Dezisionismus］）与教条主义（Dogmatismus）之间的立场。以后我虽然发展了但原则上至今仍然坚持着这一立场。让我感到惊喜的是，经亨里希的介绍，我修改过的研讨班论文于1966年在当时还存在的《综合国家科学杂志》第122期上发表了，后被多次转载，并被译成多种语言。

自由大学奥托-苏尔研究所的政治学家中，恩斯特·福仁克尔给我留下了尤其深刻的印象。从他的演讲中，我学到了一种概念精确同时又现实的、关于自由的多元主义的民主设想。他的著作《德国与西方民主》让我认识到了"德意志独特道路"这一思想模型。尤其福仁克尔（他被迫流亡美国之后成了一个美国通与美国之友）还向我传授了美国行政制度的知识。这些知识帮助我成功申请到一个助教（graduate assistant）的位子，这个位子由美国政治学教授查尔斯·B.罗布森（Charles. B. Robson）在奥托-苏尔研究所作为准奖学金招考学生；他由此维系着其通过学术工作与作为美国占领军的再教育官（reeducation officier）建立的跟柏林的关系。1964—1965年间，在他的精心而又宽容的指导下，我在北卡罗来纳大学教堂山分校获得了政治学硕士学位，论文题目是德国与美国财政联邦制度的比较。在美国的这一年在许多方面影响了我，让我与美国（既赞同又有批评地）联系在一起。尤其是，我在这一年的结尾不仅作为必修科目遍游了北美大陆，包括在伯克利拜访了汉斯·罗森贝格，而且也在杰克逊·密西西比（Jackson Missippi），一个当时十分活跃的民权运动中心，几乎只有黑人学生的托伽罗学院（Tougaloo College）待了两个月。1938年从德国流亡到美国的恩斯特·伯林斯基（Ernst Borinski）在那里任社会学教授。应他的邀请，我在1965年夏天给学生开设了德语与德国历史的入门课程。由此，我不仅认识了种族隔离与歧视这一美国的核心问题，而且见识了来自美国北方的自由主义白人与当地的黑人积极分子一起反对种族隔离与歧视的、令人印象深刻的斗争。

在柏林，我对历史学的兴趣最终占据了上风。对此转向，起决定性作用的是格哈德·A.李特。李特在汉斯·赫尔茨费尔德的指导下，在历史学与政治学专业获得了教授资格，在奥托-苏尔研究所讲授"政治的历史基础"。与今天不同，当年政治学与历史学的关系还很密切。他的研讨班结合严格的历史学研究方法，要求参与者作翔实的学术报告，经常讨论最前沿的有争议的问题。我参加过关于（自由派历史学家）达尔曼（Dahlmann）、帝国时期的政党及利益集团、第一次世界大战以及1923年魏玛共和国的危机等专题的研讨班。李特当时的主要研究领域包括议会化、政党与选举以及19和20世纪的工人与工人运动，都带有强烈的社会史旨趣，这也与他的人生经历有关，并得到了鲁道夫·施塔德尔曼（Rudolf Stadelmann）与汉斯·罗森贝格的鼓励。通过自己的研究以及对一大批学生的培养，李特对联邦德国社会史研究的崛起作出了重要贡献。他赞赏比较研究的方法，并建议我们年轻人采用这种方法。他特别对英德比较感兴趣，因为他在牛津的圣安东尼学院（St Antony's College）作为博士后做过较长的研究。以所有这一切，李特深刻影响了我，说服了我从事历史学研究。就我的职业而言，他是我最需要感谢的人。我年纪越大，就越清醒地认识到，他作为历史学家的实践、他的比例感（Gefühl für Proportionen）、他的信念与他的榜样深深地影响了我。我在弗里德里希-梅尼克研究所时，也上过莱茵哈特·艾尔策（Reinhard Elze）的课。沃尔夫拉姆·菲舍尔的社会史与经济史研讨班给了我许多启发，因为研讨班邀请了很多客人，也提供了许多与国际学术界的联系。在柏林历史委员会（Historische Kommission zu Berlin）中，一度受瑞士社会史学家与民俗学家鲁道夫·布劳恩（Rudolf Braun）的启迪，形成了一个研究柏林与勃兰登堡地区的初期工业化的小组。我参加了这一小组，受益匪浅，与其他博士生，如哈特穆特·凯伯乐、彼特·伦德格林建立了紧密的联系。自由大学当时还是一所新建的改革大学，提供了一种极其活泼与具有启发性的思想氛围，各个专业之间有着许多横向联系，相互间很开放。在自由、国际性与民主意义上积极参与社会与政治事务的价值观是与生俱来的。在柏林很早就兴起了学生与助教运动，这增强了我对社会与政治专题的兴趣。在20世纪60年代初中期，这种运动，与后期不同，没有阻碍我们这些专业的学术工作，而是常常以新的问题与额外的能量带来了益处。

以上是我1965—1967年在李特的建议与指导下，撰写博士论文时的思想-传记的、学术与当代史背景。论文的题目是"19与20世纪工业企业中的组织与统治：以西门子公司为例的关于工业管理制度与职员的社会史研究"。我于1968年以"优秀"成绩获得了博士学位。它之所以成为可能，是因为奥托·比施（Otto Büsch）这位积极开展经济与社会史研究的、非常能干的、非常有影响力的柏林历史委员会的共同主任，他使得慕尼黑西门子公司档案向学术研究开放成为可能。能够进入这一档案馆，是一种幸运。我在博士论文的设计、研究与写作中非常自由与独立。我的论文将企业史与整体社会史相结合，以工业管理及职员阶层为主题打开了历史学几乎还未涉足的专题领域。当时（1967年）正好汉斯·罗森贝格的著作《经济大萧条与俾斯麦时代》的清样在德国史学界被传阅。该书帮助我将我的专题纳入更广大的关联之中。沃尔夫拉姆·菲舍尔仔细阅读了我的论文并作了具体的评论，然后推荐给了维尔纳·康策主持的"现代社会史工作组"的"工业世界"出版系列。1969年它以《论德国工业化中的资本主义与官僚制度的关系》为书名出版。该书给我在学术界带来了很高的认可。

三、明斯特

1965年，李特从柏林自由大学转任到明斯特的威斯特伐利亚-威廉大学。我接受他的邀请，跟随他来到明斯特，尽管我很不情愿。我与妻子都不大愿意舍弃激动人心的柏林而奔赴这个被视为非常安静，不那么具有挑战性的威斯特伐利亚地区的中心城市。回过头来看，这一迁居是一种幸运。自1967年至1973年，我先是李特在明斯特大学近现代史讲席的代理助教，然后是正式助教。其间，我在哈佛大学访学了一年半，为一项关于美国与德国职员的比较研究作准备。我以这项研究于1972年获得了教授资格。它继续了我博士论文的专题研究，但在关于德国法西斯主义崛起的社会史条件的讨论以及关于一条通往现代化的"德意志独特道路"的讨论的启发下，将职员专题置于更广泛的、社会政治的多种关联中来研究。同时，我把还在柏林上过的李特关于第一次世界大战的研讨班的启发与结论扩展为一本简约的专著，它在1973年以《战争中的阶级社会：1914—1918年间的德国社会史》的书名出版。这是一次分析性实验，以韦伯的方式来使用马克思的阶级理论，以理解一战中德国社会结构的变迁，由此理解1918—1919年革命的决定性条件，该书受到了许多关注。

我与李特的合作变得越来越紧密，我的工作能力也逐步得到提升。我们一起合编了一本被广泛使用的1870—1914年德国社会史资料读本，我还和格尔德·霍霍斯特（Gerd Hohorst）一起编辑出版了那个时代的统计资料的工作读本。这两本有许多人使用的册子于1974、1975年在贝克出版社出版。它们用实例展示，哪些内容属于像德国这样一个工业化进程中国家的社会史，哪些内容不属于。当时的"社会史"概念很时髦，但常常很模糊。我开始就社会史与经济史的理论问题发表著述。李特让我参加他与艾伯特基金会约定的《18世纪末以来德国工人与工人运动史》这一（至今尚未完成的）大项目的写作。

我的社会史研究规划的这一扩展，无疑受益于在明斯特发展起来的友好的同事关系，部分是好友的关系。李特及其夫人非常好客的家是这些关系的核心；还有研究所的其他助教，尤其是李特的另外两位助教古斯塔夫·施密特（Gustav Schmidt）与汉斯·于尔根·普乐，还有其他讲席的工作人员如奥托·格哈德·厄克斯勒（Otto Gerhard Oexle）、曼弗雷德·博岑哈特（Manfred Botzenhart）、卡尔·罗厄（Karl Rohe）（因所有助教共用一个办公室，所以联系很方便）。与新聘请的经济史学家理查德·蒂利（Richard Tilly）及其工作人员的合作也是富有成果并持久的。

1968年的抗议运动也来到了明斯特，尽管要比柏林晚些，温和些。我赞同他们的许多改革要求，也参与了联邦助教会议的工作。汉斯·于尔根·埃韦斯（Hans Jürgen Ewers），国民经济学家与后来柏林工业大学校长，与我是明斯特大学校董会的第一批助教代表。在讨论只有拥有教授资格的人员才能参加的议程时，我们必须离开会议室。学生的行动有时候是很无视学术的，很成问题的：一天夜里，我们这些助教必须将李特的英国史工作中心的档案转移到安全的地方，因为我们担心第二天这些房间会被学生占领。又有一次，校董会正在开会，有人用石头砸破了会议室的窗户。但另一方面，那些日子的改革激情也鼓励学生进行独立的、批判的、仔细的工作。这也活跃了初级研讨班，我们助教们有权利并有责任自主地举行初级研讨班，它们是我们这些人自己首次将科研与教学的内在关联付诸实践的地方。

对于社会史影响力的扩大，那些以批判传统与前进乐观主义为标志的动荡年代的精神，无疑起到了积极的作用，因为社会史逐渐被视为针对传统的、偏重于政治史的历史科学主流的批判性进步性的另类选择，在某些特点方面它确实也是这样的。我学习的社会史有多个源头：李特的工人与工人运动史，沃尔夫拉姆·菲舍尔及其小组经典的经济与社会史，罗森贝格的启发，然后随着与海德堡大学康策及科塞勒克的联系的开始，经常受益于邻近专业的推动。我的学习经历也包括实践一些新的进步的特别有前景的东西，而这样做，并非没有对专业传统的模式与占主导地位的观察方式作出坚定的批判。但我在社会史从50年代末到60年代初的形成阶段，没有必要将它作为"反对派科学"来学习。我能够在没有遇到顽固的抵抗，在许多其他人的鼓励下，作为补充、创新与选项，逐步地开拓，在一种将对以往的批判与新的发明作为良好的学术的核心组成部分，绝大多数情况下被允许，并常常被鼓励的环境下开展社会史研究。

四、比勒费尔德

自1973至1988年，我在新成立的比勒费尔德大学担任以社会史为重点的历史学教授，该大学特别支持跨学科合作，其思想上的创立者赫尔穆特·舍尔斯基以跨学科研究中心为核心设计了它，当大学的主楼还在建设中时，该中心已经存在了。

人们将依靠并与邻近社会科学紧密合作的社会史研究作为新建的历史系的中心任务，原因大概也在于新建大学的跨学科研究目标，其改革的前景也在于那些年学术的与媒体所传播的时代精神。虽然有些人恐惧社会史是他们怀疑的左倾的社会学入侵历史学的一个"关口"，但表述更为确切的是罗森贝格1969年写的具有反讽意味的评论，即近几年来"所谓社会史"对于许多人来说，成了"一切在联邦德国历史学中被视为值得期待与进步的东西的含糊不清的总称呼"（参见《德国社会史问题》[*Probleme der deutschen Sozialgeschichte*]，美因河河畔法兰克福1968年版，第147页）。这一概念在国际上也很火，它标志着对传统的批判与思想上的进步，有着政治上适合60—70年代改革气氛的社会史研究。尤其是关于工人阶级与小人物的历史，关于社会冲突与政治的利益相关性特别让年轻人着迷。

　　"社会史"并不是对比勒费尔德大学历史系的所有成员都有同等的意义与重要性。到这里来一起建设新事物的人员，也是多种多样的。不过，因起到连接作用的工作条件，作为伴随共同讨论的结果，以及在对伴随历史系在专业中的崛起而出现的保留意见和紧张的反应，形成了一种类似于共同的基本氛围的东西，它影响了比勒费尔德历史学家们的自我理解、实践以及对外有关的形象。包括对社会史的特别兴趣，主要是作为观察方式，作为一般史或其他领域的专题（如政治、经济、文化）的研究方法，从整体社会（Gesellschaft）的角度来研究，不仅作为处于政治、经济与文化之间的局部领域的历史。比勒费尔德的特点包括突出的对理论的兴趣，一方面是具体的理论（如阶级形成理论或社会抗议理论，并经常与邻近科学的方法相结合），另一方面是对史学理论的问题，即关于研究与书写历史的前提条件、方法与后果的抽象理论问题。第三，"比勒费尔德"包括对批判的特别的重视，即（a）强烈的对本专业的传统的批判倾向，如对以往对政治史的过度强调或（方法上）对历史主义，以与它拉开距离作自我定义，有时也为了主张专业的内容与方法上的新整合——有时是在"历史社会科学"的意义上；（b）对相互关系中对非常明确而直接的批评（如在研讨会上）的接受；以及（c）与专业中及社会上其他立场的批判性的，也是对抗性的，有时很具战斗性的斗争。另外，大家认为，我们作为历史学家不属于象牙塔，而是有着一个社会的与政治的角色，当时我们绝大多数人，尽管不总是，以中间偏左的站队或参与来实现。特别是当方法及专业政策与一般及政治阵线相互重叠的时候，而这经常发生，斗争可能达到相当的激烈程度，带有对"比勒费尔德"更大的疑惑，以及一种其程度今天在专业中不能想象的阵营对立。

　　最后要强调的是作为共同的结构特征的学习能力，并作为特别的强项。在我在比勒费尔德工作的十五年中，那里的历史科学发生了变化，而且绝大多数变化是经过激烈的斗争后发生的，人们可以从其中学到许多东西。比如最初充满矛盾的性别史问题与专题的引入，这些问题与专题在比勒费尔德的社会史研究中也很缺少；如与日常史的冲突，这些冲突最终导致观察、经济与行为史的维度更多地被引入了我们的研究；还有越来越多的社会史与文化史方法的结合，例如在资产阶级史的研究中。至于这些共同点，局部的特点是否足以定义比勒费尔德学派的说法，可以暂且不去追究。在我们内部，这种称呼没有什么影响，它只是外来的（绝大部分情况下是善意的）标签，至少在70—80年代是如此。

我影响了这些发展，也被它们所影响。虽然我还继续进行系统的企业史研究，并在跨学科研究中心的框架下与法学家诺伯特·霍恩（Norbert Horn）一起合作。我本也可以继续与扩展跟艾尔弗雷德·D.钱德勒（Alfred D. Chandler）及其在哈佛大学的企业史研究小组的紧密联系。但我还是决定，给予前面提及的大项目"工人与工人运动史"专题以优先位置。不过我们设立了过高的目标并过高地估计了我们的力量。我是负责至1875年的早期部分的。原计划只写一册，但最后扩展到四册，其中三册是在广泛的原始资料的基础上撰写的，但它们在1990年与2015年才出版。我在这个专题范围内发表了许多著述：一而再地发表了关于劳动的历史（与未来），工人阶级的形成或者也关于（强调量化）流动性，家庭与社会定位的论文。我得到了助手们的许多支持，他们又在这一范围内做博士论文，如克里斯蒂安·艾森贝格、卡尔·迪特与于尔根·施密特。有一段时间，这一专题对我来说处于工作日程靠后的位置，对工人史的兴趣有所下降，特别是在东德以及与其研究的竞争终结之后。

取而代之挤向前沿的专题，主要有资产阶级史。这方面的推动来自"现代社会史工作组"，它经常在巴特-洪堡（Bad Homburg）的莱默尔基金会（Reimer-Stiftung）开会，多个比勒费尔德学者包括我都参加了这个工作组。在方法上与理论上有许多理由，可以在其中发现新东西。另外，对我来说，一个事实扮演了一个重要角色，即越来越有争议的关于"德意志独特道路"的论题，以及与此有关的关于在两次世界大战之间德国民主制度的失败与纳粹主义的胜利的论述，包含着一种在国际比较中德国资产阶级相对弱小的设想。对这一设想的史实检验还没有人做过。我为研究19世纪的资产阶级而组织的大型跨学科研究项目，这个项目以由我与乌特·福雷弗特协调的在跨学科研究中心为期一年（1986—1987年）的跨学科研究小组为高潮，没有证实（德国）资产阶级普遍的弱小的论题。但它带来了丰硕的以多种语言发表的成果，并成立了一个德国科学基金会（DFG）特别研究领域。还产生了重要的博士论文与教授资格论文，如古尼拉·布德与托马斯·梅克尔（Thomas Merkel）的著作。

我发表过关于历史学的社会与文化功能的论文，关于处于结构史与经历史之间的社会史与整体社会史的论文，关于客观性与党派性，以及历史学中的理论与叙事的文章。我参与过当时非常激烈的理论讨论，我原则上主张继承启蒙传统的、分析力强的、说理性的历史科学，尽管我意识到这种历史科学多次失败了。我的论文总是要涉及社会史的地位、长处与短处，它自20世纪70年代末以来，不仅仅在德国遭到攻击，但同时充满力量地继续发展。我受到了公众的关注，当我特别是80年代起作为历史学家参与公共争论的时候，如所谓的关于纳粹大屠杀在德国历史中的位置的"历史学家之争"，关于在分裂中的德国的民族与民族国家的争论，或者，关于柏林的德国历史博物馆的争论，我支持它的建立并参与了它的设计。我亲近社民党，被视为一个好相处的人，但又被视为太左倾，或过于在"比勒费尔德"意义上研究社会史，以至于我因政治原因未能被选拔为1987年在华盛顿成立的德国历史研究所的首任所长。

就批准不需上课的科研学期的申请而言，比勒费尔德大学是慷慨大方的。例如，我可以接受普林斯顿高等研究所以及慕尼黑历史学院的邀请，另外担任其他大学如京都大学、耶路撒冷大学与芝加哥大学的客座教授。1981年我作为由克里斯蒂安·迈亚（Christian Meier）领队的联邦德国历史学家代表团的成员访问了多所中国高校。自1975年以来，我参加了每五年一次的国际历史科学大会的每一次会议，我很高兴1985年在斯图加特与恩斯特·恩格尔贝格（Ernst Engelberg）一起主持了一个主要研讨会，是关于马克斯·韦伯与历史科学关系的研讨会。我成为历史专业的积极分子，几乎参加了1967年以来的每次德国历史学家大会，也当过历史学家协会的财务主管。

比勒费尔德大学是一个非常适合集中精力进行学术研究的地方，但也适合许多常态化的同事以及工作之间的，也跨越专业界限的学术与社会联系。这点肯定与该城市有限的规模以及相对而言有限的干扰有关。我从在我这里作博士论文与教授资格论文的年轻人那里学到了非常多的东西，如果有重新开始的机会，我愿意为教学以及相关的联系付出更多的精力，而因此少发几篇文章。

我与汉斯-乌尔里希·韦勒进行了特别紧密的合作。他比我大十岁，给了我许多帮助，我有许多事情要感谢他，我从他那里学到了许多。我与他在绝大多数情况下都有一致的判断，不仅在学术上，也在系里的工作上以及对公共事物的判断上。韦勒是历史系及其社会史的重点方向的建设中最重要的推动者，如1972年《历史科学批判研究》丛书以及1975年《历史与社会》刊物的创建都是由他发起的。主要是他让专业以外的人广泛地了解到比勒费尔德大学的历史科学。我们一起主持了不久在外地也有名的讲座。每次都是在星期五下午，绝大多数讲座都是愉快地结束。在韦勒与我之间形成了一种充满信任的友谊，尽管我们在许多方面不一样。韦勒是好斗的。他相信尖锐化（Zuspitzung）的力量、片面化的积极作用、"对立原则"，只要它带来反对意见，公开的争论，推进认知的进步。而我则倾向于调和、赞赏分寸感、政治妥协。我们有张力地彼此相互补充。总的来说，这是一个有趣的、高产的、幸福的年代。

五、自时代转折以来

　　1989—1991年的深刻当代史转折也改变了我们在东西方冲突时代研究历史的政治、社会及思想条件。几乎理所当然的事物被动摇了，可以被质疑了。至此核心的热点专题开始退向后台。新的思考与研究的可能性之门被打开了。

　　特别是当人们试图从历史中为当代找到可借鉴的答案时，他们会对开始发生的动荡感到措手不及。因为，像苏联那样一个强大的帝国，在没有经历一场血腥的战争的情况下，而且是在极短的时间内轰然倒塌，这从所有历史经验来看，是极不可能的事。而现在它发生了。即便习惯了主要从社会史角度来理解当代史的变迁的人们，也亲眼见证了国家间的权力竞争与国际冲突的重要因果意义。尽管不缺乏（重新去探寻）正在发生的转折的经济与社会史条件：苏联的虚弱与崩溃源自跟资本主义的西方及其资本主义社会长年竞争中的经济和社会的弱势；东德的终结也是一场令人印象深刻的人民运动的结果。但是国际政治的独立活力及其改变经济、社会与内政状态的力量表现尤为明显，启发人们检讨关于历史变迁的一般性解释。

　　东西方冲突，在德国，特别是在联邦德国历史学家与民主德国历史学家之间的富有政治张力的关系，也影响了冷战时期几十年的历史学实践。这一格局的结束让人们能够看到长期在熟知的战线与众人走过的道路边缘地带被研究的专题领域。作为结果，至此的专题向后方退了一步。而其他专题则在新的至此被封闭的提问中赢得了额外的关注。两种情况不久便发生在工人与工人运动史的研究中，也发生在关于马克思及马克思主义史的研究之中。在接下来的几年里，资本主义的历史赢得了很大的关注，因为在1990年前后的转折明确地显示，它能够在完全不同的社会政治条件下发展。另外一个事实令人压抑地清晰地呈现出来，剧烈的大国冲突成为决定历史发展的力量，而没有受到资本主义与社会主义或者共产主义经济秩序之间的对立的推动或支持。两者都使得富有成果的科研问题与关于现代的危险的忧思成为可能。

欧洲长达几十年的分裂的克服，使得用新的眼光来观察整体欧洲历史，由此也用转向东欧与东南欧的比较视角，来补充长期占主导地位的德国历史发展与西方的比较视角成为可能。柏林墙的倒塌加速了进行中的全球化，由此加强了接下来几年全球史崛起的一个重要条件：对于德国历史来说，东德的解体开辟了常有争议的、深深触及集体自我理解的20世纪德国两个独裁的比较。东德史研究迅速增长为一个新的多方面研究的领域，但其解读处于由联邦德国主导的再统一的政治紧张地带，长期有争议。随着民族国家在德国的重建，而它没有像普遍担忧的那样，回到前几十年的扩张侵略、民族主义的政策，这使得中期来看用一种和解的眼光来看德意志民族国家的历史成为可能。当然历史学家说离"历史的终结"还很远。人们清醒地环顾一下，就会对随着德国统一与建立国际新秩序的需求而在社会与政治中堆积如山的艰难的亟待解决的任务印象深刻。但在随后的年月里，不缺乏这样的意识，即在我们这个世界区域，我们站在一个充满冲突与灾难的时代的终端，对未来不抱有根本的质疑而对它会带来什么感到好奇，不缺乏这样一种鼓励在国际的维度中进行历史研究的氛围。我受到了这种氛围的影响，并在我的学术工作中受益于1989—1991年当代历史转折所给予的许多新的机遇。

自1989年起我担任柏林自由大学弗里德里希-梅尼克研究所的工业世界史讲席教授（起步资金由普鲁士远洋贸易基金会提供）。1990年我谢绝了作为鲁道夫·菲尔豪斯（Rudolf Vierhaus）的继任马普历史研究所所长的聘请。同时，我接受了柏林科学院的常任研究员（Permanent Fellow）的聘请，并自1991到2000年担任该职务。

自2001—2007年我还任柏林社会研究中心（Wissenschaftszentrum Berlin für Sozialforschung, WZB）的主任，前两个职务都与我在自由大学的教授职务同时履行。这个教授职务我一直担任到2009年荣休。1990—1992年我是联邦政府学术顾问委员会（Wissenschaftsrat）成员，主管德国统一在人文科学领域的政策，成果是1992—1996年新成立的、我临时主管的波茨坦科学中心"当代史研究"（今天作为当代史研究中心，是莱布尼茨共同体的一个研究所）。1992年，我获得德国科学基金会的莱布尼茨奖（Leibniz-Preis），我以这笔奖金成立了社会史比较研究中心（Arbeitsstelle für Vergleichende Gesellschaftsgeschichte，作为自由大学的关联机构）；我与汉内斯·西格里斯特（Hannes Siegrist）一起主持了这一中心的工作。这个中心的继承者是欧洲历史比较研究中心（Zentrum für vergleichende Geschichte Europas, ZVGE），由我与曼弗雷德·希尔德迈亚（Manfred Hildermeier）、哈特穆特·凯伯乐、霍尔姆·松德豪森（Holm Sundhausen）共同领导，2004年又改建为"欧洲历史比较研究所"（Berliner Kolleg für Vergeichende Geschichte Europas, BKVGE），由同一小组领导，后又增加了艾蒂尔·弗朗索瓦（Etienne Francois），由亨克尔与赫蒂基金会（Henkel- u. Hertie Stiftung）资助。它存在到2009年。欧洲历史比较研究中心与欧洲历史比较研究所都得到了自由大学与洪堡大学的共同支持。克里斯多弗·康拉德（Christoph Conrad）与菲利普·特尔（Ph. Ther）接管了比较研究中心的工作，昂特·鲍尔肯佩尔（Arnd Bauerkämper）接管了比较研究所的工作。这些机构，凭借研讨会、学术会议、暑期学校、不断更新的专题，发展成为对于来自欧洲各地以及欧洲以外区域的奖学金生、访问学者与客座人员在历史比较研究的具有影响力的培训基地。

由此对我来说，有二十年的时间，在各种机构的，在社会史范围之外的常常超出历史科学范围的领导性、协调性与咨询性工作，占据主要地位。与以往时段不同，这些工作把我带到了政治决策层的边缘，尤其是由我主持的对原东德科学院人文科学研究所的评估工作，以及我在这一过程中组织成立的、为东西德历史学家的合作而建的新型人文研究中心。在此期间，我曾陷入了激烈的、部分在一般媒体上开展的争论。这些经历也影响了我理解与展示历史的方式。我想应该是良性的影响。

首先是那种令我很受启发的柏林科学院的对话文化（Gesprächskultur），把我很快地从比勒费尔德比较狭小的讨论范围中解放了出来；但也通过与单个社会科学家如克劳斯·奥菲（Claus Offe）、沃尔夫·雷彭尼斯、格奥尔格·埃尔弗特（Georg Elvert）及马丁·科力（Martin Kohli）的紧密的、常常是好友间的合作，最后通过对社会科学研究的大机构柏林社会研究中心的七年领导工作，我的研究工作的跨学科性更加突出了；而我想补充的是，我在这些总的来说很有收获的经历之后，更明确地，更加在安身立命（existenzieller）的意义上认可历史学家这一职业。

我仍然维系着我与美国的"特殊关系"还有与那里的同事及朋友的联系，特别是与那些在20世纪30年代被迫流亡到那里的犹太人，如恩斯特·伯林斯基、埃贡·施瓦茨（Egon Schwarz）、费利克斯·吉尔伯特（Felix Gilbert）、弗里茨·斯特恩（Fritz Stern）以及格奥尔格与维尔玛·伊格尔斯夫妇（Georg und Wilma Iggers），但也与其他人如杰姆斯·希恩（James Sheehan）、杰拉德·费尔德曼（Gerald Feldman）、查尔斯·迈亚（Charles Maier）和大卫·萨彬（David Sabean）保持联系。多次在美国的访学，如在斯坦福大学行为科学高级研究所，或者在加州大学洛杉矶分校（多年的，每年去三个月的）的客座教职，为此提供了方便。我的国际联络在其他方向也加深了。从2000—2005年我担任了国际历史科学委员会（CISH）的主席，筹备悉尼的国际历史科学大会是我的任务。我不仅在德国获得了一些奖项，也获得了很有名的霍尔贝格（Holberg）国际纪念奖，该奖由挪威的贝延（Bergen）授予人文科学法律科学的杰出成就。我不仅成为柏林与勃兰登堡科学院、德国科学院（Leopodina）的院士，也成为其他欧洲国家、美国、韩国的科学院院士。德国以外的大学，如鹿特丹大学、莫斯科大学、乌普萨拉大学、佛罗伦萨大学授予了我名誉博士学位。

在这些有利于合作并要求合作的工作条件下，我的科研兴趣发生了变化。在以前资产阶级史研究的背景下，20世纪90年代初以来，我尝试的一个新的研究重点，即欧洲比较视野下的资产阶级及文明社会研究，最后一次的尝试是柏林社会研究中心的一个大型历史学及社会科学的研究规划。在建设中的波茨坦研究所的框架下，我深入研究了两德比较视野下的、重新规划的东德史。和柏林与勃兰登堡科学院的关系为我提供了研究科学史的机会，最近我以马普学会史的研究继续了这项研究。在德国科学院的框架下，我与乌尔苏拉·施陶丁格（Ursula Staudinger）一起主持了"在德国变老"（Altern in Deutschland）工作组的工作，该小组结合了历史学与社会科学的方法。历史比较对我来说仍是一个重要的方法，但越来越得到了跨民族的纠结史的补充。劳动史与资本主义史仍然是我的核心研究领域，但逐步实现了向全球史的扩展，由此得到了更新。我对全球史方法的开放，得到了"劳动、知识、联系"（AGORA）项目的决定性的推动。该项目是由我们作为柏林科学院的"常任研究员"因千年转折而设计的，是与年轻的科研人员，如沙林尼·兰德拉（Shalini Randera）和塞巴斯蒂安·康拉德（Sebastian Conrad）一起做的，由我主编的论文集《劳动的历史与未来》（2000年出版）是该项目的成果。在对柏林洪堡大学凯特·汉布格尔学院（Käte Hamburger Kolleg）"全球史视野下的劳动与人生"项目（2009—2021年）的参与中，我继续了向全球史观察方法的接近。我的被译成多种语言的《资本主义简史》（2017年第3版）在一定程度上将这个专题超越了西方的范围。我还在继续这方面的研究。

回顾我的职业道路，它似与多个普遍的发展趋势相关联，我最后只想简要提及两个趋势。在"漫长的20世纪60年代"，社会史处于上升阶段，它让人着迷，在联邦德国与国际上的公共舆论中被热烈讨论。社会史，尽管有多层概念含义，但代表着对传统的批判，以及进取意识、与对专业传统主流的不满意和乐观的革新专业的工作，常常与近邻的社会科学紧密联系及对理论的浓厚兴趣，完全可以说跟同十年的批判传统与现代化乐观主义的时代精神相一致。20世纪70—80年代一方面使这一发展到达了顶点，另一方面开始了自90年代以来成为主要趋势的变化：社会史受到了新潮流的批评，并在与它们的争论中发生了变化。它不再是令人着迷的、针锋相对的公共辩论的另类选择潮流，它的周围变得寂静了。但同时它的内容及观察方式进入了一般的历史书写之中，后者因此受益。社会史虽然失去了鲜明的特色以及挑战力，但在一定程度上也站稳了脚跟。它成为它曾经攻击的，现状已经多元化的主流的一部分。它丧失了地位同时又赢得了地盘。我的职业道路与这一运动相联系，我受它的影响并为它作出了贡献。我仍然视自己为社会史学家，但我越来越面向那些从社会史出发，却不完全在其中得到展示的问题、专题与观察方式。对我来说，社会史首先不是一种专门史，而是一种理解一般史的方式方法。

　　我的回顾也显示了，我所主张的历史科学是如何与当代史的潮流（Konjunkturen）紧密相连的，仅仅我向历史学职业的转向就与20世纪50年代末60年代初批判性政治意识的形成紧密相关。我在20世纪60、70年代对社会史的热情在很大程度上与其批判潜力相关。这一潜力不只是表现在质疑专业的主导传统上，而且也作为对历史发展的批判性解释，作为自我的，特别是19世纪与20世纪上半叶的德国历史的批判性解释。我的以及我的同事的关注点，（有时）明确的与（经常）间接的，是关于纳粹主义的胜利及其从德国出发的摧毁罪行，在欧洲造成的文明堕落（包括社会的）的条件与后果。我也把社会史（以其批判性的，以启蒙运动为名义的、理性论证的笔法）珍视为历史学家为防止未来再次发生类似的灾难可以并应该作出的贡献。尽管研究的是社会不平等与歧视、阶级形成与文化、迁徙与民族冲突或者家庭、文明社会与公共舆论等社会史专题，但也能作为最广泛意义上的，如我所期待并试图实现的社会史的政治参与（Engagement）。或许在一定程度上做到了。

　　1989—1991年的深刻时代转折没有将学术工作的政治关联消除掉，尽管它长远来看促成了这一关联的重新解释。它将其他大问题推到了公共舆论的中心位置。当前的危机（从即将来临的气候危机到重返欧洲的战争）与争论（如欧洲的后殖民的自我批判或者对人类世的多专业研究）指向（adressieren）在这里所理解的意义上的批判社会史中不占中心位置的忧虑与期待。社会史将如何改变自我，适应新的局面，我们拭目以待。

参考文献

"Karl Marx und Max Weber. Ein methodologischer Vergleich", in: *Zeitschrift für die gesamte Staatswissenschaft* 122, 1966, S. 328–357.

Unternehmensverwaltung und Angestelltenschaft am Beispiel Siemens 1847–1914. Zum Verhältnis von Kapitalismus und Bürokratie in der deutschen Industrialisierung, Stuttgart 1969.

Angestellte zwischen Faschismus und Demokratie. Zur politischen Sozialgeschichte der Angestellten, USA 1890–1940 im internationalen Vergleich, Göttingen 1977.

Klassengesellschaft im Krieg. Deutsche Sozialgeschichte 1914–1918, Göttingen 1973 (2. Aufl. 1978, ND 1988).

(Hg., mit Gerhard A. Ritter) *Deutsche Sozialgeschichte. Dokumente und Skizzen.* Bd. 2: 1870–1914, München 1974 (3. Aufl. 1982).

(Hg., mit Gerd Hohorst u. Gerhard A. Ritter) *Sozialgeschichtliches Arbeitsbuch, Materialien zur Statistik des Kaiserreichs 1870–1914,* München 1975.

(Hg.) *Bürgertum im 19. Jahrhundert. Deutschland im europäischen Vergleich*, 3 Bde., München 1988.

(Hg., mit Claus Offe) *Geschichte und Zukunft der Arbeit*, Frankfurt/M., New York 2000.

Weder Stand noch Klasse. Unterschichten um 1800, Bonn 1990.

Arbeitsverhältnisse und Arbeiterexistenzen. Grundlagen der Klassenbildung im 19. Jahrhundert, ebd., Bonn 1990.

Arbeiterleben und Arbeiterkultur. Die Entstehung einer sozialen Klasse. Unter Mitarbeit von Jürgen Schmidt, ebd. 2015.

"Ein hohes Maß an Experimentierbereitschaft". Die Bielefelder Schule und die günstige Gelegenheit der siebziger Jahre. Interview mit Jürgen Kocka, in: INDES 2014, H. 3, S. 85‒108.

Geschichte des Kapitalismus, München 2013 (3. Aufl. 2017).

"Sozialgeschichte und Gesellschaftsgeschichte", in: Jörn Rüsen u. a. (Hg.), *Handbuch der Historik,* Heidelberg (vorauss. 2024).

附录（五）
于尔根·科卡主要社会史著作目录

1. *Unternehmensverwaltung und Angestelltenschaft am Beispiel Siemens 1847-1914. Zum Verhältnis von Kapitalismus und Bürokratie in der deutschen Industrialisierung* (= Industrielle Welt 11), Stuttgart 1969.

2. *Facing Total War. German Society 1914-1918*, Leamington Spa/ Cambridge Mass. 1984.

   German: *Klassengesellschaft im Krieg. Deutsche Sozialgeschichte 1914-1918* (= Kritische Studien zur Geschichtswissenschaft 8), Göttingen 1973（2. Aufl. 1978）.

3. Entrepreneurs and Managers in the German Industrial Revolution, in: P. Mathias and M. M. Postan (eds.), *The Cambridge Economic History of Europe*, Vol. 7 (pp. 492-589, pp. 709-727, pp. 769-777), Cambridge 1978.

   German: *Unternehmer in der deutschen Industrialisierung* (=Kleine Vandenhoeck-Reihe 1412), Göttingen 1975.

4. *Sozialgeschichte. Begriff, Entwicklung, Probleme* (= Kleine Vandenhoeck-Reihe 1434) , Göttingen 1977 (2. Aufl. 1986).

5. *White Collar Workers in America 1890-1940. A Social-Political History in International Perspective* (= SAGE Studies in 20th Century History

10), London/Beverly Hills 1980.

German: *Angestellte zwischen Faschismus und Demokratie. Zur politischen Sozialgeschichte der Angestellten: USA 1890–1940 im internationalen Vergleich* (=Kritische Studien zur Geschichtswissenschaft 25), Göttingen 1977.

6. *Die Angestellten in der deutschen Geschichte. Vom Privatbeamten zum angestellten Arbeitnehmer*, Göttingen 1981.

7. Problems of Working-Class Formation in Germany. The Early Years, 1800–1875, in: I. Katznelson, A.R. Zolberg (eds.), *Working Class Formation. Nineteenth-Century Patterns in Western Europe and the United States*, Princeton 1986, pp. 279–351.

German: *Lohnarbeit und Klassenbildung. Arbeiter und Arbeiterbewegung in Deutschland 1800–1875*, Berlin/Bonn 1983.

8. *Bourgeois Society in Nineteenth-Century Europe*, Jürgen Kocka and Allan Mitchell (eds.), Oxford and Providence: Berg Publishers, 1993.

German: *Bürgertum im 19. Jahrhundert*, München 1988.

9. *Geschichte und Aufklärung. Aufsätze* (= Kleine Vandenhoeck-Reihe 1541), Göttingen 1989.

10. *Weder Stand noch Klasse. Unterschichten um 1800* (= *Geschichte der Arbeiter und der Arbeiterbewegung in Deutschland seit dem Ende des 18. Jahrhunderts*, Bd.1), Bonn 1990.

11. *Arbeitsverhältnisse und Arbeiterexistenzen. Grundlagen der Klassenbildung im 19. Jahrhundert* (= *Geschichte der Arbeiter und der Arbeiterbewegung in Deutschland seit dem Ende des 18. Jahrhunderts*, Bd.2), Bonn 1990.

12. *Consequences of Unification: German Society and Politics in a Changing International Framewor*, With comments by Robert

Gerald Livingston and Roger Chickering, Dieter Dettke and Heidi Whitesell(eds.), Washington 1995.

13. *A Common View of a Divided Past? Historical Consciousness in West Germany and in East Germany* (= The Third Charlemagne Lecture at Chatham House on May, 8th, 1997), London 1998.

14. *Industrial Culture and Bourgeois Society. Business, Labor and Bureaucracy in Modern Germany*, New York-Oxford 1999.

15. *Das lange 19. Jahrhundert. Arbeit, Nation und bürgerliche Gesellschaft* (= *Gebhardt. Handbuch der deutschen Geschichte, Zehnte,* völlig neu bearbeitete Auflage, Band 13), Stuttgart 2001.

16. *Geschichte des Kapitalismus*, München 2013.

17. *Arbeiterleben und Arbeiterkultur. Die Entstehung einer sozialen Klasse*, Bonn 2015.